Die Bewertung von nachhaltigen Immobilien

Christian Gromer

Die Bewertung von nachhaltigen Immobilien

Ein kapitalmarkttheoretischer Ansatz basierend auf dem Realoptionsgedanken

Mit einem Geleitwort von Prof. Dr. Henry Schäfer

Springer Gabler

RESEARCH

Christian Gromer
Stuttgart, Deutschland

Dissertation Universität Stuttgart, 2012

D 93

Gedruckt mit freundlicher Unterstützung
der Stiftung Landesbank Baden-Württemberg.

ISBN 978-3-8349-4532-7 ISBN 978-3-8349-4533-4 (eBook)
DOI 10.1007/978-3-8349-4533-4

Die Deutsche Nationalbibliothek verzeichnet diese Publikation in der Deutschen Nationalbibliografie; detaillierte bibliografische Daten sind im Internet über http://dnb.d-nb.de abrufbar.

Springer Gabler

Gedruckt auf säurefreiem und chlorfrei gebleichtem Papier

Springer Gabler ist eine Marke von Springer DE. Springer DE ist Teil der Fachverlagsgruppe Springer Science+Business Media
www.springer-gabler.de

Geleitwort

Es sind bislang vor allem die Umweltauswirkungen, die in zahlreichen Studien im Immobiliensektor als zentrales Nachhaltigkeitsthema dominieren. Aber die Nachhaltigkeitsperspektive für Immobilien verdient eine wesentlich breitere Aufmerksamkeit, fügen sich Immobilien doch ein in das Paradigma des anthropogenen Konzeptes der nachhaltigen Entwicklung: Weite Teile der Nachhaltigkeitsfelder wie Treibhausgasausstoß, Energie, Wassermangel, Verstädterung, Urbanisierung etc. stehen in enger Verbindung mit Gebäuden. Die Planung, Errichtung und systematische Bewirtschaftung von „Green Buildings", „Socially Responsible Property Investments", „Responsible Property Investments/Real Estate Management" bzw. von „Sustainable Buildings" im Sinne energiesparender, Ressourcen schonender, umweltfreundlicher, gesundheitsgerechter und kostengünstiger Gebäude mit hoher technischer, funktionaler, gestalterischer und städtebaulicher Qualität wird denn auch von Politik, Wissenschaft, der Immobilienbranche und weiten Teilen der Öffentlichkeit als ein wesentlicher Beitrag zum Umweltschutz und zur nachhaltigen Entwicklung angesehen.

Eine Kernfrage zur erfolgreichen Bewältigung des Klimawandels und zur Erreichung nationaler Klimaschutzziele im Gebäudesektor ist die Wirtschaftlichkeit energetischer Maßnahmen. Dies ist vor allem ein Thema für eine an privatwirtschaftlichen Kriterien ausgerichtete Entscheidung von Immobilieneigentümern. Kennzeichnend für die weit verbreitete Diskussion ist, dass noch allzu deutlich der Kosten treibende Effekt diskutiert und es als eine vorrangige Aufgabe gesehen wird, diese zu reduzieren. Unter wirtschaftlichen Gesichtspunkten ist gegen eine Optimierung der Kostenstrukturen nichts einzuwenden, jedoch sollte der Blick auf den investiven Charakter energieeffizienter Maßnahmen (wie auch zahlreicher anderer die Nachhaltigkeit von Immobilien fördernde Maßnahmen) und ihrer über die Nutzungsdauer sich erst entfaltenden Wirkungen gerichtet werden. Daher bedingen wirtschaftliche Betrachtungen energetischer Sanierungen einer intertemporalen und mithin dynamischen Betrachtung, in der die Kosten aber auch die zusätzlichen Erlöse auf ihre einmaligen und laufenden Komponenten unterschiedlich betrachtet werden müssen. Die Verbreiterung des Blickwinkels energetischer Modernisierungsmaßnahmen über den typischerweise von Ingenieuren dominant betrachteten, verengten Kostenblickwinkel hinaus, ermöglich zudem die Herleitung ökonomischer Anreize für die Kapitalallokation in Richtung energetischer Maßnahmen.

Die vorliegende wissenschaftliche Arbeit setzt hier an, indem sie aus investitionstheoretischer Sicht einen marktbezogenen (und keine regulierungsbezogenen) Lösungsansatz für die Bewertung nachhaltiger Immobilien entwickelt und damit in nicht unerheblicher Weise eine bestehende Lücke zwischen verfügbaren Bewertungsverfahren und ihrer Anwendung auf nachhaltige Immobilien schließt. Christian Gromer gelingt erstmals die Identifikation der den Immobilienwert beeinflussenden Parameter durch Nachhaltigkeit und die Konstruktion eines kapitalmarkttheoretischen Bewertungsmodells aus dem Bereich der Discounted Cash Flow(DCF-)-Modelle ergänzt um den Realoptionsansatz. Er hat sich damit ein sehr anspruchsvolles Projekt vorgenommen. Die Herausforderung und die geglückte Innovation in seiner Arbeit liegen darin, einen kausalen Zusammenhang zwischen der Nachhaltigkeit einer Immobilie (gemessen in ihrer energetischen Dimension), den in der Wissenschaft und Praxis derzeit kursierenden Immobilienbewertungsmodellen sowie der bislang noch nicht gelösten Integration von Nachhaltigkeit in den Bewertungskontext hergestellt zu haben. Die Leistung der Arbeit wird u.a. auch begründet durch seine gelungene Integration verschiedenartiger Paradigmen (Konzept der nachhaltigen Entwicklung, der Immobilienbewertungsverfahren und des Realoptionsansatzes). Dabei stellt die Verwendung eines Realoptionsansatzes in diesem Kontext ein Novum dar und ist als besondere innovative Leistung der Arbeit hervorzuheben. Sie ist daher in hervorragender Weise geeignet, als Grundlagenforschung mit hohem konzeptionell-theoretischen Gehalt für darauf aufsetzende Arbeiten, insbesondere aus dem empirischen Bereich zu dienen. Die Erkenntnisse sind darüber hinaus auch von praktischem Nutzen. Ich wünsche deshalb der Veröffentlichung eine hohe Aufmerksamkeit.

Stuttgart, im Juni 2012 Univ.-Prof. Dr. Henry Schäfer

Vorwort

Im Anschluss an mein MBA-Studium bot sich mir die Möglichkeit in einem Forschungsprojekt zum Thema „nachhaltige Immobilien“ mitzuwirken. Das Forschungsfeld war für mich besonders interessant, da ich hier zusätzlich zu meinen frisch erworbenen finanzwirtschaftlichen Kenntnissen auch meine Erfahrung als Bauingenieur in die Forschungstätigkeit einfließen lassen konnte und es sich andererseits bei dem Forschungsfeld zu dieser Zeit, zumindest in Deutschland, noch weitestgehend um Neuland handelte. Die zentralen Fragen – damals wie heute – konzentrieren sich auf die Baukosten und den Immobilienwert nachhaltiger Immobilien im Vergleich zu konventionellen Gebäuden. Aus dieser Fragestellung entwickelte sich die zentrale Forschungsfrage der vorliegenden Arbeit, die während meiner Zeit als wissenschaftlicher Mitarbeiter am Lehrstuhl für Allgemeine Betriebswirtschaftslehre und Finanzwirtschaft der Universität Stuttgart entstand. Zahlreiche Personen haben in vielfältiger Weise zum Gelingen dieser Arbeit beigetragen.

Mein besonderer Dank gilt meinem Doktorvater, Herrn Prof. Dr. Henry Schäfer, der mir die Bearbeitung dieses herausfordernden Themas ermöglichte. Danken möchte ich auch für die kontinuierliche Förderung meiner Arbeit, der gewährten zeitlichen Freiräume, die zeitnahen Besprechungen meiner Fortschritte sowie der interessanten, anregenden und konstruktiven Diskussionen.

Herrn Prof. Dr.-Ing. Thomas Lützkendorf danke ich für die Übernahme des Zweitgutachtens sowie für die hilfreichen Kommentare während der Bearbeitung meiner Dissertation.

Danken möchte ich auch den Praxispartnern der beiden vom BBR bzw. BBSR geförderten Forschungsprojekte „ImmoInvest – Grundlagen nachhaltiger Immobilieninvestments“ und „ImmoWert – Integration von Nachhaltigkeitsaspekten in die Wertermittlung und Risikobeurteilung von Einzelimmobilien und Gebäudebeständen“ bei denen ich mitwirken durfte, vor allem bei Herrn Dr. Christian Jaeger, Geschäftsführer der LBBW Immobilien Management Wohnen GmbH. Besonders der rege Austausch von praktischen Erfahrungen in den diversen Projektsitzungen führte zu wertvollen Impulsen für die Arbeit.

Meinen ehemaligen Kolleginnen und Kollegen danke ich für das sehr angenehme, freundschaftliche Arbeitsklima und die Interessante Zeit am Lehrstuhl. Hervorheben möchte ich Herrn Dr. Philipp Lindenmayer, der mich zu Beginn meiner Tätigkeit am Lehrstuhl unterstützte; Herrn Thomas Steiauf, der meine Arbeit Korrektur las; meinen Zimmernachbarn Herrn Dr. Oliver Kuhnle und Christian Barthruff sowie Frau Nadine Mayer für die zahlreichen sehr unterhaltsamen, nicht immer akademischen Gespräche.

Ein besonderer Dank geht an Karla und Enrique Homena für die Geduld und das enorme Verständnis für die zeitlichen Einschränkungen während der Erstellung dieser Arbeit. Aber auch für die manchmal notwendige Ablenkung sowie die Aufmunterungen in schwierigen Zeiten.

Meinen Eltern Birgit und Klaus Gromer die meinen Werdegang durch ihre Unterstützung ermöglichten und bis heute begleiten, gilt meine Dankbarkeit. Ohne ihre Unterstützung und ihren Einsatz wäre meine akademische Ausbildung nicht möglich gewesen. Danken möchte ich auch meiner Großmutter Ruth Gromer für das offene Ohr und die kontinuierliche moralische Unterstützung.

Stuttgart, im Juni 2012 Christian Gromer

Inhaltsverzeichnis

Abkürzungsverzeichnis

AltZertG	Altersvorsorgeverträge-Zertifizierungsgesetz
APT	Arbitrage Pricing Theory
BaFin	Bundesanstalt für Finanzdienstleistungsaufsicht
BauGB	Baugesetzbuch
BBR	Bundesamt für Bauwesen und Raumordnung
BBSR	Bundesinstitut für Bau-, Stadt- und Raumforschung
BewG	Bewertungsgesetz
BKI	Baukosteninformationszentrum Deutscher Architekten GmbH
BMF	Bundesministerium der Finanzen
BMU	Bundesministerium für Umwelt, Naturschutz und Reaktorsicherheit
BMVBS	Bundesministerium für Verkehr, Bau und Stadtentwicklung
BMWi	Bundesministerium für Wirtschaft und Technologie
BRE	Building Research Establishment
BREEAM	Building Research Establishment's Environmental Assessment Method
BVI	Bundesverband Investment und Asset Management e.V.
CAPM	Capital Asset Pricing Model
CASBEE	Comprehensive Assessment System for Built Environment Efficiency
CCRS	Center for Corporate Responsibility and Sustainability
CRR	Cox, Ross, Rubenstein
CSR	Corporate Social Responsibility

CTA	Contractual Trust Arrangement
DCF-Verfahren	Discounted-Cash-Flow-Verfahren
DEGI	Deutsche Gesellschaft für Immobilienfonds mbH
dena	Deutsche Energieagentur
DGNB	Deutsche Gesellschaft für Nachhaltiges Bauen
DGNB	Deutsches Gütesiegel für Nachhaltiges Bauen
DIX	Deutscher Immobilien Index
DOE	Department of Energy
EEWärmeG	Erneuerbares-Energie-Wärmegesetz
EnEG	Energieeinsparungsgesetz
EnEV	Energieeinsparverordnung
EPA	U.S. Environmental Protection Agency
EPBD	Energy Performance of Buildings Directive
ESI	Economic Sustainability Indicator
Eurosif	The European Sustainable Investment Forum
GBC Italia	Green Building Council Italia
GBO	Grundbuchordnung
GbR	Gesellschaft bürgerlichen Rechts
GBTool	Green Building Tool
GdW	GdW Bundesverband deutscher Wohnungs- und Immobilienunternehmen e.V.
GEEG	Richtlinie zur Gesamtenergieeffizienz von Gebäuden
GEFOX	Geschlossener Fonds Exchange

gif	Gesellschaft für Immobilienwirtschaftliche Forschung e.V.
G-REIT	Deutscher Real Estate Investment Trust
HOAI	Honorarordnung für Architekten und Ingenieure
HQE	Haute Qualité Environmental
IEKP	Integriertes Energie- und Klimaprogramm
IGBC	Indian Green Building Council
InvG	Investmentgesetz
IPCC	Intergovernmental Panel on Climate Change
IPD	Investment Property Databank
KAG	Kapitalanlagegesellschaft
KfW	Kreditanstalt für Wiederaufbau
LEED	Leadership in Energy and Environmental Design
NAV	Net Asset Value
NHK	Normalherstellungskosten
NPO	Non Profit Organisation
OTC-Markt	Over the Counter-Markt
PfandBG	Pfandbriefgesetz
REIT	Real Estate Investment Trust
RICS	Royal Institution of Chartered Surveyors
ROA	Realoptionsansatz
RPI	Responsible Property Investment
SB Alliance	Sustainable Building Alliance
SBTool	Sustainable Building Tool

SCoRE	Sustainable Certification of Real Estate
SRI	Socially Responsible Investment
SRPI	Socially Responsible Property Investment
TEGoVA	The European Group of Valuer's Associations
UKSIF	UK Sustainable Investment and Finance
UNEP FI	UNEP Finance Initiative
UNEP	United Nations Environment Programme
UNFCCC	United Nations Framework Convention on Climate Change
WBCSD	World Business Council for Sustainable Development
WiStrG	Wirtschaftsstrafgesetz
WoBindG	Wohnbindungsgesetz

Symbolverzeichnis

a	Steigerungsparameter
b	Ordinatenabschnitt
CO_2	Kohlenstoffdioxid
CO_2e	Kohlendioxid-Äquivalent, d. h. Kennzahl für die Intensität eines Treibhausgases, gemessen an der Treibhauswirkung von Kohlendioxid, z. B. 21 für CH_4 (Methan), 310 für N_2O (Lachgas)
$cov(r_j,r_m)$	Kovarianz aus den Renditeerwartungen des Wertpapiers j und des Marktportfolios
d	Faktor einer Abwärtsbewegung eines Wertparameters
D	Dividende
$E(r_j)$	erwartete Rendite des Wertpapiers j
EW	Ertragswert
FLK	Freilegungskosten
h	Vektor beobachtbarer Transaktionspreise
I	Liegenschaftszinssatz
i_u	Kalkulationszinssatz eines unsicheren Investitionsprojektes
K	Barwert über den Betrachtungszeitraum
k´	risikoadjustierter Kalkulationszinsfuß nach der energetischen Modernisierung
k_{alt}	Kalkulationszinsfuß vor der energetischen Modernisierung
k_e	Kalkulationszinsfuß der Energiekosten
Mehrwert	Barwert der zusätzlichen Mieteinnahmen
p	Zinsfaktor

q	dynamischer Zinssatz
r	Diskontierungsfaktor
r'	risikoadjustierter Diskontierungsfaktor nach der energetischen Modernisierung
r_{alt}	Diskontierungsfaktor vor der energetischen Modernisierung
r_e	Diskontierungsfaktor der Energiekosten
RE_i	Reinertrag des Jahres i
RE_i^{ZM}	jährliche Reinerträge aus den zusätzlichen Mieteinnahmen
r_f	risikoloser Zinssatz
r_m	erwartete Rendite des Marktportfolios
Rnd	Restnutzungsdauer
RW	Restwert
S	Bruttobarwert der zusätzlichen Mieteinnahmen
T	Laufzeit
u	Faktor einer Aufwärtsbewegung eines Wertparameters
U	Unternehmenswert
V	Vervielfältiger (Barwertfaktor)
V_a	gegenwärtige Vermögensgenstände
$var(r_m)$	Varianz der Renditeerwartung des Marktportfolios
V_G	Wert der zukünftigen Wachstumsmöglichkeit
VW_0	ursprünglicher Verkehrswert
VW_{alt}	Verkehrswert vor der energetischen Modernisierung
VW_{erw}	erweiterter Verkehrswert

VW_{neu}	Verkehrswert nach der energetischen Modernisierung
VW_{ROA}	Optionswert
x	Matrix der Eigenschaften
X	Modernisierungskosten
x_i	entsprechendes Jahr
y_i	Future-Preis
Z	relative Änderung
β_j	systematisches Risiko des Wertpapiers j
δt	Zeitintervall
ε	Vektor der Störterme
λ	Vektor der Koeffizienten
σ	Volatilität
σ^2	Varianz

Abbildungsverzeichnis

Tabellenverzeichnis

Zusammenfassung

In Zeiten des Klimawandels und der Ressourcenverknappung rücken Immobilien zunehmend in den Fokus der öffentlichen Wahrnehmung. Ihnen sind auf nationaler Ebene ein Anteil von 40% des Energieverbrauches und mit 170 Mio. Tonnen CO_2-Emissionen pro Jahr ca. 20% der gesamten jährlichen Emissionen zuzurechnen, weshalb das Handlungsfeld Immobilien Bauen und Wohnen gleichermaßen von wirtschaftlicher wie von sozialer Bedeutung ist. Darüber hinaus bietet es die größten Handlungspotenziale für eine nachhaltige Umgestaltung unseres derzeit verschwenderischen Umgangs mit Ressourcen. Gesetzliche Regulierungen, der Energiepreisanstieg und eine veränderte Nutzernachfrage führten zwar zu einer „grünen Welle" in der Branche, so kam es beispielsweise zu dem Trend nachhaltiger Immobilien, diese Veränderungen beziehen sich aber vor allem auf neu errichtete Gebäude. Speziell vor dem Hintergrund einer Neubauquote von lediglich 0,5% pro Jahr sind die Einsparungen in diesem Bereich allerdings verschwindend gering, weshalb dem Gebäudebestand zur Erreichung der Klimaschutzziele eine entscheidende Rolle zukommt. Dies wird besonders beim Bestand der Wohnimmobilien, dessen größter Anteil in Deutschland zwischen 1849 und 1978 erbaut wurde, deutlich. Durch Modernisierungsmaßnahmen lassen sich bei diesen Gebäuden, die drei- bis fünfmal mehr Heizenergie als Neubauten benötigen, bis zu 80% des Energieverbrauches einsparen. Trotz staatlicher Förderprogramme der Bundesregierung ist die gegenwärtige Sanierungsquote zu gering, um die Klimaschutzziele bis zum Jahr 2020 bzw. 2050 zu erreichen. An dieser Stelle setzt die Studie an und untersucht, wie ausgehend vom Immobilienwert Impulse für eine Erhöhung der Sanierungsquote geschaffen und zusätzliche Anreize zu einer staatlichen Förderung zur Erhöhung der Sanierungsquote geschaffen werden können. Vor diesem Hintergrund wird in der vorliegenden Arbeit untersucht, welchen Einfluss Nachhaltigkeitsmerkmale eines Gebäudes auf den Immobilienwert haben, um aufbauend auf diesen Erkenntnissen ein kapitalmarktorientiertes Bewertungsmodell zur Ermittlung des Potenzials einer zukünftigen energetischen Modernisierung zu entwickeln.

Die Grundlage der Untersuchungen stellt zunächst die definitorische Abgrenzung nachhaltiger Immobilien dar. Hierzu ist es zunächst notwendig, die Grundlagen des Immobilienbereiches respektive die Begriffe „Immobilie" und die Nachhaltigkeit im

Immobilienwesen zu definieren. Für den Begriff „nachhaltige Immobilie“ finden sich in der Literatur unterschiedliche Interpretationen, aus denen eine allgemeingültige herausgearbeitet wird. Diese unterschiedlichen Auffassungen zeigen sich auch in der Vielzahl der existierenden Zertifizierungsverfahren. Zur Untersuchung der Nachhaltigkeit im Immobilienbereich ist festzuhalten, dass unabhängig vom definitorischen Gleichklang der drei Nachhaltigkeitsdimensionen, der Treiber Energie und damit die Nachhaltigkeitsdimension „Ökologie“ im Immobilienbereich dominiert. Des Weiteren liegt der allgemeine Fokus weniger auf dem gesamten Lebenszyklus einer Immobilie, sondern hauptsächlich auf der Nutzungsphase.

Aufbauend auf diesen Erkenntnissen werden die den Immobilienwert beeinflussenden Nachhaltigkeitsparameter identifiziert und ihre Integration in die bestehenden Verfahren geprüft. Hierzu werden zunächst die Anreize zur Investition in nachhaltige Immobilien untersucht. Ursachen für die Erhöhung der Nachfrage nach nachhaltigen Immobilien lassen sich maßgeblich auf den gesellschaftlichen Druck ausgehend von privaten Haushalten, institutionellen Investoren, der Politik und Unternehmen zurückführen. Darüber hinaus werden die wirtschaftlichen Vorteile durch eine Literaturrecherche untersucht. Als wesentliche Vorteile sind hier geringere Energiekosten, eine höhere Arbeitsmotivation der Mitarbeiter sowie weniger krankheitsbedingte Fehltage zu nennen. Es wird gezeigt, dass trotz einheitlicher Hinweise und unabhängig von der gewählten Untersuchungsmethode keine allgemeingültigen Aussagen zur Miethöhe oder dem Immobilienwert getroffen werden können, was hauptsächlich auf den derzeit zu geringen Bestand nachhaltiger Immobilien zurückzuführen ist. Die Untersuchung der relevanten Parameter, die durch die Integration von Nachhaltigkeitsaspekten in der Immobilienbewertung verändert werden müssten, basiert auf der Bestandsaufnahme der gängigen Immobilienbewertungsverfahren und auf den Erkenntnissen der finanziellen Vorteilhaftigkeit nachhaltiger Immobilien. Die Untersuchungen zeigen, dass die vorhandenen Bewertungsverfahren grundsätzlich zur Integration der Nachhaltigkeitsaspekte geeignet sind, allerdings gegenwärtig die notwendigen Erfahrungswerte für die Ermittlung eines Immobilienwertes, der den allgemeinen Bewertungsansprüchen der Objektivität gerecht wird, nicht vorhanden sind.

Abschließend wird ein kapitalmarkttheoretisches Modell zur Bewertung einer möglichen zukünftigen energetischen Modernisierung entwickelt, das auf dem Realoptionsansatz basiert. Zusätzlich zum regulären Immobilienwert wird durch das Modell der Wert der Flexibilität berücksichtigt, der sich aus der Handlungsoption, eine energetische Modernisierung durchzuführen, ergibt. Das Modell fußt auf der Annahme des Kausalmodells, dass der Vermieter zusätzliche Mieteinnahmen basierend auf den Energiekosten nach einer energetischen Modernisierung erzielt. Ferner wird der Wert der Handlungsmöglichkeit durch eine Beispielrechnung nachgewiesen.

Abstract

In times of climate change and scarity of resources real estate is becoming a focus of attention. Real estate accounts for 40% of the anual energy usage and 170 million tons of carbon emissions per year (which is about 20% of total annual carbon emissions) on a national level. For that reason, construction and housing are of equal economical and social importance in the real estate sector. Therefore, the real estate sector offers the greatest opportunity for sustainable transformation of the current wasteful use of resources. Statutory regulations, increasing energy prices and change in the user demand are reasons for the trend of sustainable buildings, but this trend is reflected mainly in newly constructed buildings. Due to fact that the annual rate of construction new buildings is only 0.5%, the savings in the real estate sector is almost non-existent. For that reason existing buildings play an important role in reaching the climate protection goals. Because the majority of the existing buildings were built between 1849 and 1978, these buildings consume up to 80% more energy than a new building. Despite government subsidies, the actual rate of renovations is too small to reach the climate protection goals in the year 2020 and 2050. This mismatch is the focus of this study. The goal of this study is to come up with incenitives, in addition to the government subsidies, that would increase the rate of modernization of existing buildings. Too achieve this goal, the influence of sustainable features on the property value will be examined. Based on the results of the examinations, a capital market based valuation model, which can be used to determine the potential value of a future modernization, will be developed.

The basis of the study is the definition of sustainable buildings, which has several different interpretations. A universal definition is identified out of these different interpretations. Of the three dimentions of sustainability, energy is the focus of this study. Furthermore, the focus of this study is, on the lifecycle of a building, during the usage phase.

Based on the findings in the study, the sustainability features which influence the property value are identified and the integration of these sustainability features in the different appraisal methods is tested. The incentives of an investment in sustainable buildings are examined. Reasons for the increasing demand for sustainable buildings are mainly due to social pressure, from private households, institutional investors and companies. In addition, the economical benefits are examined through literature research. The main advantages are lower energy costs, higher work motivation of employees and less absence due to sickness. However, it cannot be reasonably concluded that sustainable buildings lead to higher rents or higher property values.

The investigation of relevant parameters for the integration of the sustainablilty features is based on the examination of the appraisal approaches mainly used and the research of the monetary benefits of sustainable buildings.

Finally, a theoretical capital market model is developed to assess the value of a potential future modernization. The model is based on the real option approach. In comparsion with the regular appraisal methods, the model further takes into consideration the value of the flexibility to invest in the modernisation either immediately or later. The model by itself is based on a causal model for the division of the monetary benefits between the landlord and the lesee resulting from the energy savings. Furthermore, the value of the opportunity is shown by a sample calculation.

1 Einleitung

1.1 Problemstellung und Relevanz der Thematik

Immobilien dominieren unseren Alltag. So verbringt ein Deutscher 85% seines Lebens in Immobilien.[1] Sie dienen nicht nur als Wohnraum sondern auch als Arbeits- und Bildungsstätte sowie zur Erholung und Versorgung. Auch traditionell besitzen Immobilien sowie der Immobiliensektor ökonomisch eine Sonderstellung. Diese gesamtwirtschaftliche Bedeutung zeigt sich besonders an dem Anteil von 86% des Nettoanlagevermögens[2] in Deutschland im Jahr 2009, was einem Vermögenswert von 6.885,06 Mrd. Euro entspricht.[3] Auch die Immobilienwirtschaft[4] stellt mit 707.000 Unternehmen, 3,8 Mio. Erwerbstätigen und einem Umsatz von 384 Mrd. Euro im Jahr 2006 einen der größten Wirtschaftszweige in Deutschland dar. Verglichen mit der Gesamtwirtschaft der Bundesrepublik Deutschland entspricht dies einem Anteil von 22,8% der Unternehmen, 9,8% der Erwerbstätigen und 7,7% des Umsatzes. Den größten Zweig der Immobilienwirtschaft stellt die Bauwirtschaft im engeren Sinne[5] mit 383.131 Unternehmen und einem Umsatz von ca. 205 Mrd. Euro dar.[6] Während für die Bauwirtschaft die Immobilie maßgeblich das herzustellende Produkt ist[7], bedeutet sie für die Industrie-, Handels- und Dienstleistungsunternehmen sowie für die öffentliche Hand einen Produktionsfaktor. Gebäude können auch als gebaute Umwelt bezeichnet werden. Dieser traditionsreiche und konservative Sektor steht allerdings durch Veränderungen der Umwelt zunehmend vor einem Wandel. Zu nen-

---

[1] Vgl. Piazolo, 2007, S. 215.

[2] „Das Netto-Anlagevermögen zu Wiederbeschaffungspreisen stellt den Betrag dar, der für Ausrüstungsgüter usw. sowie für Bauten/Bauwerke hätte bezahlt werden müssen, wenn die Anlagen zum jeweiligen Berichtszeitpunkt ‚neu' beschafft oder erstellt werden müssten, abzüglich der bis zu diesem Zeitpunkt aufgelaufenen Abschreibungen (Absetzungen für Abnutzung bzw. Alter), bewertet wiederum mit den zum Berichtszeitpunkt gültigen Preisen für derartige Güter bzw. den aktuellen Herstellkosten der Bauwerke", Rußig, 2005, S. 34.

[3] Vgl. Statistisches Bundesamt Deutschland, 2009b, S. 647.

[4] „Die Immobilienwirtschaft umfasst alle wirtschaftlichen Funktionen, bei denen das Wirtschaftsgut Immobilie im Ergebnis des Leistungsprozesses entsteht und die Immobilie wesentlicher Produktionsfaktor ist, der in den Leistungsprozess des Immobilienunternehmens eingebracht wird, um letztendlich ein wirtschaftliches Ergebnis aus der Immobilien erzielen zu können." Brauer, 2009a, S. 9. In der Statistik der Immobilienwirtschaft werden neben der Bauindustrie auch Architekten und Ingenieure, Banken, Vermittler und Verwalter, Vermieter, Immobilienfonds sowie sonstige affine Unternehmen berücksichtigt. Vgl. Voigtländer *u.a.*, 2009, S. 78.

[5] Während unter Bauwirtschaft im weiteren Sinne alle Institutionen verstanden werden, die sich mit der Planung, Durchführung und Nutzung von Bauobjekten und -projekten befassen, bezieht sich der Begriff Bauwirtschaft im engeren Sinne auf unmittelbar am Bau beteiligte Unternehmen des Bauhauptgewerbes und des Ausbaugewerbes. Vgl. Bone-Winkel *u.a.*, 2008a, S. 45.

[6] Vgl. Voigtländer *u.a.*, 2009, S. 78.

[7] Vgl. Heuer/Nordalm, 2001, S. 28.

nen sind hier exemplarisch die Megatrends der Nachhaltigkeit: Klimawandel und Energieverbrauch, Ressourcenverknappung, demographischer Wandel und Süßwassermangel.[8] So kommt die Enquete Kommission des Deutschen Bundestages zu dem Ergebnis, dass das Handlungsfeld Immobilien Bauen und Wohnen gleichermaßen von zentraler wirtschaftlicher und sozialer Bedeutung ist, und es darüber hinaus die größten Handlungspotenziale für eine nachhaltige Gestaltung unseres derzeit verschwenderischen Umgangs mit Ressourcen bietet.[9] So entfallen 42% des Endenergieverbrauches und etwa 35% der CO_2-Emissionen auf den Bau, Betrieb und Rückbau von Bauwerken.[10] Auf nationaler Ebene schätzt die Bundesregierung den Anteil des Energieverbrauches von Gebäuden auf 40%, der mit 170 Mio. Tonnen CO_2-Emissionen pro Jahr ca. 20% der gesamten jährlichen Emissionen in Deutschland verursacht.[11]

Nicht zuletzt aufgrund gesetzlicher Regulierungen, wozu auf europäischer Ebene die Richtlinie zur Gesamtenergieeffizienz von Gebäuden[12] sowie auf nationaler Ebene die Einführung und die Novellierungen der Energieeinsparverordnung zählen,[13] der Nachfrage der Nutzer und dem Energiepreisanstieg resultierten hieraus in der Bau- und Immobilienwirtschaft weitreichende Änderungen, die zu einer „grünen Welle“ in der Branche führte. Die Zahl der „Ökohäuser“ oder zumindest Energiesparhäuser nimmt kontinuierlich zu. Auch bei Großprojekten wird neben der Gestaltung zunehmend auf ökologische und soziokulturelle Aspekte Wert gelegt.[14] Hieraus hat sich in den letzten Jahren der Trend zu nachhaltigen Immobilien entwickelt, die sich von konventionellen Immobilien durch die Berücksichtigung ökonomischer, ökologischer und sozialer Belange abgrenzen. Neben der Entwicklung von planerischen, architektonischen oder bautechnischen Lösungsansätzen im Bereich Energieeffizienz oder des Facilities Managements, kam es auch zur Entwicklung neuer Standards und Gebäudegütezeichen (Label) nachhaltiger Immobilien, von denen zwischenzeitlich

[8] Vgl. BMU, 2008, S. 7-10.
[9] Vgl. Deutscher Bundestag, 1998, S. 4.
[10] Vgl. Commission of the European Communities, 2007, S. 5.
[11] Vgl. BMBF, 2007, S. 2 u. 31-33.
[12] Vgl. Richtlinie 2002/91/EG u. Abschnitt 3.3.2.1, S. 86.
[13] Vgl. BGBl. I, 2001, S. 3085, BGBl. I, 2004, S. 3146, BGBl. I, 2007, S. 1519 u. Abschnitt 3.3.2.2, S. 88.
[14] Vgl. Kemfert, 2010, S. 57.

weltweit 30 solcher Label existieren.[15] Der Fokus dieser Veränderungen lag hauptsächlich auf neuen Immobilien, während der Gebäudebestand, zumindest bislang, von diesen Änderungen weitestgehend unberührt blieb. Allerdings spielen der Gebäudebestand aufgrund der Langlebigkeit des Wirtschaftgutes Immobilie sowie der geringen Neubauquote von 0,5% pro Jahr eine zentrale Rolle bei der Erreichung der Klimaschutzziele.[16] Die Europäische Kommission sieht im Gebäudebestand eine preisgünstige und kurzfristig realisierbare Möglichkeit zur Emissionsminderung. Langfristig geht die Kommission davon aus, dass ca. 90% der Emissionen von Gebäuden bis zum Jahr 2050 zu verringern sind.[17] Allerdings sind, trotz Förderpro-Förderprogramme der Bundesregierung die gegenwärtigen Sanierungsquoten von 0,5% zu gering um diese Ziele zu erreichen.[18] Die Kommission geht, entsprechend den Prognosen, von einer notwendigen Steigerung der Investitionen in energiesparende Gebäudekomponenten und -ausrüstungen in den kommenden zehn Jahren um bis zu 200 Mrd. Euro aus.[19] Auch vom Intergovernmental Panel of Climate Change und dem Stern Review wurden insbesondere Wohn- und Geschäftsgebäude als maßgeblicher Bereich zur Verringer von CO_2-Emisiionen identifiziert und die Förderung einer höheren Energieeffizienz in diesem Bereich vorgeschlagen.[20] An dieser Stelle setzt die Studie an und untersucht, wie ausgehend vom Immobilienwert Impulse für eine Erhöhung der Sanierungsquote ausgehen können und damit zusätzliche Anreize zur staatlichen Förderung zur Erhöhung der Sanierungsquote geschaffen werden können.

1.2 Forschungsbedarf und Zielsetzung der Arbeit

Neben der aufgezeigten Relevanz des Themas in der Immobilienbranche fand in den letzten Jahren in der Wissenschaft eine verstärkte Beschäftigung mit der Fragestellung des Immobilienwertes nachhaltiger Immobilien statt. Oftmals lag der Fokus dieser auf Umfragen zur höheren Zahlungsbereitschaft höherer Mieten für nachhalti-

[15] Vgl. Schäfer *u.a.*, 2008, S. 15, Busch/Wegehaupt, 2010, S. 60, Koch, 2010, S. 158 u. Abbildung 3.3, S. 64.

[16] Vgl. Abschnitt 2.1.2.6, S. 24 u. Abbildung 5.4, S. 196.

[17] Als eine Möglichkeit zur Erreichung dieses Ziels sieht die Kommission zwar auch die eine Einführung des Nullenergiestandards für Neubauten, gleichzeitig sieht sie in der Nachrüstung von Bestandsgebäuden die größte Herausforderung. Vgl. Europäische Kommission, 2011, S. 8.

[18] Vgl. Auer *u.a.*, 2008, S. 22f.

[19] Vgl..Europäische Kommission, 2011, S. 9.

[20] Vgl. Levine *u.a.*, 2007, S. 387ff. u. Stern, , S. 324ff.

ge Immobilie sowie empirischen Untersuchungen auf der Ermittlung des Mehrwertes, der Mieteinnahmen oder des höheren Vermietungserfolges der von nachhaltigen Immobilien im Vergleich zu konventionellen Immobilien ausgeht. Die folgende Tabelle zeigt einen Überblick über diese Studien.

Autor	Methode	Ergebnis
Jones Lang LaSalle, 2008	Umfrage von 400 Vermietern in Singapur, Denver, Melbourne und London	62% akzeptieren einen Aufschlag von 1% bis 10% und 8% über 10%
Cushman & Wakefield, 2007	Befragung von 825 Vermietern und Mietern in Europa	45% der Mieter akzeptieren einen Aufschlag, 47% der Vermietern würden einen Aufschlag beim Immobilienpreis bezahlen
Cushman & Wakefield, 2009	Befragung von 750 Vermietern und Mietern in Europa	39% der Mieter sind bereit einen Aufschlag zu bezahlen, 44% der Vermieter gehen von höheren Immobilienwerten aus
Colliers International, 2007	Umfrage unter kanadischen Mietern	63% der Mieter sind bereit einen Aufschlag für nachhaltige Immobilien zu entrichten
Sayce, u.a., 2007	Drei Umfragen von Banken, Investoren, Projektentwicklern u. Immobilienberatern in Großbritannien in den Jahren 1995, 2000 u. 2005	80% gehen von einem Einfluss auf den Immobilienwert aus, 70% sehen diesen allerdings erst in den nächsten 5 Jahren
Eichholtz, u.a., 2008	Regressionsanalyse in den USA mit 7.489 konventionellen und 694 nachhaltigen Bürogebäuden	Die nachhaltigen Immobilien erzielen eine höhere Miete von 2,6%, unter Berücksichtigung des geringeren Leerstands ergibt sich ein Unterschied von 6%
Fuerst/McAllister, 2008	Regressionsanalyse in den USA, von den 3626 untersuchten Gebäuden sind 110 LEED zertifiziert und 433 Energy Star ausgezeichnet	Die nachhaltigen Gebäude haben 6% höhere Mieten sowie einen höheren Immobilienwert von 31% bei Energy Star ausgezeichneten Gebäuden und 35% bei LEED Zertifizierung
Fuerst/McAllister, 2009	Untersuchung des Vermietungserfolgs nachhaltiger Immobilien	Der Vermietungserfolg von LEED zertifizierten Gebäuden ist 8% höher, bei einer Energy Star Auszeichnung ist er 3% höher
Wiley, u.a., 2010	Regressionsanalyse auf 46 Immobilienmärkten in den USA	LEED zertifizierte Gebäude erzielen höhere Mieten zwischen 15,2% und 17,3%, eine höhere Vermietungsrate von 16% bis 18%. Gebäude mit Energy Star Label erzielen höhere Mieten von 7,3% bis 8,6% sowie eine höhere Vermietungsrate von 10% bis 11%
Pivo/Fisher, 2008	Untersuchung der Mieteinnahmen und des Immobilienwerts von Gebäuden mit einer Energy Star Auszeichnung	Gebäude mit dem Energy Star Label haben eine höhere Miete von 4,8% und einen höheren Immobilienwert von 13,5% als Gebäude ohne diese Auszeichnung
Miller, u.a., 2008	Untersuchung des Immobilienwerts nachhaltiger Immobilien	Die Untersuchungen führen zu keinem signifikanten Ergebnis
Salvi, u.a., 2008	Untersuchung des Immobilienwerts nachhaltiger Wohnimmobilien in der Schweiz	Minergie ausgezeichnete Einfamilienhäuser haben einen höheren Wert von 7% sowie Eigentumswohnungen von 3,5%

Tabelle 1.1: Zusammenfassung der Studien zur Performance nachhaltiger Immobilien

Quelle: eigene Darstellung

Insgesamt zeigen diese Untersuchungen zwar einen Trend zu einer höheren Zahlungsbereitschaft für nachhaltige Immobilien. Dieser Trend wird auch von den empirischen Untersuchungen unterstützt. Allerdings weisen speziell die empirischen

Untersuchungen Schwächen hinsichtlich der statistischen Konsistenz auf. Ein Grund hierfür ist vor allem die noch nicht ausreichende Anzahl nachhaltiger bzw. zertifizierter Immobilien, die für belastbare Ergebnisse notwendig wären. [21] Weitere Untersuchungen in diesem Bereich thematisieren die Integration von Nachhaltigkeitsaspekten im Rahmen der Immobilienbewertung. Neben dem ESI-Faktor, der vom Center of Corporate Responsibility and Sustainability der Eidgenössischen Technischen Hochschule Zürich entwickelt wurde,[22] sind hier auch die Forschungsprojekte „Neue Immo-Standards“[23] sowie „Methodologies for Integration of Energy Performance and Life-Cycle Costing Indicators into Property Valuation Practice“[24] zu nennen. Innerhalb dieser Studien wird entweder die Integration in die bestehenden Immobilienbewertungsverfahren mittels eines Faktors oder Zu- bzw. Abschlägen vorgeschlagen, was eine Modifikation der Bewertungsverfahren darstellt. Deshalb stellt sich bei diesen Ansätzen die Frage, ob eine Akzeptanz des Marktes hinsichtlich der Veränderung der Bewertungsverfahren besteht. Aufgrund der zeitlichen Nähe kann in dieser Arbeit noch keine Aussage über die Akzeptanz der Verfahren gemacht werden. Bei allen zuvor aufgeführten Studien bezieht sich die Ermittlung des Mehrwertes ausschließlich auf den aktuellen Status-quo der Immobilien, entsprechend der zuvor formulierten Zielsetzung, die Anreize zur Erhöhung der Sanierungsquote zu steigern. In diesem Zusammenhang existieren zwar Arbeiten zur Rentabilität energetischer Modernisierungen, allerdings konnten innerhalb dieser Arbeit keine Untersuchungen identifiziert werden,[25] die den Einfluss einer energetischen Modernisierung auf den Immobilienwert ausreichend thematisieren.

Zielsetzung dieser Untersuchung ist es daher, zu erforschen, welche Auswirkungen Nachhaltigkeitsmerkmale auf den wirtschaftlichen Wert einer Immobilie haben und wie sich eine mögliche zukünftige Modernisierung auf den Immobilienwert auswirkt.

Diese zentrale Forschungsfrage lässt sich in die folgenden drei Unterpunkte gliedern, die einerseits zur Konkretisierung der Fragestellung dienen und andererseits die Struktur der Arbeit vorgeben:

---

[21] Vgl. Abschnitt 3.3.3.5, S. 107.
[22] Vgl. Meins, 2010.
[23] Vgl. Geissler *u.a.*, 2010b.
[24] Vgl. Bienert *u.a.*, 2010.
[25] Vgl. z. B. Kießling, 2008 u. Loga *u.a.*, 2007.

- die Spezifikation der Nachhaltigkeit im Immobilienbereich
- die Identifikation der den wirtschaftlichen Immobilienwert beeinflussenden Parameter für die investitionstheoretische Bewertung und die Veränderung der Parameter durch die Integration der Nachhaltigkeit
- die Entwicklung eines kapitalmarkttheoretisch begründeten Bewertungsmodells, in welchem Nachhaltigkeitsaspekte als wertschöpfende Faktoren integriert, berücksichtigt werden.

1.3 Gewählte Vorgehensweise

Der inhaltliche Aufbau dieser Arbeit zur Beantwortung der Forschungsfragen wird in der folgenden Abbildung dargestellt.

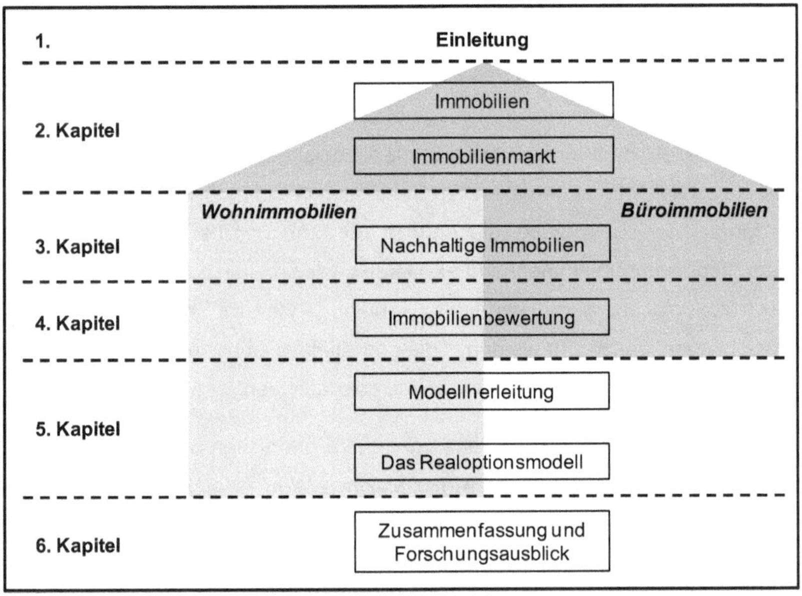

Abbildung 1.1: Inhaltlicher Aufbau der Arbeit
Quelle: eigen Darstellung

Zur Beantwortung der Forschungsfragen, die sich auf nachhaltige Immobilien und deren Bewertung bezieht, ist zunächst der Forschungsgegenstand Immobilie zu definieren, da eine solche Definition als Grundlage für die weitere Bearbeitung notwendig ist. Diese Definition erfolgt in Kapitel 2. Hierbei wird gezeigt, dass sich eine Immobilie durch ihre Eigenschaften wesentlich von anderen Wirtschaftsgütern unterscheidet. Basierend auf der Beschreibung der sieben Eigenschaften des Wirtschaftsgutes Immobilie (Abschnitt 2.1.2) wird gezeigt, dass diese auch einen wesentlichen Einfluss auf den Immobilienmarkt haben. Dies wird besonders im Vergleich zum Kapitalmarkt deutlich. Diese Diskussion findet auch im Hinblick auf die Fragestellung, der Entwicklung eines kapitalmarktorientierten Modells bereits in Abschnitt 2.2 statt. Trotz diverser Unterschiede beider Märkte existieren Kapitalanlagen, die beide Märkte verbinden. So werden die Anteile dieser Kapitalanlagen einerseits auf dem Kapitalmarkt gehandelt, während die Gesellschaften gleichzeitig Immobilien auf dem Immobilienmarkt kaufen bzw. verkaufen. Sie stellen damit eine der bedeutendsten Investorengruppe des Immobilienmarktes dar. Auch aufgrund ihrer Relevanz als Investor werden die wesentlichen Anlageformen in Abschnitt 2.2.3 erläutert.

Im dritten Kapitel wird zunächst die Nachhaltigkeit in der Immobilienwirtschaft beschrieben, um eine geeignete Definition für den Begriff „Nachhaltige Immobilie" festzulegen. Zusätzlich wird das Zertifizierungsverfahren nachhaltiger Immobilien beschrieben und die relevantesten Systeme in Deutschland vorgestellt (Abschnitt 3.2). Hierbei werden wesentlichen Unterschiede zum üblichen Rating von Unternehmen am Kapitalmarkt aufgezeigt. Diese begrifflichen Feststellungen und Beschreibungen bilden die Grundlage für die anschließende Erörterung der Anreize zur Investition in nachhaltige Immobilien (Abschnitt 3.3). Die Diskussion ist gleichzeitig als Einstieg in die Analyse der Immobilienwert beeinflussenden Parameter nachhaltiger Immobilien zu verstehen, da hier die Entstehung der Nachfrage nach nachhaltigen Immobilien beschrieben wird. Neben einer Veränderung des gesellschaftlichen Verständnisses wird hier auch ein Überblick über die Entwicklung der regulatorischen Rahmenbedingungen gegeben, die das Steuerungsinstrument des Gesetzgebers für eine nachhaltige Entwicklung in der Immobilienwirtschaft darstellen. Ebenfalls ein Grund für den Trend der Zunahme nachhaltiger Immobilien sind deren wirtschaftlichen Vorteile. Sie stellen auch den Ansatzpunkt für die Integration der Nachhaltigkeitsaspekte in die Immobilienbewertung dar. Grundlage für diese Beschreibung (Abschnitt 3.3.3) ist eine Literaturrecherche von Umfragen und Studien. Hierbei wird zwischen allgemeinen Aussagen, Studien zu einzelnen Aspekten, der

Betrachtung über den gesamten Lebenszyklus sowie Untersuchungen zur Performance nachhaltiger Immobilien unterschieden.

Der Fokus der Untersuchungen in Kapitel 3 besteht auf der Integration der Nachhaltigkeitsaspekte in die Immobilienbewertung. Bevor die Berücksichtigung der im vorherigen Kapitel ermittelten Erkenntnisse in die Immobilienbewertung diskutiert werden kann, ist zunächst die Beschreibung der Grundlagen der Immobilienbewertung sowie der Wertbegriffe im Immobilienbereich notwendig. Diese Definitionen bilden die Basis für die unterschiedlichen Immobilienbewertungsverfahren. Nachdem einige dieser Verfahren in Deutschland streng reguliert sind, findet innerhalb der Beschreibung eine Unterscheidung in normierte und nichtnormierte Verfahren statt. Ansatzpunkt zur Integration der Nachhaltigkeitsaspekte in die Immobilienbewertung (Abschnitt 4.4) bildet die Identifikation der wertrelevanten Parameter der einzelnen Verfahren. Gegenstand dieser Diskussion sind auch weitere Arbeiten, die sich ebenfalls mit der Berücksichtigung von Nachhaltigkeitsaspekten auseinandersetzen. Abschließend wird aus der Auswahl der unterschiedlichen Nachhaltigkeitsaspekte vor allem die Energieeffizienz von Immobilien thematisiert. Es wird gezeigt, welchen Einfluss diese Eigenschaft auf den Immobilienwert hat, wodurch der Grundstein für die Entwicklung des Bewertungsmodells zur Berücksichtigung einer zukünftigen Modernisierung i. S. einer wirtschaftlichen Handlungsmöglichkeit gelegt wird.

Die Entwicklung des kapitalmarktorientierten Modells zur Berücksichtigung der Handlungsmöglichkeit einer zukünftigen energetischen Modernisierung wird in Kapitel 1 erläutert. Hierzu wird zunächst das Handlungspotenzial, die Grundlage des Modells aufgezeigt. Auch die Eingrenzungen auf Wohnimmobilien sowie auf die energetischen Eigenschaften werden begründet. In einem weiteren Schritt werden, ausgehend von der bestehenden Gesetzgebung und dem hieraus resultierenden Nutzer-Investor-Dilemma, was als eine Ursache der schleppenden Modernisierung von Bestandsimmobilien angesehen wird, Lösungsvorschläge dieser Problematik erörtert. Aus dieser Analyse geht das Kausalmodell, auf dem das entwickelte Modell basieren wird, hervor. Mit der anschließenden Literaturrecherche zum Realoptionsansatz wird gezeigt, dass dieser Ansatz im Immobilienwesen bereits fest verankert ist, wenngleich sich seine Anwendung bislang vor allem auf theoretische Untersuchungen beschränkt. Ferner werden relevante Erfahrungen und Ergebnisse, die an dieser Stelle aufgezeigt werden, für die Entwicklung des Modells verwendet. In Abschnitt 5.4 wird der Aufbau des Modells, in dem die Ergebnisse aus den vorherigen Kapiteln eingehen, beschrieben. Für den Aufbau des Modells wird die Wahl der Bewertungsmethode und die Herleitung der relevanten Parameter zur Anwendung des Modells begründet. Eine Abweichung der bisher gewählten theoretisch-deduktiven Vorgehensweise stellt die Beispielberechnung des Modells dar, die die praktische Anwendbarkeit des Modells zeigen soll. Die Sensitivitätsanalysen, die die Abhängigkeit von der Entwicklung einzelner Parameter aufzeigen sollen, und die kritische Würdigung des Modells bilden den Abschluss des Kapitels.

Die Arbeit endet im sechsten Kapitel mit der Zusammenfassung, in der die Erkenntnisse der gesamten Untersuchung abschließend gewürdigt werden und ein Ausblick auf zukünftige Forschungsfelder gegeben wird.

2 Immobilien und der Immobilienmarkt

Bevor nachhaltige Immobilien definiert und deren Treiber analysiert werden können, muss zunächst geklärt werden, was genau unter den Begriffen „Immobilie" und „Immobilienmarkt" zu verstehen ist. Hierzu ist in einem ersten Schritt ein klares Begriffsverständnis von Immobilien erforderlich (Kapital 2.1.1). Darauf aufbauend werden die spezifischen Charakteristika des Wirtschaftsgutes Immobilie aufgezeigt, die dieses von anderen Gütern eindeutig abgrenzt (Kapitel 2.1.2). Nachfolgend werden die Besonderheiten des Immobilienmarktes, die maßgeblich aus den Eigenschaften des Gutes Immobilie resultieren, analysiert sowie eine Einordnung des Immobilienmarktes vorgenommen (Kapitel 2.2.1 und 2.2.2). Abschließend werden jene Anlagevehikel zur indirekten Immobilienanlage beschrieben, die eine Verbindung des Immobilienmarktes und des Kapitalmarktes darstellen (Kapitel 2.2.3), da hiervon auch entscheidende Impulse auf die Nachfrage nach nachhaltigen Immobilien ausgehen.

2.1 Immobilien

2.1.1 Der Immobilienbegriff

Im allgemeinen Sprachgebrauch existieren eine Vielzahl teilweise synonym verwendeter Wörter für den Begriff Immobilie, wie z. B.: „Grundstück" und „grundstückgleiches Recht", „Gebäude", „Grund und Boden", „Liegenschaft", „Grundbesitz" oder auch „Realvermögen" bzw. „Grundvermögen".[26] Aus wissenschaftlicher Sicht fand die Immobilie hinsichtlich ihrer funktionsspezifischen Vielfalt in den sie tangierenden Wissenschaftsbereichen – Wirtschaft, Recht, Bauwesen, Architektur, Geodäsie, Soziologie usw. – sehr früh Beachtung, nur fand die Betrachtung zumeist einzelwissenschaftlich und einzelaspektisch statt.[27] Ein Grund hierfür ist unter anderem die Vieldimensionalität des Erfahrungsobjektes, die eine enge Verzahnung verschiedener Forschungsgebiete erfordert.[28] Oft scheitert auch ein Zusammenspiel an der mangelhaften Differenzierungsbereitschaft der einzelnen Wissenschaften.[29] Dies ist auch eine Ursache dafür, dass der Begriff der Immobilie selbst keine allge-

---

[26] Vgl. Bone-Winkel *u.a.*, 2008c, S. 5.
[27] Vgl. Baumunk, 2004, S. 17.
[28] Vgl. Schäfers/Schulte, 1999, S. 26.
[29] Vgl. Oettle, 2001, S. 15.

meingültige Definition besitzt. Vielmehr unterscheiden sich die jeweiligen Definitionen nach wissenschaftlichen Disziplinen. Hierbei lässt sich grob nach ingenieurwissenschaftlichen (physischen), rechtlichen und ökonomischen Immobilienbegriffen unterscheiden. Der physische Immobilienbegriff ist die intuitivste und die wahrscheinlich am weitesten verbreitete Definition.

2.1.1.1 Der physische Immobilienbegriff

Aus physikalischer Sichtweise[30] stellen die materiellen Eigenschaften die bestimmenden Merkmale der Immobilie dar: Wände, Böden, Decken und Dächer werden auf einem Segment der Erdoberfläche errichtet und bilden ein dreidimensionales Gebilde. Durch diese künstliche, materielle Barriere werden sowohl Flächen und Räume geschaffen sowie eine Abtrennung zwischen „innen" und „außen" erzielt. Bei dieser Betrachtungsweise werden ausschließlich die Gebäudestrukturen berücksichtigt, Grund und Boden sowie die Nutzenstiftung der Immobilie bleiben hierbei unberücksichtigt. Deshalb ist diese Definition zwangsläufig (zu) eng gefasst.[31]

2.1.1.2 Der juristische Immobilienbegriff

Aus juristischer Betrachtungsweise findet der Begriff Immobilie weder in Gesetzen noch in Rechtsnormen eine einheitliche Verwendung. Lange hat er eine eher untergeordnete Rolle gespielt und erst langsam kann der Begriff in vereinzelten Gesetzestexten wiedergefunden werden. Ein Beispiel hierfür ist das Investmentgesetz (InvG): *„Vermögensgegenstände im Sinne dieses Gesetzes sind [...] 5. Grundstücke, grundstücksgleiche Rechte und vergleichbare Rechte nach dem Recht anderer Staaten (Immobilien)"*.[32] In der für die Wertermittlung relevanten Rechtsnorm hielt der Begriff erst im Jahr 2010 durch die Novellierung der Wertermittlungsverordnung im Titel Einzug. Innerhalb der Rechtsnorm wird der Begriff, wie beispielsweise im Bau Gesetzbuch (BauGB) oder dem Bürgerlichen Gesetzbuch (BGB), nicht verwendet. Vielmehr steht der Begriff „Grundstück", über den der Immobilienbegriff hergeleitet werden kann, im Vordergrund. Nach dem katasterrechtlichen Grundstücksbegriff wird unter einem Grundstück ein zusammenhängender Teil der Erdoberfläche, der im Kataster unter einer eigenen Flurstücknummer geführt wird,

---

[30] Phyrr, u. a. bezeichnet diesen Ansatz auch als „bricks and motar concept". Pyhrr *u.a.*, 1989, S. 3.
[31] Vgl. Bone-Winkel *u.a.*, 2008c, S. 7, Abromeit-Kremser, 1986, S. 28 u. Pyhrr *u.a.*, 1989, S. 3.
[32] §2 Abs. 4 InvG.

verstanden.[33] Im sachrechtlichen Sinn besteht ein Grundstück - unabhängig von dessen Nutzungsart - aus einem räumlich abgegrenzten Teil der Erdoberfläche, die im Bestandsverzeichnis eines Grundbuchblattes[34] unter einer besonderen Nummer eingetragen sind sowie aus mehreren Flurstücken bestehen kann.[35] Nach §905 BGB erstreckt sich das Recht des Eigentümers nicht ausschließlich auf die Fläche, sondern auch auf einen Raum über und unterhalb der Erdoberfläche. Wesentliche Bestandteile sind gemäß §94 BGB mit dem Grund und Boden fest verbundene Sachen, insbesondere Gebäude.

Obwohl in den Rechtswissenschaften keine einheitliche Begriffsauffassung der Immobilie besteht, wird der Immobilienbegriff im Wesentlichen über den Grund und Boden hergeleitet und so werden Gebäude, im Gegensatz zur physischen Definition, nicht als eine eigenständige Sache sondern als ein Bestandteil angesehen. Hierdurch wird bei der rechtlichen Definition die Nutzenstiftung des Gebäudes durch die Fokussierung auf den Grund und Boden vernachlässigt.[36]

2.1.1.3 Der wirtschaftliche Immobilienbegriff

Der zuvor beschriebenen physischen und juristischen Sichtweisen, dem grundlegenden Verständnis der Immobilie als dreidimensionales Konzept, ist aus wirtschaftlicher Betrachtungsweise, d. h. aus Sicht des Eigentümers bzw. Investors, die vierte Dimension Zeit hinzuzufügen.[37] Erst dieses dynamische Verständnis der Immobilie ermöglicht die Bewertung der Eigentumsrechte einer Immobilie und damit die Betrachtung aus betriebswirtschaftlicher Perspektive.[38] Des Weiteren lässt sich vom ökonomischen Verständnis zwischen einem investitionstheoretischen und produktionstheoretischen Verständnis von Immobilien unterscheiden. Investitionstheoretisch

---

[33] Vgl. Eickmann/Pringer, 1988, S. 71.

[34] Das Grundbuch ist ein öffentliches Register und soll erforderliche Klarheiten über dringliche Rechtszustände an Grundstücken bringen. Das Grundbuch dient im Wesentlichen zur Offenlegung der Eigentumsverhältnisse an Grundstücken, zur Kenntlichmachung von dinglichen Belastungen sowie zur Festlegung der Rangverhältnisse untereinander. Vgl. Steinforth, 2009, S. 67.

[35] Grundbuchordnung (GBO) § 3 Abs. 1. „Das Flurstück selbst ist kein Grundstück, sondern lediglich eine vermessungstechnische Einheit. Ein Grundstück kann deshalb aus einem Flurstück oder aber auch aus mehreren Flurstücken bestehen." Kreikenbohm, 2005, S. 36 sowie Thiele-Mühlhan, 2006, S. 59f.

[36] Vgl. Bone-Winkel *u.a.*, 2008c, S. 10.

[37] Vgl. Graaskamp, 1992, S. 620 u. Pyhrr *u.a.*, 1989, S. 4.

[38] Vgl. Bone-Winkel, 1994, S. 23 u. Pyhrr *u.a.*, 1989, S. 4.

sind Immobilien eine Kapitalanlage oder ein Sachgut, während sie aus produktionstheoretischer Sicht einen Produktionsfaktor darstellen.[39]

Innerhalb der investitionstheoretischen Betrachtungsweise nehmen Immobilien eine heterogene Position ein. Erfolgt die Investition in Immobilien mit dem Ziel, eine Transformation von Raum-Zeit-Einheiten in Geld-Zeit-Einheiten zu bewirken, wird die Immobilie allgemein als Kapitalanlage[40] oder Investment angesehen. Durch die entgeltliche Überlassung der Immobilie bzw. des begründeten Raums wird die Immobilie zu einem Vermögensgegenstand für den Investor. Hierbei wird deutlich, dass Immobilien für sich keinen intrinsischen, isolierbaren Wert besitzen, sondern dieser nur durch einen vorhandenen Markt entsteht, auf dem Eigentümer Raumeinheiten für einen begrenzten Zeitraum zur Verfügung stellen und Nachfrager vorhanden sind, die die angebotenen Raumnutzung konsumieren und dafür bereit sind, Geldeinheiten zu entrichten.[41] Im Immobilienbereich stehen einem Kapitalgeber mehrere Möglichkeiten für die Investition zur Verfügung. So kann Kapital entweder direkt in eine Immobilie investiert werden, d. h. ein Objekt wird von einem oder mehreren Investoren gekauft [42] oder indirekt über eine Immobilienanlage angelegt werden. Die

---

[39] Vgl. Brauer, 2009a, S. 4 u. Schäfers, 1997, S. 14.

[40] Als Kapitalanlage wird der Prozess der Anlage eines Geldbetrages über eine Periode, d. h. zwischen zwei Zeitpunkten mit dem Ziel der Renditeerzielung bezeichnet. Vgl. Spreemann, 2010, S. 11.

[41] Vgl. Brunner, 2009a, S. 21, Pyhrr *u.a.*, 1989, S. 4, Schäfers, 1997, S. 14; Bone-Winkel, 1994, S. 23, Abromeit-Kremser, 1986 u. Bevan, 1991 S. 115.

[42] Der Vorteil dieser Investitionsform ist die direkte Kontrolle, die der Besitzer über die Immobilie hat. Mittels dieser Kontrolle besteht die Möglichkeit der aktiven Wertsteuerung und Wertschöpfung, die bei anderen Anlageformen wie beispielsweise Aktien oder Anleihen nicht gegeben ist. Die Nachteile der direkten Immobilienanlage sind eine geringe Flexibilität, hervorgerufen durch eine geringe Marktliquidität des Immobilienmarktes, ein hoher Verwaltungsaufwand und hohe Such-, Bewertungs- und Transaktionskosten. Vgl. Schulte/Holzmann, 2005, S. 37f., Schäfer *u.a.*, 2008 sowie zum Immobilienmarkt Kapitel 2.2, S. 28ff.

folgende Abbildung gibt einen Überblick über die verschiedenen Möglichkeiten sowie die Immobilienanlageprodukte[43].

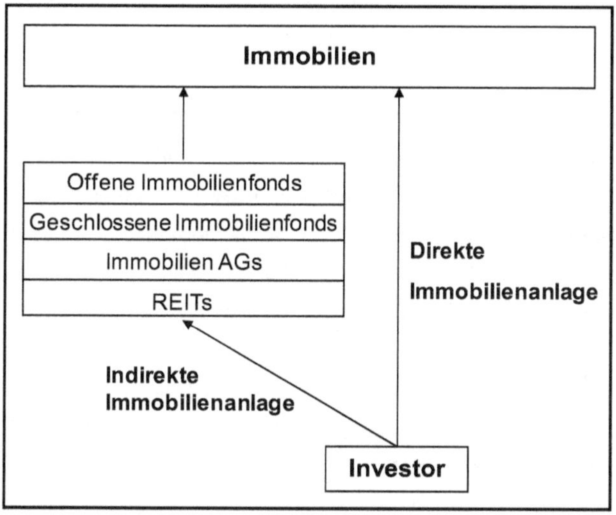

Abbildung 2.1: Die Immobilienbeteiligungsformen
Quelle: eigene Darstellung

Der Kapitalanlage stehen langfristige Sachinvestitionen von Unternehmen, die dauerhaft dem Geschäftsbetrieb dienen, gegenüber und bilden gemeinsam mit weiteren materiellen, immateriellen und finanziellen Gegenständen den Vermögensgegenstand der Unternehmen. Dieser Vermögensgegenstand wird auf der Aktivseite der Bilanz ausgewiesen.[44]

---

[43] Die indirekte Immobilienanlage ist das Pendant zur direkten Immobilienanlage. Hier kauft der Anleger Anteile einer Gesellschaft, die Immobilien entwickelt, baut und betreibt. Bei einer indirekten Immobilienanlage erwirbt der Investor kein Sachvermögen, sondern eine verbriefte Anlage, die an organisierten Märkten gehandelt wird. Der Investor hat unter Umständen die Möglichkeit, sich bereits mit einem geringen Kapitaleinsatz an Immobilienanlagen zu beteiligen. Allerdings hat der Investor im Gegensatz zur direkten Immobilienanlage eine geringe bzw. keine Kontrolle über die aktive Wertsteuerung und Wertschöpfung. Die Vorteile der indirekten Kapitalanlage sind eine höhere Flexibilität und eine bessere Diversifikation. Des Weiteren haben die Anbieter von indirekten Immobilienanlagen einen geringeren Verwaltungsaufwand pro Objekt und niedrigere Informationskosten. Die hier genannten Vorteile der indirekten Immobilienanlage treffen auf das gesamte Angebot zu, allerdings unterscheiden sich die jeweiligen Ausprägungen der Vorteile nach Immobilienanlage. Vgl. Rehkugler *u.a.*, 2005, S. 6, Schulte/Holzmann, 2005, S. 39, Häggi, 2000, S. 3, Rehkugler/Sotelo, 2009, S. 12 sowie Abschnitt 2.2.3, S. 40ff.

[44] Vgl. Schäfers, 1997, S. 15, Baetge *u.a.*, 2001, S. 273, Coenenberg *u.a.*, 2009 S. 149 sowie § 247 Abs. 2 Handelsgesetzbuch (HGB).

Die produktionstheoretische Betrachtungsweise findet ihren Ursprung in der traditionellen volkswirtschaftlichen Unterteilung der Produktionsfaktoren [45] in den drei Grundelementen „Boden“, „Arbeit“ und „Kapital“.[46] Heutzutage werden die Produktionsfaktoren in die Kategorien „Arbeit“, „Kapital“ und „Natürliche Ressourcen“ gegliedert. Immobilien sind nach dieser Kategorisierung Bestandteil des Kapitals, das sich einerseits aus Maschinen und Anlagen, auch Realkapital genannt, sowie aus Gebäuden und Verkehrswegen zusammensetzt.[47] Gemäß dieser Einteilung stellen Immobilien aus produktionstheoretischer Sichtweise Betriebsmittel dar und sind somit eine notwendige Voraussetzung für den leistungswirtschaftlichen Faktorkombinationsprozess innerhalb von Unternehmen.[48] Als Betriebsmittel gehören Immobilien, wie in der folgenden Abbildung dargestellt, zu dem Ressourcen- bzw. Produktionsfaktorbestand[49] von Unternehmen, da eine Produktion von Sachgütern oder Dienst-Dienstleistungen nur dann möglich ist, wenn menschliche Betriebsmittel, aber auch Immobilien im Rahmen der Faktorkombination verbunden werden.[50] In diesem Sinne stellen Immobilien die räumliche Dimension des Leistungsprozesses dar.[51]

---

[45] Produktionsfaktoren (Inputs) sind Güter, die innerhalb des Produktionsprozesses kombiniert werden, um andere Güter, sogenannte Outputs, herzustellen. Vgl. Corsten/Gössinger, 2009, S. 4.

[46] Vgl. Busse von Colbe/Laßmann, 1991, S. 76.

[47] Vgl. Rogall, 2006, S. 36.

[48] Nach GUTENBERG gehören alle bebauten oder unbebauten Betriebs-, Verwaltungs-, Wohn- und Abbaugrundstücken zu den Betriebsmitteln. Ferner bilden nach GUTENBERG die Betriebsmittel die technische Voraussetzung der betrieblichen Leistungserstellung. Vgl. Gutenberg, 1983, S. 4.

[49] Die Bestände der Produktionsfaktoren (Faktorbestände) gehen nicht selbst in die Produktion ein sondern deren Leistungsabgaben. Diese Leistungsabgaben stellen eine „Stromgröße“ dar, während der Produktionsapparat eine Bestandsgröße ist. Vgl. Kühne-Büning, 2005a, S. 7.

[50] Vgl. Bone-Winkel *u.a.*, 2008c, S. 11f. u. Gutenberg, 1983, S. 2.

[51] Vgl. Schäfers, 1997, S.15.

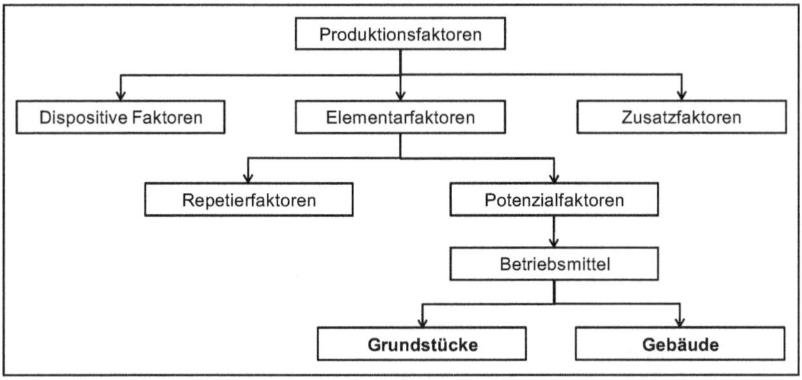

Abbildung 2.2: Immobilien als Produktionsfaktor in Unternehmen
Quelle: Schäfers, 1997 S. 15, in Anlehnung an Busse von Colbe/Laßmann, 1991, S. 83

Abschließend lässt sich konstatieren, dass sich, unabhängig von der investitionstheoretischen oder produktionstheoretischen Betrachtungsweise, der wirtschaftliche Charakter aus der Nutzung und nicht aus der physischen Produktion ergibt. Hierdurch resultiert der Wert der Immobilie nicht aus den historischen Herstellkosten, sondern aus der finanziellen Honorierung der Nutzung durch den Markt.[52]

Für diese Arbeit empfiehlt es sich von der rein wirtschaftswissenschaftlichen Sichtweise[53], die die Immobilie ausschließlich auf ihre Erträge reduziert, abzuweichen, um auch die zuvor dargestellten physischen und juristischen Definitionen zu berücksichtigen. Deshalb wird für die weiteren Ausführungen die immobilienökonomische Definition von Bone-Winkel, u. A. übernommen: *„Immobilien sind Wirtschaftsgüter, die aus unbebauten Grundstücken oder bebauten Grundstücken mit dazugehörigen Gebäuden und Außenanlagen bestehen. Sie werden von Menschen im Rahmen physischer-technischer, rechtlicher, wirtschaftlicher und zeitlicher Grenzen für Produktions-, Handels-, Dienstleistungs- und Konsumzwecke genutzt“.*[54] Der erste Satz definiert die Immobilie als Wirtschaftsgut[55], dessen Eigenschaften innerhalb des nächsten Abschnitts beschrieben werden. Begrifflich wird in den weiteren Ausführun-

[52] Vgl. Gondring, 2004, S. 33 und Bone-Winkel *u.a.*, 2008c, S. 10.
[53] Vgl. Schulte *u.a.*, 2008, S. 13.
[54] Bone-Winkel *u.a.*, 2008c, S. 16.
[55] Hierbei ist der Begriff Wirtschaftsgut nicht im Terminus des Einkommenssteuerrechts gemeint, sondern vielmehr ähnlich dem volkswirtschaftlichen Güterbegriff als „Gut der Wirtschaft“. Vgl. Bone-Winkel *u.a.*, 2008c, S. 5.

gen dieser Arbeit der Begriff Grundstück für das unbebaute Grundstück verwendet, während der Begriff Immobilie ein bebautes Grundstück, d. h. ein mit dem Grundstück verbundenes Gebäude, bezeichnet.

2.1.2 Die Eigenschaften des Wirtschaftsgutes Immobilien

Aus dieser Definition des Immobilienbegriffes lassen sich die sieben wesentlichen Eigenschaften, die das Wirtschaftsgut Immobilie ausmachen und die es von anderen Wirtschaftsgütern abgrenzen, ableiten.

- Standortgebundenheit
- Heterogenität
- Lange Produktionsdauer
- Hohe Kapitalbindung
- Hohe Transaktionskosten
- Dauerhaftigkeit
- Begrenzte Substituierbarkeit.

Diese Eigenschaften werden in den folgenden Ausführungen näher erläutert.

2.1.2.1 Standortgebundenheit

Die Standortgebundenheit oder auch Immobilität[56] stellt das zentrale Charakteristikum einer Immobilie dar. Die Verbindung mit dem Grund und Boden und der damit einhergehenden Unbeweglichkeit geht sowohl aus der physischen wie auch der juristischen Definition des Immobilienbegriffes hervor. [57] Die tatsächliche sowie potenzielle Nutzenstiftung einer Immobilie steht in Abhängigkeit von den rechtlichen und faktischen Gegebenheiten des Grund und Bodens. Hieraus resultiert, dass Boden und Gebäude als komplementäre Güter anzusehen sind. [58] Rechtliche und faktische Gegebenheiten des Grundes bestehen beispielsweise hinsichtlich Planungs- und Genehmigungshoheiten der Kommunen, welche die

---

[56] In der Literatur finden die Begriffe Standortgebundenheit und Immobilität synonyme Verwendung. So verwenden KÜHNE-BÜNING sowie BRAUER den Begriff „Standortgebundenheit", während BONE-WINKEL, U. A. und LOOS die Eigenschaft „Immobilität" nennen. Vgl. Kühne-Büning, 2005a, S. 9, Brauer, 2009a, S. 10, Loos, 2005, S. 11 u. Bone-Winkel *u.a.*, 2008c, S. 16.

[57] Vgl. die Abschnitte 2.1.1.1, S. 12 u. 2.1.1.2, S. 12.

[58] Vgl. Heuer *u.a.*, 1985, S. 41 u. Kühne-Büning, 2005a, S. 10.

Verfügungsberechtigung über den Grund und Boden beschränken.[59] Daneben resultiert die Abhängigkeit von der benachbarten Nutzung, die eine Abstimmung mit anangrenzenden Eigentümern, Investoren und Entwicklern erforderlich macht, aus der Einbindung der Immobilie in das bauliche Umfeld, dass den Mikrostandort bestimmt.[60] Die Lage einer Immobilie definiert nicht nur die Nutzungsmöglichkeiten, sondern stellt auch eine wichtige Determinante des ökonomischen Erfolges dar.[61] Dies zeigt auch das Ergebnis einer empirischen Untersuchung von PFNÜR/ARMONAT, das den Standort einer Immobilie als den dominierenden Faktor für den Erfolg sowie gleichzeitig als einen entscheidenden Faktor für den Misserfolg einer Immobilieninvestition identifiziert.[62]

2.1.2.2 Heterogenität

Heterogene Güter zeichnen sich in Bezug auf ihre Merkmale / Attribute dadurch aus, dass sie nicht gleich sind, sie aber dennoch, da sie in gewissem Grade substituierbar sind, in Konkurrenz zu einander stehen.[63] Aus dieser Definition ergibt sich die Heterogenität der Immobilie, da jede Immobilie allein aufgrund ihrer Standortgebundenheit ein Unikat darstellt.[64] So sind zwei Immobilien mit gleicher Nutzung, gleicher Größe und gleicher Struktur aufgrund der zwangsläufig unterschiedlichen Standorte nicht identisch. Selbst bei gleichem Grundriss von Wohnungen in demselben Gebäude ergeben sich Unterschiede zum Beispiel bei der Belichtung und bei der Beschallung der Wohnungen.[65] Weitere Unterscheidungsmerkmale, von denen der Nutzen abhängig sein kann, sind die Größe, die Ausstattung, die Beschaffenheit, der Gebäudetyp sowie die Anbindung an infrastrukturelle Einrichtungen.[66]

2.1.2.3 Lange Produktionsdauer

Die Produktions- bzw. die Entwicklungsdauer einer Immobilie, d. h. der Zeitraum von der Projektidee bis zur Fertigstellung und dem Beginn der Nutzung, beträgt in der

[59] Vgl. Bone-Winkel *u.a.*, 2008c, S. 16.
[60] Vgl. Bone-Winkel, 1994, S. 27, Bone-Winkel *u.a.*, 2008c, S. 17 u. Heuer *u.a.*, 1985, S. 41.
[61] Vgl. Bone-Winkel *u.a.*, 2008c, S. 16.
[62] Vgl. Pfnür/Armonat, 2001, S. 39f.
[63] Vgl. Heuer/Nordalm, 2001, S. 23f.
[64] Vgl. beispielsweise Pfnür, 2002, S. 28 u. Bone-Winkel *u.a.*, 2008c, S. 17.
[65] Vgl. Bone-Winkel *u.a.*, 2008c, S. 17 u. Brauer, 2009a, S. 11.
[66] Vgl. Heuer/Nordalm, 2001, S. 23 u. Kühne-Büning, 2005a, S. 13.

Regel zwei bis fünf Jahre.[67] Diese Dauer ist hierbei maßgeblich abhängig von der Komplexität und Größe des Projektes, der Bauweise, dem Planungs- und Baurecht, sowie der Organisationsfähigkeit des Bauherrn und der Projektbeteiligten.[68] Zusätzlich resultieren weitere Unsicherheiten über die Produktionsdauer auch aus der Unwägbarkeit witterungsbedingter Verzögerungen in der Bauphase.[69] Die reine Herstellungsphase ist allerdings nur ein Bestandteil der Projektentwicklung[70], die für die Produktionsdauer maßgeblich ist. Der Ausgangspunkt der Projektentwicklung besteht grundsätzlich aus einem bereits vorhandenen Grundstück für das der Eigentümer eine höherwertige Nutzung anstrebt, einer Projektidee bzw. einem konkreten Nutzenbedarf oder nach geeigneter Verwendung suchendem Kapital.[71] Die Projektentwicklung kann im engeren Sinne in die Phasen[72] Projektinitiierung, Projektkonzeption, Projektkonkretisierung und Projektmanagement unterteilt werden.[73] Hieraus folgt, dass die Projektentwicklung im engeren Sinne den gesamten Zeitraum

---

[67] In der Literatur schwanken die Zeitangaben des Entwicklungsprozesses zwischen zwei Jahren bis fünf Jahren. KÜHNE-BÜNING und HEUER/NORDALM gehen von einer Dauer von zwei Jahren aus, DEL CASINO von zwei bis drei Jahren sowie BRAUER und BONE-WINKEL, U. A. von zwei bis fünf Jahren. Vgl. Kühne-Büning, 2005a, S. 8, Heuer/Nordalm, 2001, S. 25, Del Casino, 1995, S. 921, Bone-Winkel *u.a.*, 2008c, S. 19 u. Brauer, 2009a, S. 11.

[68] Vgl. Bone-Winkel *u.a.*, 2008c, S. 19.

[69] Vgl. Brauer, 2009a, S. 11.

[70] Für den Begriff Projektentwicklung existiert weder eine klare definitorische Abgrenzung noch eine rechtliche Grundlage. Allerdings hat die Definition nach DIEDERICHS im deutschsprachigen Raum Verbreitung erlangt: „Durch Projektentwicklungen sind die Faktoren Standort, Projektidee und Kapital so miteinander zu kombinieren, dass einzelwirtschaftlich wettbewerbsfähige, arbeitsplatzschaffende und –sichernde sowie gesamtwirtschaftlich sozial- und umweltverträgliche Immobilienobjekte geschaffen und dauerhaft rentabel genutzt werden können." Diederichs, 1994, S. 43. Kritisch wird an der Definition von BONE-WINKEL/GERSTNER, der statische Ansatz sowie das Fehlen der interdisziplinären Ansätze gesehen. Deshalb definiert BONE-WINKEL/GERSTNER die Projektentwicklung als „das interdisziplinäre Management von planungs- und baubezogene Wertschöpfungsprozessen im Lebenszyklus der Immobilie. Dazu gehören die Bausteine Akquisition, Nutzungskonzeption und Machbarkeitsanalyse, Baurechtsschaffung, Eigen- und Fremdkapitalbeschaffung, Marketing und Vermietung, Projektmanagement sowie Verwertung der Immobilie." Bone-Winkel/Gerstner, 2006, S. 29. Vgl. hierzu auch Isenhöfer, 1999, S. 33, Rottke/Wernecke, 2001c, S, 12, Bone-Winkel *u.a.*, 2008b, S. 233 u. Bone-Winkel *u.a.*, 2008a S. 48f.

[71] Vgl. Diederichs, 2006, S. 6f.

[72] Nach Healey existieren drei grundlegende Ansätze zur Beschreibung der Projektentwicklung: Gleichgewichtsmodelle („Equilibrium Models"), Institutionenmodelle („Agency Models") und Phasenmodelle („Event-Sequence-Modelle"). Vgl. Healey, 1991.

[73] Üblicherweise wird bei der Projektentwicklung zwischen der „Projektentwicklung im engeren Sinne", die mit der Bauzeit endet, und der „Projektentwicklung im weiteren Sinne", die zusätzlich das Facilities Management berücksichtigt, unterschieden. Vgl. Rottke/Wernecke, 2001c, S. 12 u. Diederichs, 1999, S. 269. Dem Phasenmodell von Isenhöfer liegt die Betrachtung der Projektentwicklung im weiteren Sinne zugrunde. Deshalb besitzt es mit dem Facilities Management noch eine fünfte Phase, die sich auf das ganzheitliche Betreiben der Gebäuden und Anlagen bezieht. Vgl. Isenhöfer, 1999, S. 36f.

von der Initiierung bis zur Fertigstellung und Nutzungsübergabe einer Immobilie umfasst.[74]

Dem Institutionenmodell von GRAASKAMP folgend, besteht der Projektentwicklungsprozess aus der dynamischen Interaktion von drei Gruppen von Akteuren: den Flächenkonsumenten, den Flächenproduzenten und den öffentlichen Infrastrukturanbietern. Zu den Flächenkonsumenten zählen die Mieter, die selbstnutzenden Immobilieneigentümer sowie die öffentliche Hand. Die Flächenproduzenten sind für die Transformation von Raum-Zeit-Einheiten in Geld-Zeit-Einheiten maßgebend, dies sind im Einzelnen die Projektentwickler, Planer, Finanzierungsinstitute, Bauunternehmen sowie die Serviceunternehmen. Öffentliche Infrastrukturanbieter sind Anbieter öffentlicher Leistungen, die erforderlich sind um die Immobiliennutzung funktionsfähig zu erhalten. Dies sind Infrastruktureinrichtungen, Versorgungsunternehmen und Behörden.[75] Aus dieser Konstellation ergibt sich ein komplexes Gebilde des Zusammenspiels der einzelnen Akteure. In der folgenden Abbildung ist diese Wertschöpfungskette mit den maßgeblichen Akteuren dargestellt.

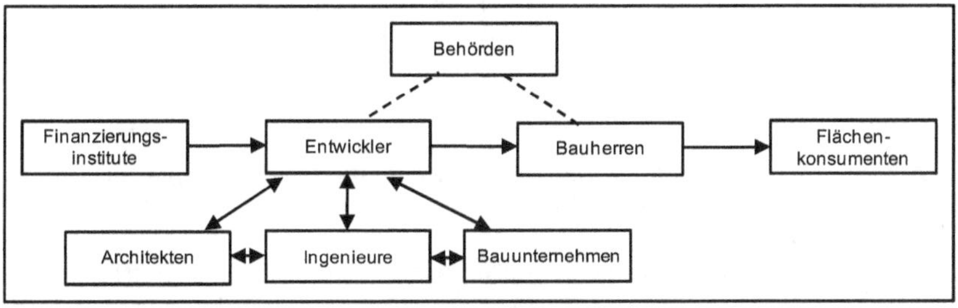

Abbildung 2.3: Der Wertschöpfungskette der Projektentwicklung
Quelle: eigene Darstellung, in Anlehnung an WBCSD, 2007,S. 10

Die oben genannte lange Produktionsdauer von Immobilien führt zwangsläufig zu einer geringen Angebotselastizität bzw. zu einer niedrigen Reaktionsfähigkeit und Anpassungsflexibilität des Immobilienangebotes auf Nachfrageschwankungen. Dieses auch empirisch beobachtbare Time-Lag [76] bewirkt eine Erhöhung des

---

[74] Vgl. Gore/Nicholson, 1991, S. 706.
[75] Vgl. Graaskamp, 1992, S. 620f., Bone-Winkel, 1994, S. 61 u. Bone-Winkel *u.a.*, 2008b, S. 238f.
[76] So zeigen beispielsweise MORAWSKI, U. A., dass sich der markante und stabile Verlaufseffekte der Renditen von REITs gegenüber den Renditen von Direktimmobilien auf sieben bis neun Quartale beläuft. Vgl. Morawski *u.a.*, 2008, S. 122.

ökonomischen Risikos in der Projektentwicklung und ist unter anderem auch die Ursache für die zyklischen Schwankungen[77] von Miethöhen und Leerstand.[78] Die folfolgende Abbildung zeigt anhand von Wohnungsbautätigkeiten, die im Rahmen von Bauinvestitionen entstehenden Time-Lags.

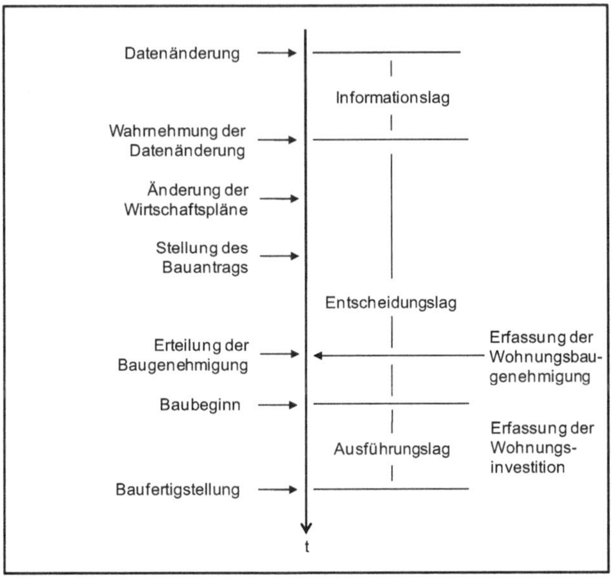

Abbildung 2.4: Zeitliche Verzögerung bei der Wohnungsbautätigkeit
Quelle: Kühne-Büning, 2005a, S. 9, in Anlehnung an Palinkas, 1976, S. 9a

Neben der langen Produktionsdauer stellen auch begrenzte Produktionskapazitäten der Bauwirtschaft temporale Hemmnisse für eine unmittelbare Reaktion auf eine Nachfrageerhöhung dar.[79]

2.1.2.4 Hohe Kapitalbindung

Ein weiteres Charakteristikum der Immobilie ist die hohe und dauerhafte Kapitalbindung. Die hohen Investitionskosten sowie der in der Regel dauerhafte Kapitaleinsatz,

---

[77] Diese Schwankungen werden auch als „Schweinezyklus" oder „Spinnwebtheorem" bezeichnet. Der Begriff „Schweinezyklus" basiert auf der Studie von ARTHUR HANAU aus dem Jahr 1926. Er beschreibt die Gesetzmäßigkeit des verzögerten Angebotes von Schweinefleisch, der durch den Time-Lag von der Ferkelzeugung zur Schlachtreife, entsteht. Vgl. Alda *u.a.*, 2009, S. 56, Rottke/Wernecke, 2001d, S. 11, Rottke/Wernecke, 2001a, S. 11 u. Hanau, 1928.

[78] Vgl. Bone-Winkel *u.a.*, 2008c, S. 17 u. Brauer, 2009a, S. 11.

[79] Vgl. Kühne-Büning, 2005a, S. 9.

der sich auch aus der geringen Fungibilität des Wirtschaftgutes Immobilien ergibt,[80] stellen die entscheidenden Zugangsbarrieren für eine weite Verbreitung von Realeigentum dar, da nur ein begrenzter Kreis potenzieller Investoren in der Lage ist, Immobilien direkt zu erwerben. Allerdings kann diese Zugangsbarriere, da es sich um eine ökonomische Besonderheit handelt und nicht um eine physisch technische Ursache, überwunden werden.[81] Die Dauer der Kapitalbindung kann entsprechend des Zwecks der Immobilienanlagen variieren. So ist die Kapitalbindung eines Zwischeninvestors, beispielsweise eines Projektentwicklers oder Bauträgers, vergleichsweise kurz, während der Anlagehorizont eines Endinvestors, der die Immobilie zur Vermietung oder Selbstnutzung hält, entsprechend lang ist.[82] Alternativ zum direkten Immobilienerwerb besteht die Möglichkeit der indirekten Investition. Bei der indirekten Investition ist das erforderliche Mindestkapital, durch den Erwerb von Anteilen einer Immobilienanlage, geringer und damit besteht bei dieser Anlageform eine geringere Zugangsbarriere.[83]

2.1.2.5 Hohe Transaktionskosten

Jeder Immobilienerwerb ist mit hohen administrativen Kosten, auf die auch die geringe Transaktionshäufigkeit von Immobilien zurückzuführen ist, verbunden. Die Gründe hierfür sind sowohl institutionell wie auch marktspezifisch. Institutionelle Gründe für die hohen Transaktionskosten[84] gehen von dem engen Rechtsrahmen aus, der bei einem Immobilienwechsel verfügt worden ist. Die Begründung hierfür ist einerseits der besondere Schutz, da Käufer und Verkäufer von Immobilien die Tragweite ihrer Entscheidung möglicherweise nur unzureichend einschätzen können, und gleichzeitig die Auffassung, dass der Staat der „natürliche" Teilhaber des gesamten Immobilieneigentums ist.[85] Dies führt zu den direkten Zahlungen der Grunderwerbsteuer und der Grundbuch- und Notargebühren, die bei einem Immobilienwechsel zu entrichten sind. Des Weiteren resultieren durch die geringe Markttransparenz und Inhomogenität Informations- und Suchkosten, wie beispielsweise Maklerprovisionen

---

[80] Vgl. Abschnitt 2.2.2.2, S. 39.
[81] Vgl. Bone-Winkel *u.a.*, 2008c, S. 20.
[82] Vgl. Bone-Winkel *u.a.*, 2008c, S. 12.
[83] Vgl. Abschnitt 2.1.1.3, S. 15 sowie Abschnitt 2.2.3, S. 40.
[84] Transaktionskosten sind durch den Tauschhandel verursachte Kosten, die den Nettoertrag der Investition vermindern. Sie entstehen beispielsweise durch Aufwendungen für den Marktzugang, die Bekundung von Kaufverträgen oder durch Steuern oder Gebühren. Vgl. Francke, 2008, S. 35.
[85] Vgl. Francke, 2008, S. 39f.

und Immobiliengutachten.[86] Insgesamt können diese Erwerbskosten und die Mehrwertsteuer 10% des Kaufpreises übersteigen.[87] Darüber hinaus können bei Leerstand der Immobilie Bevorratungskosten entstehen.[88]

2.1.2.6 Dauerhaftigkeit

Immobilien zählen zu den langlebigsten Wirtschaftsgütern. Aufgrund der definitorischen Zusammengehörigkeit von Grund und Boden mit dem Gebäude ist ein wirtschaftlicher „Untergang" kaum zu erwarten. Im Gegensatz zu der zeitlich unbegrenzten Nutzungsdauer des Bodens, kann für das Gebäude zwischen einer physischen bzw. technischen[89] und ökonomischen Lebensdauer[90] unterschieden werden. Wobei die physische Lebenserwartung in der Regel die ökonomische übertrifft.[91] Zur Verdeutlichung der Langlebigkeit von Immobilien sind in der folgenden Tabelle 2.1, auf Seite 25, die unterschiedlichen wirtschaftlichen Lebensdauern der verschiedenen Immobilienarten dargestellt.

---

[86] Vgl. Bone-Winkel *u.a.*, 2008c, S. 20f. Bei den Gutachterausschüssen existieren zwar Kaufpreissammlungen, allerdings ist der Zugriff auf diese Daten in Ihrem Umfang entsprechend den Belangen beschränkt. Ein Recht auf Auskunft besteht grundsätzlich bei einem berechtigten Interesse. Dies kann von einem Eigentümer, Kaufinteressenten, zertifizierten Sachverständigen, einem öffentlich bestellten und vereidigten Sachverständigen oder einer wissenschaftlichen Institution zur Erhebung von Marktdaten ausgehen. Der Umfang des Rechts auf Auskunft variiert allerdings entsprechend dem berechtigten Interesse, sodass jedes berechtigte Interesse im Einzelfall zu überprüfen ist. In der Regel beschränken sich die Auskünfte zum Schutz der Grundrechte auf anonymisierte Daten. Lediglich vom Gericht bestellte Sachverständige haben das Recht, alle Daten der Kaufpreissammlung einzusehen. Vgl. Dengler, 2010, S. 339ff.

[87] Vgl. Klusak, 1985, S. 496.

[88] Vgl. Bone-Winkel, 1994, S. 27.

[89] Die physische oder technische Lebensdauer beschreibt die Abnutzung der technischen Infrastruktur und der Einbauten. Sie ist erreicht, wenn die Immobilie ihre Funktion nicht mehr erfüllen kann und diese durch Reparaturen oder Sanierungen nicht mehr hergestellt werden kann. Vgl. Bahr/Lennerts, 2010, S. 16.

[90] Die wirtschliche Lebensdauer endet, wenn das Grundstück durch eine andere Nutzung, unter Berücksichtigung aller Kosten, eine höhere Rentabilität erreichen kann. Falls die Instandhaltungsaufwendungen und andere Kosten nicht durch Erträge abgedeckt werden können und keine andere rentable Nutzung möglich ist, kann der Leerstand, aus ökonomischer Sicht, die beste alternative Nutzung darstellen. Vgl. Rottke/Wernecke, 2008, S. 212 u. Bone-Winkel *u.a.*, 2008c, S. 21.

[91] Vgl. Bone-Winkel, 1994, S. 27 u. Bone-Winkel *u.a.*, 2008c, S. 21.

Immobilienart	Wirtschaftliche Lebensdauer (in Jahren)
1. Büroimmobilien	20 - 50
2. Wohnimmobilien (fremdgenutzt)	30 - 50
3. Einzelhandelsimmobilien a) Solitäre (Kaufhäuser/SB/Fachmärkte) b) Innerstädtischer Einzelhandel	 10 – 25 20 – 50
4. Industrieimmobilien a) klassisch produzierend b) Logistikzentren, etc.	 >50 10 – 30
5. Hotelimmobilien	20-50

Tabelle 2.1: Immobilientypen und ihre wirtschaftliche Lebensdauer[92]
Quelle: Rottke/Wernecke, 2008, S. 214

Die Nutzungsdauer einer Immobilie, die den Zeitraum der tatsächlichen Nutzung beschreibt, kann bei nicht zwangsläufigem ökonomischem Handeln[93] die wirtschaftliche Nutzungsdauer über- aber auch unterschreiten. Im Gegenzug entspricht die tatsächliche Lebensdauer bei einer rein ökonomischen Handlungsweise der wirtschaftlichen Lebensdauer.[94] Während der tatsächlichen Lebensdauer durchläuft eine Immobilie mehrere Stadien der Entwicklung, unter Umständen auch Änderungen in der Art der Nutzung, wobei das Ende der Nutzung durch den Abriss markiert ist.[95] Wie in der folgenden Abbildung 2.5, auf Seite 26, gezeigt wird, sind die einzelnen Phasen des Lebenszyklus mit unterschiedlichen Prozessen fest verbunden.

---

[92] Weitere Angaben in der Literatur beziehen sich auf die Nutzungsdauer: So gibt die Deutsche Bundesbank eine erwartete durchschnittliche Nutzungsdauer für 1995 errichtete Wohnimmobilien von 74 Jahren und für Gewerbeimmobilien von 52 Jahren an. Des Weiteren gehen HEUER/NORDALM und KÜHNE-BÜNING bei einer entsprechenden technischen Qualität von einer 100jährigen Nutzungsdauer von Wohnimmobilien aus. Vgl. Deutsche Bundesbank, 2002, S. 30, Heuer/Nordalm, 2001, S. 24 u. Kühne-Büning, 2005a, S. 7.

[93] Dies ist beispielsweise bei außerökonomischen Zielvorgaben, wie z. B. dem Erhalt eines Kulturdenkmals oder fehlerhaften Entscheidungen gegeben.

[94] Vgl. Rottke/Wernecke, 2008, S. 212f.

[95] Vgl. Ottmann, 2005, S. 278.

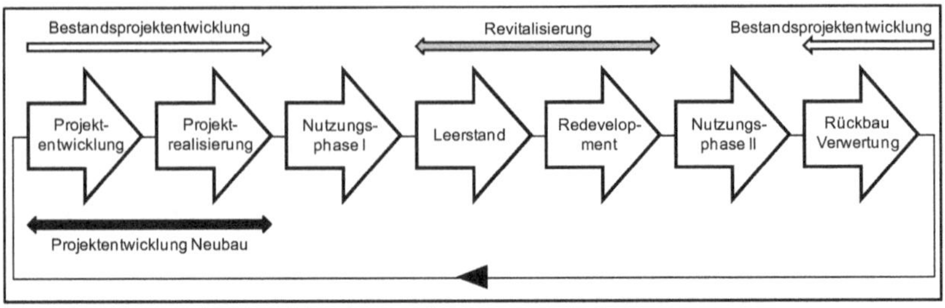

Abbildung 2.5: Der Immobilienlebenszyklus mit der Prozessorientierung der Projektentwicklung
Quelle: Alda u.a., 2009, S. 11

Den Beginn des Lebenszyklus stellt die Projektentwicklung dar. Je nachdem, ob die Immobilie auf einem unbebauten Grundstück oder einem bebauten Grundstück errichtet wird, handelt es sich um eine „Projektentwicklung Neubau" bzw. eine Bestandsprojektentwicklung. Der Projektentwicklung folgt die erste Nutzungsphase, der ein Leerstand der Immobilie für einen gewissen Zeitraum folgen kann. Die Revitalisierung vor der zweiten Nutzungsphase stellt eine mögliche Sanierung oder Modernisierung dar. Ist die wirtschaftliche Lebensdauer der Immobilie erreicht, erfolgt in der Regel der Abriss des Gebäudes und die Umnutzung des Grundstückes. Die Umnutzung stellt wiederum den Beginn eines neuen Immobilienlebenszyklus dar und schließt somit den Kreislauf des Lebenszyklus.

Aufgrund ihrer Langlebigkeit kann eine Immobilie während ihrer Lebensdauer mehrmals am Markt zur Nutzung und Veräußerung angeboten werden, was notwendigerweise eine lange potenzielle Marktwirksamkeit voraussetzt und, aufgrund des langen Planungshorizontes, besonders während der Projektentwicklung hohe Ansprüche an die beteiligten Akteure stellt.[96] Daneben nimmt die Beeinflussbarkeit von Investitionen und Folgekosten, wie in der folgenden Abbildung 2.6 dargestellt, mit der Entwicklung der Immobilie ab, während gegenläufig die Kosten mit den fortschreitenden Projektphasen zunehmen. So sinkt die Beeinflussbarkeit der Investitionskosten und der daraus resultierenden Folgekosten (linke Ordinate) wäh-

[96] Vgl. Bone-Winkel, 1994, S. 28, Heuer/Nordalm, 2001, S. 24 u. Kühne-Büning, 2005a, S. 7.

rend der Bedarfsplanung[97] von 100 auf ca. 40%. Gegensätzlich zum Verlauf der Beeinflussbarkeit der Folgekosten verhalten sich die Kostenraten und –summe (rechte Ordinate). Hier stellen die Investitionen, mit einem Anteil der Gesamtkosten von 18% für die Projektplanung, 1,8% für die Ausschreibung sowie 0,2% für die Bedarfsplanung im Vergleich zur Kostenrate während der Nutzungsphase bis zum Abbruch mit 80% einen geringen Anteil dar.[98]

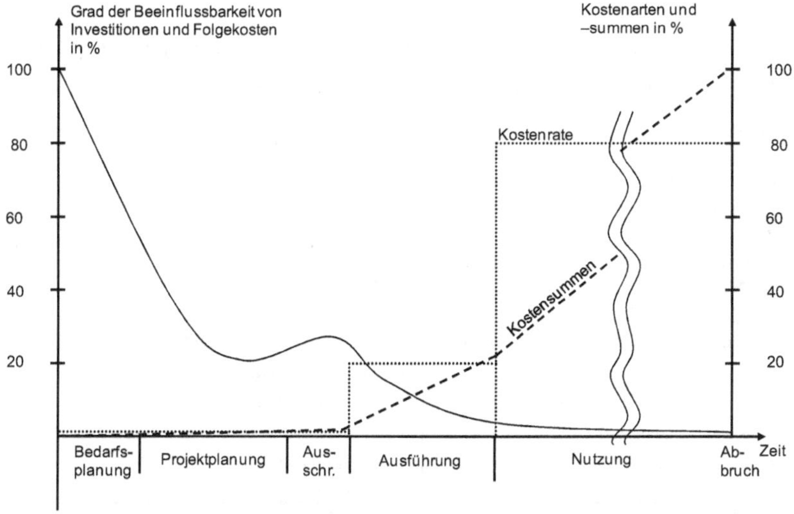

Abbildung 2.6: Abnehmende Beeinflussbarkeit von Investitionen und Folgekosten bei wachsenden Kostenblöcken in fortschreitenden Projektphasen

Quelle: Diederichs, 1984, S. 34

2.1.2.7 Begrenzte Substituierbarkeit

Sowohl für Wohnraum als auch für die gewerbliche Nutzung ist das Gut „Raum" unabdingbar und nicht substituierbar. Wohnraum zählt zu den grundlegenden Bedürfnissen, es existieren weder Ersatzgüter noch ist eine zeitliche Aussetzung auf Dauer denkbar. Im Bereich des Wohnbedarfes kann zwischen dem normativen Bedarf, der den Grundbedarf bzw. die lebensnotwendige Versorgung mit Wohnraum

[97] Innerhalb der Bedarfsplanung legt der Bauherr seinen Flächenbedarf, sein Raum- und Funktionsprogramm, seine betriebliche Aufbau- und Ablauforganisation sowie seine geforderten oder gewünschten Qualitätsstandards und sein Ausstattungsprogramm fest.

[98] Vgl. Diederichs, 1984, S. 34f.

repräsentiert, und dem subjektiven Bedarf, der durch andere Faktoren wie beispielsweise Geltungsbedürfnisse, Prestigestreben oder die Vermögensanlage ausgelöst wird, unterschieden werden.[99] Auch für die gewerbliche Nutzung ist der notwendige Raum Grundvoraussetzung für die Erhaltung der unternehmerischen Existenz.[100] Wenngleich eine Wahlmöglichkeit der verschiedenen Formen der Verfügungsberichtigung besteht, kann diese durch den direkten Erwerb, durch Miete oder im gewerb- gewerblichen Bereich durch Leasing erlangt werden.[101]

Die hier vorgestellten besonderen Eigenschaften des Wirtschaftsgutes Immobilie haben direkte Auswirkungen auf den Immobilienmarkt. In der folgenden Abbildung sind die Besonderheiten des Wirtschaftsgutes sowie deren wesentliche Auswirkungen veranschaulicht.

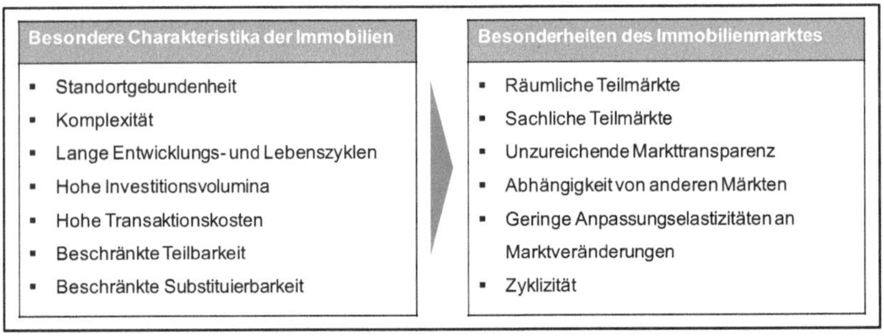

Abbildung 2.7: Besonderheiten von Immobilien und abgeleitete Immobilienmarkteigenschaften
Quelle: Schulte u.a., 2008, S. 14

2.2 Der Immobilienmarkt

Allgemein stellt ein Markt aus ökonomischer Sicht den „Ort des Tausches“ dar, auf dem Angebot und Nachfrage zusammentreffen.[102] Die besonderen Eigenschaften des Gutes, das auf dem Immobilienmarkt gehandelt wird, wurden im vorangegangenen Abschnitt beschrieben und deren Auswirkungen auf diesen Markt angedeutet.

[99] Vgl. Kühne-Büning, 2005a, S. 15.
[100] Vgl. Bone-Winkel *u.a.*, 2008c, S. 21 u. Abschnitt 2.2.1.2.1, S. 30.
[101] Vgl. Bone-Winkel, 1994, S. 27.
[102] Vgl. hierzu beispielsweise Bonus/Schweinitz, 1968. STACKELBERG konkretisiert diese Beschreibung dahingehend, dass unter einem Markt die gedankliche Zusammenfassung aller Kauf- und Verkaufsakte eines bestimmten Gutes innerhalb eines bestimmten Gebietes und Zeitraumes zu verstehen ist. Vgl. Stackelberg, 1934, S. 18f.

Die Konkretisierung dieser Besonderheiten und deren Auswirkungen erfolgt in diesem Abschnitt. Der Ausgangspunkt der folgenden Darstellungen bildet zunächst die Vorstellung der Teilmarktstruktur des Immobilienmarktes.

2.2.1 Die Teilmärkte des Immobilienmarktes

Wie in der folgenden Abbildung verdeutlicht, kann nicht von einem einzigen einheitlichen und zentralisierten Immobilienmarkt, wie beispielsweise dem Wertpapiermarkt, ausgegangen werden, sondern von einer Vielzahl an Teilmärkten.[103] Diese Differenzierung kann beliebig entsprechend der Anzahl der Unterschiede vorgenommen werden.[104] In der Regel erfolgt die Aufteilung des Immobilienmarktes in räumliche und sachliche Teilmärkte.[105]

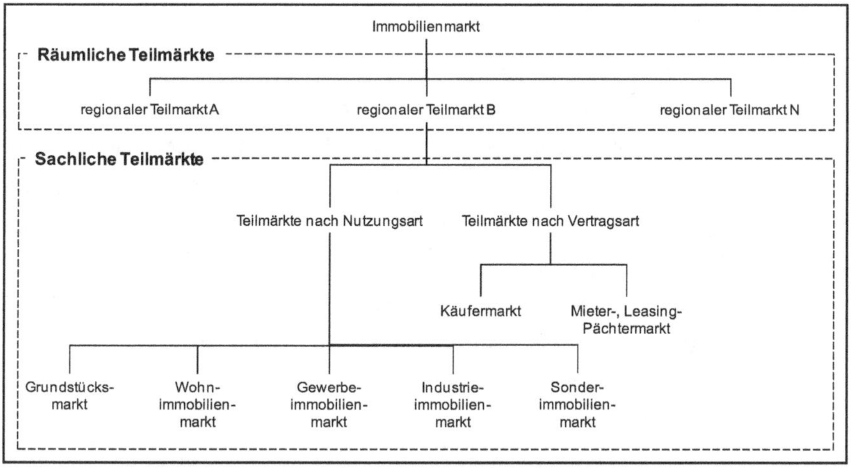

Abbildung 2.8: Die Teilmarktstruktur des Immobilienmarktes
Quelle: eigene Darstellung, in Anlehnung an Brauer, 2009a, S. 14

2.2.1.1 Räumliche Teilmärkte

Die räumliche Aufteilung in regionale Teilmärkte ist im Wesentlichen der Standortgebundenheit der Immobilie geschuldet. Die Bildung der räumlichen Teilmärkte entsteht aufgrund von Unterschieden in Angebot und Nachfrage in verschiedenen Regionen,

---

[103] Vgl. Loos, 2005, S. 14 u. Schulte *u.a.*, 2008, S. 14.
[104] Vgl. Kühne-Büning, 2005b, S. 71.
[105] Vgl. Heuer/Nordalm, 2001, S. 26.

Städten oder Stadtteilen. Die bedeutendsten Immobilienmärkten Deutschlands sind Hamburg, Berlin, München, Frankfurt am Main und Düsseldorf. Zusätzlich zu diesen Teilmärkten existiert eine Vielzahl weniger bedeutender Immobilienmärkte. Neben der Unterscheidung nach der Region lassen sich auch innerhalb von Städten räumliche Teilmärkte abgrenzen.[106] Bei dieser Unterteilung nach Makro- und Mikrostandort wird z. B. bei Büroimmobilien in der Regel von City, City-Rand, Stadteillage oder Nebenlage und Peripherie gesprochen.[107]

2.2.1.2 Sachliche Teilmärkte

Die weitere Differenzierung der räumlichen Teilmärkte erfolgt in der Regel nach sachlichen Kriterien. Die Bildung dieser Teilmärkte ist im Wesentlichen auf die Heterogenität des Gutes zurückzuführen.[108] Im Folgenden werden die wesentlichen Unterscheidungskriterien genauer dargestellt.[109]

2.2.1.2.1 Teilmärkte nach Nutzungsart

Die Teilmärkte nach Nutzungsart beinhalten sowohl die unterschiedlichen Immobilienarten wie auch Grundstücke. Bei den Grundstücken kann zwischen Rohbauland, Bauerwartungsland, baureifem Land sowie bebauten Flächen unterschieden werden. Für die Untergliederung der Immobilien gibt es im Allgemein keine einheitliche Typisierung.[110] So folgt die Typologisierung von SCHMITZ-MORKRAMER beispielsweise dem Anspruch nach dem Primat der Nutzerbetrachtung. Die weiter verbreitete Differenzierung wird, wie in der nachfolgenden Abbildung 2.9 dargestellt, entsprechend den Immobilienarten durchgeführt.[111]

---

[106] Vgl. Schulte *u.a.*, 2008, S. 17.
[107] Vgl. Unterreiner, 2005, S. 258.
[108] Vgl. Heuer/Nordalm, 2001, S. 26.
[109] Weitere hier nicht vorgestellte Unterscheidungsmöglichkeiten können die Differenzierung nach qualitativen Kriterien, wie der Größe, der Ausstattung, der Lage innerhalb des Gebäudes, des Alters, etc. erfolgen. Vgl. Heuer/Nordalm, 2001, S. 26.
[110] Vgl. Unterreiner, 2005, S. 258.
[111] Vgl. Schmitz-Morkrammer, 1994, S. 440 u. Walzel, 2008, S. 119.

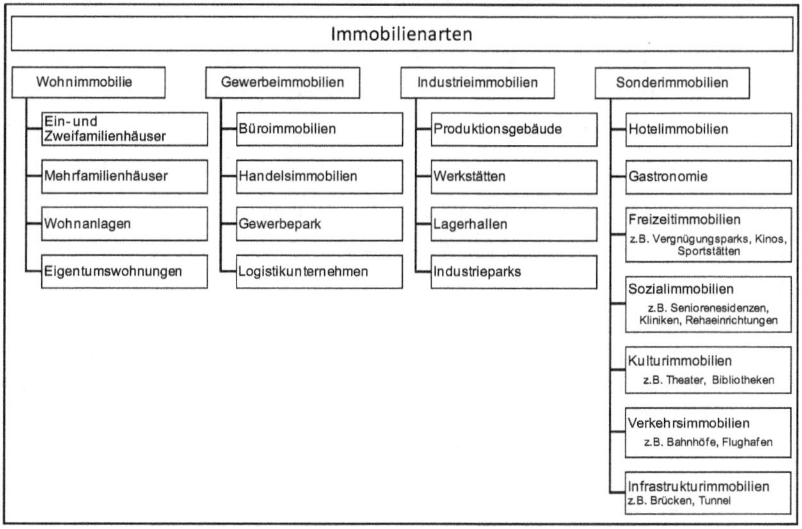

Abbildung 2.9: Typologisierung nach Immobilienarten
Quelle: Walzel, 2008, S. 120

Wie aus der Abbildung ersichtlich ist, wird bei dieser Unterscheidung in Wohnimmobilien, Gewerbeimmobilien, Industrieimmobilien sowie Sonderimmobilien unterschieden. Der Fokus der hier vorliegenden Arbeit liegt sowohl auf Wohnimmobilien wie auch Gewerbeimmobilien, im Speziellen auf Büroimmobilien. Aus diesem Grund werden diese beiden Immobiliengattungen nachfolgend genauer betrachtet.

Als Wohnimmobilien werden Immobilien verstanden, bei denen die reine Wohnfunktion im Vordergrund steht. Eine Wohnimmobilie kann von einem Eigentümer selbst oder durch einen Mieter genutzt werden.[112] So waren ca. 23 Mio. der insgesamt 39,9 Mio. Wohnungen[113] Ende 2007 in Deutschland vermietet. 14 Mio. der Mietwohnungen wurden von Privatpersonen und Kleinanbietern angeboten. Die restlichen 9 Mio. vermieteten Wohnungen wurden von professionell-gewerblichen Anbietern (hierzu zählen vor allem Genossenschaften, Wohnungsunternehmen mit kommunaler oder öffentlicher Mehrheitsbeteiligung sowie privatwirtschaftliche Wohnungsunternehmen) bewirtschaftet.[114] Der Wohnimmobilienmarkt selbst ist ein heterogener Markt, was

---

[112] Vgl. Walzel, 2008, S. 120.
[113] Hiervon entfielen alleine 52% auf Mehrfamilienhäuser sowie 46% auf Ein- und Zweifamilienhäuser.
[114] Vgl. Voigtländer *u.a.*, 2009, S. 44 u. GdW, 2009, S. 8.

auch aus den unterschiedlichen Bedürfnissen der Nachfrager resultiert, welche auf Unterschiede im Einkommen bzw. in den Einkommenserwartungen, in der Haushaltsgröße, im Alter, im Geschlecht, den Zukunftsplänen sowie des Berufes und des Arbeitsortes zurückzuführen sind.[115] Bei Wohnimmobilien spielt die Standortqualität eine zentrale Rolle. Wesentliche Kriterien für die Standortqualität von Wohnimmobilien sind die Lage innerhalb der Stadt oder des Umlandes, die Verkehrsanbindung, im Speziellen die Erreichbarkeit von Innenstädten, Einkaufsorten und Arbeitsstätten sowie das Wohnumfeld.[116]

Gewerbeimmobilien dienen der Verfolgung erwerbswirtschaftlicher Zwecke. Diese Definition trifft zwar auch auf Industrieimmobilien und Sonderimmobilien zu, allerdings steht bei Industrieimmobilien der Fertigungszweck im Vordergrund, während Sonderimmobilien sehr spezifisch und nicht industriell genutzt werden. Ein weiteres Merkmal von Sonderimmobilien ist die geringe Drittverwendungsfähigkeit, die aus den nutzungsspezifischen Anforderungen resultiert.[117] Zu den Gewerbeimmobilien gehören Büroimmobilien[118], Handelsimmobilien, Industrieimmobilien sowie Industrieparks.[119] Wie bei Wohnimmobilien, ist der Standort bei Gewerbeimmobilien ein bedeutender Faktor. Im Zentrum stehen hierbei auch die Lage, die Erreichbarkeit sowie das Umfeld. Typische Standorte sind Lagen in der City und am City-Rand. Aufgrund der gesunkenen Mietpreise in den zentralen Lagen verliert die Stadtteillage zunehmend an Bedeutung. Neben der Standortfrage sind auch weiter Faktoren, wie die Größe, Teilbarkeit, Flexibilität, Drittverwendbarkeit, Alter und Ausbauzustand wichtige Faktoren.[120]

---

[115] Vgl. Just, 2008, S. 474.
[116] Vgl. Walzel, 2008, S. 123.
[117] Vgl. Walzel, 2008, S. 123 u. 137.
[118] Gemäß der Definition der GIF gelten Büroimmobilien als „diejenigen Flächen, auf denen typische Schreibtischtätigkeiten durchgeführt werden bzw. durchgeführt werden könnten und die auf dem Büroflächenmarkt gehandelt, das heißt als Bürofläche vermietet werden können. Hierzu zählen auch vom privaten oder vom öffentlichen Sektor eigengenutzte sowie zu Büros umgewidmete Flächen, ferner selbständig vermietbare Büroflächen in gemischt genutzten Anlage, insbesondere in Gewerbeparks." gif, 2008, S. 3.
[119] Vgl. Abbildung 2.9, S. 31.
[120] Vgl. Dobberstein/Dziomba, 2008, S. 407 u., Walzel, 2008, S. 123.

2.2.1.2.2 Teilmärkte nach Vertragsart

Die oben aufgeführten Teilmärkte werden entsprechend der verschiedenen Vertragsart in Käufer- sowie Mieter-, Leasing-[121] und Pachtmärkte[122] unterschieden. Die Entscheidungsfindung, ob Kauf oder Anmietung erfolgt, hängt unabhängig vom Immobilienmarkt primär von der individuellen Präferenz wie auch sekundär von der regionalen Angebots- und Nachfragesituation ab.[123]

Bei einem Mietverhältnis verpflichtet sich der Vermieter einer Wohn- oder Gewerbeimmobilie, die Mieteinheit im vertragsgemäßen Zustand dem Mieter zu überlassen. Gleichzeitig hat der Mieter u. a. die Pflicht, Mietzahlungen zu leisten.[124] Für verschiedene Belange zum Mieterschutz, wie z. B. dem Kündigungsschutz oder der Mieterhöhungen, existieren rechtliche Rahmenbedingungen, die abhängig von der Immobilienart Unterschiede aufweisen. Im Allgemeinen besitzen Mieter einer Wohnimmobilie einen höheren Schutz als Mieter anderer Immobilienarten. Des Weiteren wird zwischen freifinanziertem, steuerbegünstigtem und dem sozialen Wohnungsbau unterschieden.[125] So steht es beispielsweise den Vertragsparteien einer freifinanzierten Wohnung frei, entsprechend der aktuellen Marktsituation eine Miete festzulegen die über oder unterhalb der Vergleichsmiete[126] liegt. Eine Grenze nach oben besteht lediglich durch das Verbot der Mietpreisüberhöhung (§ 5 WiStrG) sowie des Mietwuchers (§ 291 StGB). Beim preisgebundenen Wohnraum und beim sozialen Wohnungsbau wird die Kostenmiete angewendet, d. h. nach § 8 WoBindG darf die Miete nicht die laufenden Aufwendungen überschreiten. Im gewerblichen Bereich

---

[121] Das Leasing stellt eine Alternative zur Miete dar. Ein Leasinggeber überlässt einem Leasingnehmer eine Sache zum Gebrauch gegen Zahlungen von Raten. Die Verpflichtung zur Instandhaltung hat in der Regel der Leasingnehmer. Das Leasingverhältnis ist einem Mietverhältnis weitestgehend ähnlich. Der Hauptgrund für das Leasing ist die Finanzierung der Immobilie, da zum Vertragsende meist der Erwerb der Immobilie durch den Leasingnehmer erfolgt. Vgl. Huber, 2009, S. 206f u. Schäfer, 2002, S. 350ff.

[122] Die Pacht unterscheidet sich im Wesentlichen durch das Recht des Pächters zur Fruchterziehung, z. B. die Einnahmen einer Gaststätte, während bei der Miete nur der Gebrauch der Sache gewährt wird. Vgl. Unterreiner, 2005, S. 260 u. Huber, 2009, S. 206.

[123] Vgl. Brauer, 2009a, S. 16.

[124] Vgl. Unterreiner, 2005, S. 260.

[125] Vgl. Maennig, 2008, S. 543.

[126] Die Vergleichsmiete kann mit einem Mietspiegel, einer Mietdatenbank, einem Sachverständigengutachten oder der Benennung von drei Vergleichswohnungen begründet werden. Vgl. Koch, 2006, S. 96.

kann die Miete zwar wegen Wuchers sittenwidrig sein, allerdings muss die Miete in der Regel mehr als 100% über der ortsüblichen Gewerberaummiete liegen.[127]

2.2.1.2.3 Teilmärkte für Neubau-/Bestandsobjekte

Im Gegensatz zu den zuvor vorgestellten Unterscheidungskriterien resultiert dieser Teilmarkt aus der Langlebigkeit des Gutes. Die Langlebigkeit bedingt, dass eine Immobilie während ihrer Lebensdauer mehrere Nutzerwechsel erfahren kann und somit auf „Gebrauchsmärkten" für Immobilien mehrfach angeboten wird.[128] Diese Differenzierung ist analog zum Kapitalmarkt mit Primär- und Sekundärmärkten zu sehen. Im Wohnimmobilienbereich spielt der Markt angesichts einer Neubauquote von 0,5%[129] mit einem jährlichen Immobilienangebot von 2% bis 5% auf dem Wohnimmobilienmarkt[130] eine untergeordnete Rolle.

2.2.1.3 Folgen der Teilmarktbildung

Die räumliche und sachliche Aufteilung des Immobilienmarktes, wie sie aufgezeigt wurde, bedingt eine Vielzahl von Teilmärkten, die sich hinsichtlich des Angebotes und der Nachfrage eklatant unterscheiden können.[131] Außerdem sind die einzelnen Teilmärkte teilweise relativ illiquide. So ist eine Marktpreisbildung über längere Zeiträume aufgrund seltener und unregelmäßiger Käufe nicht beobachtbar. Verstärkt wird dies durch die geringe Transparenz, da die Transaktionsdetails häufig nur den aktiven Personen bekannt sind. Es existieren zwar Kaufpreissammlungen, wie beispielsweise von Gutachterausschüssen[132] oder dem Deutschen Immobilien Index (DIX)[133], allerdings verfügen diese Daten häufig nicht über die erforderliche Zeitnähe und stehen teilweise auch nicht jedem Investor zur Verfügung. Insgesamt resultieren aus den Informationsdefiziten bzw. der fehlenden Markttransparenz sowie der gerin-

---

[127] Vgl. Huber, 2009, S. 221.
[128] Vgl. Heuer/Nordalm, 2001, S. 24.
[129] Vgl. Abbildung 5.4, S. 196.
[130] Vgl. Lee, 2008, S. 294.
[131] Vgl. Heuer/Nordalm, 2001, S. 26.
[132] Die Aufgabe der Gutachterausschüsse besteht aus der Erzeugung der Markttransparenz. Im Vordergrund steht hierbei neben der Veröffentlichung der in Fußnote 86, auf Seite 24, erwähnten Kaufpreissammlung auch Bodenrichtwerte, Grundstücksmarktberichte, die die für die Wertermittlung erforderlichen Daten beinhalten, sowie die einzelfallbezogene Wertermittlung. Vgl. Schmalgemeier, 2005, S. 350.
[133] Der DIX wird regelmäßig von der Investment Property Databank (IPD) veröffentlicht. Der DIX bezieht sich im Wesentlichen auf die Performance von Bestandsobjekten in Deutschland. Er gibt Auskunft über den Total Return, der sich in die Netto-Cashflow-Rendite und die Wertänderungsrendite für die verschiedenen Nutzungsarten differenzieren lässt. Vgl. Piazolo, 2008, S. 51.

gen Anpassungselastizität an Marktänderungen[134] eine Behinderung für einen störungsfreien (i. S. eines vollkommenen) Marktprozess:[135] erschwert die Findung eines globalen Marktausgleiches, erfordert erhebliche Analysen vor der Investitionsentscheidung und erhöht die Unsicherheit der Entscheidungsfindung, im Vergleich zu anderen Märkten erheblich. Zusätzlich ist der Preisbildungsprozess von der Ausprägung der Markttransparenz abhängig. Bei einer nicht existierenden Markttransparenz können sich die Preise für vergleichbare Güter unterscheiden.[136] Somit hat die Bildung der Teilmärkte und der daraus folgenden Markttransparenz direkten Einfluss auf die Wertermittlung, wie in Kapitel 3 gezeigt wird, und auf die Einordnung des Immobilienmarktes, die im folgenden Abschnitt durchgeführt wird.

2.2.2 Die Einordnung des Immobilienmarktes

Wie im vorangegangenen Abschnitt gezeigt, hat die Teilmarktbildung weitreichende Folgen auf den Immobilienmarkt. Daneben weist der Immobilienmarkt noch weitere Eigenschaften auf, die im Folgenden vorgestellt werden und mit dem Modell des vollkommenen Marktes gegenübergestellt werden. Zunächst erfolgt die Definition des Kapitalmarktes, der mit dem Immobilienmarkt in vielerlei Hinsicht verbunden ist und erheblichen Einfluss auf diesen hat.[137]

2.2.2.1 Der Kapitalmarkt

Der Kapitalmarkt und der Geldmarkt bilden die zwei Bestandteile des Finanzmarktes.[138] Eine Unterscheidung zwischen diesen beiden Märkten erfolgt traditionell nach der Fristigkeit des Finanzgeschäftes.[139]

Auf dem Geldmarkt werden Geldanlage und -aufnahme[140] gehandelt, er dient dem kurzfristigen Ausgleich des Liquiditätsbedarfes der Marktteilnehmer. Der Handel auf

---

[134] Vgl. Abschnitt 2.1.2.3, S. 19ff.
[135] Vgl. Schulte/Matzen, 2003, S. 399, Unterreiner, 2005, S. 267ff. u. Heuer/Nordalm, 2001, S. 26.
[136] Vgl. Piazolo, 2009, S. 406, Heuer/Nordalm, 2001, S. 26f. u. Schulte/Matzen, 2003, S. 399f.
[137] So stehen einerseits Immobilienanlagen mit Anlagen des Kapitalmarktes über die Kapitalisierungsrate, die die Opportunitätskosten widerspiegelt, in Konkurrenz. Andererseits werden am Kapitalmarkt verbriefte Immobilienanlagenprodukte deren Immobilien am Immobilienmarkt gehandelt werden, angeboten. Des Weiteren hat die Fremdfinanzierung und damit auch das Verhalten der Kapitalmarktakteure, wie beispielsweise Banken und Investoren, aufgrund des hohen Investitionsvolumens von Immobilien eine große Bedeutung für den Immobilienmarkt. Vgl.Schulte *u.a.*, 2008, S. 19, Rottke/Wernecke, 2001a, S. 11, Iblher *u.a.*, 2008, S. 548ff., Rottke/Wernecke, 2001b, S. 10, Hüther *u.a.*, 2008, S. 501ff. u. Tiemann, 1985, S, 511.
[138] Vgl. Schäfer, 1997, S. 107ff.
[139] Vgl. Perridon *u.a.*, 2009, S. 161.

diesem Markt ist nur auf wenige finanzstarke Teilnehmer mit bester Bonität beschränkt. Im engeren Sinne findet der Handel nur zwischen Banken sowie zwischen Banken und Zentralbanken statt. Weitere Marktteilnehmer im weiteren Sinne können auch Nichtbanken, wie beispielsweise Großunternehmen mit erstklassiger Bonität oder Gebietskörperschaften sein. Durch diese Eintrittsbarriere bleibt der Zugang zu diesem Markt den meisten Unternehmen und Privatanlegern verwehrt.[141]

Unter dem Kapitalmarkt hingegen versteht man den Markt für längerfristige Kapitalanlage und -aufnahme[142], speziell den Markt für verbriefte Finanztitel, wie verbriefte Kredite (Anleihen) und Beteiligungen[143] (Aktien). Der Kapitalmarkt lässt sich entsprechend dem Organisationsgrad in ein börslich organisiertes und ein außerbörsliches Segment unterteilen.[144] Börslich organisierte Kapitalmärkte, die den höchsten Organisationsgrad aufweisen, zeichnen sich u. a. durch eine ausgeprägte Standardisierung und Stückelung der Gesamtemission, z. B. bei Aktien, aus.[145] Hierdurch ist eine hohe Handelbarkeit, bzw. Fungibilität, der zugrundeliegenden Wertpapiere gewährleistet. Dies macht den börslich organisierten Handel auch für Kleinaktionäre besonders attraktiv. Die Voraussetzung hierfür ist, dass neben einem Primärmarkt, auf dem Neuimmissionen gehandelt werden, auch ein Sekundärmarkt vorhanden ist, der den Handel zwischen den Anlegern mit bereits emittierten Papieren ermöglicht. Der außerbörsliche Markt, auch als Over The Counter-Markt (OTC-Markt) bezeichnet, ist im Vergleich zum börslich organisierten Markt weniger hoch organisiert und basiert auf individuellen Beziehungen zwischen Anbietern und Nachfragern.[146] Merkmale des außerbörslichen Marktes sind zum einen geringere Standardisie-

[140] Hierbei handelt es sich in der Regel um Wertpapiere, wie beispielsweise Schatzwechsel und Commercial Papers und kurzfristige Kredite, z. B. Tagesgeld. Vgl. Schäfer, 2002, S. 216 u. Rudolph/Schäfer, 2010, S. 30f.

[141] Vgl. Franke/Hax, 2009, S. 64.

[142] Eine eindeutige Abgrenzung zwischen Geldmarkt und Finanzmarkt ist aufgrund der fließenden Grenzen nicht möglich. Üblicherweise werden Titel mit einer Restlaufzeit von zwei bis drei Jahren dem Kapitalmarkt zugeordnet. Vgl. hierzu Jandura, 2000, S. 35 oder Kümpel, 1995, S. 14.

[143] Unter die Bezeichnung Beteiligungen fallen neben Aktien auch Anteile an anderen Gesellschaftsformen, wie z. B. Anteile an einer GmbH. Diese Anteile sind allerdings nicht standardisiert und werden nicht börsentäglich gehandelt.

[144] Vgl. Perridon *u.a.*, 2009, S. 161f.

[145] Weitere Merkmale börslich organisierter Märkte finden sich in Franke/Hax, 2009, S. 58ff.

[146] Vgl. Perridon *u.a.*, 2009, S. 162.

rungsvorschriften der dort gehandelten Finanzprodukte[147] sowie durchschnittlich höhere Einzeltransaktionsvolumina als auf den börslich organisierten Märkten.[148]

2.2.2.2 Der vollkommene Kapitalmarkt und der Immobilienmarkt

In der neoklassischen Kapitalmarkttheorie wird zunächst auf das walrasianische Paradigma vollständiger Märkte und damit auf das theoretische Fundament des vollkommenen Kapitalmarktes abgestellt. Diese Unterstellung ist die Voraussetzung einer Reihe von theoretischen Erkenntnissen, die zusammen ein solides Fundament einer neuen Finanzierungstheorie darstellen. Zu nennen sind hierbei die Portfoliotheorie[149], das Capital Asset Pricing Model[150], die Arbitrage Pricing Theorie (APT)[151] und die Irrelevanztheorien von MODIGLIANI/MILLER[152]. In dieser neoklassisch geprägten Modellwelt treffen Angebot und Nachfrage auf einem Markt unmittelbar zusammen und beeinflussen den Preis, bis dieser als markträumender Preis im Sinne der „unsichtbaren Hand" des Marktes Angebot und Nachfrage in Einklang bringt. Die Existenz dieses vollkommenen Marktes geht von den folgenden Bedingungen aus:[153]

- Es herrscht vollkommener Wettbewerb.
- Homogenität der angebotenen Güter.
- Es gibt keine Marktzutrittsbeschränkungen.
- Der Markt ist friktionslos, d. h. es existieren weder Transaktionskosten noch Steuern.
- Alle Marktteilnehmer sind rational handelnde Nutzenmaximierer.
- Alle Güter bzw. Faktoren sind beliebig teilbar.
- Information ist kostenlos verfügbar.

Diese Idealisierung des vollkommenen Marktes ist in der Praxis allerdings nur schwer anzutreffen. So ist beispielsweise der Zugang für Kapitalnachfrager und -

---

[147] Zu diesen Finanzprodukten gehören auch die geschlossenen Immobilienfonds sowie Schiffsfondsbeteiligungen. Neben diesen Produkten werden an den außerbörslichen Märkten auch börsengehandelten Gegenstände in großem Umfang gehandelt.
[148] Vgl. Klein, 2000, S. 21.
[149] Vgl. hierzu Markowitz, 1952 u. Markowitz, 1991.
[150] Vgl. hierzu Sharpe, 1964, Lintner, 1965 u. Mossin, 1966.
[151] Vgl. hierzu Ross, 1977.
[152] Vgl. Modigliani/Miller, 1959 u. Miller/Modigliani, 1961.
[153] Vgl. Franke/Hax, 2009, S. 347, Kühne-Büning, 2005c, S. 20 oder Copeland *u.a.*, 2005, S. 353f.

anbieter meist nicht für alle Marktteilnehmer gleich frei oder der Zinssatz für die Kreditaufnahme und die Geldanlage sind unterschiedlich, weshalb der Kapitalmarkt häufig auch als „unvollkommener Kapitalmarkt" bezeichnet wird.[154] Neben dem Kapitalmarkt stellt auch der Immobilienmarkt, wie in der folgenden Abbildung dargestellt, typischerweise einen unvollkommenen Markt dar.[155] Grund hierfür sind vor allem die verschiedenartigen Eigenschaften des Wirtschaftsgutes Immobilie aus denen sich die Eigenschaften des Immobilienmarktes ableiten lassen.[156]

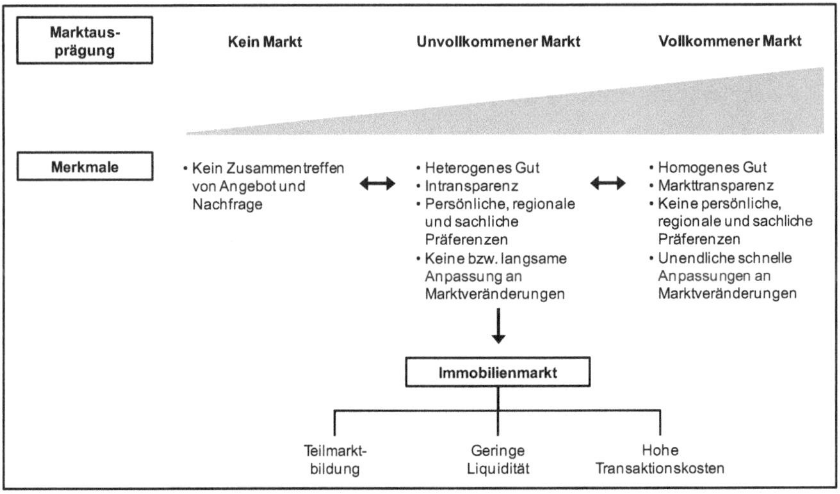

Abbildung 2.10: Einordnung des Immobilienmarktes
Quelle: Möller, 2007, S. 14

Weitere Unterschiede des Immobilienmarktes zu übrigen effizienten Güter- und Kapitalmärkten, die aus dieser Aufteilung in mehrere Immobilienmärkte und den Eigenschaften des Wirtschaftsgutes Immobilie[157] resultieren sind:

[154] Vgl. Schäfer, 2005b, S. 79f. sowie für weitere Einschränkungen vgl. Perridon *u.a.*, 2009, S. 25 u. Gleißner, 2006, S. 129-131.
[155] Vgl. Kühne-Büning, 2005c, S. 25 u. Brauer, 2009a, S. 14.
[156] Vgl. hierzu Abbildung 2.7, S. 28 sowie zur regionalen Unterteilung Abschnitt 2.2.2.1, S. 35.
[157] Vgl. Abschnitt 2.1.2, S. 18ff.

- Die Standortgebundenheit von Immobilien bedingt die Bildung von fragmentierten und lokalen Teilmärkten[158], die nur bedingt miteinander vergleichbar sind und deren Angebot und Nachfrage erhebliche Unterschiede aufweisen können. Somit ist kein homogener Markt vorhanden.[159]
- Aufgrund der Heterogenität unterscheiden sich Immobilien in baulichen Aspekten, wie Größe und Lage. Deshalb handelt es sich stets um individuelle Güter[160] mit eingeschränkter Fungibilität. Somit sind aufgrund der Ortsgebundenheit sowie der mangelnden Fungibilität Arbitrageoperationen nicht durchführbar, so dass die Bildung eines allgemeinen Marktgleichgewichtes nicht möglich ist.
- Des Weiteren ist eine Immobilie nicht beliebig teilbar. Eine Teilbarkeit wie beispielsweise bei Eigentumswohnungen ist zwar möglich, allerdings ist sie an bauliche Voraussetzungen geknüpft.[161]
- Bedingt durch die lange Produktionszeit der Immobilie besteht nur eine geringe Anpassungselastizität auf dem Immobilienmarkt. Auf Veränderungen der Nachfrage können die Marktteilnehmer nur mit Verzögerung reagieren.[162]
- Die Transaktionsaktionskosten für den Immobilienerwerb sind verglichen mit anderen Märkten, wie beispielsweise dem Aktienmarkt oder Rentenmarkt, sehr viel höher.[163]
- Keine objektive Preisfindung: Die Immobilienpreisbildung ist vielmehr durch Subjektivität und eine Einzelfallabhängigkeit geprägt, die aus der Heterogenität der Immobilien, einer geringen Fungibilität und dem Fehlen eines homogenen Marktes resultiert.[164]

Diese oben aufgeführten Eigenschaften der Immobilienmärkte lassen darauf schließen, dass es sich beim Immobilienmarkt um einen stark unvollkommenen Markt handelt und dass die Preise auf den Immobilienmärkten nicht als Gleichgewichtspreise angesehen werden können.[165] Die wesentlichen Gründe hierfür sind die

[158] Vgl. hierzu auch Abschnitt 2.2.2.1, S. 35 u. Schulte *u.a.*, 2008, S. 14.
[159] Vgl. Heuer/Nordalm, 2001, S. 106.
[160] Vgl. Abschnitt 2.1.2.2, S. 19 sowie Engels, 2002, S. 329.
[161] Vgl. Schulte/Matzen, 2003, S. 400.
[162] Vgl. Bone-Winkel *u.a.*, 2008c, S. 22 u. Abschnitt 2.1.2.3, S.19.
[163] Vgl. Abschnitt 2.1.2.5, S. 23f., Schulte/Matzen, 2003, S. 400 u. Wüstefeld, 2000, S. 35.
[164] Vgl. Loos, 2005, S. 14 sowie hierzu auch Kapitel 1, S. 113.
[165] Vgl. Bals, 1993, S. 8.

Standortgebundenheit sowie die Heterogenität des Gutes, die auch zur Bildung von Teilmärkten führen.

2.2.3 Indirekte Immobilienanlagen

Diese zuvor beschriebenen Eigenschaften beziehen sich auf den Handel, bzw. den direkten Erwerb einer Immobilie, am Immobilienmarkt. Eine Alternative hierzu bietet der Markt für verbriefte Immobilienanlageprodukte, die eine indirekte Immobilienanlage darstellen. Hierbei wird ein Investor nicht der unmittelbare Besitzer einer Immobilie und kann von ihren Nutzungserträgen profitieren, sondern er erwirbt Anteile einer als Intermediär zwischengeschalteten Gesellschaft, die oft eigens für diesen Zweck gegründet wurde. Somit wird aus der Sachanlage eine Finanzanlage.[166] Der Handel dieser Anteile erfolgt in der Regel am organisierten Kapitalmarkt. Das Geschäftsmodell dieser Gesellschaften besteht üblicherweise aus der Einkommenserzielung aus den Immobilienbeständen. Dies wird durch Mieteinkünfte und Wertsteigerung der Immobilien[167] erzielt. Immobilienanlagen erfolgen in den meisten Fällen über einen längeren Zeitraum. Sie zeichnen sich durch eine hohe Inflationssicherheit und durch ein hohes Diversifikationspotenzial[168] aus.[169] Hierbei zeigt sich, dass die besonderen Eigenschaften der Immobilien selbst und des Immobilienmarktes zwar einen wesentlichen Einfluss auf diese Anlageklasse haben, allerdings trotzdem Unterschiede bestehen. Die unterschiedlichen Eigenschaften resultieren aus dem Vorhandensein eines organisierten Primär- und Sekundärmarktes, auf dem die unterschiedlichen Interessenpositionen kapitalsuchender Investoren und anlagesuchender Financiers zusammentreffen. Im Idealfall findet dieser Handel an organisierten Börsen statt. Wie im Fall von offenen Immobilienfonds, kann auch eine andere vergleichbare gesetzlich geregelte Form des organisierten Marktes bestehen. Zusammenfassend resultieren dadurch für die indirekte Immobilienanlage die Vorteile einer Losgrößentransformation, Fristentransformation, Risikotransformation sowie Informationstransformation.[170] Aus diesen Vorteilen ergeben sich im Vergleich zum

---

[166] Vgl. Rehkugler/Sotelo, 2009, S. 6.

[167] Für den Fall einer unwirtschaftlichen Immobilie bezieht sich das Wertsteigerungspotenzial auf den Grund und Boden.

[168] Das hohe Diversifikationspotenzial entsteht durch die geringe Korrelation zwischen Anlagen auf dem Immobilienmarkt und anderen Anlageformen.

[169] Vgl. Gondring, 2004, S. 37 u. Sotelo, 2008, S. 68.

[170] Vgl. Rehkugler/Sotelo, 2009, S. 8f.

Immobilienmarkt folgende Unterschiede für den Markt der indirekten Immobilienanlagen:[171]

- Es besteht eine höhere Fungibilität.[172]
- Es handelt sich um einen homogenen Markt.
- Die Teilbarkeit ist gegeben.
- Es bestehen aufgrund der geringeren Investitionskosten, niedrigere Marktzutrittsbeschränkungen.[173]

Dem gegenüber stehen die Nachteile der indirekten Immobilienanlage. So können die Managementkosten, die einerseits aus den Transaktionskosten des Immobilienerwerbs und andererseits aus den Ausgabeaufschlägen sowie den Verwaltungskosten resultieren, höher sein.[174] Der Investor hat beschränkte Einflussmöglichkeiten auf die Art, den Standort und den Zeitpunkt des Investments. Hiermit verbunden ist ein mögliches Agency-Risiko, d. h. die Befürchtung, dass das Management der Gesellschaft nicht ausschließlich im Interesse des Investors und zu seinem Vorteil handelt. Des Weiteren unterliegen speziell börsennotierte Papiere in der Regel einem höheren Kursänderungsrisiko, woraus ein höherer Wertkorrekturbedarf als bei der direkten Immobilienanlage resultieren kann.[175]

Im Folgenden werden die vier bekanntesten indirekten Immobilienanlageprodukte, die offenen Immobilienfonds, die geschlossenen Immobilienfonds, die Immobilien-AGs sowie die REITs genauer vorgestellt.[176]

2.2.3.1 Offene Immobilienfonds

Offene Immobilienfonds unterliegen keinen Begrenzungen im Bezug auf das Fondsvermögen, die Laufzeit sowie die Anzahl der umlaufenden Anteilsscheine und der

[171] Die Ausprägung der jeweiligen Unterschiede können abhängig von den einzelnen indirekten Immobilienanlageprodukten variieren.
[172] Vgl. Nack, 2007, S. 150.
[173] Vgl. Schulte *u.a.*, 2008, S. 16.
[174] Vgl. Bone-Winkel *u.a.*, 2008c, S. 20f.
[175] Vgl. Rehkugler/Sotelo, 2009, S. 9.
[176] Weitere Immobilienprodukte sind aktiv gemanagte Immobilienaktienfonds, Immobilien-Dachfonds, Investment-Zertifikate, Index-Zertifikate, Index-Fonds. Immobilienindex-Derivate, Immobilienanleihen, Luxemburger-Investmentfonds Luxemburger-Provenienz sowie Immobilien-Derivate. Die drei bedeutendsten Immobilien-Derivate sind die Property Index Certificates, die Total Return Swaps und die Sector Swaps. Vgl. Beck, 2009, S. 565, Helmer, 2009, S. 568 u. 577.

Anteilshaber.[177] Diese drei Größen variieren ständig aufgrund der Neuausgabe von Anteilsscheinen, mit der neue Anteilsinhaber akquiriert und neue Immobilienprojekte finanziert werden können sowie dem Rückkauf und dem Handel mit bereits ausgegeben Anteilsscheinen.[178] Diese Anlageklasse zeichnet sich durch ein sehr geringes Kursveränderungsrisiko und eine kontinuierliche Wertsteigerung aus.[179]

Offene Immobilienfonds sind Dienstleistungsunternehmen, deren Dienste aus der Anlage und Verzinsung von Kapital bestehen. Für diese Werterhaltung bzw. Vermehrung des Kapitals hat der Investor Verwaltungsgebühren zu entrichten.[180] Die offenen Immobilienfonds zeichnen sich dadurch aus, dass Investoren mit einem geringen Kapitaleinsatz Anteile an einem diversifizierten Portfolio erwerben können, wodurch es zu einer Verringerung des Risikos und somit zu einer Ertragsstabilisierung kommen kann. Ein Portfolio, das diesem Anspruch der hohen Diversifizierung gerecht wird, setzt eine gewisse Größe voraus, woraus eine entsprechend hohe Kapitalbindung resultiert. Die Diversifizierung des Portfolios kann über eine Verteilung der Investition nach geografischen Regionen und nach unterschiedlichen Nutzungsarten erfolgen.[181]

Der Fonds erhält das benötigte Kapital für die Investitionen in Immobilien aus der Summe der Kapitalanlagen der einzelnen Investoren.[182] Dies hat zur Folge, dass offene Immobilienfonds erst nach dem Mittelzufluss, der durch den Verkauf der Anteilsscheine entsteht, mit der Beschaffung von Immobilien und der daraus folgenden Leistungserstellung, der Erzielung von Renditen, beginnen können.[183] Neben der Risikominderung und Ertragsstabilisierung sind weitere Merkmale des offenen Immobilienfonds der Inflationsschutz, die Kontinuität in der Wertentwicklung, steuerliche Effekte und die Liquidität aufgrund der Rückgabegarantie für die Anteile.[184] Offene

---

177 Dies gilt nicht für alle offenen Immobilienfonds, sondern ausschließlich für offene Immobilienpublikumsfonds.
178 Vgl. Gondring, 2004, S. 748.
179 Vgl. Schäfer *u.a.*, 2008, S. 150f.
180 Vgl. Abromeit-Kremser, 1986, S. 107f.
181 So befanden sich zum 31.03.2010 70% der Immobilien der offenen Immobilienfonds in den Euro-Ländern, 9,7% in Großbritannien 5,1% in Osteuropa und 4,2% in den USA. Zum gleichen Zeitpunkt wurden 63,8% der Immobilien als Büroimmobilien, 20% im Bereich Handel und Gastronomie sowie 16,2% im Segment Hotel, Industrie und sonstige Nutzungsarten genutzt. Vgl. BVI, 2010b.
182 Vgl. Alda/Lassen, 2005, S .92f.
183 Vgl. Loos, 2005, S. 27.
184 Vgl. Alda/Lassen, 2005, S. 93.

Immobilienfonds können in Immobilienpublikumsfonds und Immobilienspezialfonds unterteilt werden.

Die Investorengruppe der offenen Immobilienpublikumsfonds besteht aus privaten und institutionellen Anlegern. Die Investoren können jederzeit Anteilsscheine erwerben und diese mit der Ausnahme, dass der Fonds ausgesetzt wird[185], an die Kapitalanlagegesellschaft (KAG) zurückgeben. Die KAG ist verpflichtet, vorübergehend die Ausgabe der Anteile auszusetzen, wenn eine Verletzung der Anlegergrenze oder der Vertragsbedingungen droht. Nach dem Investmentgesetz kann die KAG einen Schwellenwert für die Ausgabe von Anteilen in den Vertragsbedingungen definieren. Bei Überschreitung dieses Schwellenwertes erfolgt die Rücknahem der Antei-Anteile nur einmal monatlich zu einem bestimmten Termin.[186] Damit die Liquidität eines offenen Immobilienfonds jederzeit gewährleistet ist, sind mindestens 5%, maximal jedoch 49% des Sondervermögens in fungiblen Geldanlagen wie Bankguthaben, Geldmarktinstrumenten, Wertpapieren und anderen Investmentanteilen vorzuhalten. Die Verwaltung dieses Vermögens obliegt der Depotbank.[187] Weitere Aufgaben der Depotbank sind die Ausgabe und Rücknahme der Anteilsscheine und die Überwachung des Fondsvermögens.[188] Neben der Depotbank hat ein offener Immobilienpublikumsfonds drei weitere Akteure. Dies sind die Kapitalanlagegesellschaft, der Sachverständigenausschuss und die Bundesanstalt für Finanzdienstleistungsaufsicht (BaFin). In der folgenden Abbildung sind diese Akteure und ihr Aufgabenspektrum dargestellt.

---

[185] Zu solch einer Aussetzung der Anteilsrücknahme, kam es vor dem Krisenjahr 2008 dreimal: Im Dezember 2005 wurde beim DB Real Estate sowie im Januar 2006 bei den Kanam Fonds US-Grundinvest und Grundinvest die Anteilrücknahme ausgesetzt. Im Oktober 2008 kam es im Anschluss an die Pleite von Lehman Brothers zu einer Aussetzung von einer Reihe von Fonds, hierunter beispielsweise die Fonds Kanam Grundinvest, CS Euroreal A CHF, UBS (D) Euroinvest Immobilien, Morgan Stanley P2 Value sowie AXA Immoselect. Ein Novum in Deutschland stellt die Liquiditation des Kanam US-Grundinvest Fonds dar. Vgl. DEGI, 2007, S. 54, Baur/Schöning, 2010, S. 331 u. Röbisch, 2010, S. 17. Aufgrund dieser Liquiditätsengpässe ist eine Reform der offenen Immobilienfonds zum Schutz der Privatanleger in Bearbeitung. Vgl. hierzu BVI, 2010a.

[186] InvG §80c.

[187] Vgl. Brunner, 2009b, S. 114 u. Alda/Lassen, 2005, S. 102f.

[188] Vgl. Alda/Lassen, 2005, S. 99.

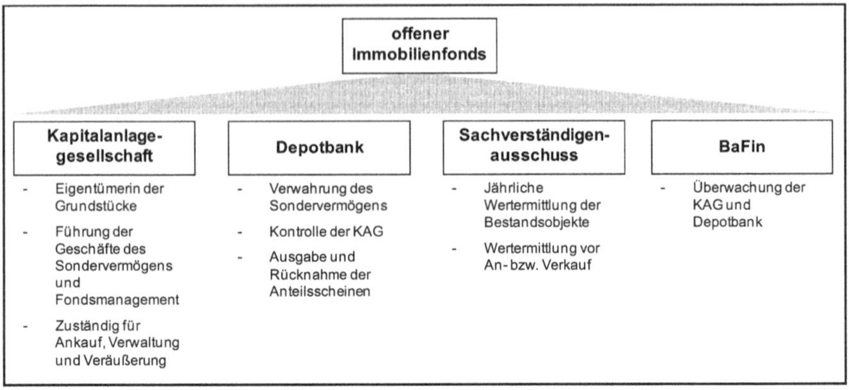

Abbildung 2.11: Akteure eines offenen Immobilienfonds
Quelle: eigene Darstellung

Die Aufgabe der KAG eines offenen Immobilienpublikumsfonds ist die Verwaltung des Immobilienvermögens. Das Immobiliensondervermögen setzt sich aus den Immobilien und Immobiliengesellschaften, an denen der Fonds zu 100% beteiligt ist, zusammen.[189] Das Sondervermögen ist Eigentum der KAG, allerdings ist eine Trennung vom Vermögen der KAG vorzunehmen. [190] Bei der Verwaltung des Immobilienvermögens sind bestimmte Auflagen zu erfüllen, so darf der Wert eines Einzelobjektes im Portfolio, einen Anteil von 15% am Fondsvermögen nicht übersteigen und maximal 20% des Fondsvermögens dürfen sich im Bau befinden bzw. unbebaut sein.[191]

Der Sachverständigenausschuss besteht aus drei Mitgliedern, die für gewöhnlich öffentlich bestellte und vereidigte Sachverständige der Industrie- und Handelskammer sind oder über eine ähnliche Qualifikation verfügen. Ihre Aufgabe ist die jährliche Ermittlung des Verkehrswertes von Immobilien, die sich länger als zwölf Monate im Portfolio befinden. Eine Immobilie ist vor ihrem Erwerb von einem Sachverständigen, der nicht in einem von der KAG gebildeten Sachverständigenausschuss vertreten ist, zu bewerten. Der Wert des Immobilienvermögens setzt sich aus den vom Sachver-

---

[189] InvG §73 Abs. 6.
[190] Vgl. Loos, 2005, S. 30f.
[191] Vgl. Bulwien, 2005, S. 52 u. Brunner, 2009b, S. 112.

ständigenausschuss ermittelten Verkehrswerten, den Kaufpreisen der Immobilien[192], die sich nicht länger als zwölf Monate im Portfolio des Fonds befinden, und den Beteiligungen an Grundstücksgesellschaften zusammen.[193]

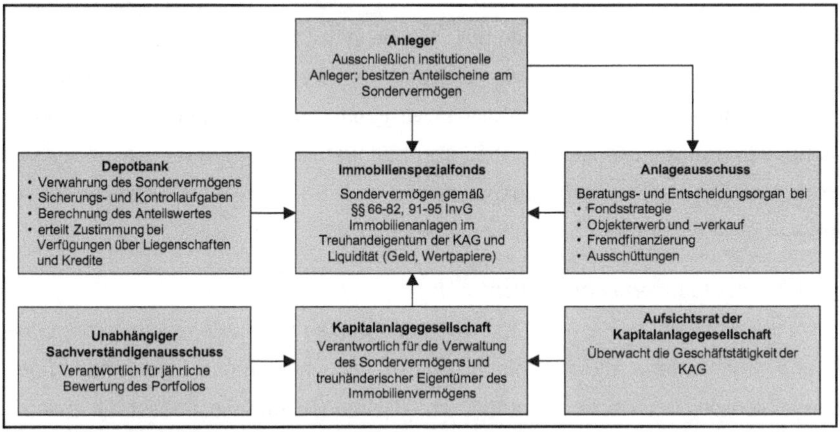

Abbildung 2.12: Konstruktion des offenen Immobilienspezialfonds
Quelle: eigene Darstellung, in Anlehnung an Alda/Lassen, 2005, S. 112

Der Aufbau eines offenen Immobilienspezialfonds, wie in Abbildung 2.12 dargestellt, weist große Ähnlichkeiten mit dem offenen Immobilienpublikumsfonds auf. Die markantesten Unterscheidungsmerkmale sind die Eingrenzung der Investorengruppe auf ausschließlich institutionelle Anleger. Gegenüber anderen Immobilienanlagen, insbesondere der Direktanlage, weisen die Immobilienspezialfonds einige Vorteile auf. So zeichnen sie sich für institutionelle Investoren mit einem geringen Verwaltungsaufwand als die direkte Immobilienanlage aus, da die Anleger nur ein Wertpapierdepot mit den Anteilsscheinen zu verwalten haben. Die Verwaltung der Immobilien erfolgt über die KAG. Des Weiteren besitzen offene Immobilienspezialfonds eine hohe Transparenz, da die Anleger in der Regel über jeden wichtigen Schritt informiert werden. Im Vergleich zum Immobilienpublikumsfonds ist die Anzahl der Anleger dieser Fonds in der Regel um ein vielfaches geringer, wodurch die Investoren eines offenen

---

[192] Falls sich der Kaufpreis aufgrund einer Änderung der wesentlichen Bewertungsfaktoren als nicht mehr sachgerecht erweist, ist nach dem InvG § 79 der Verkehrswert neu zu ermitteln. Da dieses Vorgehen einen Ausnahmetatbestand darstellt, ist die Entscheidung einer Zwischenbewertung von der KAG nachvollziehbar zu dokumentieren.

[193] Vgl. Bals, 2007, S. 454f. u. Simon, 1999, S. 130.

Immobilienspezialfonds über einen größeren Einfluss auf strategische Belange, z. B. über den Anlageausschuss, als bei einem offenen Immobilienpublikumsfonds verfügen. Durch die Beteiligung von mehreren Anlegern kann ein größeres Portfolio, das auch eine höhere Diversifizierbarkeit aufweist, aufgebaut werden.[194] Die Rückgabe der Anteilsscheine ist, obwohl theoretisch keine Liquidität vorgeschrieben ist[195], auch bei offenen Immobilienspezialfonds garantiert.[196] Hieraus ergibt sich für den Immobilienspezialfonds ein größeres Verhältnis zwischen Immobilien und Sondervermögen als bei den Publikumsfonds. Des Weiteren zeichnet sich der Immobilienspezialfonds durch einen geringeren Verwaltungsaufwand aus. So muss beispielsweise der Anteilswert nicht börsentäglich ermittelt werden.

2.2.3.2 Geschlossene Immobilienfonds

Obwohl eine semantische Nähe zwischen den beiden Immobilienanlageformen offene und geschlossene Immobilienfonds besteht, sind Aufbau und Eigenschaften sehr unterschiedlich. Beim geschlossenen Immobilienfonds sind die Anzahl der Anleger, das Investitionsvolumen, das Eigenkapital und die Laufzeit begrenzt.[197]

Der Grundgedanke des geschlossenen Immobilienfonds ist die Bündelung des Kapitals mehrerer Anleger, um damit größere Investitionen zu tätigen. Sobald die angestrebte Investitionssumme durch die Anleger einbezahlt ist, wird der Fonds geschlossen. Dies bedeutet, dass sich danach keine neuen Anleger an dem Fonds beteiligen können. Zumeist besitzt ein geschlossener Immobilienfonds eine geringe Anzahl an Objekten. Manche geschlossene Fonds finanzieren nur ein Objekt wie beispielsweise ein Einkaufszentrum. Dieser Umstand erschwert die Möglichkeit der Diversifikation solcher Portfolios. Die Renditequelle der Anleger resultiert aus der Differenz der laufenden Einnahmen und Ausgaben. Zu den laufenden Einnahmen zählen der Wertzuwachs und der Verkaufserlös der Immobilie, Zinserträge aus eventuellen Liquiditätsüberschüssen und Steuerrückzahlungen aufgrund negativer Einkünfte aus Vermietung und Verpachtung. Dem gegenüber stehen die Ausgaben, die aus den laufenden Kosten für das Objekt und der Fondskosten sowie Kosten für

---

[194] Vgl. Entzian, 2003, S. 444f.
[195] Vgl. Rottke/Schlump, 2007, S. 44.
[196] Möchte ein Anleger seine Anteile verkaufen, wird dies in der Regel rechtzeitig angekündigt, so dass entweder Immobilien aus dem Portfolio verkauft werden oder ein anderer Anleger die Anteilsscheine übernehmen kann. Vgl. Entzian, 2005, S. 570 u. Alda/Lassen, 2005, S. 112.
[197] Vgl. Kunath, 2005, S. 153.

die Fremdfinanzierung bestehen. Die Gewinne sowie die Verluste werden an die Anleger weitergereicht.[198]

Die häufigsten Rechtsformen in der Praxis eines geschlossenen Immobilienfonds sind die Gesellschaft bürgerlichen Rechts (GbR) und die Kommanditgesellschaft (KG), zumeist in der Form der GmbH & Co.KG[199].[200] Die Vorteile einer KG im Vergleich zur GbR ist die begrenzte Haftung der Anleger, allerdings hat die GbR, aufgrund der persönlichen Haftung der Anleger, einen höheren Kreditrahmen (positiver Leverage-Effekt) als die KG. Ein größerer Fremdfinanzierungsanteil, der durch einen erhöhten Kreditrahmen möglich wird, kann allerdings auch zu einer höheren Verlustzuweisung für die Anleger und somit zu einem negativen Leverage-Effekt führen. Durch den Leverage-Effekt erhöht sich somit auch das Risiko für die Anleger.[201]

Die Investition in einen geschlossenen Immobilienfonds setzt eine langfristige Kapitalanlage voraus. Bei dieser Immobilienanlage existieren, im Gegensatz zum offenen Immobilienfonds, keine Ansprüche auf die Rückgabe der Anteile bzw. deren Auszahlung vor Ablauf der Laufzeit. Dies führt zu einer geringeren Fungibilität dieser Anlageklasse. Problematisch für den Handel mit den Anteilen der geschlossenen Immobilienfonds ist das Fehlen einer fairen Preissetzung der Anteile und steuerliche Fragen wie die Gewinnerzielungsabsicht und die Haltedauer. Trotz dieser Problematiken existieren mehrere Möglichkeiten für die Rückgabe der Fondsanteile. So bieten manche Fondsinitiatoren[202] einen Sekundärmarkt für den jeweiligen Fonds an. Hierbei agiert der Fondsinitiator entweder als Vermittler zwischen Käufern und Verkäufern oder er kauft die Fondsanteile direkt zurück. Außerdem existieren Sekundärmärkte zum Handel mit Anteilen von geschlossenen Immobilienfonds, wie beispielsweise an der Deutschen Börse Hamburg und an der Börse Düsseldorf (Gefox). Allerdings müssen die Fonds an einer der beiden Börsen gelistet sein. Die

---

[198] Vgl. Gondring, 2004, S. 765 u. Rüschen, 2009, S. 123ff.

[199] 90% der geschlossenen Fonds weisen diese Rechtsform auf.

[200] Vgl. Arnaout/Viering, 2005, S. 430.

[201] Vgl. Bartlsperger *u.a.*, 2007, S. 96ff.

[202] Geschlossene Fonds werden von freien Initiatoren und Fondsinitiatoren mit Bankhintergrund aufgelegt. 2006 haben Initiatoren mit Bankhintergrund einen Anteil von 48,4%. Vgl. Loipfinger, 2007, S. 21. Der hohe Anteil der banknahen Fondsinitiatoren lässt sich unter anderem mit der Reputation dieser Unternehmen begründen. Vgl. Kunath, 2005, S. 154.

zuvor beschrieben Problematiken können auch mit Hilfe eines Zweitmarktes nicht vollständig überwunden werden.[203]

2.2.3.3 *Immobilien-AGs*

Im Gegensatz zu den zuvor beschriebenen Immobilienfonds handelt es sich bei Immobilien-Aktiengesellschaften um eigenständige Unternehmen, die über ein eigenes Management und eine eigene Unternehmensstrategie verfügen und die an der Börse gehandelt werden.[204] Die Bewertung der Immobilien AGs wird, wie bei Aktiengesellschaften üblich, durch die Marktteilnehmer vorgenommen. Hierdurch ist der Aktien-Aktienpreis einer Immobilien Aktiengesellschaft stärker vom Markt, bzw. Angebot und Nachfrage am Markt, abhängig als beispielsweise der Preis für einen Anteil eines offenen Immobilienfonds, der ausschließlich auf dem Wert des Immobilienportfolios und des Sondervermögens basiert. Als Bewertungsgrundlage einer Immobilien AG bietet sich der Net Asset Value[205] (NAV) an.

Immobilien-AGs sind Unternehmen, deren Kernkompetenz und dominante Ertragsquelle das Entwickeln und/oder Verwalten von Immobilien darstellt. Sie können in Projektentwicklungsgesellschaften und Bestandhalter unterschieden werden. Während das Kerngeschäft einer Projektentwicklungsgesellschaft aus dem Ankauf, der Weiterentwicklung und dem unmittelbaren Verkauf der Immobilie zu einem höheren Preis besteht, generiert ein Bestandhalter seine Umsätze aus der Verpachtung bzw. der Vermietung von Immobilien.[206] Die meisten Immobilien-AGs haben eine Marktkapitalisierung von unter 0,5 Mrd. Euro und bei wenigen übersteigt der Streubesitz 50% der Anteile.[207] Private sowie institutionelle Investoren haben die Möglichkeit, sich an Immobilien AGs zu beteiligen.

---

[203] Vgl. Richter, 2009, S. 148-151 Kunath, 2005, S. 168f.
[204] Vgl. Cadmus/Bodecker, 2005, S. 129.
[205] „... der weltweit als ein gut geeigneter Näherungswert und als Kontrollgröße zur Beurteilung von Aktienkursen bestandhaltender Immobiliengesellschaften benutzt wird. Abweichungen des gesetzten bzw. am Markt sich ergebenden Aktienkurses vom NAV können fundamental, d. h. durch im NAV nicht (korrekt)erfasste Wertkomponenten, oder durch Marktineffizienzen begründet sein". Rehkugler, 2006, S. 91. Der NAV setzt sich aus der Summe der Verkehrswerte der einzelnen Immobilien, einer Immobilien AG, zuzüglich sonstiger Vermögensgegenstände abzüglich des Fremdkapitals zusammen. Vgl. Rehkugler, 2005, S. 308ff.
[206] Vgl. Rehkugler/Sotelo, 2009, S. 17.
[207] Vgl. Rehkugler *u.a.*, 2005, S. 13 u. Klose, 2009, S. 191f.

2.2.3.4 Real Estate Investment Trusts (REITs)

Am 23.03.2007 bzw. am 30.03.2007 wurde die Gesetzgrundlage für den deutschen Real Estate Investment Trust (G-REIT) rückwirkend zum 01.01.2007 im Bundestag bzw. Bundesrat verabschiedet.

Ein REIT ist prinzipiell eine börsennotierte Immobilienkapitalgesellschaft mit dem Ziel der Verpachtung bzw. Vermietung seines Immobilienvermögens, um auf diese Weise Gewinn zu erzielen. Im Vergleich zu den üblichen Immobilien-AGs unterliegt ein REIT einer besonderen Art der Besteuerung und Investitionsrestriktionen. Ein REIT muss für seine Gewinne weder Körperschafts- noch Gewerbesteuer abführen. Im Gegenzug sind 90% des nach HGB berechneten ausschüttungsfähigen Gewinns bis zum folgenden Jahr als Dividende auszuzahlen. Dafür sind die Dividenden der Gesellschafter voll steuerpflichtig. Das Mindestkapital eines G-REITs beträgt 15 Mio. Euro. Immobilien die vor dem Jahr 2007 gebaut wurden und zu mehr als 50% der Nutzfläche dem Wohnzweck dienen, dürfen nicht Bestandteil eines REITs sein. Des Weiteren müssen sich mindestens 15% (zum Zeitpunkt der Börsenzulassung sogar 25%) der Aktien eines G-REITs im Streubesitz befinden, d. h. der jeweilige Anteil des Streubesitz eines Gesellschafters liegt unter 3%. Die Obergrenze des maximalen Anteils eines Anlegers liegt bei 10%. Das Eigenkapital des G-REITs darf 45% des bilanzierten Immobilienvermögens nicht unterschreiten. Ein Unternehmen kann den Status eines REITs direkt oder mit dem Zwischenschritt der Erlangung des Vor-REIT Status erreichen. Auch für einen Vor-REIT ist es zwingend notwendig, dass das Unternehmen die Rechtsform einer Aktiengesellschaft mit Sitz in Deutschland besitzt. Des Weiteren muss der Vor-REIT, entsprechend den Regularien eines REITs, bestimmten Vermögensanforderungen entsprechen, kann aber im Gegenzug von der Exit Tax profitieren. Der Börsengang eines Vor-REITs muss spätestens nach drei Jahren erfolgen. Um den REIT-Status zu erhalten, muss auf einer Hauptversammlung gegebenenfalls das Grundkapital auf 15 Mio. Euro angehoben werden und der Firmenname um den Zusatz „REIT" ergänzt werden.[208] Trotz der hohen Erwartungen

[208] Vgl. Steinbach, 2007, S. 29, BMF, 2007, S. 65ff., Meichssner, 2007, S. 80ff. u. Beck, 2009, S. 565.

vor Einführungen des G-REITs[209] sowie Anreizen des Gesetzgebers, der mit der Exit-Tax eine Steuerbegünstigung für das Aufdecken stiller Reserven bei der Einbringung von unbeweglichem Vermögen in einen REIT geschaffen hat, existieren bislang lediglich mit der alstria office REIT-AG und der fair value REIT-AG zwei deutsche REITs.[210] Gründe für diese schleppende Entwicklung sind beispielsweise der Ausschluss von Wohnimmobilien, die Kontrolle der zehnprozentigen Anteilsbegrenzung und der Streubesitzquote[211], die Verhinderung von Kooperationen im Bereich von Tochtergesellschaften sowie die Einschränkung der Investitionsformen über Beteiligungen an Kapital- und Personengesellschaften.[212]

Die Bewertung des G-REITs erfolgt wie bei den Immobilien-AGs über den Markt bzw. über den NAV. Aufgrund der nicht vorhandenen Erfahrungen mit REITs in Deutschland ist auf Erfahrungen aus dem Ausland, wie den USA oder Großbritannien zurückzugreifen. Hierbei kann davon ausgegangen werden, dass G-REITs eine höhere Volatilität als offene Immobilienfonds aufweisen werden. Des Weiteren zeigte sich in der Vergangenheit, dass US-REITs auch über einen längeren Zeitraum unterhalb des NAV lagen und manche US-REITs deswegen vom Markt genommen werden mussten.[213]

Der G-REIT zeichnet sich durch eine hohe Fungibilität, eine hohe Transparenz und Steuervorteile aus. Speziell für die Anlage in Portfolios erweisen sich seine Eigenschaften, eine beinahe beliebige Stückelung und Aufteilung des Immobilienrisikos sowie eine kostengünstige Handelbarkeit, als vorteilhaft.[214]

---

[209] So ergab eine Umfrage der Feri Rating & Research GmbH, vor Einführung des G-REITs, von institutionellen Investoren, dass ein großes Interesse dieser Investorengruppe für die Investition in REITs besteht. 96% der deutschen Versicherungsgesellschaften und 69% der Altersversorger hätten Interesse an REITs. 65% aller Befragten dieser Studie würden es bevorzugen, dass die REITs ein höheres Renditepotenzial, bei leicht erhöhtem Risiko, als die bislang vorhandenen indirekten Immobilienanlagen bieten. Die Hälfte der Befragten würden eine Marktkapitalisierung der REITs zwischen 500 Mio. und 1 Mrd. Euro bevorzugen. Vgl. Feri, 2007b.

[210] Vgl. Klose, 2009, S. 194.

[211] Die geforderten Quoten lassen sich beim Börsengang zwar noch steuern, zu einem späteren Zeitpunkt verfügt das Management allerdings über keine Eingriffsmöglichkeit um diese Strukturen zu erhalten. Somit hätte ein Investor die Möglichkeit über den Erwerb von Anteilen die Gesellschaft unter Druck zu setzen und in letzter Instanz den REIT-Status zu „zerstören".

[212] Vgl. Cadmus, 2009, S. 52-55 u. Klose, 2009, S. 194 u. 198.

[213] Vgl. Riesmeier, 2007, S. 550.

[214] Vgl. Riesmeier, 2007, S. 549.

2.3 Zusammenfassende Bemerkungen und Fazit

Der Begriff Immobilie selbst besitzt keine eindeutige, ausschließliche Definition, sondern es existieren vielmehr entsprechend der jeweiligen wissenschaftlichen Disziplin verschiedene Definitionen. Mit der Adaption des Begriffes von BONE-WINKEL, U. A. konnte für diese Arbeit eine Definition festgelegt werden, in der die physische, juristische aber vor allem auch die für diese Studie relevante wirtschaftliche Sichtweise vereint werden. Aus dieser Definition ergeben sich die sieben wesentlichen Charakteristika Standortgebundenheit, Heterogenität, eine lange Produktionsdauer, eine hohe Kapitalbindung, hohe Transaktionskosten, Dauerhaftigkeit sowie eine begrenzte Substituierbarkeit. Der Einfluss, den diese Eigenschaften auf den Immobilienmarkt haben, konnte innerhalb der Einordnung des Immobilienmarktes bewiesen werden. Hierbei zeigt sich, dass die Standortgebundenheit sowie die Komplexität zu einer Unterteilung des Immobilienmarktes in unterschiedlich regionale Märkte führt, die entsprechend der Nutzungsart und der Vertragsart sowie weitere Eigenschaften nochmals unterteilt werden können. Weitere Besonderheiten des Immobilienmarktes stellen die unzureichende Markttransparenz, die Abhängigkeit von anderen Märkten, eine geringe Anpassungselastizität an Marktveränderungen sowie die Zyklizität dar. Aus diesen Besonderheiten ergibt sich, dass es sich beim Immobilienmarkt um einen stark unvollkommenen Markt handelt, bei dem die Preise nicht als Gleichgewichtspreise angesehen werden können. Hieraus folgen die später in Kapitel 1 beschriebenen Besonderheiten der Immobilienwertermittlung. Ein Bindeglied zwischen dem unvollkommenen Immobilienmarkt und dem Kapitalmarkt, einem in weiten Teilen nahezu vollkommenen Markt, stellen die indirekten Immobilienanlagen dar, deren Anteile auf dem Kapitalmarkt gehandelt werden und die Immobilien auf dem Immobilienmarkt handeln. Trotz des unterschiedlichen Aufbaus der einzelnen Anlagevehikel besteht ihre Zielsetzung in der Regel in der Einkommenserzielung aus den Immobilienbeständen.

Nach der Festlegung des Begriffes der Immobilie und der daraus resultierenden Besonderheiten für den Immobilienmarkt, können darauf aufbauend im nächsten Schritt die Nachhaltigkeit im Immobilienwesen sowie deren wesentliche Treiber beschrieben werden.

3 Nachhaltige Immobilien

Der Begriff der Nachhaltigkeit hat in den letzten Jahren verstärkt durch die im Jahr 2007 erschienen UN-Berichte zum Klimawandel, einer Häufung von Umweltkatastrophen sowie steigender Energiekosten an Bedeutung gewonnen.[215] Dieser Trend zeigt sich auch am Markt für nachhaltige Kapitalanlagen[216] bzw. Socially Responsible Investment (SRI)[217] in Deutschland. So verdoppelte sich das Volumen an diesem Markt von 5,3 Mrd. Euro im Jahr 2005 auf 12,9 Mrd. Euro, im Jahr 2009.[218] Dieser Trend der Nachhaltigkeit setzt sich auch im Immobilienbereich fort, so ergab eine Umfrage des Real Estate Management Institutes, dass das Thema „Nachhaltigkeit in der deutschen Immobilienwirtschaft“ als sehr relevant angesehen wird.[219] Bei dieser Entwicklung kann davon ausgegangen werden, dass sowohl die Trends der nachhaltigen Kapitalanlagen wie auch der nachhaltigen Immobilien langanhaltende Trends darstellen, da sie nicht wie bei kurzfristigen Trends üblich, aus der Ineffizienz von Märkten resultieren.[220]

Ausgehend von dem allgemeinen Begriff Nachhaltigkeit wird nachfolgend die Nachhaltigkeit in der Immobilienwirtschaft hergeleitet (Kapitel 3.1). Die etablierten Zertifizierungssysteme in Deutschland, die ein wesentliches Element zur Beurteilung der Nachhaltigkeitsausprägung von Immobilien darstellen, werden in Kapitel 3.2 aufgezeigt und mit einander verglichen. Abschließend werden innerhalb dieses Kapitels die wesentlichen Gründe für den Trend nachhaltiger Immobilien analysiert (Kapitel 3.3). Hierzu zählen neben dem gesellschaftlichen Druck seitens der Nutzer auch die regulatorischen Rahmenbedingungen auf internationaler sowie nationaler Ebene.

---

[215] Vgl. Schäfer *u.a.*, 2008, S. 22 u. Bienert *u.a.*, 2010, S. 20.

[216] Grundsätzlich können alle Anlageformen als nachhaltige Kapitalanlagen bezeichnet werden, solange sie neben den konventionellen Anlagekriterien (Rendite, Risiko, Liquidität) zusätzlich außerökonomische, d. h. ethische Werte bzw. moralische Prinzipien berücksichtigen. Vgl. Schäfer, 2001, S. 740 u. Schäfer, 2005c, S. 558. Obwohl bezüglich des Verständnisses von nachhaltigen Kapitalanlagen in der wissenschaftlichen Literatur weitestgehend ein einheitlicher Konsens besteht, existiert bislang keine allgemeingültige Terminologie. Loew hat hierzu die gebräuchlichsten Begriffe zusammengefasst. Vgl. Loew, 2002, S. 11.

[217] Das britische Social Investment Forum liefert hierzu folgende Definition: „Socially Responsible Investment combines investors‘ financial objectives with their concerns about social, environmental, ethical and corporate governance (SEE/CG) issues”. UKSIF, 2007. "Sozialverantwortlich" enthält damit die drei Dimensionen "Ökonomie", „Ökologie“ und „Soziales“, auch wenn der Begriff Nachhaltigkeit als solcher nicht verwendet wird.

[218] Vgl. Eurosif, 2010, S. 35.

[219] Über 80% der Befragten dieser Umfrage stuften das Thema als „sehr relevant“ bzw. „relevant“ ein. Vgl. Reichardt/Rottke, 2010, S. 94.

[220] Vgl. Koch, 2010, S. 158.

Der Schwerpunkt dieser Analyse liegt im Hinblick der Forschungsfrage dieser Arbeit auf den wirtschaftlichen Vorteilen nachhaltiger Immobilien.

3.1 Nachhaltigkeit in der Immobilienwirtschaft

Weltweite Bekanntheit erreichte der Begriff der Nachhaltigkeit[221] im Jahr 1987 durch den Brundtland-Bericht[222] der Kommission für Umwelt und Entwicklung, einer unabhängigen Sachverständigenkommission der Vereinten Nationen,[223] dessen Leitbild 1992 die Staats- und Regierungschefs von ca. 180 Ländern zur Maxime politischen Handelns erhoben haben.[224]

Durch die Transformation des Konzepts der nachhaltigen Entwicklung in ein anthropogenes Konzept[225] und der damit einhergehende Abkehr vom rein ökozentrischen Ansatz, wie er in der Studie „World Conservation Strategy" des United Nations Environment Programmes (UNEP) aus dem Jahr 1987 verwendet wird, kommt es zu einer wachsenden Integration sozialer Aspekte.[226] Somit wird heute von einem Konzept der Nachhaltigkeit ausgegangen, dass auf den drei Säulen Ökonomie, Ökologie und Soziales basiert, die grundsätzlich gleich zu behandeln sind.[227] Deshalb wird von einer „Triade" der nachhaltigen Entwicklung gesprochen: *„Eine Politik in Richtung Nachhaltigkeit soll danach ökologische, ökonomische und soziale Belange gleichrangig und gleichzeitig beachten und befolgen. Als nachhaltig wird eine Entwicklung bezeichnet, die zugleich ökologie-, ökonomie- und sozialverträglich ist*"[228] Der Begriff

---

[221] Ursprünglich stammt der Begriff der Nachhaltigkeit aus der Forstwirtschaft und bezeichnet eine Waldnutzung, bei der nur so viel Holz entnommen werden darf, wie nachwachsen kann. Die erstmalige Verwendung des Begriffs Nachhaltigkeit erfolgte 1713 durch Hanns Carl von Carlowitz in seinem Buch „Sylvicultura oeconomica oder hauswirthliche Nachricht und naturgemässige Anweisung zur wilden Baum-Zucht". Vgl. Di Giulio, 2004 S. 17f. u. Speidel, 1984, S. 43ff.

[222] Der Brundtland-Bericht definiert die nachhaltige Entwicklung, als eine „Entwicklung, die die Bedürfnisse der Gegenwart befriedigt, ohne zu riskieren, dass künftige Generationen ihre eigenen Bedürfnisse nicht befriedigen können" Hauff, 1987, S. 43.

[223] Vgl. Gabriel, 2008, S. 26.

[224] Vgl. Hegger, 2009, S. 15.

[225] Die implizite Abstellung auf die Generationengerechtigkeit wurde auf der Konferenz über Umwelt und Entwicklung der Vereinten Nationen in Rio de Janeiro im Jahr 1992 explizit um die zwei Gerechtigkeitsdimensionen intra- und intergenerative Gerechtigkeit bereichert. Während sich die intragenerative Gerechtigkeitsdimension auf die Gerechtigkeit innerhalb einer Generation, insbesondere zwischen ersten und dritten Welt, bezieht, handelt es sich bei der intergenerativen Gerechtigkeitsdimension um die Gerechtigkeit zwischen der heutigen und allen zukünftigen Generationen. Vgl. Schäfer/Preller, 2003, S. 24.

[226] Vgl. Schäfer *u.a.*, 2006, S. 9 u. Schäfer/Langer, 2007, S. 6.

[227] Vgl. Rauschenberger, 2002, S. 6.

[228] Maier-Rigaud, 1997, S. 331.

„Sustainable Development" und seine deutschsprachige Übersetzung „Nachhaltige Entwicklung" bezeichnet als sog. „Containerbegriff" eine Handlungsweise, welche den Bedürfnissen der heutigen Generation entspricht, ohne jedoch den Handlungs- und Reaktionsmöglichkeiten künftiger Generationen und deren Streben, ihre eigene Bedürfnisse zu erfüllen, entgegen zu stehen.[229]

Die Enquete-Kommission des Deutschen Bundestages kommt zu dem Ergebnis, dass das Handlungsfeld Bauen und Wohnen gleichermaßen von zentraler wirtschaftlicher und sozialer Bedeutung ist, und es darüber hinaus die größten Handlungspotenziale für eine nachhaltige Gestaltung des derzeit als verschwenderisch konstatierten Umgangs mit Ressourcen bietet.[230] Immobilien tragen durch die Herstellung, Errichtung und Nutzung zu einem hohen Anteil zur Ressourceninanspruchnahme bei und wirken somit auf die Umwelt. So entfällt nach einer Studie der Europäischen Kommission der Hauptteil von 42% des Endenergieverbrauchs und etwa 35% der CO_2-Emissionen auf Bauwerke.[231] In Abbildung 3.1, auf Seite 56, sind weitere Angaben zur Ressourceninanspruchnahme sowie zur Umweltbelastung angegeben.

[229] In den folgenden Ausführungen werden die Begriffe Nachhaltige Entwicklung, Sustainable Development sowie Nachhaltigkeit synonym verwendet.
[230] Vgl. Deutscher Bundestag, 1998, S. 4.
[231] Vgl. Commission of the European Communities, 2007, S. 5.

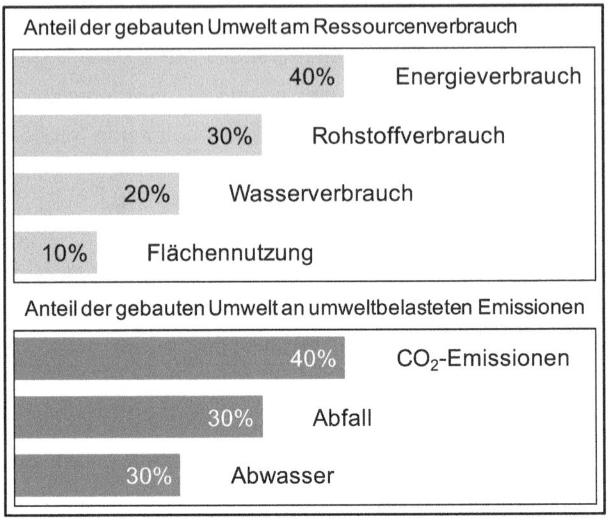

Abbildung 3.1: Anteil der gebauten Umwelt an Ressourceninanspruchnahme und Umweltbelastung
Quelle: UNEP, 2006

3.1.1 Das magische Dreieck der Nachhaltigkeit

Wie bereits ausgeführt, basiert die Nachhaltigkeit auf dem sogenannten Mehr-Säulen-Konzept mit den Grunddimensionen Ökonomie, Ökologie und Soziales, das auch als „Triple Bottom Line-Konzept" bezeichnet wird. Die Grunddimensionen werden als „Nachhaltigkeitsdreieck" mit gleicher Relevanz angesehen.[232]

Nachfolgend wird gezeigt, dass das allgemeine Konzept der Nachhaltigkeit auf den Immobilienbereich übertragbar ist. Hierzu werden zunächst die einzelnen Dimensionen auf Makroeben überblickartig vorgestellt und anschließend auf die Mikroeben respektive den Immobilienbereich übertragen.

Die ökologische Dimension der Nachhaltigkeit bezieht sich auf die Erhaltung der Natur und Umwelt. Die Umwelt erfüllt hierbei vielfältige Funktionen, sie stellt Rohstoffressourcen zur Verfügung und nimmt ferner Rest- und Schadstoffe auf. Die Natur dient als Lebens- und Wirtschaftsgrundlage, die auch für zukünftige Generati-

---

[232] Vgl. Schäfer/Lindenmayer, 2004, S. 12.

onen zu erhalten ist. Auch der Umgang mit natürlichen Ressourcen ist schonend zu gestalten, um zukünftigen Generationen diese Grundlage des Wirtschaftens zu erhalten. Die ökologische Dimension hat das Ziel, den Energie- und Ressourcenbedarf für die Gebäudeherstellung sowie –nutzung zu minimieren. Dies beinhaltet auch die Reduzierung des CO_2-Ausstoßes beim Herstellungsprozess sowie beim Betreiben von Immobilien. Neben der Reduzierung der CO_2-Emission sind auch die Mengen und Konzentrationen von Luft- und Wasserverunreinigungen, von Abwärme, Abfällen, Abwässern und versiegelten Flächen möglichst gering zu halten. Hierzu gehört auch die Bausubstanz am Ende des Lebenszyklus einer Immobilie möglichst umfassend wieder in den Stoffkreislauf zurückzuführen.[233]

Die ökonomische Dimension der Nachhaltigkeit rekurriert auf der Zielsetzung des ökonomischen Systems, dass aus der Wohlfahrtsmaximierung des Individuums und der Gesellschaft besteht. Hierbei setzt sich das ökonomische Systeme aus den Akteursgruppen private Haushalte, Unternehmen und Staat zusammen. Diese Akteure innerhalb des Systems produzieren und konsumieren Güter und Dienstleistungen und versuchen, hierdurch ihr Einkommen zu maximieren. Der Fokus liegt aus wirtschaftswissenschaftlicher Sicht traditionell auf der Produktion und Verbreitung von Gütern und Dienstleistungen. Aufgrund der begrenzten Ressourcen und ihr Einsatz auf dieser Grundlage des Wirtschaftens ist, wird die enge Verbundenheit der ökonomischen und ökologischen Dimension verdeutlicht. In der Immobilienwirtschaft ist das Ziel der ökonomischen Dimension die Reduzierung der Lebenszykluskosten sowie der Erhalt von materiellen Gütern. Bei den Lebenszykluskosten stehen vor allem die Betriebskosten, die einen Anteil von 80% an den gesamten Lebenszykluskosten haben,[234] im Vordergrund. Zum Erhalt der materiellen Güter gehört unter anderem die Flexibilität und Anpassbarkeit der Immobilie an sich ändernde Nutzeranforderungen, die einerseits durch eine verbesserte Anpassung an verschiedene Mieter das Risiko des Leerstandes minimieren können sowie im schlimmsten Fall einen Abriss und einen Neubau des Gebäudes abwenden können. Die Reduzierung des Leerstandes führt aufgrund des höheren Mieteinkommens zu einem höheren Wert der Immobilie, während bei einem Neubau zusätzliche Investitionen vermieden werden

---

[233] Vgl. Schäfer/Lindenmayer, 2004, S. 15, Hegger, 2009, S. 16f., Lützkendorf/Lorenz, 2007a, S. 63 u. Rottke/Reichardt, 2010, S. 30f.
[234] Vgl. Abbildung 2.6, S. 27.

können. Weitere Aspekte der ökonomischen Dimension in diesem Bereich, wie höhere Mieten und der daraus resultierenden Wertigkeit der Immobilie, werden in den folgenden Ausführungen näher behandelt.[235]

Die soziale Dimension der Nachhaltigkeit beinhaltet den Erhalt der Ressourcen für zukünftige Generationen, aber auch die gerechte Verteilung sowie die Weiterentwicklung für die Weitergabe sogenannter sozialer Grundgüter. Hierzu gehören unter anderem das Leben selbst, Gesundheit, Grundversorgung mit Lebensmitteln, Kleidung und Wohnraum. Darüber hinaus ist ein wesentlicher Bestandteil der sozialen Dimension die Lösung von Verteilungsproblematiken, die notwendig sind, da durch das ökonomische System Ungleichgewichte entstehen. In der Immobilienwirtschaft beinhaltet die soziale Dimension einerseits die Erhöhung des Komforts, der sich positiv auf die Produktivität der Mitarbeit sowie im Wohnbereich auf das Wohlbefinden auswirken kann, und andererseits die Erhaltung von kulturellen Werten, wie beispielsweise Baudenkmäler. Des Weiteren beinhaltet die soziale Dimension das schonende Einfügen von Bauwerken ins Landschafts- und Stadtbild, welches ein attraktives und gesundes Wohnen sowie Arbeiten ermöglicht. Ein weiterer Aspekt besteht in der Vermeidung von Risiken für die Umwelt und die Gesundheit.[236]

In der folgenden Abbildung 3.2 sind die drei Dimensionen der Nachhaltigkeit im Immobilienwesen und die dazugehörenden Aspekte zusammenfassend dargestellt.

---

[235] Vgl. Grunwald/Kopfmüller, 2006, S. 47f., Hegger, 2009, S. 16f., Lützkendorf/Lorenz, 2007a, S. 63 u. Rottke/Reichardt, 2010, S. 30f.

[236] Vgl. Grunwald/Kopfmüller, 2006, S. 49, Schäfer/Lindenmayer, 2004, S. 14, Hegger, 2009, S. 16f., Lützkendorf/Lorenz, 2007a, S. 63 u. Rottke/Reichardt, 2010, S. 31f.

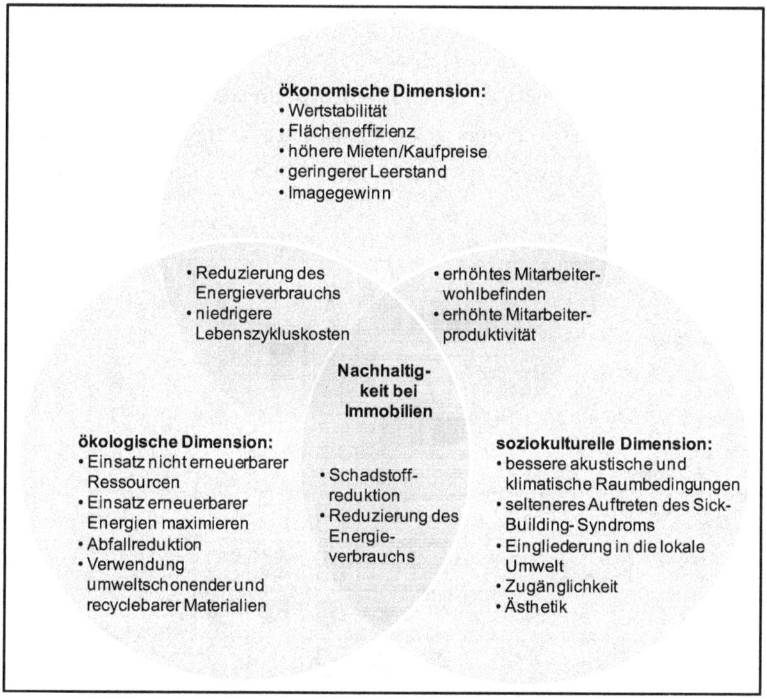

Abbildung 3.2: Die drei Dimensionen der Nachhaltigkeit in der Immobilienwirtschaft
Quelle: Rottke/Reichardt, 2010, S. 32

3.1.2 Definition „nachhaltige Immobilie“

Verschiedene Umfragen zeigen, dass der Begriff Nachhaltigkeit in der Immobilienwirtschaft unterschiedlich verstanden wird. So wird, im Gegensatz zur Definition im vorherigen Abschnitt, bei der alle drei Dimensionen die gleiche Gewichtung haben, vor allem der Umweltqualität, im Speziellen der Energieeffizienz, sowie der ökonomischen Qualität eine übergeordnete Bedeutung zugeordnet,[237] was letztendlich zu einer teilweisen synonymen Verwendung der beiden Termini „Nachhaltigkeit“ und „Energieeffizienz“ in der Immobilienwirtschaft führte.[238] Des Weiteren führen unterschiedliche Begriffe und Formulierungen, wie beispielsweise im Bereich

---

[237] Vgl. Schäfer *u.a.*, 2008, S. 108 u. Reichardt/Rottke, 2010, S. 96 u. 106.
[238] Vgl. Nelson *u.a.*, 2010, S. 4.

energieeffizienter Gebäude mit Bezeichnungen wie Niedrigenergiehaus, Passivhaus, Nullenergiehaus, Solargebäude, energieautarkes Gebäude, Plusenergiehaus usw., zu einer allgemeinen Verwirrung.[239] Die Spanne der Bezeichnung für Gebäude die über mehr oder bessere Nachhaltigkeitsmerkmale als konventionelle Gebäude verfügen, wie in Tabelle 3.1 dargestellt, geht hierbei vom Niedrigenergiehaus bis zum nachhaltigen Gebäude.

Bewertungsaspekte / Konzept/Bezeichnung	Funktionalität	Energieeffizienz	Ressourceninanspruchnahme	Umweltverträglichkeit	Gesundheit/Behaglichkeit	Sozio-kulturelle Aspekte	Lebenszykluskosten	Ertrag / Wertstabilität	Technische Qualität
Low Energy Building Netz Zero Energy Building		■	□	□	□				
Low Emission Building Net Zero Emission Building		□	□	■	□				
Green Building		■	■	■	■	□			
High Performance Building	■	■	□		□				□
Ressourceneffizientes Gebäude	□	■	■	□	□		□		□
Sustainable Building, im engeren Sinne		■	■	■	■	■	■		
Sustainable Building, erweitert	■	■	■	■	■	■	■	■	■

Tabelle 3.1: Charakteristika unterschiedlicher Begriffe und Konzepte
Quelle: Lützkendorf, 2009, S. 65

Das Niedrigenergiehaus bzw. „Low Energy Building" oder „Net Zero Building" berücksichtigt im Wesentlichen die energetische Qualität des Gebäudes. Die Bewertung der energetischen Qualität erfolgt hierbei über den Primärenergiebedarf in der Nutzungsphase. Im Zuge einer Vorsorgestrategie zur Begrenzung der globalen Erwärmung gewinnt die mit der Verringerung des Energieverbrauches einhergehende Reduzierung der CO_2-Emissionen an Bedeutung. Deshalb zielen neuere Konzepte wie das „Zero-Emission-Building" auf eine emissionsarme oder –freie Beheizung bzw. Nutzung ab. Beide Konzepte konzentrieren sich auf die

[239] Vgl. Schäfer *u.a.*, 2008, S. 29.

Nutzungsphase, jedoch nicht auf die umweltschonende Herstellung, Errichtung und Instandhaltung der Gebäude.[240] Damit decken energie- oder emissionsarme Immobilien nur einen Teilbereich der im vorherigen Abschnitt vorgestellten Nachhaltigkeit im Immobilienwesen ab.

Der Begriff „Green Building" ist weiter gefasst; Mit ihm sind sehr unterschiedliche Vorstellungen verbunden. Speziell im englischsprachigen Raum, aber auch in anderen Ländern, wird dieser Begriff synonym für nachhaltige Immobilien verwendet. Grundsätzlich kann die Verwendung der Bezeichnung „Green Building" komplett identisch mit dem Begriff „nachhaltige Immobilie" sein, allerdings kann er auch für ein Konzept stehen, welches eingegrenzter ist als das der nachhaltigen Immobilien.[241] So definiert YUDELSON den Begriff „Green Building" als *„a high-performance property that considers and reduces its impact on the environmental and human health. A green building is designed to use less energy and water and to reduce life-cycle environmental impacts of the material used*".[242] Diese Definition bezieht sich im Wesentlichen auf die ökologische und soziale Dimension, wie beispielsweise gesundheitliche Aspekte oder die Behaglichkeit, der Nachhaltigkeit und vernachlässigt die ökonomische Dimension. Allerdings geht dieser Ansatz weit über die Reduzierung des Energieaufwandes und der daraus resultierenden Umweltwirkungen des Begriffes „energieeffizienter und emissionsarmer Immobilien" hinaus. So wird der vollständige Lebenszyklus und damit auch die Herstellung der Bauprodukte und Systeme, die Bauprozesse sowie die Reinigung, Wartung und Instandhaltung in der Betrachtung berücksichtigt.[243]

Zusätzlich zum Begriff „Green Buidling", der die ökologische und soziale Dimension der Nachhaltigkeit beinhaltet, wird bei nachhaltigen Immobilien bzw. Sustainable Buildings auch die ökonomische Dimension berücksichtigt. LÜTZKENDORF/LORENZ definieren den Terminus "nachhaltige Immobilie" folgendermaßen: *„A sustainable building is meant to be a building that contributes –through its characteristics and attributes – to a sustainable development. By safeguarding and maximizing functionality and serviceability as well as asthetic quality a sustainable building should*

[240] Vgl. Lützkendorf, 2009, S. 63, Nelson *u.a.*, 2010, S. 4 u. Schäfer *u.a.*, 2008, S. 29.
[241] Vgl. Rottke/Reichardt, 2010, S. 37.
[242] Yudelson, 2008, S. 13.
[243] Vgl. Schäfer *u.a.*, 2008, S. 30.

contribute to the minimization of life cycle costs; the protection and/or increase of capital value; the reduction of land use, resources, raw material and resource depletion; the reduction of malicious impacts on the environment; the protection of health, comfort and safety of workers, occupants, users, visitors and neighbours; and (if applicable) to the preservation of cultural values and heritage."[244]

Im weiteren Verlauf dieser Arbeit werden die Begriffe „nachhaltige Immobilie" sowie „Green Building" synonym verwendet. Diese Gleichsetzung ergibt sich vor allem aufgrund der Verwendung im englischsprachigen Raum. Im späteren Verlauf dieser Arbeit wird ferner in Kapitel 5.1 die Einschränkung auf den Treiber Energie vorgenommen. Hierbei wird der Begriff „nachhaltige Immobilie" zusätzlich mit dem Terminus „energieeffizientes Gebäude" gleichgesetzt.[245]

3.2 Die Zertifizierungsverfahren nachhaltiger Immobilien

Im SRI-Bereich, bei dem die Bewertung und die anschließende Selektion von Unternehmen nach ökologischen, sozialen und/oder ethischen Kriterien ein zentraler Bestandteil des Investitionsprozesses darstellt, sind Rating-Verfahren ein zentraler Bestandteil. Dieses „Nachhaltigkeitsrating"[246] wird aufgrund der hohen Komplexität der Dimensionen der Nachhaltigkeit, dem hieraus resultierenden Aufwand und den unter Umständen prohibitiven Kosten nicht von einzelnen Anlegern, sondern von spezialisierten Rating-Institutionen durchgeführt.[247] Anhand dieses Ratings haben diese Institutionen einen massiven Einfluss auf das Anlageverhalten der Investoren, durch die Vorauswahl, die bei diesem Vorgang getroffen wird. Das Pendant zu diesen Rating-Verfahren im SRI-Bereich stellen die Zertifizierungsverfahren im Immobilienbereich dar. Ihre Aufgabe ist die Überprüfung einzelner Kriterien bei deren Erfüllung eine Auszeichnung, das sogenannte Zertifikat, verliehen wird. Die Zertifizierung dient den unterschiedlichen Akteuren als Leitlinie. Darüber hinaus enthält das Ergebnis für Investoren und Nutzer wichtige Informationen.[248] Abgesehen von diesen Aufgaben gibt es in beiden Bereichen wesentliche Unterschiede. So werden bei-

---

[244] Lützkendorf/Lorenz, 2007b, S. 646.
[245] Vgl. Abschnitt 5.1.2.1, S. 191ff.
[246] Vgl. Schäfer 2004b, S. 4.
[247] Vgl. Schäfer, 2003b, S. 34.
[248] Vgl. Nelson *u.a.*, 2010, S. 13.

spielsweise bei den Zertifizierungsverfahren nicht Unternehmen sondern Objekte bewertet.

Die Grundlage der Zertifizierungsverfahren im Immobilienbereich stellen die Dachverbände dar, die den Akkreditierungs- und Zertifizierungsprozess unterstützen und weiterentwickeln. Bezogen auf die drei relevantesten Zertifizierungsverfahren in Deutschland das Deutsche Gütesiegel für Nachhaltiges Bauen (DGNB), Leadership in Energy and Environmental Design (LEED) und Building Research Establishment's Environmental Assessment Method (BREEAM) sind dies die Deutsche Gesellschaft für Nachhaltiges Bauen (DGNB), das United States Green Building Council (USGBC) sowie das Building Research Establishment (BRE). Diese Organisation leiten die jeweiligen Systeme, entwickeln diese weiter und sind für die Ausbildung der Prüfer zuständig.[249] Die Verantwortung der praktischen Durchführung des Zertifizierungsprozesses liegt hierbei bei den Prüfern, während die Dachorganisation die Zertifizierung koordiniert.[250]

Im Gegensatz zum SRI-Markt, bei dem die Ratings fast ausschließlich als „Unsolicated Rating" durchgeführt werden [251], beginnt der Zertifizierungsprozess im Immobilienbereich, der sich bei den unterschiedlichen Zertifizierungsverfahren nur unwesentlich unterscheidet,[252] mit der Beantragung eines Zertifikates durch den Architekten, Projektentwickler, Bauherren, Besitzer oder Mieter des Gebäudes bei einem der Dachverbände (vergleichbar dem Solicated Rating im Unternehmensbereich wie z. B. bei Credit Ratings). Nach dem Antrag und der Zuweisung einer Referenznummer durch eine der Dachorganisationen wird ein Prüfer mit der Bewertung beauftragt. Grundsätzlich empfiehlt sich die Beantragung der Zertifizierung für einen fortlaufenden und ungestörten Bauprozess so früh wie möglich. Dadurch werden Wartezeiten aufgrund des Prüfungsverfahrens vermieden und Änderungen können gegebenenfalls relativ früh mit vergleichsweise geringem Aufwand durchge-

---

[249] So wurde beispielsweise das alte LEED-System überarbeitet und im Jahr 2009 durch die aktuelle Version LEED 3.0 ersetzt. Vgl. Holowka, 2009, S. 10.

[250] Vgl. Hugenroth, 2010, S. 143.

[251] Beim „Unsolicated Rating" besteht in der Regel kein explizites Auftragsverhältnis zwischen einem beurteilten Unternehmen und einer Ratingagentur. Vgl. Schäfer, 2005a, S. 54.

[252] Ein Vergleich der Zertifizierungsprozesse hat Thomas Saunders durchgeführt. Eine Beschreibung für das DGNB, das nicht Bestandteil dieses Vergleichs ist, befindet sich auf der Homepage des DGNB. Vgl. Thomas Saunders, 2008, S. 16, 22, 27 u. 33 u. DGNB, 2010a.

führt werden.[253] Nach der Übermittlung des Gutachtens des Prüfers an die Dachorganisation wird nach einer weiteren Überprüfung durch den Dachverband das Zertifikat ausgestellt. In manchen Fällen, bei denen aufgrund des frühen Planungsstands noch nicht alle Daten ermittelbar sind, kann ein Vorzertifikat beantragt werden.

3.2.1 Die Zertifizierungsverfahren

Für die Zertifizierung nachhaltiger Immobilien stehen unterschiedliche Bewertungsverfahren zur Verfügung. Weltweit existieren 30 solcher Gebäudelabel, die stark national geprägt sind und sich teilweise beträchtlich unterscheiden.[254] Abbildung 3.3 enthält eine Übersicht verschiedener Zertifizierungssysteme sowie deren Herkunft.

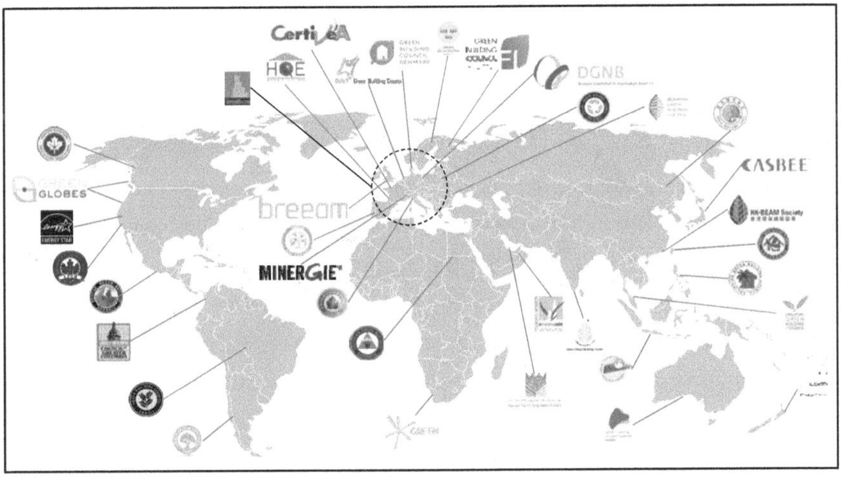

Abbildung 3.3: Zertifizierungssysteme weltweit
Quelle: eigene Darstellung, in Anlehnung an Reed u.a., 2009, S. 2

Unterschiede zwischen den Zertifizierungsverfahren resultieren teilweise aus unterschiedlichen klimatischen Anforderungen die an die Gebäude gestellt werden, aus

[253] Vgl. ALPHA Energy & Environment GmbH, 2010, S. 47 u. Abbildung 2.6, S. 27.

[254] Vgl. Busch/Wegehaupt, 2010, S. 60 u. Koch, 2010, S. 158. Weitere relevante Bewertungsverfahren sind MINERGIE aus der Schweiz, Haute Qualitè Environnemental (HQE) aus Frankreich, Green Star aus Australien, das Sustainable Building Tool (SBTool) aus Kanada sowie das Comprehensive Assessment System for Built Environment Efficiency (CASBEE) aus Japan. Einen Überblick der unterschiedlichen Bewertungsverfahren bietet beispielsweise Frensch, 2008, Braune *u.a.*, 2007, DEGI-Research, 2008, S. 5 u. Jones Lang LaSalle, 2008b.

unterschiedlichen Normen sowie traditionell unterschiedlichen Baustandards.[255] In diesem Abschnitt werden aufgrund der Relevanz in Deutschland die drei Zertifizierungsverfahren DGNB, LEED und BREEAM vorgestellt.[256]

3.2.1.1 Relevante Systeme in Deutschland

Als ältestes Verfahren wird das britische BREEAM-Zertifizierungsverfahren, aus dem Jahr 1990 gehandelt.[257] Gleichzeitig ist es mit über 110.000 zertifizierten und mehr als einer halben Million registrierter Objekte das weltweit weitverbreitetste Bewertungsverfahren. In Deutschland sind vier Objekte mit dem BREEAM-Zertifikat ausgezeichnet.[258] Mit diesem Verfahren können Bürogebäude, Handelsimmobilien, Bildungseinrichtungen, Gefängnisse, Gerichtsgebäude, Krankenhäuser, Industrieimmobilien sowie Wohnimmobilien zertifiziert werden.[259] Innerhalb des Zertifizierungsprozesses werden entsprechend den Gebäudeeigenschaften Punkte in den Kategorien „Management", „Energy Use", „Health and Well-being", „Pollution", „Transport", Land Use", „Ecology", „Materials" und „Water" Punkte vergeben. Das Zertifizierungsergebnis ist die Summe der Produkte aus den Punkten der einzelnen Kategorien und den jeweiligen Gewichtungen, den „Environmental Weightings", der einzelnen Kategorien. Abhängig von der erreichten Punktzahl wird bei Breeam zwischen den Noten „Pass", „Good", „Very Good" und „Excellent" unterschieden.[260]

Das LEED-System des USGBC aus dem Jahr 1995, das auf dem BREEAM-Verfahren aufbaut, ist das zweitgrößte Zertifizierungssystem weltweit.[261] In den Vereinigten Staaten beträgt der Anteil der LEED zertifizierten Neubauten 6%.[262] Bis

---

[255] Vgl. Hugenroth, 2010, S. 136.

[256] Ein weiteres Zertifizierungsverfahren in Deutschland ist, dass vom TÜV Süd entwickelt sowie im Jahr 2009 vorgestellt, stellt das TÜV Süd SCoRE (Sustainability Certification of Real Estate) dar. Dieses System, das sich noch in der Testphase befindet, ist primär auf die ökologischen, technischen, ökonomischen und soziokulturellen Eigenschaften der Immobilien ausgerichtet. Die Zielgruppe des Zertifikats stellen Büro- und Verwaltungsgebäude im Bestand dar, deren Ist-Zustand sowie deren Steigerungspotenzial im Bereich der Nachhaltigkeit mit dem Zertifikat eingeschätzt werden soll. Die Zertifizierung selbst umfasst 150 Kriterien. Der Schwerpunkt des TÜV Süd SCoRE liegt im energetischen Bereich, der mit 35% in das Ergebnis eingeht. Gefolgt wird dieser von der Einstufung des Gebäudekonzepts (30%), den Kriterien zur Lage und Standortfaktoren (20%), der Wasser-Abwasser- und Abfallsituation (10%) sowie der Beurteilung der Böden hinsichtlich möglicher Altlasten mit fünf Prozent. Vgl. Busch, 2009, S. 13.

[257] Vgl. Reed *u.a.*, 2009, S. 8.

[258] Vgl. Hornung, 2009, S. 13.

[259] Vgl. BREEAM, 2009.

[260] Vgl. Hugenroth, 2010, S. 150 u. BREEAM, 2007, S. 2.

[261] Vgl. Gertis *u.a.*, 2010, S. 176.

[262] Vgl. Watson/Balkan, 2008, S. 2.

Ende Oktober 2010 wurden insgesamt 5.979 Objekte weltweit zertifiziert, weitere 20.816 Projekte sind für die Zertifizierung registriert.[263] Das USGBC bietet die sechs Bewertungssysteme LEED for New Construction, LEED for Commercial Interiors, LEED for Core and Shell, LEED for Existing Buildings, LEED for Homes und LEED for Neighborhood Development an. Mit einem Anteil von 77% der zertifizierten Gebäude ist hierbei das LEED for New Construction führend.[264] Der Bewertungskatalog enthält die sieben Kategorien: „Sustainable Site", „Water Efficiency", „Energy & Atmosphere", „Materials & Ressources", „Indoor Environmental Quality", „Innovation in Design" sowie „Regional Priorities". Einzelne Kriterien sind bei der Bewertung zwingend einzuhalten, bei der Mehrheit der Kriterien werden Punkte entsprechend der jeweiligen Erfüllung der Zielsetzung vergeben. Im Gegensatz zum BREEAM-Verfahren gibt es keine Gewichtung nach der die Punkte zusammengefasst werden, sondern sie werden einfach kummuliert.[265] Auf Basis der Gesamtpunktezahl der Bewertung wird zwischen den einzelnen Zertifizierungsstufen Certified (40-49 Punkte), Silver (50-59 Punkte), Gold (60-79 Punkte) und Platinum (80-100 Punkte) differenziert. [266] Neben Anwendung im nordamerikanischen Raum wurde das LEED-Verfahren für den Gebrauch in weiteren Ländern, wie z. B. Italien und Indien, modifiziert.[267] Eine Zertifizierung nach dem amerikanischen Standard ist aber auch in anderen Ländern möglich. So sind auch in Deutschland vier Gebäude mit LEED-Platin, drei mit LEED-Gold und eines mit LEED-Silber ausgezeichnet worden.[268] Neben diesen bereits zertifizierten Immobilien sind weitere 99 Projekte in Deutschland registriert.[269]

Im internationalen Vergleich wurde das deutsche Gütesiegel, dass gemeinsam vom DGNB und dem „Runden Tisch" nachhaltiges Bauen vom Bundesministerium für Verkehr, Bau und Stadtentwicklung entwickelt wurde, im Jahr 2009 relativ spät ein-

---

[263] Vgl. USGBC, 2010b u. USGBC, 2010c.
[264] Vgl.,Yudelson, 2007, S. 104f. u. Brook, 2008, S. 54f.
[265] Vgl. Beenen *u.a.*, 2009, S. 98.
[266] Vgl. ALPHA Energy & Environment GmbH, 2010, S. 23ff. u. USGBC, 2010a, S. 6f.
[267] Die exakten Bezeichnungen lauten LEED Italia vom Green Building Council Italia (GBC Italia) und LEED-India vom Indian Green Building Council (IGBC). Vgl. GBC Italia, 2010 u. IGBC, 2007.
[268] Mit Platinum wurden u. a. das Data Center in Frankfurt der Citigroup und das Bürogebäude Mergenthalerallee 61-71, in Eschborn ausgezeichnet. Das Hochhaus Süddeutscher Verlag in München wurde mit Gold ausgezeichnet. Vgl. USGBC, 2010b. Die Greentowers der Deutschen Bank in Frankfurt erhielten zusätzlich zu LEED-Platinum auch DGNB Gold. Vgl. Krieger, 2010.
[269] Hierbei ist anzumerken, dass sich 60 der 99 registrierten Gebäude im Besitz der U. S. Army befinden. Vgl. USGBC, 2010c.

geführt. Allerdings sind Zertifizierungen in Ländern mit höheren Umweltauflagen, wie beispielsweise den skandinavischen Ländern, in der Regel nicht sehr verbreitet. In diesen Ländern ist der Nutzen einer Untersuchung und Bewertung der Nachhaltigkeitsmerkmale eines Gebäudes aufgrund der bereits anspruchsvollen gesetzlichen Vorgaben durch ein Zertifikat geringer als in Ländern mit weniger strengen Vorschriften, wie z. B. Großbritannien[270] und den USA.[271] Des Weiteren handelt es sich bei dem System, das im Gegensatz zu anderen Zertifizierungsverfahren alle drei Dimensionen der Nachhaltigkeit abdeckt (vgl. Abbildung 3.4)[272], mit seinen sechs Themenfeldern und 63 Einzelkriterien, um das komplexeste Bewertungsverfahren.[273] Was einerseits zu einer umfassenderen Bewertung führt, wirkt andererseits aber auch einer einfachen Handhabung, wie z. B. beim LEED-Verfahren, entgegen.[274] So wird allgemein der beim DGNB notwendige hohe bürokratische Aufwand, den das Zertifizierungsverfahren verursacht, kritisch gesehen.[275]

Ferner handelt es sich beim deutschen Bewertungsverfahren um eine Lebenszyklusanalyse. Dieses Verfahren bezieht in die Betrachtung alle Material- und Energieflüsse des Gebäudes ein und bewertet deren Nutzen und Schaden im Sinne der Nachhaltigkeit über den gesamten Lebenszyklus der Immobilie. Im Gegensatz hierzu sind LEED und BREEAM der Gruppe der Bewertungsverfahren zugeordnet, die auf einer Umwelteinflussanalyse basieren. Bei diesem Verfahren werden die Erfüllung oder Nichterfüllung verschiedener Kriterien im Rahmen der Gebäudeanalyse geprüft und der bestimmte Grad der Nachhaltigkeit einer spezifischen Immobilie bestimmt. Die Lebenszyklusanalyse führt aufgrund der tiefgehenden Analyse sämtlicher Komponenten eines Gebäudes zu sehr detaillierten Ergebnissen, die aus wissenschaftlicher Sicht gefordert und als zukünftige Bewertungsmethode gesehen wird.[276]

---

[270] Die aktuellen britischen Bauvorschriften gehen auf den Building Act 1984 zurück. Vgl. Hornung, 2009, S. 13.
[271] Vgl. Nelson, 2008, S. 4.
[272] Die ökonomische Dimension wird weder beim BREEAM noch beim LEED System in die Bewertung einbezogen.
[273] Vgl. Gertis *u.a.*, 2008, S. 256, Hugenroth, 2010, S. 135, DGNB, 2009a, S. 12 u. Nelson *u.a.*, 2010, S. 15.
[274] Hierbei ist nicht der zusätzliche Aufwand berücksichtigt, der aus der Übersetzung der Unterlagen sowie der eventuellen Umrechnung der Maßeinheiten bei einer Zertifizierung mit einem internationalen Zertifizierungsverfahren resultiert.
[275] Vgl. Reiß, 2010, S. 48.
[276] Vgl. Crawley/Aho, 1999, S. 301 u. Hugenroth, 2010, S. 140f.

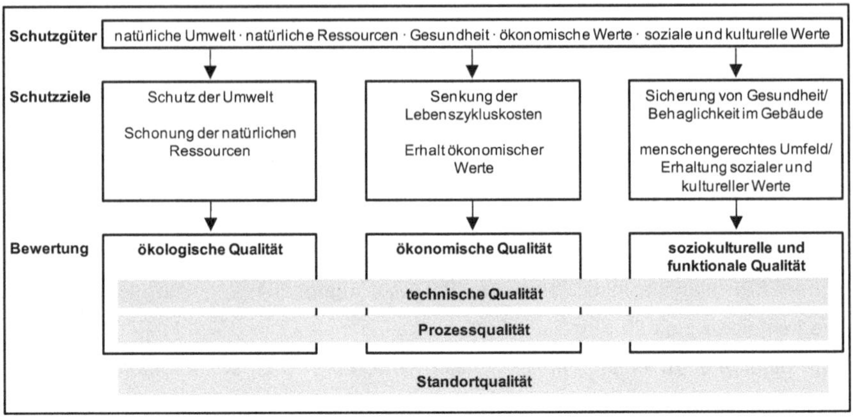

Abbildung 3.4: Struktur des deutschen Systems zur Kennzeichnung der Nachhaltigkeit

Quelle: Gertis u.a., 2010, S. 193

In Abbildung 3.4 ist die Struktur des deutschen Bewertungssystems sowie die sechs Themenfelder dargestellt. Die Hauptkriteriengruppen ökologische Qualität, ökonomische Qualität, soziokulturelle und funktionale Qualität sowie technische Qualität haben jeweils eine Gewichtung von 22,5%, die Prozessqualität hat eine Gewichtung von 10%. Die Standortqualität geht nicht in die Bewertung ein, sondern wird gesondert dargestellt. Das Gesamtzertifikat erfolgt entsprechend dem Ergebnis des Bewertungsverfahrens über die Medaillen Gold, Silber oder Bronze. Trotz der relativen kurzen Möglichkeit der Zertifizierung mit dem deutschen Gütesiegel sind bereits 41 Gebäude ausgezeichnet worden, 93 Projekte haben den Status der Vorzertifizierung.[277] Gegenwärtig ist ausschließlich die Zertifizierung für neugebaute Büro- und Verwaltungsgebäude möglich. Langfristig ist die Einführung von sechs weiteren Systemvarianten, die sich teilweise bereits in der Pilotphase befinden, geplant.[278] Unabhängig hiervon wird für die Nachhaltigkeitszertifizierung von Wohngebäuden unter dem Dach des BMVBS ein Kriterienkatalog erarbeitet.[279]

---

[277] Bis Ende Oktober 2010 wurden von den 41 zertifizierten Gebäuden 20 mit Gold, 17 mit Silber und vier mit Bronze ausgezeichnet. Unter den 93 vorzertifizierten Projekten befinden sich 47 Gold, 41 Silber und fünf Bronze Auszeichnungen. Vgl. DGNB, 2010b.

[278] Die Systemvarianten sind im Einzelnen: „Bestand Büro- und Verwaltungsgebäude", „Neubau Gewerbebauten (Retail)", „Neubau Industriebauten", „Neubau Bildungsbauten", „Neubau Wohngebäude (Mehrfamilienhäuser ab zehn Wohneinheiten)" und „Neubau Stadtquartiere". Vgl. DGNB, 2009b.

[279] Vgl. Hunziker, 2009.

3.2.1.2 Vergleich der Zertifizierungssysteme

Zwar weisen die drei vorgestellten Zertifizierungsverfahren Gemeinsamkeiten hinsichtlich der Grundprinzipien der Systeme auf, so werden bei allen drei Verfahren die Zertifizierungen nach festgelegten Kriterien durchgeführt und falls die Ergebnisse der einzelnen Kategorien in bestimmten Intervallen liegen, wird das Zertifikat sowie die Note verliehen, allerdings weisen die einzelnen Systeme, wie bereits bei ihrer Vorstellung angedeutet, auch wesentliche Unterschiede auf. Ein weiteres Unterscheidungsmerkmal der verschiedenen Bewertungsverfahren stellt die Komplexität und damit die unterschiedliche Berücksichtigung der einzelnen Kriterien dar, wie in der folgenden Tabelle 3.2 dargestellt ist.

	LEED	**BREEAM**	**DGNB**
Ursprungsland	USA	UK	Deutschland
Gründungsjahr	1998	1990	2009
	Kriterien		
	Energie		
Geringe Emissionen		+	+
Erneuerbare Energien	+		+
Effizienz	+	+	+
Stromverbrauch	+	+	+
Geringer CO2-Ausstoß		+	+
Kühlung	+	+	
	Wasser		
Wiederverwendung/ Recycling		+	+
Wasserbrauch	+	+	+
	Standort		
Öffentliche Verkehrsmittel	+	+	(+)
Standortwahl	+	+	(+)
Gestalterische Qualität			
Fahrradinfrastruktur	+	+	+
	Gesundheit und Wohnkomfort		
Raumluftqualität	+	+	
Tageslicht	+	+	
Akustischer Komfort		+	+
Thermischer Komfort	+	+	+
Geruch			
Innenraumhygiene			+

Tabelle 3.2: Unterschiede der Zertifizierungssysteme in ihrer Komplexität
Quelle: eigene Darstellung, in Anlehnung an Nelson u.a., 2010, S. 16f.

Wie Tabelle 3.2 zeigt, besteht hinsichtlich der Berücksichtigung einzelner Themen, wie der effizienten Nutzung von Energie und Wasser, die Wahl des Standortes und damit die Nähe zu öffentlichen Verkehrsmitteln sowie dem Wohnkomfort, weitestgehend Konsens, dass diese Kriterien in der Bewertung zu berücksichtigen sind. Allerdings besitzen die Systeme unterschiedliche Schwerpunkte bei der Bewertung.[280] Die verschiedenen Systeme weisen nicht nur bezüglich der jeweiligen Schwerpunkte und der grundsätzlichen Herangehensweise Unterschiede auf, sondern auch in der Qualität der Standards bzw. der Noten. So zeigt eine Studie, wie in der folgenden Abbildung 3.5 dargestellt, von THOMAS SAUNDERS bei der die Kriterien verschiedener Zertifizierungssysteme verglichen wurden[281], dass das Niveau von BREEAM über dem von LEED und Green Star liegt. CASBEE hat von den betrachteten Zertifizierungssystemen, das geringste Niveau. Unterschiede der Gebäudestandards ergeben sich allerdings nicht nur unter den Zertifizierungssystemen sondern auch im Hinblick auf nationale Standards. So liegt ein Gebäude, das den in Deutschland vorherrschenden Qualitäten, Normen und gesetzlichen Anforderung entspricht, teilweise über den Standards internationaler Zertifizierungssysteme. Unter rein energetischer Betrachtung erreicht ein in Deutschland rechtskonform errichteter Neubau automatisch das Silber-Niveau nach LEED.[282]

---

[280] Vgl. Nelson *u.a.*, 2010, S. 14.
[281] Zur Durchführung des Vergleiches wurde das Breeam-Verfahren als Grundlage gewählt. Ausgehend von diesem Kriterienkatalog wurden identische Kriterien identifiziert und entsprechend ihrer Anforderungen beurteilt. Vgl. Thomas Saunders, 2008, S. 38f.
[282] Vgl. Busch/Wegehaupt, 2010, S. 60.

BREEAM	LEED	Green Star	CASBEE
Excellent			
Very Good	Platinum	Six Stars	
		Five Stars	S
Good	Gold	Four Stars	A
	Silver	Three Stars	B+
Pass		Two Stars	B-
	Certified	One Star	C

Abbildung 3.5: Die unterschiedlichen Standards der Zertifizierungssysteme
Quelle: Thomas Saunders, 2008, S. 41

3.2.1.3 Bestrebungen zur Vereinheitlichung der Systeme

Die national geprägte Ausrichtung der Zertifizierungssysteme an die jeweiligen Gegebenheiten führen, wie die vorherigen Ausführungen zeigen, zu beträchtlichen Unterschieden im Hinblick auf Informationsquellen, Systematiken und Bewertungskriterien, weshalb sich die Bewertung eines Gebäudes entsprechend des Systems und des Landes erheblich unterscheiden können.[283] Dieses Überangebot an verschiedenen Zertifizierungsverfahren, bzw. die mangelnde Vergleichbarkeit, führt zu einer Intransparenz des Marktes nachhaltiger Immobilien und zu einer Komplexität, die nur noch für Experten überschaubar ist.[284] So sollte trotz regionaler und nationaler Unterschiede eine internationale Vergleichbarkeit der Zertifizierungsverfahren gegeben sein.[285] Speziell angesichts einer zunehmenden Globalisierung steigt die Relevanz eines einheitlichen internationalen Systems bzw. von weltweit standardisierten Krite-

[283] Vgl. Kemfert, 2010, S. 59 u. Schäfer *u.a.*, 2008, S. 183.
[284] Vgl. Schäfer, 2008, S. 123.
[285] Vgl. Cole, 1999, S. 235.

rien. Für den Weg zu einer Vereinheitlichung sind die drei folgenden Szenarien denkbar.[286]

- Durchsetzung eines internationalen Zertifikates, durch einen internationalen Dachverband. Die bestehenden nationalen Systeme würden verdrängt werden.
- Das erste Szenario tritt aufgrund mangelnder Akzeptanz der Marktteilnehmer gegenüber einem internationalen Zertifikat nicht ein, woraufhin sich einige der bestehenden globale Systeme etablieren und auch international Anwendung finden, was der gegenwärtigen Situation weitestgehend entspricht.
- Neben einem oder mehreren internationalen Zertifizierungsverfahren existieren parallel auch nationale Systeme.

3.2.2 Verfahren zur Beurteilung der energetischen Qualität

Neben den zuvor beschriebenen Zertifizierungsverfahren gibt es noch weitere Verfahren, die sich ausschließlich auf die energetische Qualität der Gebäude beziehen. Hierzu gehört u. a. auch der Energieausweis, der in Deutschland gesetzlich vorgeschrieben ist und an späterer Stelle dieser Arbeit vorgestellt wird.[287]

Weitere Gütesiegel in diesem Bereich sind Energy-Star[288], das Green Building Tool (GBTool) und das Label der Deutschen Energieagentur (dena), das dena-Gütesiegel Effizienzhaus[289]. Wie bei den Zertifizierungsverfahren findet bei diesen Ökolabels eine Überprüfung der Mindeststandards statt, allerdings wird mit der Verleihung lediglich die Erfüllung dieser Standards bestätigt. Eine detaillierte Kommunikation des Bewertungsergebnisses findet nicht statt.

---

[286] Vgl. Koch, 2010, S. 168f. Für weitere Ausführungen zur Vereinheitlichung der Systeme vgl. Kemfert, 2010, S. 59, Union Investment, 2010, Koch, 2010, S. 169, Reichardt/Rottke, 2010, S. 109, SB Alliance, 2010 u. Nelson *u.a.*, 2010, S. 18.

[287] Vgl. Abschnitt 5.4.3.1.1, S. 251.

[288] ENERGY STAR ist eine Ökolabel, dass seit 1995 von der U. S. Environmental Protection Agency (EPA) und dem Department of Energy (DOE) auf freiwilliger Basis verliehen wird. Grundlage der Bewertung ist die Energieeffizienz eines Gebäudes. Nach einer Nutzungsphase von einem Jahr werden die Werte eines Neubaus oder einer Bestandsimmobilie mit einer Datenbank, die Werte ähnlicher Gebäude enthält, verglichen. Liegen die Werte eines Gebäudes in den oberen 25% dieser Datenbank, wird das Label verliehen. Alternativ kann ein geplantes Projekt, bei entsprechenden Voraussetzungen, bereits den Status „Designed to Earn the ENERGY STAR Label" während der Bauphase erhalten. Nach einjähriger Nutzung ist in diesem Fall die oben beschriebene Prüfung notwendig. Vgl. Reeder, 2010, S. 13f. u. Landgraf, 2010, S. 122.

[289] Das dena-Gütesiegel Effizienzhaus ermöglicht die freiwillige Kennzeichnung neugebauter oder sanierter Wohngebäude. Eine Differenzierung entsprechend den Eigenschaften eines Gebäudes erfolgt über Klassifizierungen. Vgl. dena, 2010, S. 2.

3.3 Anreize zur Investition in nachhaltige Immobilien

In der Vergangenheit gab es entsprechend der Sichtweise der beteiligten Akteure bei der Projektentwicklung unterschiedliche Begründungen dafür, warum nachhaltige Immobilien nicht oder nur wenig gebaut wurden. Innerhalb des „Circle of Blame", der in Abbildung 3.6 dargestellt ist, sind die unterschiedlichen Positionen der jeweiligen Akteuren zusammengefasst. Hierbei beziehen sich die Ansichten der einzelnen Akteure auf die mangelnde Bereitschaft bzw. Passivität der anderen Projektbeteiligten.

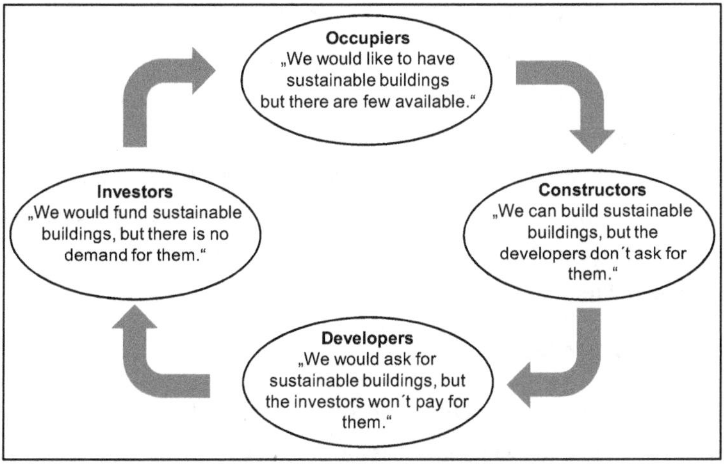

Abbildung 3.6: The Vicious Circle of Blame
Quelle: Keeping, 2000, S. 6[290]

Durch die im vorherigen Abschnitt beschriebenen Zertifizierungsverfahren und der damit verbundenen Dokumentation nachhaltiger Immobilien weist dieser Teufelskreis Brüche auf. Die ständige Zunahme an zertifizierten Gebäuden sowie die zum Teil medienwirksam publik gemachte Auszeichnung der Gebäude, verdeutlichen den einzelnen Akteuren die vorhandene Nachfrage, Zahlungsbereitschaft sowie die technische Möglichkeit zur Verwirklichung nachhaltiger Immobilien.[291] Darüber hinaus ermöglicht die Zertifizierung bzw. das Zertifizierungsergebnis eine bessere und

[290] Ursprünglich wurde „The Vicious Circle of Blame" von DAVID CADMAN im Jahr 2000 vorgestellt.
[291] COLE bezeichnet die Rolle der Zertifizierungsverfahren als „... primary mechanism for creating interest and providing focus in building environmental issues and these roles will retain their importance for some time to come. No other approach has had the same effect in giving definition to the field." Cole, 2006, S. 306.

konkretere Kommunikation der Nachhaltigkeitsaspekte des jeweiligen Gebäudes.[292] Die Ausweisung nachhaltiger Eigenschaften stellt auch aus wissenschaftlicher Sicht die Grundlage zur Differenzierung dar, wodurch Untersuchungen zur Zahlungsbereitschaft von Käufern und Mietern hinsichtlich der gebäudespezifischen Merkmale durchführbar werden, wie in diesem Abschnitt später aufgezeigt wird. Neben der Zertifizierung nachhaltiger Immobilien gibt es eine Vielzahl weiterer Treiber, die zur konkontinuierlichen Erhöhung der Nachfrage nachhaltiger Immobilien beitragen. Die Gründe für diesen Trend können in „Pull"- und „Push"-Faktoren unterteilt werden. Die Push-Faktoren repräsentieren hierbei externe Kräfte, wie z. B. den gesellschaftlichen Druck oder gesetzliche Vorgaben. Im Gegensatz hierzu umfassen die Pull-Faktoren die finanziellen Chancen, die sich aus nachhaltigen Immobilieninvestitionen als neuem Marktsegment ergeben.[293] Nachfolgend werden die einzelnen Faktoren zwar getrennt betrachtet, allerdings bestehen zwischen den einzelnen Faktoren durchaus Zusammenhänge. So können beispielsweise neue gesetzliche Regelungen oder Diskussion über deren Reformen zu einer Änderung des Bewusstseins der Nutzer und Investoren führen.[294]

3.3.1 Gesellschaftlicher Druck

Dem Begriff des „gesellschaftlicher Druckes", wie er in diesem Kapitel verwendet wird, liegt eine ausschließliche ökonomische Sichtweise zu Grunde, d. h. Präferenzen der Anleger werden durch deren Kapitalanlage bzw. der erzeugten Nachfrage repräsentiert. In Anlehnung an den Begriff SRI werden Immobilieninvestitionen, die neben den ökonomischen Aspekten auch ökologische und soziale berücksichtigen, als Socially Responsible Property Investment (SRPI) bezeichnet.[295] Nach PIVO/MCNAMARA bedeutet SRPI: *„maximizing the positive effects of property ownership, management and development on society and the natural environment in a way*

---

[292] Vgl. Hunzicker, 2010 u. UNEP FI, 2010b, S. 4.
[293] Vgl. Nelson, 2007, S. 20f.
[294] Vgl. Nelson *u.a.*, 2010, S. 8.
[295] Vgl. Lorenz/Lützkendorf, 2008, S. 483. Neben dem Begriff SRPI wurde in zahlreichen Publikationen vereinfacht der Begriff Responsible Property Investment (RPI) verwendet. Allerdings entfällt bei dieser semantischen Vereinfachung, mit dem Wegfall des Worts „sozial", der Bezug der Verantwortung gegenüber der Gesellschaft. Deshalb wird diese Vereinfachung als kritisch angesehen. Vgl. Roberts *u.a.*, 2007, S. 397.

that is consistent with investor goals and fiduciary responsibilities"[296]. Diese Definition wird in der Literatur durchaus kritisch gesehen. Die Royal Institution of Chartered Surveyors (RICS) kritisiert, dass auch kurzfristig finanziell getriebene Investitionen, die positive Effekte maximieren und negative Effekte minimieren, mit dieser Definition konform sind. Um solche Investitionen auszuschließen wurde das Konzept zu „Sustainable Property Investments“ [297] weiterentwickelt. [298] Aufgrund des längeren Bestehens und der damit einhergehenden weiteren Verbreitung wird in dieser Arbeit der Begriff Socially Responsible Property Investment weiterhin verwendet.

Die folgende Abbildung 3.7 zeigt die maßgeblichen potenziellen Investoren des SRPI-Marktes: private Haushalte, institutionelle Investoren sowie Unternehmen. Eine weitere Investorengruppe auf diesem Markt stellen die nachhaltigen indirekten Immobilienanlagen dar. Diese Gruppe fungiert allerdings als Intermediär, so dass die Investition in diesem Fall im „Auftrag“ privater Haushalte bzw. institutioneller Investoren erfolgen. Die Anlagepräferenzen dieser Anlageprodukte repräsentieren im Wesentlichen die der Kapitalanleger. Zwar werden in der Regel die einzelnen Produkte von den jeweiligen Initiatoren zunächst aufgesetzt und angeboten, entscheidend ist aber der Prozess der Kapitalanlage, bei dem die Mittel zur Investition von den Kapitalanlegern zur Verfügung gestellt werden.[299]

[296] Pivo/McNamara, 2005, S. 128.

[297] „Sustainable Property Investment can therefore be described as investing in pursuit of sustainability, or, to be more precise, as investing of greater durability, adaptability, usability and efficiency of buildings and the building stock, leading to enhanced productivity, well-being, and economic benefit measured in terms of financial, natural, manufactured, human and social capital. This call for research-based best practice and thoughtful consideration of the entire building life-cycle including construction, acquisition, use, management, maintenance, decommissioning and demolition as well as the upstream and downstream processes before and after." Lorenz *u.a.*, 2008, S. 6.

[298] Vgl. Rottke/Reichardt, 2010, S. 41.

[299] Vgl. Abschnitt 2.2.3, S. 40ff.

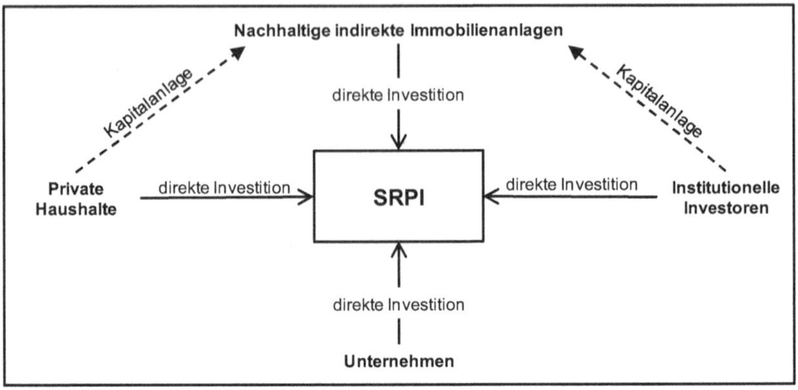

Abbildung 3.7: Überblick der Investoren in SRPI
Quelle: eigene Darstellung

Den Ausgangspunkt der folgenden Betrachtung stellen zunächst die privaten Haushalte sowie die institutionellen Investoren dar. Das Unterscheidungskriterium zwischen diesen beiden Akteuren resultiert aus der Zielsetzung dieser beiden Gruppen. Gemäß der Definition institutioneller Investoren werden diese als *„juristische Personen verstanden, die im Sinne von Kapitalsammelstellen für Dritte Gelder professionell anlegen und verwalten, wobei die Kapitalanlagetätigkeit Haupt- und Nebenzweck der unternehmerischen Tätigkeit sein kann“*[300]. Im Gegensatz hierzu stellen private Haushalte zumeist natürliche Personen dar, die Investitionen zur eigenen Renditeerzielung tätigen.[301]

3.3.1.1 Private Haushalte

Ein wesentlicher Treiber der privaten Haushalte stellt das stärkere Umweltbewusstsein dar, welches aus der Sensibilisierung des Themas Klimawandel resultiert. Wissenschaftliche Arbeiten in diesem Bereich wie der Stern Report oder der Bericht des Weltklimarates, dem Intergovernmental Panel on Climate Change (IPCC), zum Stand der Klimaforschung sowie die vom ehemaligen amerikanischen Vizepräsidenten Al Gore präsentierte Dokumentation „Eine unbequeme Wahrheit“ erlangten große Aufmerksamkeit bei der breiten Masse. Weitere Einflüsse auf die Öffentlichkeit stellen die Erhöhung der Energiepreise sowie die absehbare Rohstoffverknappung

---

[300] Walbröhl, 2001, S. 9.
[301] Vgl. Schulte/Holzmann, 2005, S. 28.

dar.[302] Dieser Bewusstseinswandel führt zu einer stärkeren Hinterfragung von Konsum- und Investitionsentscheidungen bezüglich ihrer Auswirkung auf Umwelt und Gesellschaft und lässt sich in vielen Lebensbereichen beobachten. Dies ist unter anderem ein Grund für eine steigende Nachfrage nach nachhaltigen Investitionsmög-Investitionsmöglichkeiten.[303] Gemäß einer Studie vom Finanzforum-Klimawandel und dem Sustainable Business Institute e. V. haben der Klimaschutz und der Klimawandel mit einem Anteil von 82% bzw. ca. 72% der befragten Privatkunden (Fondsanleger und Immobilienbesitzer) eine sehr hohe Bedeutung. 40% der Fondsanleger halten den Aspekt, in klimafreundliche Unternehmen und Projekte zu investieren, für wichtig. Bei den Immobilienbesitzern steht vor allem der Aspekt „Energieverbrauch" bei 74% der befragten an erster Stelle.[304] Auch bei den Sparkassen zeigt sich bei den Kunden ein gesteigertes Interesse an nachhaltigen Anlagenprodukten im Allgemeinen, aber im Speziellen auch im Immobilienbereich.[305]

3.3.1.2 Institutionelle Investoren

Die institutionellen Investoren im Immobilienbereich können in die Kategorien Single-Asset-Portfolio und Multi-Asset-Portfolio unterteilt werden.[306] Zur erstgenannten gehören maßgeblich die in Abschnitt 2.2.3 beschrieben indirekten Immobilienanlagen, während der zweiten Gruppe unter anderem Versicherungsunternehmen, Pensionsfonds und –kassen, sonstige Non-Property-Unternehmen, Leasinggesellschaften[307] und ausländische Investoren zugerechnet werden können.[308] Die Ausführungen innerhalb dieses Abschnitts beziehen sich auf die Gruppe der Multi-Asset-Portfolios, da die andere Gruppe im folgenden Abschnitt behandelt wird.

Institutionelle Investoren sind traditionell nicht zuletzt aufgrund des Bewusstseinswandels, wie bei den privaten Haushalten, sowie ihres langen Anlagehorizontes die

---

[302] Vgl. Landgraf, 2010, S. 114.
[303] Vgl. Schmidt/Weistroffer, 2010, S. 13f.
[304] Vgl. Flotow, 2010, S. 9, 14 u. 18.
[305] Vgl. Behrendes/Geiß, 2010, S. 258.
[306] Single-Asset-Investoren sind auf den Immobilienbereich spezialisiert und ihr Portfolio besteht ausschließlich oder zum überwiegenden Teil aus Immobilien, während sich das Portfolio der Multi-Asset-Investoren aus mehreren unterschiedlichen Asset-Klassen zusammensetzt. Vgl. Walbröhl, 2001, S. 12.
[307] Leasinggesellschaften nehmen innerhalb der Gruppe der Multi-Asset-Investoren eine Sonderstellung ein. Im Gegensatz zu den übrigen institutionellen Immobilieninvestoren streben Immobilienleasinggesellschaften ihre Gewinnerzielung nicht aus der Kapitalanlage, sondern aus dem Finanzierungsgeschäft an. Vgl. Loos, 2005, S. 24.
[308] Vgl. Loos, 2005, S. 22.

treibende Kraft des SRI-Marktes.[309] So haben die Kapitalanlagen der institutionellen Investoren im Jahr 2010 einen Anteil von 92% am gesamten Volumen des europäischen SRI-Marktes.[310] Neben den bereits genannten Gründen resultiert die Affinität zu nachhaltigen Kapitalanlagen auch aus ethischen sowie regulatorischen Gründen. Die ethische Motivation trifft vor allem auf Non Profit Organisationen (NPO), wie Kirchen und Stiftungen zu.[311] Für private sowie betriebliche Altersvorsorgeeinrichtungen besteht mit der ökologisch-ethischen Berichtspflicht gemäß Art 7§1 Ziffer 9 Altersvorsorgeverträge-Zertifizierungsgesetz (AltZertG) seit dem Jahr 2002 die Verpflichtung, jährlich in schriftlicher Form die Anleger über die Verwendung der eingezahlten Beiträge zu informieren. Hierzu zählt auch die Information, ob und in welchem Umfang ethisch, soziale und ökologische Aspekte bei der Verwendung der eingezahlten Beiträge berücksichtigt wurden.[312]

Parallel zu der Affinität nachhaltiger Kapitalanlagen beinhalten die Portfolios der institutionellen Anleger auch Immobilien. Die einerseits, wie z. B. im Fall von Kirchen[313], selbstgenutzt und/oder aus Diversifikationsgründen dem Portfolio beigemischt werden. Neben den Leasinggesellschaften und den ausländischen Investoren verfügen die Erstversicherungen, in der Investorengruppe der Multi-Asset-Portfolios über den größten Immobilienbestand. Dieser Bestand an Grundstücken, grundstücksgleichen Rechten und Bauten hatte Ende des Jahres 2008 einen Zeitwert von ca. 21 Mrd. Euro. Mehr als die Hälfte dieses Bestandes (13,9 Mrd. Euro) wurde von den Lebensversicheren gehalten.[314] Dieser hohe Anteil lässt sich zum Einen durch die verhältnismäßige Größe der Lebensversicherungen[315], aber auch mit ihrer Anlage-

---

[309] Vgl. Schmidt/Weistroffer, 2010, S. 13f.
[310] Vgl. Eurosif, 2010, S. 15.
[311] Eine Umfrage unter den deutschen NPOs der Universität Siegen aus dem Jahr 2000 ergab, dass dreiviertel der befragten NPOs für ökologische bzw. ethische Kapitalanlagen ansprechbar sind. Knapp 60% der befragten NPOs betrieben prinzipiengeleitete Kapitalanlagen. Laut der Studie „Anlageverhalten von Stiftungen im Umfeld ethischer Determinanten – eine empirische Untersuchung" der Universität Stuttgart von 2002 sind vier Prozent der Stiftungen bereit, in Zukunft ökologische bzw. ethisch-soziale Kapitalanlagen vorzunehmen. Vgl. Schäfer, 2003a u. Schäfer, 2004.
[312] Vgl. Schumacher-Hummel, 2005, S. 210f.
[313] Die evangelische Kirche besitzt 75.062 Immobilien, u. a. 21.088 Kirchen, 17.186 Pfarrhäuser sowie 5.156 Kindertagesstätten. Vgl. Meier/Blickle, 2005, S. 258.
[314] Vgl. BaFin, 2010, S. 14f.
[315] Das Gesamtanlagevolumen der Lebensversicherungen hat einen Anteil von 54,2% an dem aller Erstversicherer. Vgl. BaFin, 2010, S. 14.

strategie, die sie von den anderen Versicherungsunternehmen unterscheidet, erklären.[316]

Gerade durch die Affinität zur Nachhaltigkeit sowie zu Immobilienanlagen eignet sich die Gruppe der institutionellen Anleger besonders für die Etablierung nachhaltiger Immobilieninvestments.[317] Dies wird durch die empirische Untersuchung innerhalb des Projekts „ImmoInvest – Grundlagen nachhaltiger Immobilieninvestments" belegt. Die Umfrage zeigt, dass 40% der institutionellen Investoren die Immobilienanlagen besitzen oder planen, neben rein ökonomischen Kriterien wie Rendite, Risiko und Liquidität auch auf ökologische, soziale oder andere ethische Kriterien achten. Des Weiteren verfügen institutionelle Investoren, die bereits nachhaltige Kapitalanlagen in ihren Portfolios haben, über ein höheres Interesse an nachhaltigen Immobilieninvestments, als Investoren ohne SRI-Produkte.[318] Ein weiteres Indiz für diese These stellen die aktuellen bzw. zukünftigen Aktivitäten auf den Immobilienmärkten dar. So planen große deutsche Versicherungsunternehmen, hierunter die Allianz, R&V und Munich Re/MEAG, ihre Immobilienbestände zu erhöhen und bei den Akquisitionen gezielt auf Nachhaltigkeitskriterien zu achten. Die Talanx / Ampegag-Gerling sowie die Huk-Coburg planen für 2011/2012 gezielte Investitionen in Green Buildings von 200 Mio. Euro bzw. 50-100 Mio. Euro.[319]

Obwohl sich die Bestände an direkten Immobilienanlagen, speziell der Versicherungen und der Pensionskassen, in den vergangenen Jahren kontinuierlich verringert haben und sich dieser Trend auch in den nächsten Jahren voraussichtlich fortsetzen wird, planen 80% der Versicherungen und 81% der Altersvorsorger ihre gesamten Immobilienanlagen vor allem aus Diversifikationsgründen, der Stabilität der Erträge sowie der mittelfristig positiven Prognose zu erhöhen.[320] Die Erhöhung der Immobilienanlagen, bei einer gleichzeitigen Reduzierung des direkten Immobilienbestandes,

[316] Während die Anlagestrategie der übrigen Versicherer auf einen erhöhten Liquiditätsbedarf zur Regulierung unvorhergesehener Leistungsfälle ausgelegt ist, verfolgt die Anlagestrategie der Lebensversicherungen längerfristige Ziele. Die Lebensversicherer streben mit dem Kapital, dass aus den Einlagen der Versicherer besteht, Renditen und dadurch einen Überschuss an. Da bei dieser Strategie der Liquiditätsbedarf nicht im Vordergrund steht, eignet er sich besser als bei den anderen Versicherern für die Immobilienanlage. Eine ähnliche Anlagestrategie verfolgen auch die Pensionskassen und –fonds. Vgl. Loos, 2005, S. 61 u. Walz/Walbröhl, 2005, S. 179.

[317] Vgl. Schäfer/Gromer, 2008, S. 405 u. Eurosif, 2003, S. 3.

[318] Vgl. Schäfer *u.a.*, 2008, S. 116.

[319] Vgl. Bergius, 2010, S. 5f.

[320] Vgl. Feri, 2007a, S. 1ff.

müsste durch die Erhöhung der indirekten Immobilienanlagen bzw. auf dem SRI-Markt mit nachhaltigen indirekten Immobilienanlagen erfolgen.

3.3.1.3 Nachhaltige indirekte Immobilienanlagen

Nachhaltige Kapitalanlagen haben mittlerweile einen Umfang erreicht, dass von eigenständigen SRI-Segmenten auf den nationalen Finanzmärkten gesprochen werden kann. Heutzutage besteht eine große Vielfalt an SRI-Anlageklassen wie beispielsweise Aktienfonds, Anleihefonds, Mischfonds, Lebensversicherungen und Private Equity Funds. Aus deutscher Sicht liegt der heimische SRI-Markt im Vergleich zum US-amerikanischen Markt und einigen europäischen Finanzmärkten noch weit zurück. Dieser Unterschied wird besonders bei der Betrachtung des Anteils der SRI-Anlagen am gesamten Markt für professionell gemanagte Anlagen, den sogenannten Assets under Management, deutlich. Dieser beläuft sich in den USA auf 12,2%, während er in Deutschland lediglich 0,8% beträgt.[321] Auch wenn dieser Vergleich der nachhaltigen Marktanteile aufgrund unterschiedlicher Definitionen der SRI-Produkte nur eingeschränkt möglich ist, zeigt er dennoch massive Unterschiede auf.[322]

Ein ähnliches Bild wie auf dem SRI-Markt zeichnet sich auch auf dem Markt für nachhaltige indirekte Immobilienanlagen ab. Gemäß einer Studie der Universität Stuttgart wurden die verfügbaren Daten auf Nachhaltigkeitsmerkmale untersucht (induktive Methodik)[323] und aus den weltweit 451 existierenden REITs 55 nachhaltig agierende identifiziert. Am stärksten vertreten sind die USA mit 20 Sustainable REITs, gefolgt von Europa mit 14, wobei hier die Mehrheit aus Großbritannien stammt.[324] Aufgrund der geringen Akzeptanz der G-REITs bei den Marktteilnehmern ist zumindest momentan nicht davon auszugehen, dass die nachhaltigen indirekten

---

[321] Vgl. Social Investment Forum Foundation, 2010 S. 7 u. Tober/Vögele, 2010, S. 19.
[322] Vgl. Schmidt/Weistroffer, 2010, S. 4.
[323] Diese Methodik zur Identifizierung der nachhaltigen REITs war notwendig, da die Messung der Nachhaltigkeitskriterien von Anlagetiteln grundsätzlich eine Herausforderung darstellt. Vgl. Schäfer, 2003b, S. 34. Nachdem bei dem Anlagevehikel REIT keine allgemein verbindliche Kriteriologie zur Kennzeichnung zur Verfügung steht, ist die Identifizierung der Sustainable REITs nur mittels einer Reihe weiterer Informationsquellen, die öffentlich zugänglich sind, möglich. Dazu gehören beispielsweise auf Nachhaltigkeit fokussierte Ratings, Indizes, Baustandards, Wissenschaftsberichte sowie Initiativen und Berichte von Regierungen oder Verbänden.
[324] Vgl. Schäfer *u.a.*, 2010, S. 41.

Immobilienanlagen in Deutschland vom Anlagevehikel REIT dominiert werden.[325] Auf dem deutschen Markt bieten sich eher offene und geschlossene Immobilienfonds an. Allerdings liegt der hiesige Markt für nachhaltige Immobilieninvestment analog zum SRI-Markt international zurück. Die erste nachhaltige indirekte Immobilienanlage, ein Spezialfonds der ausschließlich nach LEED oder BREEAM zertifizierte Gebäude in sein Portfolio aufnimmt, wurde von dem Fondsanbieter iii-Investments zur Jahresmitte 2009 aufgelegt.[326] Dies zeigt, dass Immobilieninvestments, die auch ökologische und soziale Aspekte berücksichtigen, auf dem deutschen Markt noch nicht etabliert sind, obwohl Nachhaltigkeitsziele durch nachhaltige Immobilienanlagen wesentlich fokussierter und wirkungsvoller zu erreichen sind als beispielsweise bei nachhaltigen Aktien- und Anleihefonds. McNamara kommt innerhalb einer Studie der UNEP FI Property Group zu dem Ergebnis: „*Through development, refurbishment, and the less dramatic but potentially crucial management process, the responsible property investor can engage actively with buildings throughout their life cycle.*"[327] Diese Einschätzung wird durch eine Studie für die USA von Ceres/Mercer unterstützt.[328] Des Weiteren besitzen offene Immobilienfonds ein hohes Potenzial zur Portfoliooptimierung, sodass sich dieses Anlagevehikel speziell für Investoren mit einem ausschließlich bzw. überwiegend mit nachhaltigen Kapitalanlagen bestückten Portfolio zur Diversifikation anbietet.[329] Das Forum Nachhaltige Geldanlagen sieht neben thematischen Aktienfonds nachhaltige Immobilienfonds als einen wesentlichen Treiber für das Wachstum des nachhaltigen Anlagemarktes im deutschsprachigen Raum.[330] Allerdings stellen die Schließungen bzw. die Liquidierungen der offenen Immobilienpublikumsfonds in der Vergangenheit, aus finanzwirtschaftlicher Sicht, einen Widerspruch mit der Nachhaltigkeit dar. So dass eine Reform der Gesetze dieser Fonds der Nachhaltigkeit dieses Anlagevehikels dient.[331]

---

[325] Vgl. Abschnitt 2.2.3.4, S. 50.
[326] Vgl. o. V., 2009a, S. 2.
[327] McNamara, 2009, S. 18.
[328] Vgl. Ceres/Mercer, 2009.
[329] Vgl. hierzu Schäfer *u.a.*, 2008, S. 150ff. u. IVA, 2007, S. 15f.
[330] Vgl. Tober/Vögele, 2010, S. 17.
[331] Vgl. Abschnitt 2.2.3.1, S. 43.

Zusammenfassend wurde innerhalb des bereits genannten Projektes ImmoInvest eine vorläufige Potenzialabschätzung der institutionellen Investoren, für die Gruppen Multi-Asset-Portfolio sowie Single-Asset-Investoren bzw. indirekte Immobilienanlagen durchgeführt. Diese Marktpotenzialabschätzung, die auf den verfügbaren Daten des Jahres 2006 basiert, ergab ein Volumen von 4 Mrd. Euro für Socially Responsible Property Investments in Deutschland.[332]

3.3.1.4 Unternehmen

Grundsätzlich stellt eine nachhaltige Immobilienpolitik eines Unternehmens, neben Kostengründen, eine strategische Bedeutung dar, da sich ein nachhaltiges Management der eigenen Immobilien auf ein vorausschauendes, zukunftsfähiges Vermögens- und Ressourcenmanagement konzentriert.[333]

Für Immobilienunternehmen, deren primäre Geschäftstätigkeit aus der Vermietung und Verwaltung von Immobilien besteht, bietet sich die Investition in nachhaltige Immobilien als Reaktion auf die Änderung der Kundenpräferenzen an. Dies gilt für Wohnungsunternehmen, die auf die Änderung der privaten Haushalte, wie z. B. ein gesteigertes Umweltbewusstsein, reagieren müssen.[334] Dies gilt allerdings auch für Unternehmen, die an gewerbliche Kunden vermieten. So besitzt beispielsweise die Deutsche Bank umweltgerechte Gebäuderichtlinien auf Basis der LEED Leitlinien und berücksichtigt bei der Anmietung von Büros oder Filialen Energieeffizienzklauseln in den Mietverträgen.[335] Auch das Unternehmen Coca-Cola mietet nur zertifizierte Gebäude an und Toyota hat sich speziell für die Anmietung von Gebäuden ein eigenes BREEAM-Schema entwickeln lassen.[336] Diese Beispiele, die sich

---

[332] Für die Marktpotenzialabschätzung wurden die Immobilienbestände der einzelnen institutionellen Investoren zusammengefasst, allerdings konnten die institutionellen Immobilieninvestoren CTAs (Contractual Trust Arrangements), NPOs und Stiftungen aufgrund mangelnder statistischen Daten nicht in die Bestandsaufnahme aufgenommen werden. Der Immobilienbestand der institutionellen Investoren setzt sich somit aus den Immobilienvermögen der geschlossenen Fonds, der Immobiliengesellschaften, der ausländischen Investoren, der Erstversicherungsunternehmen, der offenen Immobilienpublikumsfonds sowie der offenen Immobilienspezialfonds zusammen. Für eine erste vorläufige Einschätzung eines Marktes für nachhaltige Immobilienanlagen bot es sich an, mit dem für deutsche SRI-Anlagen verfügbaren Anteil am Gesamtmarkt für professionell gemanagte Anlagen zu operieren. Vgl. Schäfer *u.a.*, 2008, S. 125-127.

[333] Vgl. Schumacher/Vincke, 2010, S. 107.

[334] Analog zu dem Käufermarkt sind ähnliche Tendenzen auch auf dem Mietermarkt erkennbar. Die Gründe für die Investition, die zuvor beschrieben wurden, entsprechen weitestgehend denen der Anmietung. Vgl. Abschnitt 3.3.1.1, S. 76.

[335] Vgl. Deutsche Bank AG, 2009, S. 32.

[336] Vgl. Hornung, 2009, S. 13.

nicht ausschließlich auf angemietete, sondern auch auf den eigenen Immobilienbestand beziehen, zeigen eine zunehmende Sensibilität gegenüber nachhaltigen Im-Immobilien, was aus einer zunehmenden Relevanz der Nachhaltigkeit innerhalb des Geschäftsmodells der Unternehmen, auch als Corporate Social Responsibility (CSR) bezeichnet, resultiert.

Der Begriff Corporate Social Responsibility hat seine Wurzeln in den USA und wird häufig mit dem im betriebswirtschaftlichen Sinn verwendeten Begriff der Nachhaltigkeit in Verbindung gebracht. Ursprünglich durch die wissenschaftliche Literatur geprägt, ist CSR ein zunehmend durch die Politik vorangetriebenes Prinzip, bei dem sich Unternehmen zu ihrer gesellschaftlichen Verantwortung bekennen.[337] So wird der Begriff CSR in Europa maßgeblich durch die Europäische Kommission wie folgt definiert:[338] *„Sozial verantwortlich handeln heißt nicht nur, die gesetzlichen Bestimmungen einhalten, sondern über die bloße Gesetzeskonformität hinaus „mehr“ investieren in Humankapital, in die Umwelt und in die Beziehung zu anderen Stakeholdern."*[339] Hierzu stellt die Kommission fest: *„Obwohl die primäre Aufgabe eines Unternehmens darin besteht, Gewinne zu erzielen, können Unternehmen gleichzeitig einen Beitrag zur Erreichung sozialer und ökologischer Ziele leisten, indem sie die soziale Verantwortung in ihre grundsätzliche Unternehmensstrategie, ihre Managementinstrumente und ihre Unternehmensaktivitäten einbeziehen“*.[340] Gemäß dieser Definition betrifft CSR alle Aktivitäten, wie auch die Investitionstätigkeiten und in diesem Zusammenhang die Immobilieninvestitionen eines Unternehmens. In den letzten Jahren hat die Bedeutung der CSR nicht zuletzt aufgrund der Ratings, die von unabhängigen Intermediären, wie Rating-Agenturen, Inhouse Research Teams von Banken und Betreiber von spezialisierten Wertpapierindizes durchgeführt[341] werden, an Bedeutung zugenommen.[342] Innerhalb dieser Ratings wird, durch die Auswertung von Daten eines Unternehmens zur „Tripple Bottom Line“, sowohl ein unternehmensspezifisches Rating wie auch eine relative

---

[337] Vgl. Clausen/Loew, 2009, S. 18.
[338] Für einen Überblick weiterer CSR-Definitionen vgl. Dahlsrud, 2008, S. 1ff.
[339] Kommission der Europäischen Union, 2001, S. 7.
[340] Kommission der Europäischen Union, 2001, S. 4f.
[341] Das Rating durch einen Intermediär erfolgt aufgrund der hohen Komplexität der Dimensionen, dem hieraus resultierenden Aufwand und prohibitiven Kosten. Vgl. Schäfer, 2003b, S. 34.
[342] Vgl. Schäfer/Goldschmidt, 2010, S. 286 u. Schäfer/Lindenmayer, 2005, S. 28.

Positionsbestimmung des Unternehmens, z. B. innerhalb einer Branche, hinsichtlich der Nachhaltigkeit ihres Wirtschaftens erstellt.[343] Das Ergebnis dieses Rating hat für Unternehmen eine hohe Bedeutung, da sich eine glaubwürdige CSR-Strategie beispielsweise positiv auf die Mitarbeiter auswirken kann oder es aufgrund der positiven Reputation zu einer Stärkung der Marktposition des Unternehmens kommen kann.[344] Aufgrund des relativ hohen Energie- und Ressourcenverbrauchs der bebauten Umwelt[345] sind die Nutzung sowie das Management von Immobilien ein Bestandteil der CSR-Berichtspflicht[346] nachhaltig wirtschaftender Unternehmen und somit besteht für diese Unternehmen ein Anreiz in nachhaltige Immobilien zu investieren.[347]

Neben dem Einfluss auf das Ratingergebnis, bei dem die Qualitäten der Immobilien nur zum Teil das Ergebnis beeinflussen, kann der Nutzer einer nachhaltigen Immobilie einen direkten Marketingeffekt bzw. eine Imageverbesserung[348] erzielen.[349] In der Außendarstellung kann ein Unternehmen auf diesem Weg signalisieren, dass es sich seiner Verantwortung bewusst ist und es durch umwelt- und sozialverträgliches Handeln seine wirtschaftliche Entwicklung in Einklang mit dem Ökosystem gestalten möchte sowie dass es zu einer Verbesserung der allgemeinen Lebensbedingungen beiträgt.[350] Durch solch eine Geschäftspolitik kann einerseits eine Differenzierung von Wettbewerbern erfolgen, was sich positiv auf den Umsatz auswirken kann, andererseits kann ein höheres Ansehen bei den aktuellen und zukünftigen Mitarbeitern bewirkt werden, wodurch sich die Mitarbeiterloyalität erhöhen und die Akquise neuer Mitarbeiter erleichtert werden kann.[351] Für diese Art der Außendarstellung eignen sich grundsätzlich alle genutzten Immobilien eines Unternehmens, allerdings bieten sich vor allem die Firmensitze an, da sie in der Regel im Mittelpunkt der öffentlichen Wahrnehmung stehen. Bekannte Beispiele hierfür sind Goldman Sachs, JP Morgan, Bank of America oder in Deutschland die Deutsche Bank deren Hauptsitze in Man-

---

[343] Vgl. Schäfer, 2005a, S. 53.
[344] Vgl. Schmidt/Weistroffer, 2010, S. 13.
[345] Vgl. Abbildung 3.1, S. 56.
[346] So werden beispielsweise Treibhausgasemissionen und Energieeinsatz in der Wertschöpfungskette als mögliche bedeutende Lageberichtsinhalte gesehen. Vgl. BMU, 2009b, S. 6.
[347] Vgl. Friedemann/Büchner, 2010, S. 79.
[348] Eine Umfrage von Jones Lang LaSalle zeigt, dass dieser Aspekt eher bei größeren Firmen als bei Unternehmen mit einer geringen Mitarbeiterzahl eine Rolle spielt. Vgl. Barthauer, 2008, S. 6.
[349] Vgl. Eichholtz *u.a.*, 2008, S. 6 u. Lucuik *u.a.*, 2005, S. 29, hierzu auch Fombrun/Shanley, 1990.
[350] Vgl. UNEP FI, 2010a, S. 14, Schlemminger, 2011, S. 39 u. Landgraf/Rohde, 2010, S. 237.
[351] Vgl. Langston/Ding, 2001, S. 233, RICS, 2005, S. 20 u. Nelson, 2008, S. 8.

hattan bzw. Frankfurt am Main entweder mit LEED Gold oder Platinum zertifiziert sind.[352]

3.3.2 Regulatorische Rahmenbedingungen

Ein wesentlicher Anreiz zur Investition in nachhaltige Immobilien stellen regulatorische Rahmenbedingungen dar. In Deutschland aber auch in anderen Ländern hat der Staat durch verschärfte Vorschriften für Wohn- und Bürogebäude, lange bevor die Akteure in den jeweiligen Sektoren selbständig handelten, den Wandel zu mehr Nachhaltigkeit vorangetrieben, auch wenn, wie die folgenden Ausführungen zeigen werden, dass sich die Vorschriften im Wesentlichen auf die ökologische Dimension respektive die Energieeffizienz und die Treibhausgasemission beschränken.[353]

Interventionen seitens des Staates werden üblicherweise dann ordnungspolitisch für erforderlich gehalten, wenn zentrale Marktmechanismen fehlen oder Marktversagen vorliegt, welches aus der Diskrepanz zwischen den privaten und sozialen Kosten resultiert.[354] Zur direkten Regulierung der Treibhausgasemission stehen dem Gesetzgeber die drei Instrumente Steuern, Effizienzstandards sowie Emissionshandelssysteme zur Verfügung.[355] Letztere stellen keine staatlichen Interventionen dar, sondern verfolgen einen marktwirtschaftlichen Ansatz, bei dem durch Umweltabgaben die Treibhausgasemission reduziert werden soll.[356] Grundlage des Emissionshandels ist das Kyoto-Protokoll[357] aus dem Jahr 1997, dessen Hauptziel ist, die von Menschen verursachte Treibhausgasemission auf globaler Ebene zu re-

[352] Vgl. Nelson, 2007, S. 11 u. Deutsche Bank AG, 2010, S. 29.

[353] In dieser Fokussierung der staatlichen Gesetze und Regulierungen auf den Bereich Umwelt und Energie spiegelt sich primär die Anforderung an den Staat, geeignete Rahmenbedingungen zum Erhalt der natürlichen Umwelt und einer funktionsfähigen Wirtschaft herbeizuführen. Hierbei werden die ökonomischen Belange, die gesamtwirtschaftlichen Ziele, Ökologie und Soziales priorisiert. Vgl. Friedemann/Büchner, 2010, S. 71.

[354] Die Differenz zwischen den privaten und sozialen Kosten wird auch negative Externalität bezeichnet. Hierbei handelt es sich um den Teil der Kosten, der nicht im Preis abgebildet ist. Eine negative Externalität liegt vor, wenn sich aus einer privaten Transaktion zweier Wirtschaftssubjekte, negative Folgen für ein drittes, nicht direkt beteiligtes Wirtschaftssubjekt ergeben. Vgl. Kleinewefers, 2008, S. 130-132.

[355] Vgl. Nelson *u.a.*, 2010, S. 7.

[356] Vgl. Zimmer, 2004, S. 74 u. Brey, 2010, S. 328.

[357] Das Kyoto-Protokoll basiert auf der UN-Klimarahmenkonvention (United Nations Framework Convention on Climat Change, UNFCCC), die im Jahr 1992 in Rio de Janeiro verabschiedet wurde und seit 1994 völkerrechtlich bindend ist. Anhang I dieser Konvention listet mittlerweile 190 Industrie- und Transformationsländer auf, die sich verpflichten, Maßnahmen zur Abschwächung des Klimawandels zu ergreifen. Vgl. Betz *u.a.*, 2005, S. 9f.

duzieren. Es sieht eine Reduzierung des jährlichen Ausstoßes von Treibhausgasen der beteiligten Länder von durchschnittlich 5,2%, in Europa von 8%[358] gemessen am Stand von 1990 vor. Diese länderspezifischen Obergrenzen gelten für den Zeitraum von 2008 bis 2012. Die bewilligten Emissionen werden dabei insgesamt als Assigned Amount, die einzelnen Emissionsrechte als Assigned Amount Units bezeichnet.[359] Gebäude werden innerhalb des Kyoto-Protokolls aufgrund des Energieverbrauchs als eine Hauptursache der Kohlendioxidemission in der Europäischen Gemeinschaft angesehen. Deshalb wird eine baldige Überprüfung der einzelstaatlichen Normen, die mit deren jeweiligen Gegebenheiten abgestimmt sein müssen und deren Novellierung in Bereichen in denen kostengünstig strengere Normen Anwendung finden können, vorgeschlagen.[360]

3.3.2.1 Europäische Ebene

Zur Erfüllung der im Rahmen des Kyoto-Protokolls vereinbarten Verpflichtungen wurde am 16.12.2002 die Richtlinie zur Gesamtenergieeffizienz von Gebäuden (GEEG)[361] vom Rat und dem Parlament der Europäischen Union verabschiedet. Im Wesentlichen strebt die Richtlinie eine Harmonisierung der Anforderungen an den Energieverbrauch, unter Berücksichtigung der jeweiligen äußeren klimatischen und lokalen Bedingungen, sowie einheitliche Kriterien für die Beurteilung der Energieeffizienz neuer[362] und großer bestehender Gebäude[363], die einer größeren Renovierung unterzogen werden sollen, an. Des Weiteren soll die Transparenz durch Energieausweise, die potenziellen Käufern oder Mietern vorzulegen sind, erhöht werden. Der Ausweis muss neben Referenzwerten, wie gültigen Rechtsnormen und Vergleichskennwerten, auch Empfehlungen für die kostengünstige Verbesserung der Gesamtenergieeffizienz enthalten. Die Mitgliedsstaaten hatten die Möglichkeit, die GEEG-Richtlinie bis zum 4. Januar 2006 in entsprechenden Rechts- und Verwal-

---

[358] Die Europäische Union hat die vorgeschrieben Reduktion um 8% nach dem Prinzip der Lastenteilung auf ihre damals noch 15 Mitgliedstaaten aufgeteilt. Danach hat die Bundesrepublik Deutschland die Verpflichtung, ihre jährliche Treibhausgasemission um 21% zu reduzieren. Vgl. Kießling, 2008, S. 16.

[359] Vgl. Wagner, 2007, S. 6f.

[360] Vgl. BMU, 2002, S. 42.

[361] Im Englischen heißt dies Richtlinie Energy Performance of Buildings Directive (EPBD).

[362] Bei neuen Gebäuden mit einer Gesamtnutzfläche über 1000 m² müssen die Mitgliedsstaaten zusätzlich gewährleisten, dass die technische, ökologische und wirtschaftliche Einsetzbarkeit alternativer Systeme, wie beispielsweise Wärmepumpen, vor Baubeginn berücksichtigt werden.

[363] Dies betrifft Gebäude mit einer Gesamtnutzfläche von über 1000m².

tungsvorschriften in Kraft zu setzen.[364] Nachdem die Umsetzung der GEEG-Richtlinien in nationales Recht der EU-Mitgliedsländer nicht im gewünschten Umfang erfolgte, ratifizierte das Europäische Parlament und der Rat die Richtlinie. Darüber hinaus wurde in der Endenergieeffizienzrichtlinie erstmals eine Verpflichtung der Mitgliedsstaaten zur Reduzierung des Endenergieverbrauchs festgeschrieben. Als Einsparziel wurde eine Senkung von 9% im Vergleich zu einem fünfjährigen Referenzraum vereinbart.[365]

Auf dem EU-Gipfel im März 2007 wurde vom Europäischen Rat die neue Energiepolitik unter der Losung „20-20-20" vorgestellt. Bestandteil dieser Strategie ist die Erklärung der EU-Mitgliedsstaaten, ihre Kohlenstoffdioxid-Emissionen bis zum Jahr 2020 um 20% zu senken[366], die Energieeffizienz um 20% zu steigern und den Anteil erneuerbaren Energien am Gesamtenergiemix auf 20% zu steigern.[367] Gründe für die neue Energiepolitik der EU sind die Folgen des Klimawandels, die wachsende Abhängigkeit von fossilen Brennstoffen und die steigenden Energiepreise. Hierzu gehört auch die wachsende Abhängigkeit der EU von Energieeinfuhren, die zu einer Gefährdung der Versorgungssicherheit sowie zu steigenden Preisen führt. Neben einer Reduzierung des Energiebedarfes wird in dem Energiepaket zur Förderung der Nutzung von Energie aus erneuerbaren Quellen die Förderung erneuerbaren Energien vorgeschlagen.[368]

Basierend auf der neuen Energiepolitk und den zuvor beschriebenen Maßnahmen trat am 8. Juli 2010 die Neufassung der Richtlinie über die Gesamteffizienz von Gebäuden in Kraft. Diese Richtlinie bezieht sich im Gegensatz zu der Version aus dem Jahr 2003 auf alle neuen Gebäude und alle renovierten Gebäude. Somit ist die Beschränkung auf Gebäude mit einer Gesamtnutzfläche über 1000 m² entfallen. Die Richtlinie sieht unter anderem vor, dass alle neuen Gebäude ab dem 31. Dezember 2020 Niedrigstenergiegebäude sind. Im Hinblick auf dieses Ziel sollen die Mitglieds-

[364] Vgl. Richtlinie 2002/91/EG.
[365] Vgl. Richtlinie 2006/32/EG u. Kießling, 2008, S. 21.
[366] Vergleichsbasis dieser Zielvorgaben ist das Jahr 1990.
[367] Vgl. Friedemann/Büchner, 2010, S. 72 u. Brey, 2010, S. 335.
[368] Vgl. Kommission der Europäischen Union, 2008.

staaten Zwischenziele für die Verbesserung der Gesamtenergieeffizienz für das Jahr 2015 festlegen.[369]

Wie zuvor beschrieben, obliegt es den einzelnen Ländern, die Richtlinien der Europäischen Union in nationales Recht umzuwandeln. Aufgrund der Fokussierung dieser Arbeit auf Deutschland, beziehen sich die folgenden Ausführungen auf die hiesigen Vorschriften.

3.3.2.2 Nationale Ebene (Deutschland)

In Deutschland haben Gesetze zur Energieeinsparung, motiviert durch die Ölkrise 1973, eine lange Tradition. Das nationale Energieeinsparungsgesetz (EnEG) trat am 1. September 1976 in Kraft, Anpassungen an die jeweils aktuellen Gegebenheiten fanden 1980, 2001 und 2005 statt. Das Gesetz schreibt vor, dass beim Heizen oder Kühlen unnötige Energieverluste nicht zulässig sind. Außerdem ermächtigt es die Bundesregierung, Anforderungen an den Wärmeschutz von Gebäuden und deren Bauteile festzusetzen. In der letzten Novellierung im Jahr 2005 wurde die EnEG um den § 5a, der die Bundesregierung ermächtigt die Vorgaben der Europäischen Union bezüglich der Einführung eines Energieausweises in nationales Recht umzusetzen, erweitert.[370]

Auf Grundlage des EnEG wurde die Wärmeschutz-, die Heizungsanlagen, die Heizungsbetriebs-, die Heizkosten- und die Energieeinsparverordnung erlassen.[371] In der Energieeinsparverordnung (EnEV), die im Februar 2002 in Kraft getreten ist, wurden die Wärmeschutz- und Heizungsanlagenverordnung vereint.[372] Durch die Novelle der EnEV zum 1. Oktober 2007 wurde eine Anpassung an die EU-Richtlinien zur Gesamtenergieeffizienz von Gebäuden vorgenommen.[373] Hierbei lag der inhaltliche Schwerpunkt der Novellierung auf der Einführung von Energieausweisen im Bestand. Für neu errichtende Gebäude und grundlegende Modernisierung von Be-

[369] Vgl. Richtlinie 2010/31/EU.
[370] Vgl. BGBl. I, 1976, S. 1878, BGBl. I, 1980, S. 701, BGBl. I, 2001, S. 3001 u. BGBl. I, 2005, S. 2684.
[371] Vgl. Brey, 2010, S. 336.
[372] Vgl. BGBl. I, 2001, S. 3085 u. Renner, 2007, S. 16.
[373] Vgl. Beyerle, 2007, S. 6.

standsgebäuden[374] wurde in dieser Novellierung, wie auch in der aus dem Jahr 2004, keine Anhebung der primärenergetischen Anforderungen vorgenommen, so dass es seit 2002 keine Veränderung dieser Anforderungen gab.[375]

Im Rahmen einer Klausurtagung im August 2007 in Meseberg beschloss das Bundeskabinett ein Integriertes Energie- und Klimaprogramm (IEKP), die sogenannten „Meseberger-Beschlüsse", das 29 Eckpunkte enthält. Bei der Erstellung dieses Paketes hat sich die Bundesregierung im Wesentlichen an der Politik des Zieldreiecks aus Versorgungssicherheit, Wirtschaftlichkeit und Umweltverträglichkeit der Europäischen Union orientiert.[376] So trägt sowohl die effizientere Nutzung der Energie sowie die Reduzierung importabhängiger nicht erneuerbaren Energien, wie Öl und Gas, hin zu erneuerbaren Energiequellen, wie beispielsweise Windenergie oder Solarthermie, zur Erhöhung der Versorgungssicherheit bei, da die Importabhängigkeit aus geografisch schwer zugänglichen oder politisch instabilen Regionen verringert wird.[377] Die Energiepolitik ist in Deutschland eng mit der Gesetzgebung der Klimaschutzpolitik verbunden. Die Bundesregierung rechnet mit einer Verdoppelung der Klimaschutzziele durch das IEKP. Durch das Programm wird eine Reduzierung der Treibhausgasemission von 18% im Jahr 2007, gegenüber 1990, zu 36% erwartet. Somit wäre das Klimaschutzziel von -40% bis zum Jahr 2020 beinahe erreicht.[378] Von diesen insgesamt 29 Eckpunkten betreffen sechs unmittelbar den Immobiliensektor, was als ein Indiz für die Ausnahmestellung des Sektors zur Erreichung der Klimaschutzziele gewertet werden kann. Nachfolgend sind diese sechs Eckpunkte einzeln aufgeführt.[379]

---

[374] Bei Bestandsgebäuden ist zwischen „bedingten" und „echten" Anforderungen zu unterscheiden. Es handelt sich um eine bedingte Anforderung wenn bestehende Gebäude erweitert oder Außenteile ersetzt, erneuert oder erstmalig eingebaut werden. Echte Nachrüstanforderungen beziehen sich auf alle Bestandsgebäude, falls sie nicht den aktuellen Vorschriften entsprechen. Hierzu gehört z. B. die Dämmung nicht ausbaufähiger, aber zugänglicher Dachböden oder die Dämmung bisher ungedämmter aber zugänglicher Heizungsrohre. Vgl. Brey, 2010, S. 336.

[375] Vgl. BGBl. I, 2004, S. 3146, BGBl. I, 2007, S. 1519 u. Kießling, 2008, S. 22f.

[376] Vgl. BMU, 2007a, S. 1.

[377] Vgl. Kießling, 2008, S. 16.

[378] Vgl. BMU, 2007a, S. 1.

[379] Vgl. BMU, 2007a, S. 2-6.

- Novelle des Kraft-Wärme-Kopplungsgesetzes
- Novelle der Energieeinsparverordnung für das Jahr 2009
- Novelle der Energieeinsparverordnung für das Jahr 2012
- Erneuerbares-Energien-Wärmegesetz (EEWärmeG)
- Novelle der Heizkostenverordnung
- CO_2-Gebäudesanierungsprogramm

Die Novelle des Kraft-Wärme-Kopplungsgesetzes unter der Federführung des Bundesministeriums für Wirtschaft und Technologie (BMWi) sieht eine Verdopplung des Anteils der hocheffizienten Kraft-Wärme-Kopplungsanlagen von 12% auf 25% bis zum Jahr 2020 vor. Zur Erreichung dieses Ziels werden u. a. der Bau von Kraft-Wärme-Kopplungs-Neuanlagen und von Wärmenetzen gefördert. Durch die Novellierung soll eine effizientere Nutzung von Brennstoffen erzielt werden.[380]

Die Zielsetzung der Novellierung der Heizkostenverordnung, bei der sowohl das BMWi wie auch das BMVBS federführend sind, besteht in der Beeinflussung des Nutzerverhaltens der Mieter. Durch eine Änderung des Verteilerschlüssels zwischen den verbrauchsabhängigen und –unabhängigen Kosten bei der Heizkostenabrechnung sollen Anreize bei den Mietern zur Energieeinsparung geschaffen werden.[381]

Das Erneuerbare-Energien-Wärmegesetz vom 6. Juni 2008 (Federführung bei der Ausarbeitung des Gesetzes lag beim Bundesministerium für Umwelt, Naturschutz und Reaktorsicherheit (BMU)) verfolgt das Ziel, den Anteil erneuerbaren Energien am Endenergieverbrauch für Wärme (hierzu gehören die Raum-, Kühl- und Prozesswärme sowie das Warmwasser) auf 14% bis zum Jahr 2020 zu erhöhen. Hierzu ist für alle neu errichtenden Gebäude eine anteilige Nutzung von erneuerbarer Energie vorgeschrieben.[382] Neben Neubauten kann die Nutzung erneuerbarer Energie auf Bundesländerebene auch für Bestandsimmobilien vorgeschrieben werden.[383] Nach dem EEWärmeG stehen verschiedene Energiequellen zur Auswahl: So kann neben

---

[380] Vgl. BMWi, 2008, S. 7.
[381] Vgl. BMU, 2007b, S. 24.
[382] Dies betrifft alle Neubauten ab dem 1. September 2009.
[383] So muss seit 1. Januar 2010 der Anteil erneuerbaren Energien von bestehenden Wohnimmobilien in Baden-Württemberg 10% des jährlichen Wärmebedarfs betragen, wenn ein Austausch der Heizanlage vorgenommen wird. GBl, 2007, S. 531.

Geo- oder Solarthermie auch Abwärme, Wärme aus Kraft-Kopplungsanlagen, Nah- oder Fernwärme genutzt werden.[384]

Mit der novellierten Energieeinsparverordnung (EnEV2009), die ab dem 1. Oktober 2009 in Kraft getreten ist, sollen die Klimaschutzziele der Bundesregierung im Gebäudebereich umgesetzt werden. Hierzu wird in der Verordnung festgelegt, dass Gebäude gegenüber der alten EnEV aus dem Jahr 2007 30% sparsamer im Energiebedarf sein müssen. Dies wird einerseits durch die Senkung des zulässigen Jahres-Primärenergiebedarfs von Neubauten um durchschnittlich 30% und andererseits durch eine höhere Anforderung von 15% an die Wärmedämmung erreicht. Bei der Modernisierungen von Altbauten werden entweder, bei einer größeren baulichen Veränderung an der Gebäudehülle, die Anforderungen an diese Bauteile um 30% erhöht, oder, nach Fertigstellung der Sanierung, ein um 30% reduzierter Jahres-Primärenergiebedarf und eine 15% bessere Dämmung der Außenhülle vorausgesetzt.[385] Für das Jahr 2012 ist eine Novellierung der EnEV vorgesehen, in der die energetischen Anforderungen an neue Gebäude sowie Altbauten, falls sie modernisiert werden, nochmals um bis zu 30% erhöht werden.[386] Langfristig soll in Zwischenschritten das Ziel erreicht werden, dass bis 2020 neu erstellte Gebäude dem Standard eines Niedrigstenergiegebäudes, gemäß der Richtlinie über die Gesamteffizienz von Gebäuden der EU aus dem Jahr 2010, entsprechen.[387]

Weiterer Eckpunkte der IEKP stellen zusätzlich zu den Gesetzen die Programme des Bundes dar. Hierunter auch das CO_2-Gebäudesanierungsprogramm, durch das bis zu 700 Mio. Euro jährlich zur Förderung von energetischen Sanierungen zur Verfügung gestellt werden. Eine detaillierte Beschreibung dieses Programmes befindet sich in Abschnitt 5.1.2.1 auf Seite 191 dieser Arbeit.

Im Jahr 2010 stellte die Bundesregierung das „Energiekonzept für eine umweltschonende, zuverlässige und bezahlbare Energieversorgung“ vor. Im Vorfeld der Verabschiedung dieses Konzepts sorgte ein Entwurf, basierend auf dem ambitionierten Plan, den gesamten Gebäudebestand bis zum Jahr 2050 auf den Standard

[384] Vgl. BGBl. I, 2008, S. 1658f.
[385] Vgl. BMVBS, 2010b, S. 1f.
[386] Vgl. Töllner, 2009, S. 57.
[387] Vgl. den vorherigen Abschnitt 3.3.2.1, S. 88.

„Nullemission“ zu bringen, für Kontroversen in der Öffentlichkeit.[388] Gründe für die Ablehnung dieser Forderung sind wirtschaftliche und technische Grenzen von Modernisierungsmaßnahmen[389], die Altersstruktur der Immobilienbesitzer[390] sowie, trotz einer erhöhten jährlichen Fördersumme für Sanierungen, die Zwangsmaßnahmen zur Erreichung dieses Zieles.[391] Das entscheidende Gegenargument sind allerdings die Kosten. So schätzt der Eigentümerverband Haus und Grund diese auf 2,4 Billionen Euro, dies entspricht 1000 €/m², die bundesweit für die Sanierungsmaßnahmen nötig wären. Des Weiteren hätten diese Kosten voraussichtlich auch einen Anstieg der Mieten zur Folge.[392] Im verabschiedeten Energiekonzept vom 28. September 2010 kommt der Begriff „Nullemission“ im Zusammenhang mit Gebäuden nicht mehr vor. Die Ziele der Bundesregierung bis zum Jahr 2050 lauten nun, den Wärmebedarf des Gebäudebestandes langfristig zu senken und einen nahezu klimaneutralen Gebäudebestand[393] zu erreichen. Der Primärenergiebedarf soll bis 2050 um 80% reduziert werden.[394]

Die hier aufgezeigten Verordnungen und Programme der verschiedenen Institutionen sowie deren Änderungen, die aufgrund des Klimawandels zwingend notwendig sind, stellen sowohl für Immobilieninvestoren, wie auch für Eigentümer ein massives Risiko im Hinblick auf zukünftige Verpflichtungen und Ausgaben dar. Dies wird besonders durch die Diskussion im Vorfeld der Verabschiedung des Energiekonzepts der Bundesregierung deutlich. Dieses Risiko kann allerdings durch eine Investition in nachhaltige Immobilien, die definitionsgemäß ökologisch gestaltet sind, erheblich reduziert werden.

---

[388] Vgl. Wagner, 2010.

[389] Nach einer Schätzung der Immobilien Zeitung wären 60% des Wohnungsbestandes nicht mehr sanierungsfähig und müssten abgerissen werden. Hiervon betroffen sind vor allem die Wohnungsbestände die zwischen 1950 und 1978 vor Einführung der ersten Wärmeschutzverordnung entstanden sowie zwischen den Weltkriegen errichtete Gebäude. Vgl. Rohmert, 2010, S. 4.

[390] Vor allem ältere Eigentümer sind häufig nicht in der Lage, hohe Finanzierungsbeträge für eine derartige Modernisierung aufzubringen. Da zwei Drittel der Wohnungseigentümer in Deutschland über 50 Jahre und ein Drittel über 65 Jahre sind, sind solche massiven Änderungen nicht finanzierbar. Vgl. Fichtner *u.a.*, 2010, S. 11.

[391] So waren neben einer Förderung für rechtzeitige Sanierungen auch steuerliche Nachteile, für Eigentümer die sich nicht an die Anforderungen halten, geplant. Vgl. Wagner, 2010.

[392] Vgl. Oberhuber, 2010 u. Richter/Maak, 2010.

[393] Im Gegensatz zu dem „Nullemission“ Standard, der keine CO_2-Emission der einzelnen Gebäude vorsieht, handelt es sich beim Ansatz des klimaneutralen Gebäudebestandes um den Durchschnittswert aller Gebäude. Für den gesamten Bestand sind auch geringe Energieverbräuche vorgesehen, allerdings soll dieser Bedarf durch erneuerbare Energien abgedeckt werden.

[394] Vgl. BMWi/BMU, 2010, S. 22.

Einen weiteren Effekt, der aus den durch staatliche Regulierungen vorgegebenen Erhöhung der Energieeffizienz von Gebäuden resultiert, stellt die Reduzierung der Energiekosten dar. Diese Kostenreduktion sowie weitere wirtschaftlichen Vorteile nachhaltiger Gebäude werden im folgenden Abschnitt analysiert.

3.3.3 Wirtschaftliche Vorteile nachhaltiger Immobilien

Die wirtschaftlichen Vorteile, die zur ökonomischen Dimension der Nachhaltigkeit zu zählen sind, spielen für Investoren und Nutzer eine übergeordnete Rolle und stellen damit einen der bedeutendsten Treiber für die Investition in nachhaltige Immobilien dar. Während für Investoren höhere bzw. stabilerer Einnahmen sowie Immobilienwerte relevant sind, achten Nutzer vor allem auf geringere bzw. stabilere Nutzungs-Nutzungskosten.[395] Grundsätzlich impliziert bereits der Begriff „nachhaltig", durch seine gleichgewichtete Berücksichtigung der drei Dimensionen Ökonomie, Ökologie und Soziales, dass nachhaltige Immobilien im Vorteil gegenüber konventionell geplanten, erstellten und bewirtschafteten Immobilien sein sollten.[396] Der wirtschaftliche Vorteil resultiert, wie in der folgenden Abbildung 3.8, auf Seite 94, dargestellt, aus den Eigenschaften und Charakteristika nachhaltiger Immobilien. So führt bspw. eine höhere Energieeffizienz des Gebäudes neben geringeren Betriebskosten auch zu einer geringeren Abhängigkeit von technischen Gebäudesystemen und damit zu einem geringeren Risiko.

---

[395] Vgl. Koch, 2010, S. 165.
[396] Vgl. Schäfer *u.a.*, 2008, S. 159, Sedlbauer, 2009, S. 30 u. Abschnitt 3.1.2, S. 59.

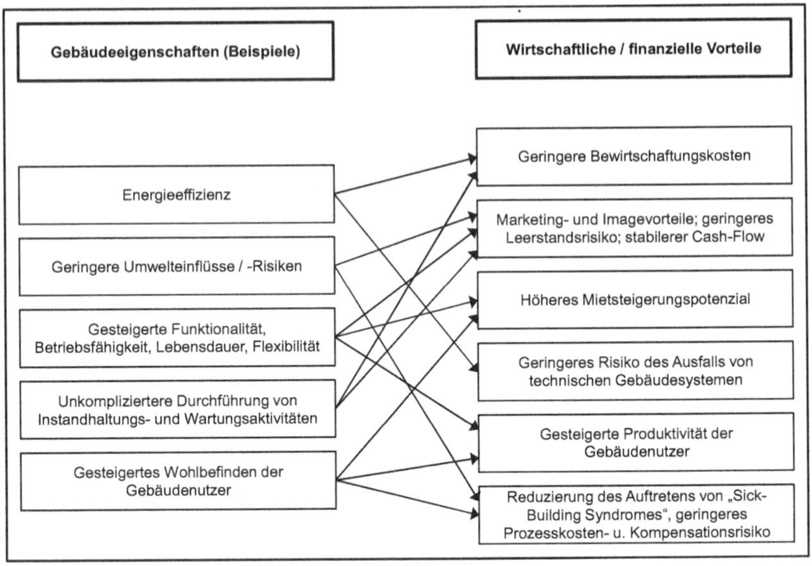

Abbildung 3.8: Wirtschaftliche Vorteile nachhaltiger Immobilienanlagen
Quelle: Lützkendorf/Lorenz, 2005a, S. 12

3.3.3.1 Die Quantifizierung der wirtschaftlichen Vorteile

Weitere Gebäudeeigenschaften, die nachhaltigen Immobilien zugerechnet werden, sind die Verwendung natürlicher Baustoffe, eine natürliche Lüftung, ein erhöhter Zugang zu Tageslicht sowie bessere thermische Eigenschaften innerhalb des Gebäudes.[397] Aus diesen Charakteristika resultiert einerseits ein höheres Wohlbefinden der Nutzer, aber auch eine höhere Arbeitsproduktivität, die sich aus dem geringeren Auftreten von Allergien, geringeren Fehlzeiten, einer höheren Arbeitseffizienz und aus geringeren Mitarbeiterwechseln sowie Vorteilen bei der Mitarbeiterrekrutierung ergibt.[398] Verschiedene Untersuchungen zeigen den Einfluss der Innenraumqualität auf das Nutzungsverhalten: das Rocky Mountain Institute ermittelt 15% bis 25% geringere Krankentage, wobei eine weitere Studie in den USA von einer Reduzierung der Fehltage um 35% ausgeht sowie eine um 6% bis 16%

---

[397] Vgl. hierzu z. B. Shiers, 2000, S. 354.
[398] Vgl. Heerwagen, 2002, S. 35ff., Edwards, 2006, S. 191, Lützkendorf/Lorenz, 2006, S. 356 u. Lützkendorf/Lorenz, 2005b, S. 217. Für den Zusammenhang zwischen den Gebäudeeigenschaften und deren Auswirkung auf die Mitarbeiter sowie die Arbeitsproduktivität vgl. Seppänen/Fisk, 2003, S. 2 u. Kumar/Fisk, 2002.

gesteigerte Produktivität.[399] Eine kalifornische Studie kommt zu dem Ergebnis, dass die Erhöhung des Tageslichtanteils zu einer Erhöhung der Arbeitsproduktivität von 13% führt, während eine bessere Belüftung zu einer Steigerung der Produktivität von 4% bis 17% führt.[400] Untersuchungen des Lawrence Berkeley National Institute zeigen eine Reduzierung von Allergien und Asthma um 18% bis 25% sowie eine Verbesserung des allgemeinen Gesundheitszustands um 20% bis 50%.[401] Des Weiteren werden 15% der Mitarbeiterwechsel dem Design, dem Management sowie der Innenraumqualität zugerechnet.[402] Die Auswahl der hier ausgeführten Untersuchungen unterscheidet nicht zwischen energieeffizienten und nachhaltigen Gebäuden, diese Differenzierung wird in einer neueren Studie aus dem Jahr 2009 untersucht. Hierbei wurden 500 Mieter nach dem Einzug in ein Gebäude, das entweder LEED zertifiziert ist oder mit dem Energy-Star Label ausgezeichnet ist, befragt. Es zeigt sich, dass insgesamt 12% der Befragten eine starken Anstieg und 43% einen moderaten Anstieg der Arbeitsproduktivität feststellten. 45% der Befragten konnten auch eine Reduzierung der Fehltage ermitteln, wobei nur 10% aller Mieter eines Gebäudes mit einer Energy-Star Auszeichnung eine Reduzierung bemerkten. Bis auf die Fehltage zeigten sich keine weiteren größeren Unterschiede, sodass nach dieser Studie sowohl energieeffiziente, repräsentiert durch die Energy-Star Auszeichnung, wie auch nachhaltige Gebäude, die LEED zertifiziert sind, positive Auswirkungen auf die Arbeitsproduktivität aufweisen.[403] Insgesamt zeigen die Untersuchungsergebnisse eine positive Auswirkung der Innenraumqualität auf die Arbeitsproduktivität und damit einen Konsens in der Literatur. Gleichzeitig zeigt die große Spannbreite der Ergebnisse die Schwierigkeit der Messung der Auswirkungen und der daraus resultierenden erschwerten Quantifizierung der wirtschaftlichen Vorteile, die sich aus der gesteigerten Arbeitsproduktivität ergeben. Einsparungen innerhalb dieses Bereiches sind für Unternehmen besonders attraktiv, da die Lohnkosten die weiteren Ausgaben für eine Immobilie wie Miete oder Bewirtschaftungskosten um ein vielfaches über-

---

399 Vgl. Romm/Browning, 1998, S. 13 u. Milton *u.a.*, 2000, S. 218.
400 Vgl. New Buildings Institute Inc., 2003, S. 41f.
401 Vgl. Fisk, 2000, S. 560.
402 Vgl. Leaman/Bordass, 1999, S. 7.
403 Vgl. Miller *u.a.*, 2009, S. 81.

steigen.[404] So kann die Reduzierung der Lohnkosten aufgrund eines Anstieges der Arbeitsproduktivität von einem Prozent beinahe die gesamten Ausgaben für die Energiekosten übersteigen.[405] Die Quantifizierung weiterer wirtschaftlicher Vorteile gestaltet sich schwierig. Hierzu gehören das allgemeine Wohlbefinden der Nutzer sowie die Imageverbesserung. Ein wirtschaftlicher Vorteil aufgrund der Imageverbesserung hängt vom Image des Unternehmens bzw. der Branche sowie von der Marketingstrategie des Unternehmens ab. So kann die Nutzung bzw. der Besitz einer nachhaltigen Immobilie entsprechend der Marketingstrategie verstärkt kommuniziert werden. Nachdem dieser Bereich in der Regel nur ein Bestandteil des Marketings ist, lässt sich dessen Wirkung nicht unbedingt gesondert betrachten. Deshalb gilt eine Messung der Imageverbesserung aufgrund der Nutzung nachhaltiger Immobilien als äußerst schwierig.[406] Im Gegensatz zu den zuvor beschriebenen Vorteilen lassen sich die Bewirtschaftungskosten direkt ermitteln.[407] Die reduzierten Energiekosten können beispielsweise mittels Marktdaten ermittelt werden. Ein Kostenvergleich zwischen BREEAM zertifizierten Gebäuden und konventionellen Gebäuden zeigt ein Einsparpotenzial der Energiekosten von 6% bis 30%.[408] Innerhalb einer Untersuchung zwischen Gebäuden mit und ohne Energy-Star-Label weisen die zertifizierten Immobilien 30% geringere Energiekosten auf.[409] Eine weitere Studie zeigt, dass die Bewirtschaftungskosten von Gebäuden mit einer Energy-Star Auszeichnung um 10,6% geringer sind als bei konventionellen Gebäuden.[410]

3.3.3.2 Mehrkosten nachhaltiger Immobilien

Den wirtschaftlichen Vorteilen nachhaltiger Immobilien stehen in der Regel Mehrkosten bzw. höhere Herstellkosten der Gebäude gegenüber.[411] Eine Quantifizierung dieser Mehrkosten gestaltet sich, ebenfalls äußerst schwierig, da zur Ermittlung dieser Kosten ein Referenzgebäude mit gleichem Qualitätsstandard zu definieren ist.

---

[404] Im gewerblichen Bereich haben die Lohnkosten in den USA durchschnittlich einen Anteil von 88% an der Summe aus Lohnkosten, Betriebskosten, Instandhaltungskosten, Mietkosten und Steuern (im Zusammenhang mit der Gebäudenutzung). Die Mietkosten haben einen Anteil von 9% und die übrigen Kostenkategorien einen Anteil von jeweils einem Prozent. Vgl. Lucuik *u.a.*, 2005, S. 22.

[405] Vgl. Lützkendorf/Lorenz, 2005b, S. 217.

[406] Vgl. Schleich *u.a.*, 2009, S. 7.

[407] Vgl. Lützkendorf/Lorenz, 2005a, S. 12.

[408] Vgl. Shiers, 2000, S. 359.

[409] Vgl. Miller *u.a.*, 2008, S. 8.

[410] Vgl. Pivo/Fisher, 2008, S. 10.

[411] Vgl. Barthauer/Büchner, 2009, S. 322.

Hierfür stehen in der Regel verschiedene Baustoffe oder Bauteile zur Auswahl, deren unterschiedlichen Kosten eher durch Qualitätsunterschiede begründet sind, als durch deren funktionelle Eigenschaften.[412] Aus dieser Schwierigkeit resultieren auch die unterschiedlichen Angaben innerhalb der Literatur. So gehen MATTHEISSEN/MORRIS in ihren Studien aus dem Jahr 2004 und 2007 von keinen erheblichen Mehrkosten aus, relativieren aber ihre Aussage und verweisen auf den Mangel an Vergleichswerten.[413] Eine Szenarioanalyse von Steven Winter Associates für Gebäude mit LEED-Zertifizierung kommt zu dem Ergebnis, dass die Herstellkosten nachhaltiger Immobilien bis zu 8% höher sind.[414] LUCUIK, U. A. zeigen anhand mehrerer Fallbeispiele eine Erhöhung der Herstellkosten von 1,4% bis 8% für nachhaltige Immobilien.[415] Diese Ergebnisse, die zumeist auf einzelnen Beispielen basieren, weisen zwar große Schwankungen auf, tendieren insgesamt aber zum latenten Nachweis höherer Herstellkosten nachhaltiger Immobilien. Dieser Trend wird auch von einer Umfrage, die Jones Lang LaSalle durchführte, unterstützt. Hierbei gehen 70% der befragten 400 Immobilienbesitzer von einem Aufschlag bis zu maximal 10% für nachhaltige Immobilien aus.[416] Ein Vergleich der Herstellkosten der bisher mit dem DGNB zertifizierten Gebäude zeigt lediglich geringfügig höhere Herstellkosten gegenüber konventionellen Immobilien.[417]

Neben den Herstellkosten sind, falls eine Zertifizierung des Gebäudes angestrebt wird, Kosten für das Zertifizierungsverfahren zu berücksichtigen. Inwiefern diese Kosten bereits in den zuvor genannten Untersuchungsergebnissen enthalten sind, ist nicht nachvollziehbar. Die Kosten für die Zertifizierung unterscheiden sich bei den unterschiedlichen Zertifizierungssystemen. Eine LEED-Zertifizierung kostet insgesamt durchschnittlich $50.000, allerdings können alleine die Gebühren auch schon bis zu $22.500 betragen und die Kosten für das Audit $100.000 übersteigen.[418] Bei einer BREEAM-Zertifizierung sind Gebühren von rund 1.500 GBP an das BRE zu

---

[412] Vgl. Beenen *u.a.*, 2009, S. 91.
[413] Vgl. Matthiessen/Morris, 2004, S. 23 u. Davis Langdon, 2007, S. 10.
[414] Vgl. Steven Winter Associates Inc., 2004, S. 2.
[415] Vgl. Lucuik *u.a.*, 2005, S. 19.
[416] Vgl. Jones Lang LaSalle, 2008a, S. 4.
[417] Vgl. Die Herstellkosten der mit dem DGNB zertifizierten Gebäude weisen eine Bandbreite von 880€/m² und 1.650 €/m² auf. Hieraus ergibt sich ein arithmetisches Mittel von 1.187 €/m². Deuser/Dieterich, 2010, S. 15.
[418] Vgl. Brook, 2008, S. 55 u. o. V., 2008, S. 13.

entrichten. Des Weiteren belaufen sich die Kosten für die Dienste des Assessors zwischen 5.000 und 50.000 GBP.[419]

3.3.3.3 Langzeitstudien zu nachhaltigen Immobilien

Für eine abschließende Beurteilung der Wirtschaftlichkeit nachhaltiger Immobilien ist ein längerer Betrachtungszeitraum notwendig. Dies resultiert einerseits aus der langen Nutzungsdauer von Gebäuden im Allgemeinen [420] aber auch aus den wirtschaftlichen Vorteilen selbst, die wie in Abbildung 3.8[421] dargestellt, maßgeblich in der Nutzungsphase generiert werden.

Eine der ersten Untersuchungen über einen längeren Zeitraum stammt von der DAVID UND LUCILE PACKARD FOUNDATION aus dem Jahr 2002 und stellt einen Vergleich der Gebäudelebenszykluskosten[422] unterschiedlicher Szenarien dar. Innerhalb dieser Szenarien werden im Rahmen eines Projektes in Los Altos, Kalifornien die Kosten unterschiedlich nachhaltig ausgestalteter sowie zum Vergleich einer konventionellen Immobilien untersucht. Die Differenzierung der Nachhaltigkeit erfolgt entsprechend der Abstufung des LEED-Zertifizierungssystemes sowie eines Szenarios, das von einer Passivhausvariante ausgeht. Diese unterschiedlichen Anforderungen beeinflussen nicht nur einzelne Gebäudecharakteristika, wie beispielsweise die jeweilige technische Gebäudeausrüstung, sondern vielmehr auch die gesamte Konzeption, wie die Grundrisse der einzelnen Modelle. Hierbei sind die Vorgaben einer bestimmten Nutzungsfläche sowie einer Tiefgarage in allen Szenarien einzuhalten. Für die Kostenanalyse werden neben den Planungskosten, Baukosten, Verwaltungskosten und den Heizkosten auch externe Kosten, die durch die Umweltverschmutzung des jeweiligen Gebäudes entstehen, berücksichtigt. Für die Energie- und Wasserkosten wird von einer konstanten jährlichen Steigerungsrate von 5% ausgegangen. Die Inflationsrate sowie die Kapitalkosten werden konstant mit 1,5% bzw. 5%

---

[419] Vgl. Hornung, 2009, S. 13.
[420] Vgl. Tabelle 2.1, S. 25.
[421] Vgl. S. 94.
[422] Als Lebenszykluskosten wird die Summe aller Kosten, die das Gebäude über den Lebenszyklus von der Erstellung bis zur Verwertung verursacht, bezeichnet. Die Kosten können in die drei Gruppen direkte, indirekte und externe Kosten unterteilt werden. Als direkte Kosten werden z. B. die Herstellkosten und Änderungskosten gesehen, während als indirekte beispielsweise die Nutzungskosten bezeichnet werden. Externe Kosten sind Kosten die von der Allgemeinheit, d. h. aus den Steuer- bzw. Abgabeneinnahmen der öffentlichen Hand getragen werden müssen. Hierzu gehören z. B. Umweltbelastungskosten. Vgl. Herzog, 2005, S. 39 u. Pelzeter, 2006, S. 32.

angenommen. Die unterschiedlichen Nutzungsdauern der jeweiligen Szenarien, die zwischen 40 Jahren für die konventionelle Ausführung und 100 Jahren für den LEED-Platinum Status bzw. der Passivhausausführung variiert, werden bei der Annahme der Baukosten für die drei betrachteten Zeiträume von 30, 60 und 100 Jahren durch eine proportionale Erhöhung berücksichtigt, falls die Lebenserwartung geringer als der entsprechende Betrachtungszeitraum ist. Außerdem sind sämtliche Kosten, ausgehend von einer idealisierten Annahme der Baukosten für die konventionelle Immobilie von zehn Millionen Dollar, entsprechend angepasst. In der folgenden Abbildung sind die Ergebnisse dieser Untersuchung dargestellt.[423]

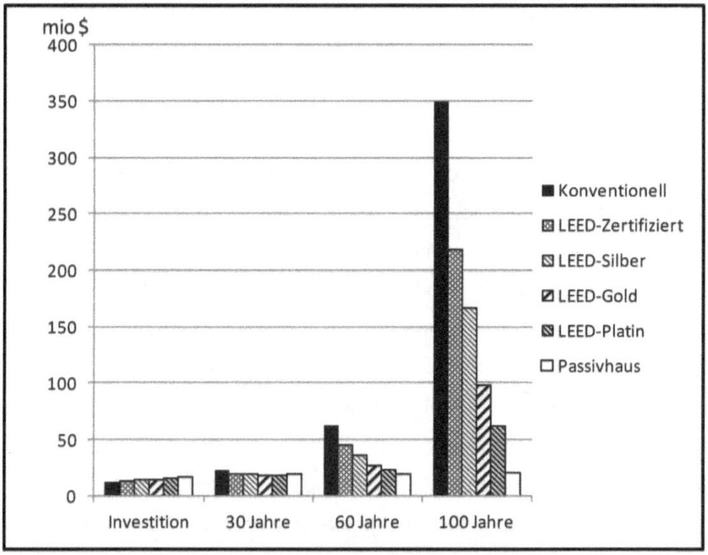

Abbildung 3.9: Vergleich der Lebenszykluskosten der unterschiedlichen Szenarien

Quelle: eigene Darstellung, in Anlehnung an The David and Lucile Packard Foundation, 2002, S. 14 f.

In der Grafik ist erkennbar, dass sich die wirtschaftlichen Vorteile der Nachhaltigkeit mit der Länge des Betrachtungszeitraumes und dem höheren Standard der Nachhaltigkeit erhöhen. Die im Vergleich zur konventionellen Ausführung erhöhten Investitionskosten werden durch die geringeren Ausgaben während der Nutzungs-

[423] Vgl. The David and Lucile Packard Foundation, 2002, S. 1ff.

phase speziell im Bereich der Energiekosten und der Instandsetzungskosten nach 30 Jahren kompensiert.

Das Ergebnis der Kosten-Nutzen-Analyse von KATS unterstützt das Resultat der vorherigen Studie. KATS zeigt, dass die finanziellen Vorteile über einen längeren Zeitraum die Mehrkosten für eine nachhaltige Immobilie um das Zehnfache übersteigen. Die Untersuchungsgruppe dieser Studie besteht aus 25 Bürogebäuden und acht Schulgebäuden. Alle Gebäude sind LEED zertifiziert. Es besitzen acht Gebäude den Status Certified, 18 den Silver-Status, sechs den Gold-Status und ein Gebäude den Platinum-Status. Die Mehrkosten dieser Gebäude wurden mittels Expertengespräche erhoben und variieren zwischen 0,66% und 6,5% für den Platinum-Status. KATS unterscheidet bei der Ermittlung des Kapitalwertes zwischen Einnahmen und Ausgaben. Als Einnahmen werden hierbei die Einsparpotenziale der nachhaltigen Immobilien im Vergleich zu konventionellen Immobilien angesehen. Neben den in der Studie der DAVID UND LUCILE PACKARD FOUNDATION berücksichtigten Kostenfaktoren, wie beispielsweise den Energiekosten, werden hier auch die aus der verbesserten Umgebung resultierende, höhere Produktivität und eine krankheitsbedingte geringere Fehlzeit der Mitarbeiter in den Gebäuden berücksichtigt. Sowohl für die spätere Berechnung, wie auch für die Annahme der Kosten werden die 33 Gebäude entsprechend ihrem LEED Status in die beiden Gruppen Certified und Silver sowie Gold und Platinum unterteilt. Die folgende Abbildung zeigt die prozentuale Aufteilung der finanziellen Vorteile nachhaltiger Gebäude mit einem LEED-Zertifiziert sowie LEED-Silber Status. Die prozentuale Aufteilung für die Gold und Platinum Gebäude sieht ähnlich aus, allerdings sind die Vorteile aus Produktivität und Gesundheit anteilsmäßig größer, sodass die Anteile der restlichen Gruppen etwas geringer ausfallen, als in dieser Grafik dargestellt.

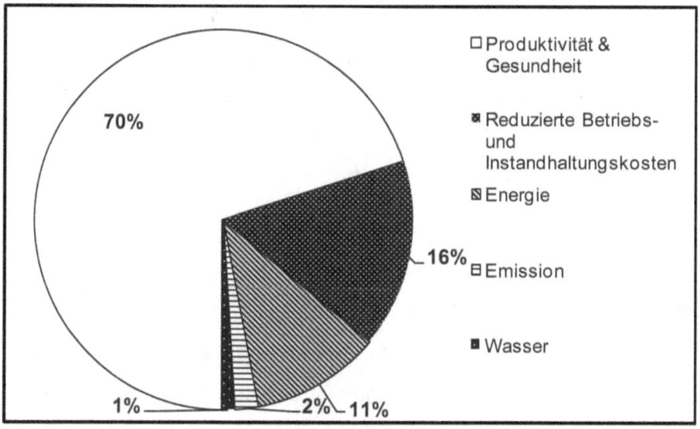

Abbildung 3.10: Prozentuale Aufteilung der finanziellen Vorteile nachhaltiger Gebäude
Quelle: Kats, 2003, S. 85.

Als Investitionskosten werden für beide Gruppen höhere Baukosten von 4$/ft² angenommen. Die jährliche Steigerung der Energiekosten wird mit konstant 5% angenommen. Insgesamt ermittelt KATS einen finanziellen Vorteil von 48,87$/ft² für die erste Gruppe sowie 67,31$/ft² für die zweite Gruppe.[424]

Trotz dieser deutlichen Ergebnisse besteht grundsätzlich die Schwierigkeit, sie direkt auf alle Immobilien zu übertragen. So basieren beide Untersuchungsergebnisse auf Immobilien, die sich in Kalifornien befinden bzw. geplant sind. Hierbei sind die regionalen baulichen Besonderheiten nicht überall anwendbar.[425] Die Baukosten sind abhängig von der geografischen Lage bzw. den regionalen klimatischen Bedingungen, wie die Untersuchungen von DAVIS LANGDON zeigen.[426] Allerdings zeigen sowohl die Ergebnisse der DAVID AND LUCILE PACKARD FOUNDATION wie auch von KATS die eindeutige Tendenz, dass sich die Investition und ein hiermit verbundener, höherer Investitionsbetrag langfristig amortisiert. Grundsätzlich können die Ergebnisse einer Kosten-Nutzen-Analyse, wie in den vorherigen Studien angewendet, bei der Betrachtung einer vom Bauherr selbst genutzten Immobilie verwendet werden, da dieser im Wesentlichen uneingeschränkt von den Vorteilen einer nachhaltigen Im-

[424] Vgl. Kats, 2003, S. 1ff.
[425] Vgl. Lucuik *u.a.*, 2005, S. 18f.
[426] Vgl. Matthiessen/Morris, 2004, S. 16.

mobilie profitieren kann. Aus diesem Grund wird die Mehrheit der nachhaltigen Immobilien von Eigentümern selbst genutzt und der deutlich geringere Teil befindet sich im Besitz von Immobilieninvestoren, die die Gebäude an Dritte vermieten. Nachfolgend wird dieses Agency-Problem thematisiert, das aus der ungleichen Verteilung der Eigentümerkosten und dem Mieternutzen resultiert.[427]

3.3.3.4 Das Agency-Problem nachhaltiger Immobilien

Bei vermieteten Gebäuden steht der konkrete Mieter der Immobilie zu Beginn der Projektentwicklung nicht fest, deshalb basiert die Planung auf der Markterfahrung, den Marktgegebenheiten sowie den Marktprognosen des Investors.[428] Die Initiative zur Entwicklung eines Grundstückes kann grundsätzlich entweder direkt von dem Investor auf seinem Grundstück oder von einem Zwischeninvestor ausgehen. Bei der zweiten Variante entwickelt der Zwischeninvestor bzw. der Projektentwickler auf eigenem Grundstück und auf eigene Rechnung die Immobilie.[429] Nachdem sowohl der Investor wie auch der Zwischeninvestor in beiden Varianten als Bauherr auftreten, ähnelt sich deren ökonomische Zielsetzung, die in der Regel aus der Gesamtwirtschaftlichkeit des Bauprojektes unter Einbeziehung der Investitionen und Folgekosten besteht. Hierbei ist zwischen drei Zielalternativen zu unterscheiden. Im Regelfall versucht der Bauherr, eine vorgegeben Anzahl Nutzeinheiten bestimmter Qualität mit möglichst niedrigem Budget zu realisieren.[430] Unterschiede zwischen Investoren und Zwischeninvestoren ergeben sich aus der unterschiedlichen Haltedauer. So sind für den Zwischeninvestor, der die Immobilie mit maximal drei Jahren relativ kurz besitzt, der Verkaufspreis maßgebend, während für den Investor kurz- und mittelfristig vor allem die Rückflüsse bzw. die Mieteinnahmen relevant sind. Aufgrund der längeren Haltedauer des Investors spielt der Wert der Immobilien eine eher untergeordnete Rolle, wobei zwischen den Mieteinnahmen und dem Immobilienwert ein direkter Zusammenhang besteht.[431]

---

[427] Vgl. Nelson *u.a.*, 2010, S. 21.
[428] Vgl. Alda *u.a.*, 2009, S. 97.
[429] Im Gegensatz zur zweiten Variante agiert der Projektentwickler, wie in Abbildung 2.3 auf S. 21 dargestellt, als Dienstleister. Vgl. Brauer, 2009b, S. 616.
[430] Alternativ besteht die Zielsetzung des Bauherren möglichst viele Nutzeinheiten mit möglichst hoher Qualität mit einer vorgegeben Budgetobergrenze zu erhalten. Bei der dritten Variante strebt der Bauherr das optimale Verhältnis zwischen Ergebnis und Mitteleinsatz an. Vgl. Diederichs, 1984, S. 30.
[431] Dieser Zusammenhang wird in Kapitel 1 anhand der Immobilienbewertungsverfahren aufgezeigt.

Durch die zuvor festgestellte Tendenz zu höheren Herstellkosten nachhaltiger Immobilien ergibt sich bei Mieteinnahmen bzw. Immobilienwerten, die dem Niveau konventioneller Gebäude entsprechen, ein Zielkonflikt für Investoren bzw. Zwischeninvestoren. Innerhalb dieses Szenarios würde einzig der Nutzer von den nachhaltigen Eigenschaften des Gebäudes profitieren. Zur Erhöhung des Anreizes zur Investition in nachhaltige Immobilien müssten die Mieteinnahmen über denen konventioneller Immobilien liegen. Dies würde allerdings voraussetzen, dass der Mieter einen Teil der wirtschaftlichen Vorteile, die sich z. B. aus geringeren Energiekos-Energiekosten ergeben, mit dem Vermieter teilt.[432] Untersuchungen der jüngeren Vergangenheit fokussieren deshalb vermehrt auf die Verteilungsproblematik bzw. auf vergleichsweise höheren Mieten und Immobilienwerte nachhaltiger Immobilien. Im Folgenden werden diese Studien zur Performance nachhaltiger Immobilien kurz vorgestellt.

3.3.3.5 Die Performance nachhaltiger Immobilien

Wie die folgenden Ausführungen zeigen werden, stellt die noch geringe Anzahl zertifizierter und vermieteter Gebäude eine erhebliche Schwierigkeit der Abschätzung der Performance nachhaltiger Immobilien dar. Die Untersuchungen in diesem Bereich, die in Tabelle 1.1, auf Seite 4, zusammengefasst sind, lassen sich in Umfragen zur Zahlungsbereitschaft höherer Mieten für nachhaltige Immobilien sowie empirische Studien zu den Mieteinnahmen bzw. zum Immobilienwert[433] unterteilen.[434]

Die zuvor in Abschnitt 3.3.3.2 erwähnte Umfrage von Jones Lang LaSalle aus dem Jahr 2008 zeigt, dass 70% der Befragten bereit wären, für nachhaltige Immobilien einen Mietaufschlag zu zahlen. Die Mehrheit wäre mit einem Anteil von 62% bereit, einen Aufschlag von 1% bis 10% zu entrichten, 8% würden einen höheren Aufschlag über 10% akzeptieren und 4% der Befragten erwarten geringere Mieten für nachhaltige Immobilien.[435] Ähnliche Ergebnisse liefern die Untersuchungen von gewerblichen Vermietern und Mietern, die neben dem Immobilienbereich auch anderen Industriezweigen wie dem Finanzsektor und dem Einzelhandel angehören, in

---

[432] Vgl. Bartlett/Howard, 2000, S. 318, RICS, 2005, S. 22 u. WBCSD, 2007, S. 10f.
[433] Für einen Überblick der Eigenschaften nachhaltiger Immobilien, die Einfluss auf den Immobilienwert haben können, vgl. RICS, 2005, S. 16.
[434] Vgl. Schleich *u.a.*, 2009, S. 7.
[435] Vgl. Jones Lang LaSalle, 2008a, S. 4.

Europa durch Cushman & Wakefield aus den Jahren 2007 und 2009. Innerhalb der ersten Befragung, die zu zwei Drittel der 825 Befragten aus Mietern bestanden, waren 45% der Mieter in ganz Europa bereit, einen Mietaufschlag für nachhaltige Immobilie zu zahlen. In der Umfrage aus dem Jahr 2009 sank der Anteil der Mieter mit der Bereitschaft einen Mietaufschlag zu zahlen auf 37%. Von diesen Mietern sind 55% bereit, einen Aufschlag von einem bis 5% zu akzeptieren, während 30% bereit sind, 6% bis 10% mehr zu bezahlen.[436] Eine kanadische Umfrage unter 181 Mietern, die in Montreal, Calgary, Vancouver und dem Großraum Toronto ansässig sind und deren Bürofläche 10.000 ft^2 übersteigt, zeigt, dass 63% der Mieter grundsätzlich bereit sind, einen Aufschlag für nachhaltige Immobilien zu entrichten. Wenn gleich bei der Obergrenze des Aufschlages teilweise große Unterschiede bestehen. So wären beispielsweise 17% bereit, einen Aufschlag von maximal 3% zu entrichten, weitere 18% bzw. 14% würden höhere Baukosten bis 7% bzw. 10% tolerieren, während 25% höhere Mieten über 10% akzeptieren würden. Die Motivation der Mieter diesen Aufschlag zu entrichten resultiert im Wesentlichen aus der höheren Arbeitsproduktivität, geringeren Bewirtschaftungskosten sowie dem Einfluss auf das Image des Unternehmens.[437]

SAYCE, U. A. untersuchten innerhalb einer Reihe von Umfragen unter britischen Banken, Investoren, Projektentwicklern und Immobilienberatern, die im Abstand von fünf Jahren in den Jahren 1995, 2000 und 2005 durchgeführt wurde, den Einfluss von umweltfreundlichen bzw. nachhaltigen Eigenschaften von Immobilien auf den Immobilienwert. Hierbei zeigte sich, dass 80% der Befragten diesen Eigenschaften eine zunehmende Bedeutung zu rechnen. 70% gehen allerdings davon aus, dass die Auswirkungen erst in fünf Jahren bemerkbar sein werden. Im Vergleich der drei Studien zeigt sich, dass 1995 und 2000 über 40% von einer Berücksichtigung zum Zeitpunkt der Befragung und 80% von einer Berücksichtigung in den nächsten fünf Jahren ausgingen. Überraschenderweise gingen im Jahr 2005 mit 23% bzw. 70% eine geringe Anzahl der Befragten davon aus, dass die Umweltfreundlichkeit bereits berücksichtigt wird oder in den nächsten Jahren Einfluss haben wird. SAYCE, U. A. sieht in diesem Rückgang die Auswirkungen der starken Nachfrage auf dem briti-

---

[436] Vgl. Cushman & Wakefield, 2007, S. 8 u. Cushman & Wakefield, 2009, S. 11f.
[437] Vgl. Colliers International, 2007, S. 16 u. 20.

schen Markt in den letzten Jahren, auf dem aufgrund der starken Nachfrage nach Immobilien die Beschaffenheit dieser wenig berücksichtigt wurden.[438] Auch wenn das Ergebnis der letzten Befragung von SAYCE, U. A. einen Rückgang des Einflusses der nachhaltigen Eigenschaften auf den Immobilienwert hinweisen, zeigen die hier aufgeführten Umfragen eindeutig eine Tendenz des Einflusses von Nachhaltigkeits-Nachhaltigkeitsmerkmalen auf die Mieteinnahmen bzw. auf den Immobilienwert.

Einen eindeutigen Einfluss dieser Eigenschaften auf den Wert bzw. die Mieteinnahmen einer Immobilie versuchen die nachfolgend vorgestellten Studien aufzuzeigen. Im Gegensatz zu den Umfragen handelt es sich nicht um hypothetische Fragen einer Umfrage zur Zahlungsbereitschaft, sondern um eine Momentaufnahme der Differenzen zwischen nachhaltigen und konventionellen Immobilien. Eine der ersten empirischen Untersuchungen in diesem Bereich stellt die Regressionsanalyse von EICHHOLTZ, U. A. dar. Hierbei werden die Mieten von 7.489 konventionellen und 694 nachhaltigen Bürogebäuden[439] in den USA verglichen. Zum Ausschluss von Verfälschungen des Ergebnisses aufgrund unterschiedlicher Standortqualitäten basieren die Vergleichswerte der konventionellen Immobilien ausschließlich auf Gebäuden, die sich innerhalb eines Radius von einer Viertel Meile um eine nachhaltige Immobilie befinden. Die Untersuchung zeigt, dass die Miete nachhaltiger im Vergleich zu konventionellen Immobilien durchschnittlich 2,6% höher ist. Allerdings sind die erhöhten Mieten im Wesentlichen auf die Gebäude mit dem Energy Star Label mit einer erhöhten Miete von 2,8% zurückzuführen, während die Mieten der LEED zertifizierten Gebäude keine signifikanten Unterschiede zu den konventionellen Immobilien aufweisen. Obwohl auch nachhaltige Immobilien energieeffizient sind, weist dieses Ergebnis auf eine größere Relevanz des Themas Energieeffizienz hin, dass durch die Energy-Star Auszeichnung eventuell besser kommuniziert wird. Unter Berücksichtigung des geringeren Leerstandes der Green Buildings ergibt sich insgesamt eine höhere Miete von 6%. Zu berücksichtigen ist bei diesem Ergebnis, dass ein erheblicher Altersunterschied zwischen den nachhaltigen und konventionellen

---

[438] Vgl. Sayce *u.a.*, 2007, S. 637.

[439] Die Untersuchungen beziehen sich auf Green Buildings, deshalb besteht die Gruppe nachhaltiger Gebäude sowohl aus LEED zertifizierten wie auch mit dem Energy Star ausgezeichneten Gebäuden.

Immobilien von 20 Jahren besteht und somit die unterschiedlichen Mieten nicht ausschließlich auf die Nachhaltigkeit zurückzuführen sind.[440]

Einen ähnlichen Ansatz, wie EICHHOLTZ, U. A., verfolgen auch FUERST/MCALLISTER. Zur Vermeidung des Altersunterschiedes zwischen den nachhaltigen und konventionellen Immobilien, wie bei der vorhergehenden Untersuchung, befinden sich die Ver-Vergleichsobjekte nicht in unmittelbarer Umgebung zu den nachhaltigen Immobilien, sondern innerhalb einer Metropolregion. Die Berechnungen ergeben einen Mietaufschlag von 6% für nachhaltige Gebäude sowie einen höheren Immobilienwert von 31% für Gebäude mit Energy Star-Auszeichnung bzw. 35% für LEED zertifizierte Immobilien. Die Autoren merken hierbei bereits an, dass es sich bei diesen Ergebnissen um Momentaufnahmen handelt und dass die Ergebnisse bei einem längeren Beobachtungszeitraum abweichen können. Des Weiteren gibt es zwischen den jeweiligen Beobachtungsgruppen signifikante Höhenunterschiede der Gebäude. So weisen die konventionellen Gebäude einen Median von zwei Stockwerken gegenüber sechs Stockwerke der LEED zertifizierten Immobilien und 13 Stockwerken bei den Gebäuden mit dem Green Star Label auf. Basierend auf der Annahme, dass die Baukosten mit der Anzahl der Stockwerke zunehmen, kann davon ausgegangen werden, dass die höheren Mieten aufgrund einer besseren Lage die höheren Baukosten rechtfertigen und somit ein höheres Niveau begründen.[441] Ergänzend untersuchen FUERST/MCALLISTER in einer weiteren Studie den Einfluss der Nachhaltigkeit auf die Vermietungsrate und kommen zu dem Ergebnis, dass LEED zertifizierte Immobilien eine höhere Vermietungsrate von beinahe 8% besitzen. Während die Vermietungsrate der Gebäude, die eine Energy-Star Auszeichnung besitzen, nur 3% über der durchschnittlichen Vermietungsrate liegt.[442] Die Ursache dieser unterschiedlichen Vermietungsraten ist allerdings nicht unbedingt auf die unterschiedlichen Auszeichnungen zurückzuführen, sie könnte sich auch aus dem unterschiedlichen durchschnittlichen Alter der Untersuchungsgruppen ergeben. So weisen die LEED zertifizierten Immobilien einen Altersdurchschnitt von knapp 12 Jahren auf, während die Energy-Star ausgezeichnete Gebäude knapp 20 Jahre alt sind.

---

[440] Vgl. Eichholtz *u.a.*, 2008, S. 11ff.
[441] Vgl. Fuerst/McAllister, 2008, S. 1ff.
[442] Vgl. Fuerst/McAllister, 2009, S. 1ff.

Eine weitere Regressionsanalyse von WILEY, U. A. hinsichtlich der Mieten und des Vermietungserfolges nachhaltiger Immobilien basiert auf den Daten von 7.308 Bürogebäuden, die auf 46 Immobilienmärkten in den USA verteilt sind. Im Gegensatz zu den vorherigen Ergebnissen der Studien, die zu einem Unterschied von 6% kommen, zeigt diese Studie einen signifikanten Unterschied zwischen den Mieten nachhaltiger und konventioneller Immobilien. So ermitteln WILEY, U. A. einen Mietaufschlag zwischen 15,2% und 17,3% für LEED zertifizierte Gebäude und im Falle einer Energy Star Auszeichnung von 16% bis 18%. Auch der Vermietungserfolg wird im Vergleich zu den anderen Studien höher gesehen. Er liegt bei einer LEED Zertifizierung um 16% bis 18% bzw. mit dem Energy Star Label 10% bis 11% über dem konventioneller Immobilien. Anhand dieser Ergebnisse kommen WILEY, U. A. zu dem Schluss, dass der Immobilienwert bei einer LEED Zertifizierung durchschnittlich $129/ft² und mit dem Gütesiegel Energy Star $30/ft² über dem konventioneller Immobilien liegt.[443]

Die Untersuchung von PIVO/FISHER, die im Gegensatz zu den vorherigen Studien auf einer vollkommen anderen Datenquelle basiert[444], kommt zu dem Ergebnis, dass Gebäude mit dem Energy Star Gütesiegel einen Mietaufschlag von 4,8% haben und dass der Immobilienwert 13,5% höher ist als bei konventionellen Immobilien.[445]

Insgesamt bestätigen sowohl die Umfrageergebnisse wie auch die empirischen Untersuchungen die allgemeine Annahme eines zumindest kurzfristigen Mehrwertes nachhaltiger Immobilien. Dieser Mehrwert, der langfristig zum Standard werden könnte, würde für Gebäude, die diesen Standard nicht erfüllen (sog. „Grey Buildings") eine schlechtere Vermietbarkeit und/oder eine Vermietbarkeit mit schlechteren Konditionen bedeuten.[446] Andererseits zeigen diese Ergebnisse auch, dass eine eindeutige Ermittlung von höheren Mieten sowie eines höheren Immobilienwertes von nachhaltigen Immobilien aufgrund der zu geringen Anzahl nachhaltiger Immobilien zum jetzigen Zeitpunkt nicht möglich ist. So weisen die vorgestellten Untersuchungen, neben hohen Differenzen der Ergebnisse, teilweise, wie z. B. bei EICHHOLTZ, U. A. sowie FUERST/MCALLISTER, große Unterschiede bei den

[443] Vgl. Wiley *u.a.*, 2010, S. 229.
[444] Während die vorangegangen Studien auf den Daten der CoStar Group basieren, verwenden Pivo/Fisher die Daten des National Council of Real Estate Investment Fiduciaries.
[445] Vgl. Pivo/Fisher, 2008, S. 17.
[446] Vgl. Borutta, 2010a, S. 50.

Vergleichsobjekten auf, und andere Untersuchungen wie beispielsweise von MILLER, U. A. führen zu keinem statistisch signifikanten Ergebnis.[447] Dies ist neben der absoluten Anzahl nachhaltiger Immobilien auch auf andere Faktoren zurückzuführen: So sind zertifizierte Gebäude in der Regel neu, vom Besitzer selbst oder nur von einem einzelnen Mieter genutzt.[448] Des Weiteren ist bei diesen Studien anzumerken, dass durch die Verwendung des Energy Star Labels, eher die Energieeffizienz und weniger die umfassende Nachhaltigkeit der Gebäude im Vordergrund steht.

Im Gegensatz hierzu steht die Studie von SALVI U. A., die den Mehrwert von MINERGIE[449] zertifizierten Wohnungen und Einfamilienhäusern untersucht. Die Berechnung, die auf einem hedonistischen Modell basiert, wird anhand von 9.000 Transaktionen, die zwischen 1998 und 2008 stattfanden, durchgeführt. Unter diesen 9.000 Transaktionen befinden sich 250 MINERGIE-Häuser. Die Untersuchung zeigt, dass der geschätzte Aufpreis für Einfamilienhäuser 7% und bei Eigentumswohnungen 3,5% beträgt, wobei der Aufpreis der Einfamilienhäuser ungefähr den Mehrkosten bei der Erstellung der Gebäude entspricht.[450]

Trotz der Bereinigung der Ergebnisse um den Einfluss des Standortes sowie der unterschiedlichen Qualitäten dieser Immobilien, besteht ein grundsätzlicher Kritikpunkt an diesen Studien. So wird aufgrund des Zertifizierungsprozesses im Bereich der nachhaltigen Immobilien und des damit verbundenen Solicated Ratings[451], das in der Regel bei der Zertifizierung von Gebäuden angewendet wird, angenommen, dass bereits eine Vorauswahl stattfindet. Diese Auswahl erfolgt hierbei durch den Planer oder Bauherr der den Ratingprozess nur bei absehbarem erfolgreichem Zertifizierungsergebnis einleiten wird. Damit sind zertifizierte Immobilien von einer besonderen Qualität bzw. sie können auch als Pilotprojekte bezeichnet werden.

---

[447] Vgl. Miller *u.a.*, 2008, S. 385ff.

[448] Vgl. Fuerst/McAllister, 2009, S. 8.

[449] MINERGIE ist seit 1998 das Zertifizierungssystem für nachhaltige Immobilien in der Schweiz und wird vom Verein MINERGIE, der gemeinsam von der Schweizer Wirtschaft, den Kantonen und dem Bund getragen wird, vergeben. Vgl. Frensch, 2008, S. 13.

[450] Vgl. Salvi *u.a.*, 2008, S. 1ff.

[451] Beim Solicited Rating besteht ein klares Auftragsverhältnis, im Immobilienbereich zwischen dem Bauherr und dem jeweiligen Zertifizierer. Dies steht im Gegensatz zum Unsolicated Ratings, die üblicherweise beim Nachhaltigkeitsrating von Unternehmen angewendet werden. So erfolgt hier die Beurteilung durch die Ratingagenturen ohne expliziten Auftrag. Vgl. Schäfer, 2005a, S. 6.

Hierdurch liegen diese Gebäude weit über der Norm und haben somit eventuell einen verfälschenden Einfluss auf die Untersuchungsergebnisse.

Dies trifft im Speziellen auf die Situation in Deutschland zu, wo die ersten Gebäude zu Beginn des Jahres 2009 mit dem Deutschen Gütesiegel für Nachhaltiges Bauen ausgezeichnet wurden. Insgesamt belief sich die Anzahl DGNB, LEED und BREEAM zertifizierter Gebäude in Deutschland auf 145, was ungefähr einem Anteil von 0,08% der jährlich in Deutschland genehmigten Neubauten entspricht.[452]

Obwohl noch keine Deutschland weite, einheitliche Zertifizierung für Wohnimmobilien besteht, existieren bereits vereinzelt Wohngebäude, die dem Anspruch der Nachhaltigkeit gerecht werden. Projiziert man die Anzahl der zertifizierten Gebäude auf die Gesamtheit der deutschen Immobilien, kann von einem verschwindend geringen Anteil nachhaltiger Gebäude am gesamten Immobilienbestand ausgegangen werden. Speziell dieser geringe Anteil nachhaltiger Gebäude und der damit einhergehende geringe Datenbestand sowie das geringe Transaktionsvolumen erschweren die Berücksichtigung von Nachhaltigkeitsaspekten mit den Bewertungsverfahren.

3.4 Zusammenfassende Bemerkungen und Fazit

Innerhalb dieses Kapitels hat sich gezeigt, dass analog zum vorherigen Kapitel und der Herleitung des Begriffes „Immobilie“, die Nachhaltigkeit im Immobilienwesen und deren einzelnen Ausprägungen nicht eindeutig definiert sind. Obwohl sich die Nachhaltigkeit im Immobilienwesen aus der allgemeinen Definition des Begriffs „Nachhaltigkeit“ herleiten lässt, werden die Begriffe Nachhaltigkeit und Energieeffizienz teilweise synonym verwendet. Dies zeigen auch die Studien zu den wirtschaftlichen Vorteilen, bei der zwischen energieeffizienten und nachhaltigen Gebäuden nicht unterschieden wurde. Einerseits resultiert diese Gleichsetzung aus dem englischen Begriff „Green Building“ der zwar die ökologische und soziale Dimension der Nachhaltigkeit abdeckt, allerdings die ökonomische vernachlässigt. Andererseits erfolgt die Gleichsetzung in den wissenschaftlichen Studien aufgrund der verhältnismäßig geringen Anzahl zertifizierter Gebäude aus pragmatischen Gründen. Die Vermischung der Begriffe außerhalb des wissenschaftlichen Bereiches ergibt sich

---

[452] Zum 7. Oktober 2009 entsprachen die bis dahin 84 zertifizierten einem Anteil von 0,05%. Vgl. Hornung, 2009, S. 13.

auch aus den gesetzlichen Vorgaben. So liegt der Fokus auf der Erhöhung der Energieeffizienz bzw. der Verringerung der Emission durch Immobilien. Die Ausführungen in diesem Bereich haben gezeigt, dass durch die notwendigen Anpassungen der Gesetze ein Risiko für die Immobilienbesitzer ausgeht. Dieses Risiko kann bei einer In-Investition durch eine freiwillige, höhere Energieeffizienz reduziert werden. Neben den gesetzlichen Vorgaben stellen ein höheres Umweltbewusstsein, wirtschaftliche Vorteile sowie die Zertifizierungsverfahren selbst weitere Treiber dar. Die zunehmende Anzahl zertifizierter Gebäude, weist auf einen nachhaltigen Trend im Immobilienbereich hin. Auch wenn es zwischen den einzelnen Zertifizierungsverfahren Unterschiede bezüglich des Bewertungssystemes, der Kriterien sowie der Zertifizierungsstufen gibt, kann von einem internationalen Trend ausgegangen werden. Zum besseren Verständnis und einer einfacheren Vergleichbarkeit auf internationaler Ebene ist mittel- bis langfristig eine Vereinheitlichung der Bewertungssysteme notwendig. Auch wenn nicht alle nachhaltigen Immobilien aufgrund der freiwilligen Beantragung des Zertifizierungsprozess zertifiziert werden, stellt eine Zertifizierung ein wichtiges Unterscheidungsmerkmal gegenüber konventionellen Immobilien dar. Bei einer kontinuierlichen Erhöhung des Anteils nachhaltiger Immobilien würde sich hieraus ein weiteres Unterscheidungsmerkmal des Immobilienmarktes ergeben. Aufbauend auf der in Kapitel 2.2 vorgestellten Unterteilung in räumliche und sachliche Teilmärkte würde die Unterscheidung in nachhaltige und konventionelle Immobilie eine sachliche Unterteilung darstellen. Die Differenzierung würde nach der regionalen Teilmarktbildung erfolgen, da die weiteren Unterscheidungsmerkmale wie die Nutzungs- und Vertragsart sowohl auf konventionelle wie auch auf nachhaltige Immobilien zutreffen. Basierend auf der gegenwärtigen Struktur des Immobilienmarktes[453] ist in der folgenden Abbildung 3.11 die mögliche Teilmarktbildung unter der Berücksichtigung nachhaltiger Immobilien dargestellt.

[453] Vgl. Abbildung 2.8, S. 29.

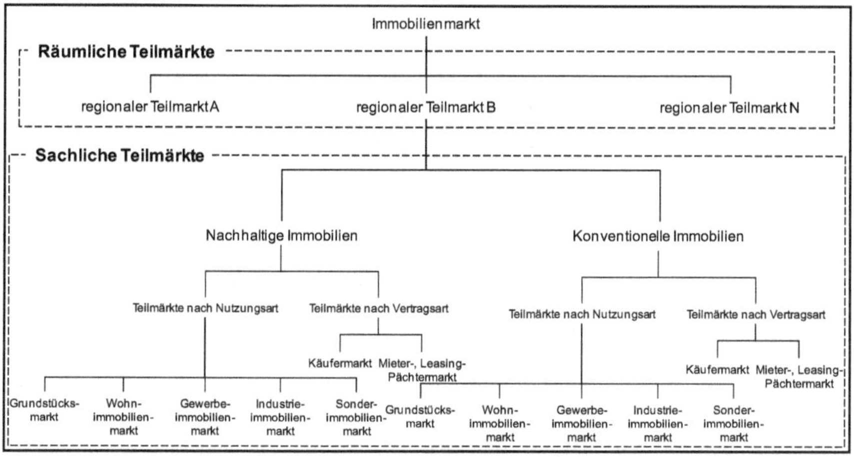

Abbildung 3.11: Die Teilmarktstruktur des Immobilienmarktes unter der Berücksichtigung nachhaltiger Immobilien
Quelle: eigene Darstellung

Hinsichtlich der unterschiedlichen wirtschaftlichen Vorteile, wie einer höheren Arbeitsproduktivität, einer Imageverbesserung, Bewirtschaftungskosteneinsparungen sowie der Performance nachhaltiger Immobilien, besteht in der Literatur ein grundsätzlicher Konsens. Allerdings weisen die unterschiedlichen Untersuchungsergebnisse jeweils eine große Bandbreite auf. Dies ist im Wesentlichen auf den noch zu geringen Anteil nachhaltiger Immobilien sowie der unterschiedlichen Wahl der Referenzwerte konventioneller Immobilien zurückzuführen. In Deutschland sind bis auf erste Abschätzungen noch keine empirischen Untersuchungen möglich. Unabhängig von der noch fehlenden Quantifizierbarkeit der wirtschaftlichen Vorteile wird im nächsten Kapitel untersucht, inwiefern die Integration der unterschiedlichen wirtschaftlichen Vorteile in die gängigen deutschen Bewertungsverfahren durchführbar ist.

4 Die Immobilienbewertung und die Integration von Nachhaltigkeitsaspekten

Wie die vorangegangenen Ausführungen gezeigt haben, stellen die wirtschaftlichen Vorteile nachhaltiger Immobilien einen bedeutenden Treiber der nachhaltigen Entwicklung in der Immobilienwirtschaft dar. Dies gilt im Besonderen für energetische Sanierungen. So ergab eine Umfrage der Kreditanstalt für Wiederaufbau (KfW) und des Instituts der deutschen Wirtschaft, dass der Hauptgrund einer energetischen Modernisierung in dem Substanzerhalt der Objekte und damit im Erhalt der Vermögensposition besteht.[454] Die Ermittlung dieser Vermögensposition wird innerhalb dieses Kapitels mit der Vorstellung der Immobilienbewertung beschrieben. Zusätzlich wird die zweite Frage der Problemstellung, die Identifikation der den Immobilienwert beinflussenden Parameter für die investitionstheoretische Bewertung und die Veränderung der Parameter durch die Integration der Nachhaltigkeit, innerhalb dieses Abschnitts erörtert. Im Hinblick auf das im nächsten Kapitel entwickelte kapitalmarktorientierte Realoptionsmodell wird an dieser Stelle auch der Bezug der Immobilienbewertung zum Kapitalmarkt dargestellt. Zunächst werden die Grundlagen der Immobilienbewertung aufgezeigt.

4.1 Grundlagen der Immobilienbewertung

Im Allgemeinen hat eine Bewertung die Zielsetzung, die Vermögensposition zu ermitteln, die im Fall der Immobilienbewertung die Immobilie für den/die Eigentümer darstellt. Die Bewertung hat eine umfassende Informationsfunktion und spiegelt als eignerbezogenes Wertäquivalent den Nutzen wider, den die bewertete Immobilie für den entsprechenden Investor bedeutet.[455] Nach PAUSENBERG ist *„jedes Ding zunächst wertneutral, es erlangt erst dadurch Wert, dass es von jemandem für begehrenswert gehalten wird. So erwächst der Wert stets aus der Beziehung eines Subjekts zu einem Objekt“*.[456] Hieraus ergibt sich die Notwendigkeit der Bewertung

---

[454] Neben dem Erhalt des Substanzwertes, waren die Steigerung der Wohnqualität sowie der Beitrag zum Umweltschutz wichtige Gründe für Unternehmen und Vermieter. Für die Mehrheit dieser Immobilienbesitzer spielte auch die Steigerung des Verkaufswertes bzw. der Mieteinnahmen eine Rolle. Für Selbstnutzer bestand die Motivation der energetischen Sanierung vor allem in der Reduzierung der Energiekosten, der Unabhängigkeit vom Energiepreis sowie dem Beitrag zum Umweltschutz. Vgl. KfW Bankengruppe, 2010, S. 6.

[455] Vgl. Sigloch, 2003, S. 121 u. Möller, 2007, S. 20.

[456] Pausenberger, 1962, S. 9.

als Ausgangspunkt für Preisverhandlungen, Erbschaftsansprüche, der Bilanzierung usw. Das Ergebnis der Wertermittlung ist allerdings von dem Preis abzugrenzen, der das Ergebnis einer Tauschaktion ist und aus Preisverhandlungen beeinflusst von Angebot und Nachfrage resultiert.[457]

4.1.1 Die Bewertungsanlässe

Der Begriff Immobilienwert kann abhängig vom Anlass und der Zielsetzung unterschiedliche Bedeutungen haben. In Anlehnung an die Unternehmensbewertung kann eine grobe systematische Differenzierung der Bewertungsanlässe in unfreiwillige, aufgrund gesetzlicher oder privat bedingter Anlässe oder freiwillige, auf Wunsch der Beteiligten Personen, erfolgen.[458] Die unfreiwilligen Bewertungsanlässe können weiter in Anlässe für Konventionswerte (hierzu zählen u. a. die Steuerbemessung und die Ermittlung des Versicherungswertes) sowie der Wertermittlung von Ausgleichzahlungen unterteilt werden.[459] Ein wesentliches Charakteristikum der Wertermittlung von Ausgleichszahlungen stellt die Änderung der Eigentumsverhältnisse ohne das Einverständnis der Betroffenen dar. Solche Vermögensauseinandersetzungen treten häufig bei Erbfällen, Scheidungen oder Enteignungen auf. Im Gegensatz hierzu kann bei einer freiwilligen Immobilienbewertung keine der Vertragsparteien die Eigentumsverhältnisse gegen den Willen der anderen Partei, wie z. B. bei Kauf bzw. Verkauf einer Immobilie, verändern[460].[461] Diesen verschiedenen Bewertungsanlässen sind unterschiedliche Wertbegriffe und teilweise Bewertungsverfahren sowie Rechtsgrundlagen zugrunde zu legen. Die am häufigsten verwendeten Begriffe sind der Verkehrswert, hierbei auch der Bodenwert, Ertragswert, Sachwert und Vergleichswert, der Beleihungswert, der Versicherungswert sowie der steuerliche Wert.[462] Einen Überblick über die verschiedenen Begriffe sowie deren Rechtsgrundlagen liefert die folgende Abbildung 4.1.

---

[457] Vgl. Möller, 2007, S. 20 u. Leopoldsberger, 1998, S. 13.
[458] Vgl. Bellinger/Vahl, 1992, S. 32, Engelbrecht, 1998, S. 9.
[459] Vgl. Engelbrecht, 1998, S. 10f.
[460] Wirtschaftliche Zwänge, wie z. B. ein Liquiditätsengpass oder eine finanzielle Schieflage, werden hier nicht in der Betrachtung berücksichtigt. Vgl. Engelbrecht, 1998, S. 10.
[461] Vgl. Möller, 2007, S. 19 u. Sigloch, 2003, S. 121.
[462] Vgl. Schulte/Leopoldsberger, 2006, S. 434 u. Leopoldsberger/Thomas, 2004, S. 139.

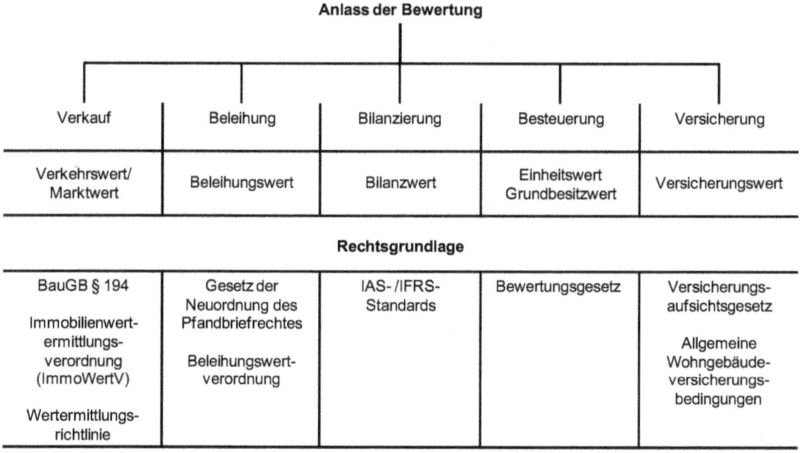

Abbildung 4.1: Systematik der Bewertung von Immobilien
Quelle: Brauer, 2009a, S. 30

Anhand der in der Grafik dargestellten unterschiedlichen Werte und deren zugehörigen Rechtsgrundlagen wird deutlich, dass der zu bestimmende Wert abhängig vom Bewertungszweck festzustellen ist. *„Von einem „richtigen Wert“ kann man nur sprechen, wenn er dem verfolgten Zweck entspricht.“*[463] Damit wird der entsprechende Immobilienwert durch das Verhältnis des Bewertungssubjektes[464] zum Bewertungsobjekt, der Immobilie, bzw. der spezifischen vorhandenen Subjekt-Objekt-Beziehung bestimmt.[465]

In der Regel werden sowohl der Verkehrswert[466] wie auch der Marktwert als Entscheidungsgrundlage einer anstehenden Transaktion herangezogen. Darüber hinaus werden diese Werte auch im Rahmen einer Feststellung der Vermögensposition genutzt. So findet beispielsweise der Verkehrswert bei der Bewertung offener

---

[463] Paul, 1998, S. 84.

[464] Als ein Bewertungssubjekt, wird die natürliche oder juristische Person oder eine Gruppe von Personen bezeichnet, aus dessen Sicht die Bewertung durchgeführt wird. Das Bewertungssubjekt kann real-konkret oder ideal-abstrakt vorhanden sein. In der Bewertungstheorie werden synonym auch die Termini „Entscheidungssubjekt“, „präsumtiver Käufer“ und „präsumtiver Verkäufer“ verwendet. Vgl. Matschke/Brösel, 2007, S. 3.

[465] Vgl. Moxter, 1982, S. 29 u. Hares, 2011, S. 76f.

[466] Im allgemeinen Sprachgebrauch werden für den Verkehrswert auch die Synonyme „Grundstückswert“, „wahrer“, „wirklicher“ und „innerer“ Wert verwendet. Vgl. Kleiber *u.a.*, 2010, S. 122.

Immobilienfonds Anwendung.[467] Aufgrund der Verwendung dieser Werte und damit deren zentraler Bedeutung, findet innerhalb dieser Arbeit eine Eingrenzung auf den Verkehrs- und Marktwert statt.

4.1.2 Der Verkehrswert (Marktwert)

Der Verkehrswert und der Marktwert gingen aus dem Begriff „gemeiner Wert“[468] hervor, der in älteren Gesetzen Anwendung fand und der heute noch in Vorschriften genannt wird. Nachfolgend werden die Begriffe Verkehrswert und Marktwert synonym verwendet. Diese Gleichsetzung resultiert aus den materiell identischen Definitionen[469] dieser beiden Werte. So wird auch vom Gesetzgeber, wie in der folgenden Definition des Verkehrswertes dargestellt, unter dem Verkehrswert ein Marktwert verstanden. Allerdings werden beim Verkehrswert, im Unterschied zu anderen Marktwerten, die Erwerbsnebenkosten nicht berücksichtigt. [470] Der Verkehrswert wird gemäß §194 Baugesetzbuch (BauGB) wie folgt definiert:

„Der Verkehrswert (Marktwert) wird durch den Preis bestimmt, der in dem Zeitpunkt, auf den sich die Ermittlung bezieht, im gewöhnlichen Geschäftsverkehr nach den rechtlichen Gegebenheiten und tatsächlichen Eigenschaften, der sonstigen Beschaffenheit und der Lage des Grundstücks oder des sonstigen Gegenstands der

---

[467] Vgl. Abschnitt 2.2.3.1, S. 41.

[468] Der „gemeine Wert“ wird in §9 Abs. 2 BewG wie folgt definiert: „Der gemeine Wert wird durch den Preis bestimmt, der im gewöhnlichen Geschäftsverkehr nach der Beschaffenheit des Wirtschaftsgutes bei einer Veräußerung zu erzielen wäre. Dabei sind alle Umstände, die den Preis beeinflussen, zu berücksichtigen. Ungewöhnliche oder persönliche Verhältnisse sind nicht zu berücksichtigen“.

[469] Der Marktwert wird in § 16 Abs. 2 PfandBG folgendermaßen definiert: „ ... der Marktwert ist der geschätzte Betrag, für welchen ein Beleihungsobjekt am Bewertungsstichtag zwischen einem verkaufsbereiten Verkäufer und einem kaufbereiten Erwerber, nach angemessenem Vermarktungszeitraum, in einer Transaktion im gewöhnlichen Geschäftsverkehr verkauft werden könnte, wobei jede Partei mit Sachkenntnis, Umsicht und ohne Zwang handelt.“ Eine ähnliche Definition des Marktwertes liefert auch der Europäische Rat: „Unter dem Marktwert ist der Preis zu verstehen, der zum Zeitpunkt der Bewertung auf Grund eines privatrechtlichen Vertrags über Bauten oder Grundstücke zwischen einem verkaufswilligen Verkäufer und einem ihm nicht durch persönliche Beziehungen verbundenen Käufer unter den Voraussetzungen zu erzielen ist, dass das Grundstück offen am Markt angeboten wurde, dass die Marktverhältnisse einer ordnungsmäßigen Veräußerung nicht im Wege stehen und dass eine der Bedeutung des Objekts angemessen Verhandlungszeit zur Verfügung steht.“ Richtlinie 91/674/EWG Artikel 42 Abs. 2. Eine ähnliche Beschreibung des Marktwertes, die den Zusammenhang zum Verkehrswert darstellt, erfolgt im sogenannten Blue Book, herausgegeben von The European's Group of Valuer's Association (TEGoVA): „The estimated amount for which the property should exchange on the date of valuation between a willing buyer and a willing seller in an arm's length transaction after proper marketing wherein the parties had each acted knowledgeably, prudently and without compulsion”. TEGoVA, 2009, S. 13.

[470] Vgl. Sommer/Kröll, 2008, S.3- 6 u. Kleiber *u.a.*, 2010, S. 122.

Wertermittlung ohne Rücksicht auf ungewöhnliche oder persönliche Verhältnisse zu erzielen wäre."

Damit stellt der Verkehrswert den Tauschwert[471] dar, der bei einer fiktiven Transaktion unter marktüblichen Bedingungen und am Wertermittlungsstichtag vermutlich zu erzielen wäre. Als Wertermittlungsstichtag wird hierbei der Zeitpunkt der fiktiven Transaktion bezeichnet. Aufgrund der sich verändernden Wertverhältnisse am Grundstücksmarkt hat ein Gutachten bzw. ein hierbei ermittelter Verkehrswert eine zeitlich begrenzte Gültigkeit von zwei bis sechs Monaten. Die Ermittlung des Verkehrswertes basiert ausschließlich auf dem Angebot und der Nachfrage des Marktes. Wirtschaftliche Interessen oder Belange des fiktiven Verkäufers bzw. Käufers haben keinerlei Einfluss auf die Ermittlung des Verkehrswertes. Bei der Verkehrswertermittlung sind gesetzliche Beschränkungen, grundstücksgleiche Rechte und beschränkte dringliche Rechte zu berücksichtigen.[472]

Der Verkehrswert ist, wie eingangs des Abschnittes erwähnt, nicht mit dem tatsächlichen Kaufpreis gleichzusetzen. So zeigen Untersuchungen aus dem Jahr 2007, dass in 35% aller Verkaufsfälle in Deutschland der Kaufpreis bis zu 10% über dem Verkehrswert lag.[473] Dieser Unterschied zwischen dem Preis und dem Verkehrswert resultiert aus der Differenz zwischen tatsächlichem und fiktivem Preis. So ist der Verkaufspreis das Ergebnis einer wirtschaftlichen Transaktion und ist gekennzeichnet von den Vorstellungen der Vertragsparteien über ein Grundstück, wodurch er von individuellen, subjektiven Vorstellungen geprägt wird. Im Gegensatz hierzu ist der Wertbegriff intersubjektiv bzw. unterliegt dem Normalitätsprinzip, d. h. durch die Abstrahierung von ungewöhnlichen oder persönlichen Verhältnissen wie Zeitdruck oder Zwang, entspricht der Wert den aggregierten Preisvorstellungen einer Gruppe von

---

[471] Basierend auf der österreichischen Schule der Volkswirtschaftslehre/Nationalökonomie wird zwischen „Gebrauchs-" und „Tauschwert" unterschieden. Der Gebrauchswert stellt demnach den Wert über die den Subjekten aus den Gütern zuwachsende Bedürfnisbefriedigung dar, während der Tauschwert entsprechend den Verhältnissen bestimmt wird, zu denen die Wirtschaftsgüter ausgetauscht werden. Vgl. Menger, 1871, S. 215ff. u. Ott, 1997, S. 21ff.

[472] Vgl. Leopoldsberger/Thomas, 2004, S. 139f.

[473] Des Weiteren lag der Verkaufspreis bei 19,7% der Transaktionen 10% bis 20% über dem Verkehrswert und bei 13% der Fälle bis zu 10% unter dem Verkehrswert. Vgl. Piazolo, 2009, S. 422.

Marktteilnehmern.[474] Deshalb stellt der Verkehrswert den verobjektivierten Preis dar und basiert damit auf der objektiven Werttheorie.[475]

4.1.3 Die Bewertungssystematik des Verkehrswertes

Innerhalb der objektiven Werttheorie wird der Wert des Gutes als dessen Eigenschaft aufgefasst. Der Wert ist losgelöst von konkreten Bezugspersonen und soll somit einen unparteiischen Wert darstellen. Aufgrund der Objektbezogenheit und der Entpersonifizierung ist die Wertermittlung innerhalb der objektiven Werttheorie stark gegenwarts- und vergangenheitsorientiert. Gemeinhin gilt der Marktpreis als wertbestimmende Eigenschaften, wodurch der Wert mit dem Preis gleichzusetzen ist.[476] Allerdings ist diese Gleichsetzung, die auch allgemein in der Literatur kritisiert wird[477], auf den Immobilienbereich nicht übertragbar. So wurde zuvor gezeigt, dass es zwischen dem Preis und dem Verkehrswert zu Abweichungen kommen kann. Diese Preis-Wert-Differenz ist auch ein Resultat des in Kapitel 1 dargestellten, unvollkommen Immobilienmarktes, was maßgeblich auf die Besonderheiten des Wirtschaftsgutes Immobilie und der daraus resultierenden Strukturen des Immobilienmarktes zurückzuführen ist.[478] So eignet sich der Immobilienmarkt aufgrund der geringen Transaktionshäufigkeit und der Informationsdefizite nicht als Orientierung bei der Zins- oder Ertragsprognose. Während der Markt bei anderen Vermögensgütern, selbst bei einer Unterstellung einer „halb-strengen“ Informationseffizienz im Sinne von Fama[479], zur Ermittlung von Erwartungswerten dient, kann dieser Mangel

---

[474] Vgl. Leopoldsberger, 1998, S. 13, Möller, 2007, S. 20 u. Kleiber, 2005a, S. 178.

[475] Vgl. Kleiber *u.a.*, 2010, S. 124, Müller, 2009, S. 276 u. Sommer/Kröll, 2008, S. 5. Diese Einordnung zur objektiven Werttheorie gilt neben dem Verkehrswert auch für steuerliche Werte, Versicherungswerte, steuerbilanzielle und handelsbilanzielle Werte. Andere Werte wie der Beleihungswert und steuerbezogene Werte gelten als subjektivistische Werte. Vgl. Pfnür, 2002, S. 74.

[476] Vgl. Pfnür, 2002, S. 70 u. Matschke/Brösel, 2007, S. 14.

[477] Vgl. hierzu beispielsweise Engels, 1962, S. 7.

[478] Vgl. Kapitel 2.2, S. 28ff.

[479] FAMA unterscheidet die Effizienz eines Marktes, in Abhängigkeit von der Art in den Preisen abgebildeten Informationen, in die drei „testbaren“ Grade von Informationseffizienz: Strenge Informationseffizienz, Halbstrenge Informationseffizienz und Schwache Informationseffizienz. In einem streng informationseffizienten Markt sind alle für den Preis relevanten Informationen vollständig, ohne Verzögerung und korrekt im aktuellen Marktpreis berücksichtigt. Voraussetzungen hierfür ist, dass es keine Transaktionskosten, keine Informationsbeschaffungskosten sowie homogene Erwartungen der Marktteilnehmer gibt. Bei einer halbstrengen Informationseffizienz sind alle öffentlich zugänglichen Informationen bekannt und korrekt im Preis verarbeitet. Als ein schwach-informationseffizienter Markt wird ein Markt angesehen, bei dem nur die in den historischen Kursen enthaltenen Informationsmengen verarbeitet werden. Vgl. Fama, 1970, Fama, 1991 u. Jandura, 2000, S. 49.

an Marktinformationen bei Immobilien nur schwer kompensiert werden. Dies resultiert nicht ausschließlich aus den geringen Transaktionen, die in den wenig vorhanvorhandenen Datenbanken nicht unbedingt zeitnah aufgenommen werden, sondern weil der Markt selbst eine für Vergleichswerte notwendige Informationseffizienz kaum aufweist. Erschwerend wirkt sich hierbei die starke Segmentierung des Immobilienmarktes aufgrund der regionalen Besonderheiten sowie der Präferenzdifferenzierung aus.[480] Deshalb werden in der Immobilienwirtschaft in der Regel Sachverständige mit der Feststellung von Renditen und Werten beauftragt. Hierdurch wird die Bewertung nicht direkt über den Markt, sondern indirekt über einen Gutachter ermittelt. Grundlage für diese Bewertungen sind Bewertungsverfahren, die sonst durch das Marktgeschehen offenbarte Informationen ersetzen müssen.[481] Den Sachverständigen stehen nach der Wertermittlungsverordnung drei Wertansätze zur Verfügung. Dies sind, wie in Abbildung 4.2, auf Seite 119, veranschaulicht, das Sachwertverfahren, das Ertragswertverfahren sowie das Vergleichswertverfahren.

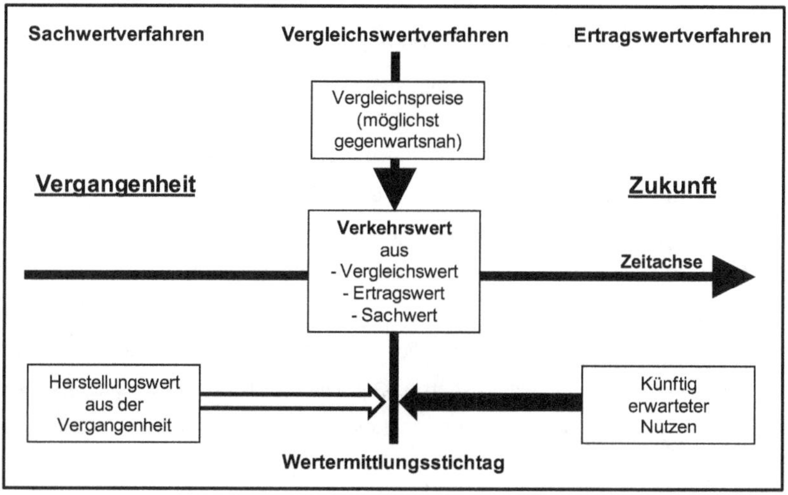

Abbildung 4.2: Unterschiedliche Ansätze der Wertermittlungsverfahren
Quelle: Brand, 2000, S. 212

---

[480] Vgl. Schulte *u.a.*, 2008, S. 14 u. Abschnitt 2.2.1, S. 29ff.
[481] Vgl. Francke, 2008, S. 36.

Die Unterschiede der drei Ansätze liegen im Wesentlichen in ihren Eingangsparametern und dadurch wie dargestellt in Ihrem zeitlichen Bezug.

- Der Sachwert[482], der sich an der Reproduktion der Immobilie orientiert, geht davon aus, dass ein Subjekt nur so viel Bedürfnisbefriedigungspotenziale aufgeben wird, wie es mindestens dafür zurück erhält. Deshalb ergibt sich der Sachwert aus der Summe der Aufwendungen zur Wiederherstellung der Immobilie bzw. aus der Fortführung der historischen Aufwendungen.[483]
- Der Ertragswert, der sich aus dem Barwert der zukünftig zu erwartenden Zahlungsüberschüsse zum Bewertungsstichtag ergibt, repräsentiert damit den Nutzen für den Eigentümer bzw. den Käufer aus den zukünftigen Gewinne.[484]
- Der Vergleichswert, der auf den Preisen aktueller Transaktionen basiert, orientiert sich zwar an den geleisteten Preisen individueller Marktteilnehmer, die subjektive Wertvorstellung abbilden. Jedoch erfolgt die Objektivierung durch die Zusammenfassung vieler individueller Wertvorstellungen zu einem interindividuellen Preis.[485]

Auch wenn der Vergleichswert auf subjektiven Wertvorstellungen fußt, sind alle drei Wertansätze der objektiven Werttheorie zuzuordnen, wodurch ein gerechter Ausgleich der unterschiedlichen Interessenlagen garantiert ist. Trotz dieser eindeutigen Orientierung an der objektiven Werttheorie hat auch das Konzept der subjektiven Werttheorie (geringfügig) Einfluss auf die Wertermittlung.[486] So enthält beispielsweise der kodifizierte Ertragswert nicht nur objektive, sondern auch subjektive Elemente der Werttheorie.[487] Im Gegensatz zur objektiven Werttheorie werden bei der subjektiven Werttheorie persönliche Vorlieben für bestimmte Objekte berücksichtigt. Aufgrund unterschiedlicher Präferenzen der Subjekte können unterschiedliche Wertvorstellungen von einem Objekt existieren. Der Wert wird hier als Grenzpreis für ein bestimmtes Subjekt definiert, der die Grundlage für die Entscheidung über den Kauf

---

[482] Für den Begriff „Sachwert" wird in anderen Bereichen, außerhalb der Wertermittlungsverordnung, auch der Ausdruck „Substanzwert" synonym verwendet.

[483] Vgl. Moxter, 1983, S. 41, Henselmann/Barth, 2009, S. 37f., Engelbrecht, 1998, S. 15 u. Helbling, 1995, S. 79f. u. 185f.

[484] Vgl. Schmalenbach, 1917, S. 1, Busse v. Colbe, 1957, S. 113f. u. Paul, 1998, S. 86.

[485] Vgl. Hering, 2006, S. 19f., Engelbrecht, 1998, S. 15 u. Helbling, 1995, S. 48.

[486] Vgl. Kleiber *u.a.*, 2010, S. 124.

[487] Das Ertragswertverfahren ist aus Sicht der ökonomischen Werttheorie sowohl dem objektiven wie auch dem subjektiven Konzept zuzurechnen. Vgl. Matschke/Brösel, 2007, S. 16 u. 19. Beim kodifizierten Ertragswert wird die in der Definition des Verkehrswertes geforderte Loslösung von „persönlichen Verhältnissen" erfüllt. Vgl. Paul, 1998, S. 85.

bzw. Verkauf darstellt und deshalb auch als Entscheidungswert bezeichnet wird.[488] Nachdem der Wert in der subjektiven Werttheorie als persönliche Präferenz, die sich jeder Rationalität entzieht, interpretiert werden kann, ist dieses Konzept für die Verkehrswertermittlung nicht praktikabel.[489]

4.2 Normierte Verfahren

In Deutschland wird zwischen den normierten Verfahren, die in der Immobilienwertermittlungsverordnung (ImmoWertV) beschrieben sind und den nicht normierten Verfahren unterschieden. Zu den normierten Verfahren zählen das Vergleichswertverfahren (§§15 und 16 ImmoWertV), das Ertragswertverfahren (§§ 17 bis 20 ImmoWertV) und das Sachwertverfahren (§§ 21 bis 23 ImmoWertV). An die Regelungen der ImmoWertV sind grundsätzlich nur die behördlichen Gutachterausschüsse gebunden. Öffentlich bestellte und vereidigte oder freie Sachverständige können die Bewertungsverfahren frei wählen. Sie haben zu beachten, dass es sich bei den normierten Verfahren um anerkannte Methoden handelt, sodass eventuelle Abweichungen im Gutachten zu begründen sind.[490]

Die Wertermittlungsverordnung (WertV) von 1988 wurde durch die novellierte ImmoWertV, die am 01.04.2009 vom Bundestag verabschiedet wurde und der der Bundesrat nach „Maßgabe einiger Änderungen" zugestimmt hat, ersetzt. Das Ziel der Novellierung ist das Schaffen neuer Rechtsgrundlagen für die Bewertung von Grundstücken und Immobilien sowie die Erhöhung der Stabilität auf den Immobilien- und Grundstücksmärkten durch mehr Transparenz.[491] Einige wesentliche Neuerungen in der ImmoWertV sind beispielsweise die Berücksichtigung von Marktdaten, eine höhere Qualität der Daten und eine Erweiterung der normierten Ertragswertverfahren um das vereinfachte und das detaillierte Ertragswertverfahren. Der Terminus „nachhaltige" wird durch „marktübliche" erzielbare Erträge ersetzt. Somit können durch die Annahme der Marktdaten nun künftige Entwicklungen - wenn sie sich ohne spekula-

---

[488] Vgl. Engels, 1962, S. 8ff. u. Beckmann, 2006, S. 185f.
[489] Vgl. Pfnür, 2002, S. 70.
[490] Vgl. Leopoldsberger *u.a.*, 2008, S. 470.
[491] In der Pressemitteilung vom BMVBS wird der Bundesbauminister Peter Ramsauer wie folgt zitiert: „Durch mehr Transparenz tragen wir zur Stabilität des Immobilien- und Grundstücksmarktes bei. Schon auf der Ebene der Bewertung können wir auf dieses Weise Immobilienkrisen verhindern. Die fehlende Transparenz bei der Bewertung von Immobilien in den USA und anderen Ländern hat zur weltweiten Wirtschaftskrise maßgeblich beigetragen." BMVBS, 2010a.

tive Annahme feststellen lassen - berücksichtigt werden. Bei der Veröffentlichung der Kaufpreissammlungen sind eine ausreichende Anzahl „geeigneter Kauffälle" als Grundlage heranzuziehen, die verwendeten Ableitungsmethoden darzulegen sowie die Änderungen der allgemeinen Wertverhältnisse auf den Grundstücksmärkten mit Indexreihen und Marktanpassungsfaktoren zu erfassen. Außerdem dürfen die Bodenrichtwerte nicht mehr als Spanne, sondern als Quadratmeterpreise angeben werden.[492] Auch die energetischen Eigenschaften einer Immobilie werden durch die Novellierung der ImmoWertV nun bei der Bewertung berücksichtigt. So tauchen die Begriffe „energetische Eigenschaften" und „Qualität" neu auf bzw. haben eine andere Bedeutung.[493]

Abhängig von der Nutzung des zu bewertenden Grundstückes und der Verfügbarkeit von Vergleichswerten ist das geeignete Verfahren auszuwählen. So ist das Vergleichswertverfahren grundsätzlich bei der Bewertung von unbebauten Grundstücken oder beispielsweise Eigentumswohnungen zu priorisieren,[494] während das Ertragswertverfahren bei Immobilien, bei denen die Mieterträge im Vordergrund stehen, favorisiert wird. Die folgende Abbildung gibt einen Überblick über die unterschiedlichen Immobilienarten sowie die geeigneten Wertermittlungsverfahren.

---

[492] Vgl. Kierig, 2010, S. 10, Bobka, 2009, S. 56 u. o. V., 2010, S. 11.
[493] Vgl. Scherr, 2011, S.28.
[494] Vgl. Kleiber, 2005a, S. 185.

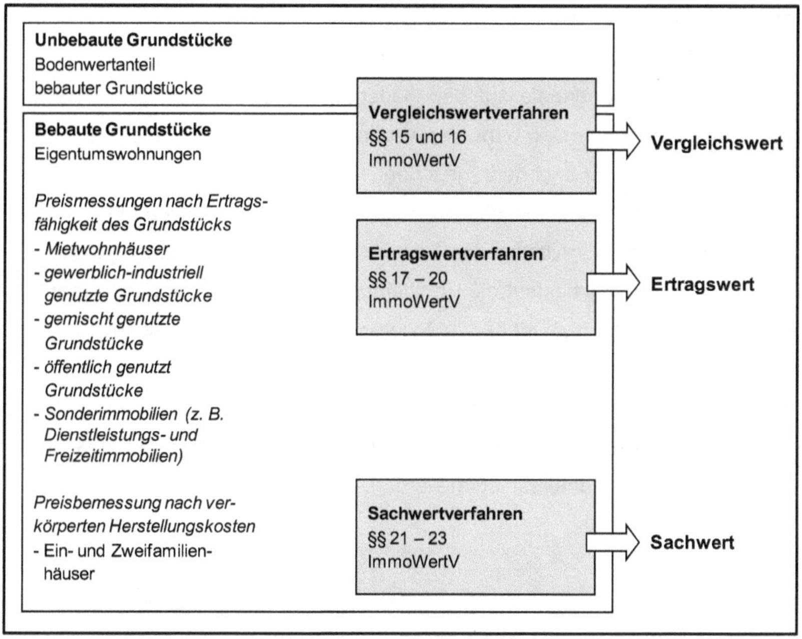

Abbildung 4.3: Wahl des Wertermittlungsverfahrens
Quelle: Kleiber u.a., 2010, S. 953

Die hier dargestellte Zuordnung der Verfahren entsprechend der Art der Bebauung bzw. der Nutzungsart kann lediglich als Anhaltspunkt dienen. Das Sachwertverfahren spielt in der modernen Wertermittlungslehre eine untergeordnete Rolle. Die Auswahl des geeigneten Verfahrens, die nach § 8 ImmoWertV begründet werden muss, ist auch von den vorhandenen Daten abhängig. So ist das Vergleichswertverfahren aufgrund des Mangels an Vergleichsobjekten nur eingeschränkt verwendbar, wodurch die meisten Grundstücke mittels des Ertragswertverfahrens bewertet werden.[495]

4.2.1 Das Vergleichswertverfahren

Obwohl das Vergleichswertverfahren keine gesetzliche Vorrangstellung besitzt, wird es, unter der Voraussetzung genügender Vergleichsfälle, als zuverlässigste und überzeugendste Methode zur Verkehrswertermittlung angesehen. Unterstützend wirken hierbei die flächendeckende Bereitstellung von Bodenrichtwerten, die Sammlung

---

[495] Vgl. Sommer/Kröll, 2008, S. 8.

aller Kaufverträge durch die Gutachterausschüsse sowie die Ableitung und Veröffentlichung empirisch ermittelter Parameter über den Einfluss einzelner wertbeeinflussender Merkmale auf den Bodenwert.[496] Das Vergleichswertverfahren wird sowohl für die Bewertung bebauter wie auch unbebauter Grundstücke bzw. den Bodenwert[497] zur Bewertung herangezogen. Nachdem innerhalb dieser Arbeit der Fokus auf den Gebäudeeigenschaften liegt, wird auf die Bewertung unbebauter Grundstücke bzw. die Ermittlung des Bodenwertes nicht näher eingegangen. Beim Vergleichswertverfahren besteht die Ermittlung des Verkehrswertes im Wesentlichen aus dem Preisvergleich, d. h. der Mittelung von zeitnahen Kaufpreisen vergleichbarer Grundstücke. Hierbei kann neben der zuvor erwähnten Bodenrichtwertermittlung, wie in der folgenden Abbildung 4.4 dargestellt, zwischen dem unmittelbaren[498], das über Vergleichspreise ermittelt wird, und dem mittelbaren Preisvergleich, das auf Vergleichsfaktoren basiert, unterschieden werden.

---

[496] Vgl. Kleiber, 2005a, S. 185.

[497] „Der Bodenwert ist der Wert des Grundstücks nur unter Berücksichtigung der Lage und der Nutzbarkeit. Gebäude und sonstige wertrelevante Umstände, wie zum Beispiel Rechte und Belastungen des öffentlichen und des privaten Rechts, besonders wertvoller Aufwuchs und Altlasten werden im Bodenwert nicht berücksichtigt." Sommer/Kröll, 2008, S. 13.

[498] Der unmittelbare Preisvergleich basiert auf Vergleichspreisen, die zeitgleich zum Bewertungsstichtag für gleichartige Grundstücke vereinbart wurden.

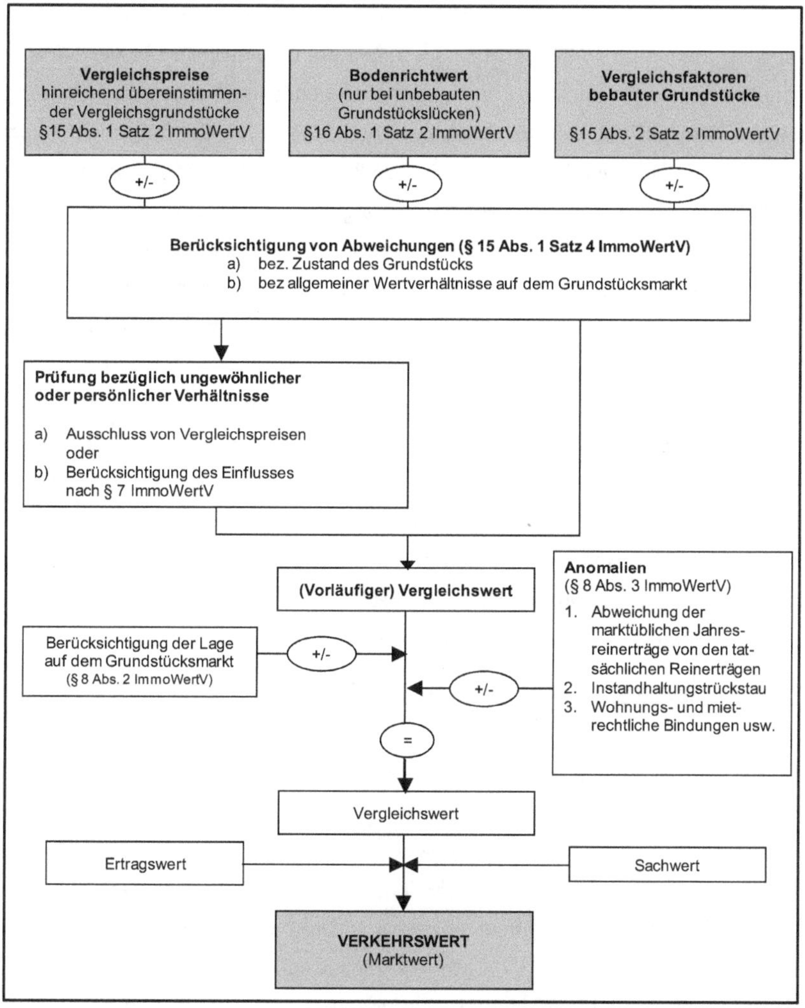

Abbildung 4.4: Schema des Vergleichswertverfahrens
Quelle: Kleiber, 2010, S. 18

4.2.1.1 Das unmittelbare Vergleichswertverfahren

Beim unmittelbaren Vergleichsverfahren, das in § 15 Abs. 1 ImmoWertV definiert ist, wird der Verkehrswert aus tatsächlich realisierten Kaufpreisen vergleichbarer Grundstücke abgeleitet.[499] Hierzu wird eine hinreichende Übereinstimmung der wertbeeinflussenden Merkmale vorausgesetzt. So sollten die Grundstücke bei der Lage, der Art und dem Maß der baulichen Nutzung, der Bodenbeschaffenheit, der Größe, der Grundstücksgestalt und des Erschließungszustandes sowie bei baulichen Anlagen beim Alter, dem Bauzustand und dem Ertrag Übereinstimmungen aufweisen.[500] Falls innerhalb eines bestimmten Gebietes keine Vergleichsobjekte zur Verfügung stehen, können auch die erzielten Kaufpreise anderer Gebiete herangezogen werden. Hierbei ist zu beachten, dass dieses Gebiet eine vergleichbare Umgebungsinfrastruktur und Bevölkerungszusammensetzung aufweist.[501] Trotz der Ausweitung auf Vergleiche in anderen Gebieten kommt es äußerst selten vor, dass eine Immobilie mit den gleichen Attributen zeitnah veräußert wurde. Deshalb können auch Preise von Immobilien herangezogen werden, deren Merkmale sich geringfügig unterscheiden. Der Ausgleich dieser Unterschiede wird dann als Auf- bzw. Abschlag bei der Bewertung mittels Umrechnungskoeffizienten berücksichtigt. Wie das Identifizieren geeigneter Vergleichsobjekte gestaltet sich auch die Ermittlung der Vergleichspreise äußerst schwierig, weshalb das unmittelbare Vergleichsverfahren in der Praxis bei der Bewertung bebauter Grundstücke nur selten herangezogen wird.[502]

4.2.1.2 Das mittelbare Vergleichswertverfahren

Im Gegensatz zum unmittelbaren Verfahren findet das mittelbare häufiger Anwendung bei der Ermittlung des Verkehrswertes von bebauten Grundstücken. Der Mangel an Vergleichsobjekten wird bei dieser Methode durch aggregierte Vergleichsfaktoren ausgeglichen. Die Vergleichswerte können sich dabei auf ökonomische Größen, wie den jährlichen Ertrag, oder sonstige Bezugseinheiten, wie beispielsweise die Fläche oder den Rauminhalt, beziehen.[503] Die Zuständigkeit der Ermittlung der Vergleichswerte, die aus einer Vielzahl von Einzelkäufen für bestimmte Gebäudekategorien ermittelt werden, liegt bei den zuständigen Gutachterausschüssen. Nachdem jeder Gutachterausschuss die Einteilung frei wählen kann, können sich die

---

499 Vgl. Leopoldsberger, 1998, S. 23.
500 Vgl. Leopoldsberger/Saffran, 2005, S. 474f.
501 Vgl. Leopoldsberger, 1998, S. 23.
502 Nach KLEIBER, U. A. stellt die Anwendung des unmittelbaren Vergleichswertfahrens eine „idealtypische Wunschvorstellung dar, die praktisch kaum jemals Bedeutung erlangt (omne simile caludicat)". Kleiber *u.a.*, 2010, S. 1237.
503 Vgl. § 15 Abs. 2 ImmoWertV u. § 193 Abs. 5 Nr. 4 BauGB.

Kategorien unterscheiden. Aufgrund der Verwendung von Durchschnittswerten bei der Ermittlung der Vergleichsfaktoren obliegt es dem Gutachter bei der Ermittlung des Verkehrswertes Abweichungen vom Durchschnitt mit Zu- oder Abschlägen zu honorieren.[504]

4.2.1.3 Die relevanten Faktoren des Vergleichswertverfahrens

Unabhängig davon, ob das unmittelbare oder mittelbare Vergleichswertverfahren angewendet wird, stellen die Vergleichsobjekte den zentralen Faktor dieser Verfahren dar. Das Vergleichswertverfahren eignet sich aufgrund seiner einfachen Handhabung, falls Transaktionspreise vergleichbarer Immobilien vorhanden sind. Allerdings scheint dieser Fall eher in Ausnahmesituationen zuzutreffen, was in der Regel eine massive Einschränkung der Anwendbarkeit des Verfahrens bedeutet.

4.2.2 Das Ertragswertverfahren

Das Ertragswertverfahren wird vornehmlich bei bebauten Grundstücken, wie beispielsweise Mietwohn-, Hotel-, Geschäfts-, Fabrik-, Garagen-, gewerblich genutzten und gemischt genutzten Grundstücken, angewendet, bei denen üblicherweise die Ertragserzielung sowie die Verzinsung des eingesetzten Kapitals eines Käufers im Vordergrund stehen.[505] Im Gegensatz zum Vergleichswertverfahren orientiert sich das Ertragswertverfahren nicht an den Transaktionspreisen vergleichbarer Immobilien, sondern an den zukünftig realisierbaren Erträgen. Hierzu werden die zukünftigen Renditen prognostiziert und auf den Wertermittlungsstichtag abgezinst. Der Ertragswert stellt damit den Barwert aller zukünftigen Erträge der Immobilie dar. Das Verfahren selbst kann aufgrund seines Aufbaus auch als eine spezielle Variante des Discounted Cash Flow-Verfahrens angesehen werden. Zusätzlich zu den zukünftigen Erträgen muss der Sachverständige hier auch noch die Restnutzungsdauer[506] der Immobilie sowie den Diskontierungszinssatz bestimmen.[507] Die allgemeine Ertragswertformel lautet:[508]

---

[504] Vgl. Sommer/Kröll, 2010, S. 40.
[505] Vgl. Diederichs, 2006, S. 614f. u. Abbildung 4.3, S. 123.
[506] Zur Definition der Restnutzungsdauer vgl. Abschnitt 2.1.2.6, S. 24ff.
[507] Vgl. Francke, 2008, S. 36f. u. Paul, 1998, S. 86.
[508] Vgl. Kleiber *u.a.*, 2010, S. 1526.

$$EW = \sum_{i}^{Rnd} RE_i * p_i^{-i} + (RW) * p^{-Rnd} \quad 4.1$$

mit

EW = Ertragswert

RE_i = Reinertrag des jeweiligen Jahres

Rnd = Restnutzungsdauer der baulichen Anlage

p = Zinsfaktor = r/100

r = Diskontierungszinssatz

RW = Restwert

Der Wert ergibt sich nach dieser Gleichung aus den jährlichen Reinerträgen der baulichen Anlagen über die Nutzungsdauer der Immobilie und dem Restwert, der aus der Differenz des Bodenwertes[509] und den Freilegungskosten gebildet wird. Die Freilegungskosten repräsentieren die Kosten zur Beseitigung der baulichen Anlagen, da die wirtschaftlich verbrauchte Bausubstanz eine Wertminderung des unbebauten Grundstückes darstellt. Im Gegensatz zur baulichen Anlagen wird für den Bodenwert ein unbegrenzter Nutzungszeitraum angenommen.[510]

4.2.2.1 Typologie des Ertragswertverfahrens

Die ImmoWertV enthält die Regelung für die folgenden drei Verfahren zur Wertmittlung:

1. das allgemeine Ertragswertverfahren (§ 17 Abs. 2 Nr. 1 ImmoWertV)
2. das vereinfachte Ertragswertverfahren (§ 17 Abs. 2 Nr. 2 ImmoWertV)
3. das mehrperiodige Ertragswertverfahren (§ 17 Abs. 3 ImmoWertV)

4.2.2.1.1 Das allgemeine Ertragswertverfahren

Das allgemeine Verfahren, das bereits in der alten Wertermittlungsverordnung Anwendung fand und auch nach der Novellierung als Standardverfahren angesehen

---

[509] Die Ermittlung des Bodenwertes erfolgt hierbei mittels des Preisvergleiches bzw. nach dem Vergleichswertverfahren. Vgl. Leopoldsberger/Thomas, 2004, S. 439 u. ImmoWertV § 16.
[510] Vgl. § 16 Abs. 3 ImmoWertV, Kleiber *u.a.*, 2010, S. 1525f u. S. 1573.

wird,[511] ist wie die Gleichung für den allgemeinen Ertragswert zeigt, in die Bestandteile Erträge der baulichen Anlagen und Bodenwert unterteilt, weshalb dieses Verfahren auch als zweigleisiges Ertragswertverfahren bezeichnet wird.[512]

Der jährliche Ertrag der baulichen Anlagen wird im Rahmen der Immobilienbewertung als Reinertrag bezeichnet. Nach § 18 ImmoWertV ergibt sich dieser Reinertrag aus dem Rohertrag abzüglich den Bewirtschaftungskosten[513]. In der folgenden Abbildung ist die Ermittlung des Reinertrags aus dem Rohertrag schematisch dargestellt.

Rohertrag

- Bewirtschaftungskosten

- Verwaltungskosten
  - *Kosten für die Verwaltung des Grundstückes*
  - *Kosten für die Aufsicht über das Grundstück*
  - *Kosten für geleistete Verwaltungsarbeit*
- Instandhaltungskosten
  - *Kosten zur Erhaltung der baulichen Anlage die aus der Abnutzung oder Alterung resultieren*
- Mietausfallwagnis (Risiko von Ertragsminderungen)
  - *durch uneinbringliche Mieten, Pachten oder sonstiger Einnahmen*
  - *durch vorübergehenden Leerstand*
  - *Kosten einer Rechtsverfolgung*
- Betriebskosten

Reinertrag

Abbildung 4.5: Schematische Darstellung der Ermittlung des Reinertrags
Quelle: eigene Darstellung, in Anlehnung an § 18 Abs. 1 u. § 19 Abs. 2 ImmoWertV

Die Wertermittlungsverordnung verlangt bei der Ermittlung des Rohertrages die Orientierungen an „marktüblich erzielbaren" Erträgen. Somit werden nicht unbedingt die tatsächlichen aktuellen Mieten zur Ermittlung herangezogen, sondern auf durchschnittlichen Vergleichsmieten, die für vergleichbare Objekte in vergleichbarer Lage zum Wertermittlungsstichpunkt erzielt werden, zurückgegriffen.[514] Durch diese Verwendung von Vergleichsmieten ist die Objektivität des Bewertungsverfahrens

---

[511] Vgl. Garthe, 2009, S, 33.
[512] Vgl. Kleiber *u.a.*, 2010, S. 1555.
[513] „Als Bewirtschaftungskosten sind die für eine ordnungsgemäße Bewirtschaftung und zulässige Nutzung marktübliche entstehenden, jährlichen Aufwendungen zu berücksichtigen, die nicht durch Umlagen oder sonstige Kostenübernahmen gedeckt sind." § 19 Abs. 1 ImmoWertV.
[514] Vgl. § 18 Abs. 2 ImmoWertV, Simon, 2000, S. 137 u. Kleiber *u.a.*, 2010, S. 1583f.

gewahrt, da keine subjektiven Zukunftsprognosen eines einzelnen Sachverständigen in die Wertermittlung einfließen.[515]

Für die Bewirtschaftungskosten können, falls sie nicht direkt ermittelbar sind, Erfahrungssätze angenommen werden. [516] Zur Berechnung des Ertragswertes ist zusätzlich eine Aufteilung in Erträge der baulichen Anlagen und grundstücksbezogene Erträge notwendig. Diese Trennung erfolgt durch die Subtraktion des gesamten Reinertrages vom Bodenwertverzinsungsbetrag, der aus dem Produkt des Bodenwertes und des Diskontierungssatzes ermittelt wird. Neben der Trennung des Reinertrages besitzt die Gleichung auch eine Kontrollfunktion der Wirtschaftlichkeit des Grundstückes. Falls der Reinertrag gegen null geht oder negativ ist, liegt ein Missverhältnis zwischen Gebäude und Boden vor. In diesem Fall empfiehlt sich eine Umnutzung des Grundstückes oder die Liquidation der baulichen Anlage.[517]

$$RE' = (RE - p * BW) \qquad 4.2$$

Beim zweigleisigen Verfahren wird für die Ertragswertermittlung ein konstanter Reinertrag angenommen, wodurch sich die Ausgangsformel 4.1 mathematisch vereinfacht:[518]

---

[515] Vgl. Engel, 2008, S. 270.
[516] Vgl. § 19 ImmoWertV.
[517] Vgl. Thomas, 1995, S. 89f. u. Kleiber *u.a.*, 2010, S. 1536.
[518] Vgl. Kleiber *u.a.*, 2010, S. 1531.

$$EW = RE' * V + \frac{BW - FLK}{q^{Rnd}} \qquad 4.3$$

mit

V = Vervielfältiger (Barwertfaktor), abhängig von der Restnutzungsdauer und

q = dynamischem Zinssatz

FLK = Freilegungskosten[519]

Obwohl dem Ertragswertverfahren der jährliche Reinertrag aus nur einer Periode zugrunde liegt, handelt es sich trotzdem um ein dynamisches Verfahren, da der Liegenschaftszinssatz empirisch ermittelt wird und damit die Marktkonformität des Liegenschaftszinssatzes sichergestellt ist.[520] Die Voraussetzung für die Ermittlung des Liegenschaftszinssatzes besteht aus der systematischen Sammlung aller Kauffälle in Deutschland. Die Ableitung sollte möglichst alljährlich auf allen bedeutsamen Teilmärkten durchgeführt werden. Der Liegenschaftszinssatz wird durch die Umkehrung des Ertragswertverfahrens, mit folgender Gleichung berechnet:[521]

$$l = \frac{RE}{Kaufpreis} \qquad 4.4$$

Für die Verwendung der Gleichung zur Herleitung des Liegenschaftszinssatzes sind nach der ImmoWertV geeignete Kaufpreise und deren Reinerträge gleichartig bebauter und genutzter Grundstücke unter Berücksichtigung der Restnutzungsdauer heranzuziehen.[522] Durch die Einschränkung der Ermittlung des Liegenschaftszinssatzes auf vergleichbare Grundstücke ergeben sich entsprechend dem Bewertungsobjekt unterschiedliche Diskontierungszinssätze. Diese Unterschiede

---

[519] Die Freilegungskosten beinhalten die Kosten, die aufzubringen sind, um ein Gebäude nach dessen wirtschaftlicher Lebensdauer zu entfernen und somit den Zustand eines unbebauten Grundstückes herzustellen. In den Freilegungskosten sind die Abriss-, Aufräum-, Transport- und Recyclingkosten enthalten. Bei einer Nutzungsdauer von mehr als 20 Jahren kann auf die Berücksichtigung der Freilegungskosten verzichtet werden, da es sich in diesem Fall um einen marginalen Anteil handelt.

[520] Vgl. Simon, 1999, S. 136.

[521] Vgl. Kleiber, 2005a, S. 197ff. u. Strotkamp, 1996, S. 65f. Eine alternative Berechnungsmethode des Liegenschaftszinssatzes mittels eines Modells bei dem durch unterschiedliche Gewichtung der Risikofaktoren eines Objektes der Zinssatz ermittelt wird, stellt Zeißler vor. Diese Vorgehensweise entspricht allerdings nicht der ImmoWertV, die die Ermittlung aus Erfahrungswerten von getätigten Transkationen vorsieht. Vgl. Zeißler, 2001, S. 270-275.

[522] Vgl. § 14 Abs. 3 ImmoWertV.

sind im Wesentlichen auf die Existenz der Teilmärkte und die Heterogenität des Wirtschaftsgutes Immobilie zurückzuführen. Die Definition der Liegenschaftszinssätze als „*...die Zinssätze, mit denen Verkehrswerte von Grundstücken je nach Grundstücksart im Durchschnitt marktüblich verzinst werden*“[523], ist nicht mit der Rendite des eingesetzten Kapitals gleichzusetzten. Der Liegenschaftszinssatz hat aufgrund seiner Herleitung keine Verbindung zum Kapitalmarkt und ist deshalb auch nicht als ein Kapitalmarktzinssatz zu sehen. Er stellt vielmehr vorrangig eine Rechengröße des Ertragswertverfahrens dar, der zudem aus dem Mittelwert diverser Veräußerungspreise und des Reinertrages vergleichbarer Grundstücke abgeleitet wird und der sich entsprechend abhängig vom Bewertungsobjekt unterscheidet. Deshalb handelt es sich beim Liegenschaftszinssatz vielmehr um einen Marktanpassungsfaktor des Ertragswertverfahrens.[524]

Aus dem Vorgehen bei der Ermittlung des Liegenschaftszinses ergeben sich Unterschiede zu Kapitalmarktzinsen, bei denen eine Opportunitätsbetrachtung im Sinne einer Portfoliotheorie[525] in die Ermittlung einfließt. So erfolgt bei der Ermittlung des Liegenschaftszinssatzes keine explizite Einbeziehung der Zinssätze anderer Vermögensgüter, Systemrisiken werden nicht hinterfragt und berechnet, allgemeine Finanzierungsstrukturen werden nicht überprüft und der Grad der Informationseffizienz findet keine Berücksichtigung.[526] Diese Differenzen führen zu regelmäßigen Abweichungen zwischen dem Zinssatz für Liegenschaften und Kapitalanlagen, die verdeutlichen, dass die Verwendung von Kapitalmarktzinsen, wie z. B. des für Investoren bedeutenden banküblichen Zinssatzes für langfristige Kapitalanlagen, für das Ertragswertverfahren nicht möglich ist. Im Verhältnis zu anderen Kapitalanlagen weisen Liegenschaften in der Regel zwar eine geringere Verzinsung auf, andererseits besitzen sie aber auch eine geringere Volatilität, da sie im Gegensatz zu den Zinssätzen auf den Kapitalmärkten weniger von inneren und äußeren Einflüssen, wie beispielsweise der Inflationsrate, der Konjunkturlage und den Devisenkursen, abhängig sind. Eine gewisse Abhängigkeit des Liegenschaftszinssatzes vom Kapitalmarkt ist aber nicht zu negieren, so dass er auch als immobilienspezifischer

---

[523] § 14 Abs. 3 ImmoWertV. Vgl. auch § 193 Abs. 5 Satz 2 Nr. 1.
[524] Vgl. Sprengnetter, 1995, S. 15f.
[525] Vgl. hierzu Markowitz, 1952.
[526] Vgl. Moll-Amrein, 2009, S. 107f.

Kapitalmarktzinssatz, der ausgehend vom Kapitalmarktzinssatz, in den immobilienspezifische Besonderheiten integriert sind, angesehen werden kann.[527] Somit beinbeinhaltet der Liegenschaftszinssatz, ausgehend vom Grundstücksmarkt, langfristige Erwartungen in Bezug auf nicht sicher einschätzbare Veränderungen und Risiken, wie beispielsweise die Performance, inflationäre Entwicklungen und mögliche Realmietsteigerungen. [528] Aufgrund dieser impliziten Berücksichtigung zukünftiger Erwartungen und Entwicklungen, wie z. B. des Mieterwachstums, im Liegenschaftszinssatz bzw. im Diskontierungszinssatz und der Annahme konstanter Reinerträge, handelt es sich beim Ertragswertverfahren um ein implizites Wachstumsmodell.[529] In der folgenden Abbildung ist der schematische Aufbau des Liegenschaftszinssatzes dargestellt.

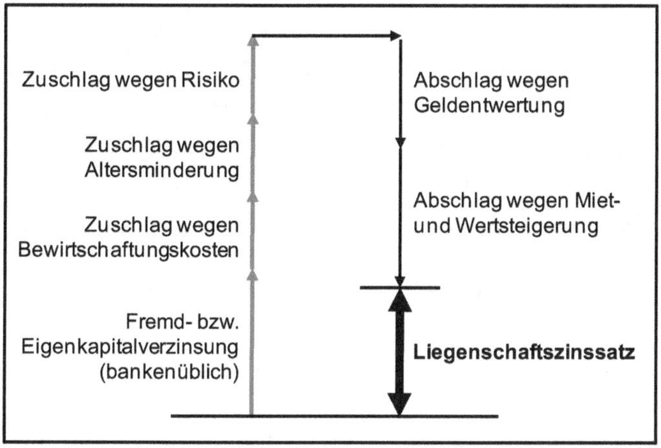

Abbildung 4.6: Kalkulationsschema für den Liegenschaftszinssatz
Quelle: Kleiber u.a., 2010, S. 1185

Ausgehend vom Liegenschaftszinssatz kann der Vervielfältiger finanzmathematisch oder empirisch, bzw. mit dem Kehrwert der Gleichung für den Liegenschaftszinssatz (Gleichung 4.4), ermittelt werden. Der finanzmathematische Vervielfältiger lässt sich

---

527 Vgl. Kleiber *u.a.*, 2010, S. 1184, Simon, 2006, S. 276 u. Abschnitt 2.2.2, S. 35. Für einen Vergleich der Entwicklung der Durchschnittsverzinsung für erststellige Hypothekendarlehen und des Liegenschaftszinssatzes vgl. Vogel, 1996, S. 149.
528 Vgl. Simon, 1999, S. 136.
529 Vgl. Thomas, 1995, S. 86 u. Huschke, 2008, S. 86.

unter Berücksichtigung der Restnutzungsdauer der baulichen Anlage mit folgender Gleichung berechnen:[530]

$$V = \frac{q^{Rnd} - 1}{q^{Rnd} \cdot (q - 1)} \qquad 4.5$$

mit

$$q = 1 + l/100 \qquad 4.6$$

In der Regel werden die Liegenschaftszinssätze von den Gutachterausschüssen basierend auf dem hier beschriebenen Verfahren, veröffentlicht. In Ausnahmefällen, falls z. B. dem Sachverständigen keine eigenen Marktdaten oder örtliche Marktdaten zur Verfügung stehen, kann bei der Ertragswertermittlung auf Empfehlungen für anzuwendende Liegenschaftszinssätze zurückgegriffen werden. In der Regel besteht, wie in der folgenden Abbildung 4.7, auf Seite 135, dargestellt, zwischen der Höhe des Liegenschaftszinssatzes und der Nutzung ein direkter Zusammenhang. Der Liegenschaftzinssatz ist umso höher, je größer der gewerbliche Anteil ist und desto weiter man in den industriell-produzierenden Bereich gelangt. Gleichzeitig ist der Liegenschaftszinssatz umso geringer, je „feiner" und „aufwendiger" die Wohnnutzung ist. [531]

[530] Vgl. Kleiber, 2005a, S. 200 u. Fischer, 2006, S. 341.
[531] Vgl. Nr. 3.5.4 WertR 2006, Sommer/Kröll, 2010, S. 217 u. Kleiber *u.a.*, 2010, S. 1600f. Eine Tabelle mit Empfehlungen für anzuwendende Liegenschaftszinssätze findet sich beispielsweise in Kleiber *u.a.*, 2010 auf S. 1600.

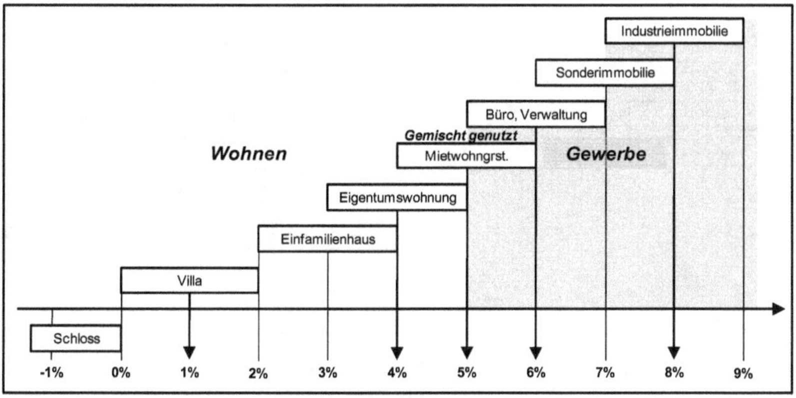

Abbildung 4.7: Typische Liegenschaftszinssätze
Quelle: Kleiber u.a., 2010, S. 1601

Aufgrund der Herleitung des Liegenschaftszinssatzes aus Vergleichspreisen, die aus der Vergangenheit stammen, besteht die Kritik, dass dieser Zinssatz nicht aktuelle Marktsituationen, wie beispielsweise das Einsetzen einer Finanzkrise, widerspiegelt und eine „Glättung" der Marktentwicklung bewirkt wird. Zur Verhinderung dieses Effektes sieht das Ertragswertverfahren zusätzlich zu dem zuvor beschriebenen Rechenweg, wie in der folgenden Abbildung 4.8 schematisch dargestellt, die Berücksichtigung kurzfristiger Marktentwicklungen bzw. Anomalien mit dem Marktanpassungsfaktor vor.[532]

[532] Vgl. Borutta, 2010b, S. 13.

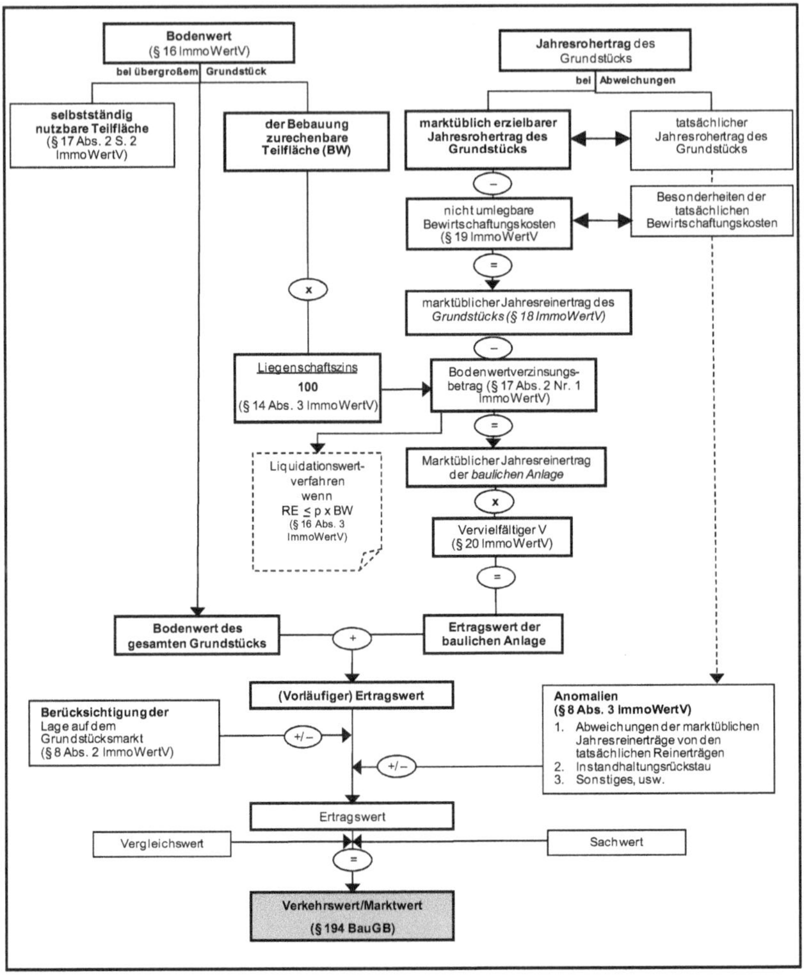

Abbildung 4.8: Schematische Darstellung des allgemeinen Ertragswertverfahrens

Quelle: Kleiber, 2010, S. 24

4.2.2.1.2 Das vereinfachte Ertragswertverfahren

Die Simplifizierung des vereinfachten Ertragswertverfahrens ergibt sich aus der gemeinsamen Berücksichtigung der Erträge der baulichen Anlagen und des Bodenwertes, wodurch die separate Ermittlung des Bodenwertes entfällt und es sich somit um ein eingleisiges Ertragswertverfahren handelt. Allerdings setzt die Anwendung dieses Verfahrens die Bedingung voraus, dass die Restnutzungsdauer des Gebäudes mehr als 50 Jahre beträgt. Nur bei der Berücksichtigung dieser Bedingung führen die Berechnungen mit dem vereinfachtem sowie dem allgemeinem Ertragswertverfahren zu identischen Ergebnissen, was gleichzeitig eine Vorgabe der ImmoWertV darstellt. Mathematisch lässt sich dies mit der Abhängigkeit des Bodenwertes von der Nutzungsdauer erklären, so tendiert der Bodenwert nach Gleichung 4.3 bei einem langen Nutzungszeitraum gegen null. Woraus sich die vereinfachte Gleichung resultiert, weshalb das vereinfachte Ertragswertverfahren auch als eingleisiges bezeichnet wird:[533]

$$EW = RE * V \tag{4.7}$$

Bei diesem Verfahren ist der Ertragswert das Produkt aus dem Reinertrag und dem Vervielfältiger. Der auf diese Weise ermittelte Wert wird auch als „Ertragswert über die Restnutzungsdauer“, „Barwert der Reinerträge“ oder „Barwert der Reinertragsrente“ bezeichnet.[534]

Bei der Bewertung mit diesem Verfahren finden, wie in der folgenden Abbildung 4.8 dargestellt, die zuvor vorgestellten Parameter Reinertrag, Liegenschaftszinssatz und Vervielfältiger Anwendung. Im Gegensatz zu dem vorherigen Verfahren ist der Bodenwertverzinsungsbetrag nicht vom Reinertrag zu subtrahieren. [535] Gleichwohl besitzt die Subtraktion des Reinertrages und des Bodenwertverzinsungsbetrages auch bei diesem Verfahren eine Kontrollfunktion.

---

[533] Vgl. Kleiber, 2010, S. 25 u. Kleiber *u.a.*, 2010, S. 1547 u. 1550.
[534] Vgl. Sommer, 2010a, S. 225.
[535] Vgl. Gleichung 4.2, S. 130 u. Stemmler, 2010, S. 200.

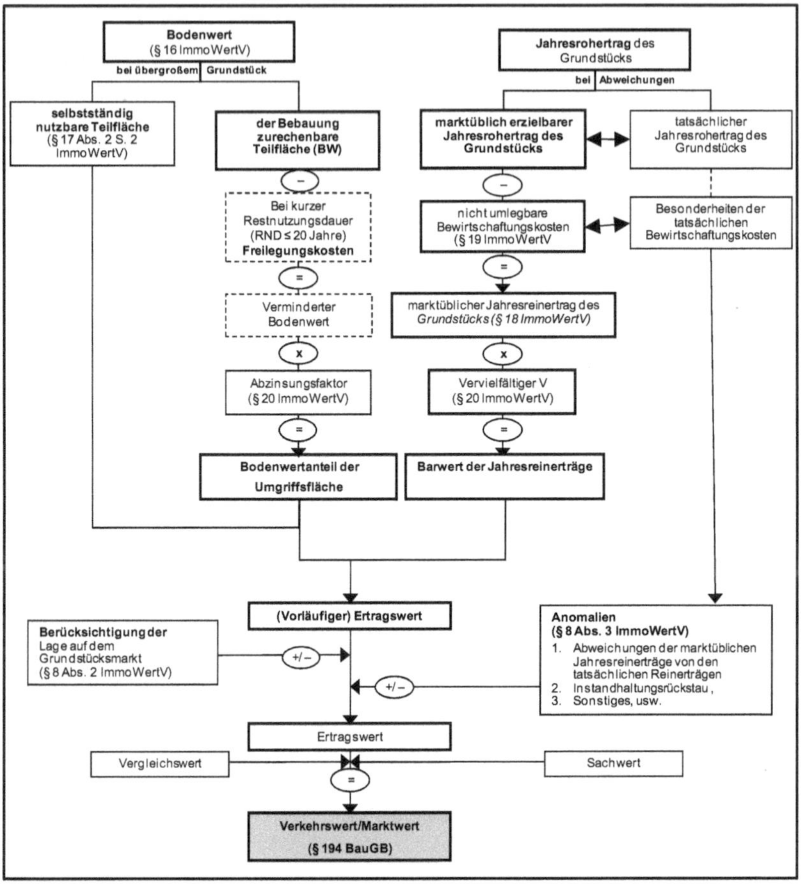

Abbildung 4.9: Schematische Darstellung des vereinfachten Ertragswertverfahrens
Quelle: Kleiber, 2010, S. 24

4.2.2.1.3 Das mehrperiodige Ertragswertverfahren

Das mehrperiodige Ertragswertverfahren ist neben dem vereinfachten Ertragswertfahren die zweite Berechnungsmethode, die durch die Novellierung der Wertermittlungsverordnung in die ImmoWertV aufgenommen wurde. Im Gegensatz zu den vorher beschriebenen Verfahren basiert die Berechnung nicht auf einem konstanten Reinertrag, was gleichzeitig auch das elementare Charakteristikum des mehrperiodigen Ertragswertverfahrens darstellt, sondern auf unterschiedlichen Reinerträgen in den einzelnen Perioden. Hierdurch können Abweichungen, von den marktüblich erzielbaren Erträgen, die sich z. B. aus einer vertraglich fixierten Miete ergeben, innerhalb der Ertragswertermittlung berücksichtigt werden.[536] Die Berücksichtigung solcher Abweichungen von den durchschnittlich erzielbaren Erträgen erfolgte bereits in der WertV bei der Anwendung des allgemeinen Ertragswertverfahrens über Zu- bzw. Abschläge,[537] weshalb es sich bei der Einführung des mehrperiodigen Ertragswertverfahrens um keine grundsätzliche Neuerung handelt.

Die Berechnung des mehrperiodigen Verfahrens erfolgt mit einem mathematischen Modell, das in zwei Phasen unterteilt ist und auf die allgemeine Ertragswertformel[538] zurückzuführen ist. Diese beiden Phasen bzw. Betrachtungszeiträume sind in der folgenden Abbildung 4.10 schematisch dargestellt. Die erste Phase des Modells erstreckt sich über den Zeitraum, in dem Abweichungen zur marktüblichen Miete zu berücksichtigen sind, während innerhalb der zweiten Phase mit konstanten Reinerträgen gerechnet wird. Nachdem sich dieses Verfahren lediglich durch die divergierenden Reinerträge von den zuvor vorgestellten Verfahren unterscheidet, wird auch bei dieser Berechnungsmethode der Liegenschaftszinssatz bzw. der daraus ableitbare dynamische Zinssatz als Diskontierungsfaktor verwendet.

---

[536] Vgl. Kleiber *u.a.*, 2010, S. 1540.
[537] Vgl. Sommer, 2010b, S. 290.
[538] Vgl. Gleichung 4.1, S. 128.

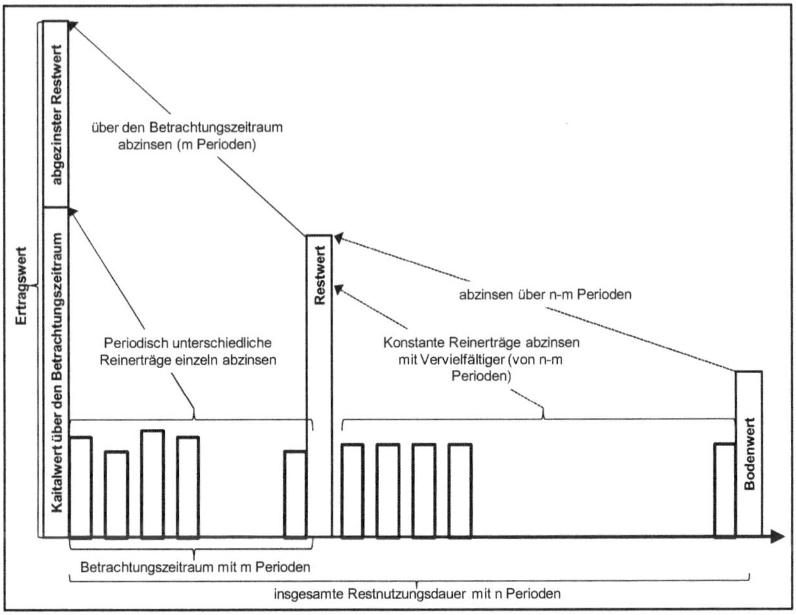

Abbildung 4.10: Ermittlung des mehrperiodigen Ertragswertes
Quelle: Sommer, 2010b, S. 291

Der Barwert der ersten Phase ergibt sich aus der Gleichung:[539]

$$Barwert = \sum_{i=1}^{m} \frac{RE_i}{(1+q)^i} \qquad 4.8$$

Der Restwert in der zweiten Phase wird mit folgender Gleichung ermittelt:

$$RW = RE * V + \frac{BW}{(1+q)^{n-m}} \qquad 4.9$$

Der Ertragswert stellt die Summe aus dem Barwert über den Betrachtungszeitraum und dem diskontierten Restwert dar:

$$EW = Barwert + \frac{RW}{(1+q)^m} \qquad 4.10$$

[539] Vgl. für die Gleichungen 4.8 bis 4.10 Sommer/Kröll, 2010, S. 187f.

4.2.2.2 Die relevanten Parameter des Ertragswertverfahrens

Die Analyse der relevanten Parameter bezieht sich aufgrund der Thematik dieser Arbeit, wie bereits beim Vergleichswertverfahren, auf die Bewertung des Gebäudes und somit auf den Anteil der baulichen Anlage des Ertragswertes. Dieser wird unabhängig vom Verfahren vornehmlich über den Ertrag der baulichen Anlage ermittelt.[540] Hierbei lassen sich der Reinertrag und der Vervielfältiger bzw. der Liegenschaftszinssatz beim mehrperiodigen Verfahren als relevante Parameter identifizieren. Speziell der Reinertrag und der Liegenschaftszinssatz basieren wiederum auf weiteren Parametern. In der folgenden Darstellung sind die einzelnen wertbeeinflussenden Parameter der baulichen Anlage dargestellt.

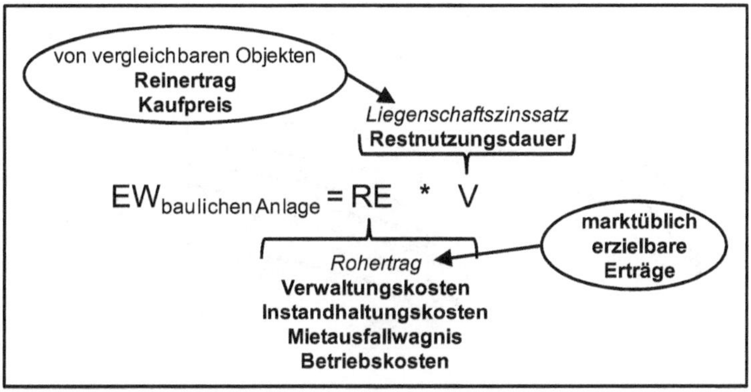

Abbildung 4.11: Die relevanten Parameter des Ertragswertverfahrens
Quelle: eigene Darstellung

Die direkt ermittelbaren Parameter sind in der obigen Abbildung fett markiert. Der Reinertrag ergibt sich aus dem Rohertrag, der über die marktüblich erzielbaren Erträge ermittelt wird, abzüglich den real oder mit geschätzten Sätzen ermittelten Kostenarten: Verwaltungskosten, Instandhaltungskosten, Mietausfallwagnis sowie Betriebskosten. Eine Abweichung vom Konzept des konstanten Reinertrages findet lediglich beim mehrperiodigen Ertragswertverfahren statt. Hierbei basiert die Festlegung des Rohertrages, bei einer Abweichung von den marktüblichen Erträgen, auf den vertraglich fixierten Erträgen.

---

540 Vgl. die Gleichungen 4.3, 4.6 u. 4.8 bzw. 4.9 auf den Seiten 131, 137 u. 140.

Im Vergleich zum Reinertrag ist der Vervielfältiger von weniger Einflussgrößen abhängig. Neben dem Liegenschaftszinssatz, der sich nach Gleichung 4.4 (auf S. 131) aus den Reinerträgen und Kaufpreisen vergleichbarer Objekte ergibt, ist die wirtschaftliche Restnutzungsdauer die zweite Eingangsgröße bei der Ermittlung des Vervielfältigers. Die Einschätzung der Länge der Restnutzungsdauer obliegt dem Bewertungssubjekt. In der folgenden Abbildung ist der Vervielfältiger in Abhängigkeit vom Liegenschaftszinssatz sowie der Restnutzungsdauer dargestellt.[541]

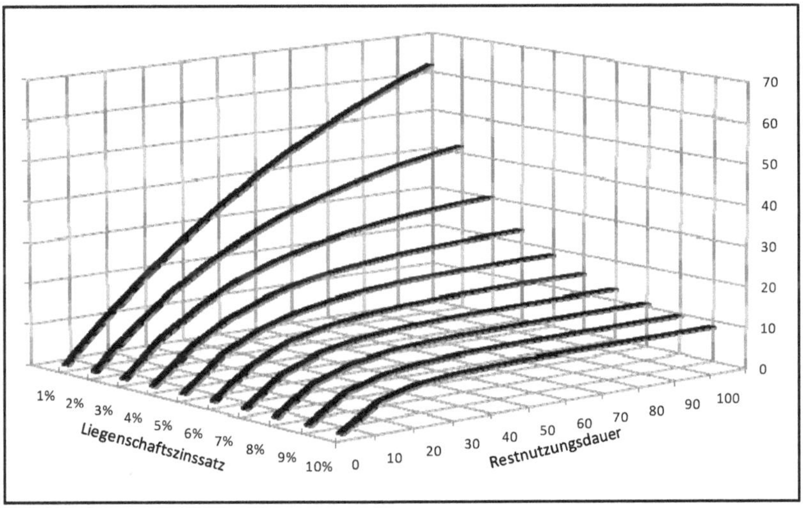

Abbildung 4.12: Der Vervielfältiger in Abhängigkeit von seinen Eingangsparametern
Quelle: eigene Darstellung[542]

Aus der Variation der beiden Eingangsparameter ist ersichtlich, dass der Vervielfältiger umso stärker von der Restnutzungsdauer abhängig ist, je niedriger der Liegenschaftszinssatz ist. Bei einem hohen Liegenschaftszinssatz ab 6% bleibt der Wert des Vervielfältigers ab einer Restnutzungsdauer von ca. 40 Jahren nahezu

---

[541] Der Verlauf des Vervielfältigers lässt sich mathematisch mit der ersten und zweiten partiellen Ableitung der Vervielfältiger-Formel erklären. So ist die erste Ableitung bei einem positiven Zinssatz zwingend positiv, wodurch sich die strenge positive Steigung des Verlaufes ergibt. Der konkave Verlauf der Kurve und die abnehmende Zuwächse ergeben sich, da das Vorzeichen der zweiten Ableitung bei einem positiven Zinssatz stets negativ ist. Vgl. Moll-Amrein, 2009, S. 135f.

[542] Ähnliche Abbildung finden sich z. B. bei Möller, 2007, S. 73 u. Moll-Amrein, 2009, S. 135.

konstant.[543] Hingegen steigt bei einem Liegenschaftszinssatz von 1% der Wert des Vervielfältigers beinahe proportional mit der Restnutzungsdauer an. Dies zeigt die besondere Relevanz des Liegenschaftszinssatzes, der zudem bei der Ertragswertermittlung des gesamten Grundstücks zweifach, d. h. auch in die Berechnung des Grundstückreinertrags eingeht.[544]

Abschließend ist zum Ertragswertverfahren festzuhalten, dass bei der Ermittlung zwar auch Erfahrungswerte anderer Objekte, wie der marktübliche Rohertrag und realisierte Kaufpreise, eingehen. Allerdings sind die Restriktionen bei der Heranziehung dieser Werte, im Vergleich zum Vergleichswertverfahren, nicht ganz so stark ausgeprägt. Woraus letztendlich auch eine häufigere Anwendung dieses Verfahrens zur Wertermittlung resultiert.

4.2.3 Das Sachwertverfahren

Das dritte normierte Verfahren ist das Sachwertverfahren, das in den §§ 21 bis 23 der ImmoWertV definiert ist. Es unterscheidet sich von den zuvor vorgestellten Verfahren aufgrund der Eingangsgrößen grundlegend. Wie die folgenden Ausführungen zeigen werden, sind die Herstellkosten der maßgebliche Faktor zur Ermittlung des Sachwertes. Durch die Orientierung an den Rekonstruktionskosten und der Ermittlung des Substanzwertes wird dieses Verfahren auch als inputorientiertes Verfahren bezeichnet, während das Ertragswertverfahren, das sich an den Erträgen orientiert, die von der Immobilie generiert werden, als outputorientiertes Verfahren bezeichnet wird.[545] Wie in Abbildung 4.3 auf S. 123 dargestellt, eignet sich das Sachwertverfahren vornehmlich zur Bewertung von Ein- und Zweifamilienhäusern, für die in der Regel keine ausreichende Anzahl Vergleichswerte bzw. vergleichbare Erträge existieren.

---

[543] So liegt die Steigerung des Vervielfältigers zwischen einer Restnutzungsdauer von 40 und 100 Jahren bei einem Liegenschaftszinssatz von 10% bei 2%, während die Steigerung im gleichen Intervall bei einem Liegenschaftszinssatz von 5% bereits 16% beträgt. Bei einem Liegenschaftszinssatz von 1% beläuft sich die Steigerung auf 96%, was beinahe eine Verdoppelung des Vervielfältigers bedeutet.

[544] Vgl. Sommer, 2010b, S. 210. MOLL-AMREIN zeigt mittels einer Szenarioanalyse die große Streuung des Ertragswerts in Abhängigkeit von der Restnutzungsdauer bei variierenden Liegenschaftszinssätzen. Vgl. Moll-Amrein, 2009, S. 142.

[545] Vgl. Möller, 2007, S. 23f.

4.2.3.1 Die Ermittlung des Sachwertes auf Grundlage der NHK

Das Sachwertverfahren ist dreigliedrig strukturiert. In eben dem Bodenwert, der auch bei den beiden anderen normierten Verfahren berücksichtigt wird, fließen auch die Sachwerte der baulichen Anlage (Gebäudesachwert) und der sonstigen Anlagen in die Bewertung mit ein.[546] Der Sachwert der baulichen Anlagen ist nach § 21 Abs. 2 ImmoWertV basierend auf den Herstellkosten[547] unter Berücksichtigung der Altersminderung zu erfassen. Die Ermittlung der Herstellkosten ist in § 22 ImmoWertV festgelegt. Hierbei sind nicht die tatsächlichen Herstellkosten heranzuziehen, sondern aus Gründen der Objektivität die Normalherstellungskosten als Ausgangslage zu verwenden. Bei den Normalherstellungskosten handelt es sich um einen Katalog marktüblicher durchschnittlicher Herstellungskosten für bestimmte Gebäudearten, die für die Neuerrichtung einer baulichen Anlage aufzuwenden wären.[548] Der aktuelle Gebäudekatalog Normalherstellungskosten 2000 (NHK 2000) bezieht sich auf das Basisjahr 2000.[549]

Für die Ermittlung des Herstellungswertes sind die Normalherstellungskosten, die über vier Zwischenschritte angepasst werden, maßgebend. Diese Schritte sind im Einzelnen: Die Einordnung des Ausstattungsstandards, die Einstufung des Objektes in eine Gebäudebaujahrsklasse, die Berücksichtigungen von Anpassungsfaktoren aufgrund regionaler und ortsabhängiger Unterschiede. Speziell die beiden letzten Schritte sind notwendig, da es sich bei der NHK 2000 um Bundes-Mittelwerte handelt. Trotz der umfangreichen Tabelle der NHK 2000 und der Anpassungen handelt es sich bei den angepassten Normalherstellungskosten um eine überschlägige Kalkulation, die sich zunächst auf das Jahr 2000 bezieht. Zur Herstellung des Zeitbezuges zum Wertermittlungsstichtag wird der Baupreisindex, der den historischen Verlauf der Preisentwicklung präsentiert, herangezogen. Die Herstellungs-

---

546 Vgl. Kleiber *u.a.*, 2010, S. 1828f.

547 Bei der Ermittlung der Herstellungskosten sind die §§ 22 und 23 ImmoWertV entsprechend anzuwenden.

548 Vgl. Sommer/Kröll, 2010, S. 54.

549 Vgl. NHK 2000. Mit dem Projekt „Aktuelle Gebäudesachwerte in der Verkehrswertmittlung" beauftragte das BMVBS u. a. die Überarbeitung der Normalherstellungskosten für das Basisjahr 2005. Der Abschlussbericht zu diesem Projekt wurde im Februar 2008 veröffentlicht. Allerdings sind die NHK 2000 bislang geltend. Vgl. BKI, 2008.

kosten ergeben sich einerseits aus den Baunebenkosten[550] und andererseits der Multiplikation der angepassten NHK mit der Bezugseinheit, in der Regel der Brutto-Grundfläche.[551] Die Ermittlung der altersgeminderten Herstellkosten und der sich daraus ergebende Sachwert ist in der folgenden Abbildung 4.13, auf Seite 146, schematisch dargestellt.

[550] Zu den Baunebenkosten zählen die Kosten für die Planung, Baudurchführungen, behördliche Prüfungen und Genehmigungen.

[551] Vgl. Sommer/Kröll, 2010, S. 52-63, Leopoldsberger, 1998, S. 54-61 u. Kröll, 2010, S. 66.

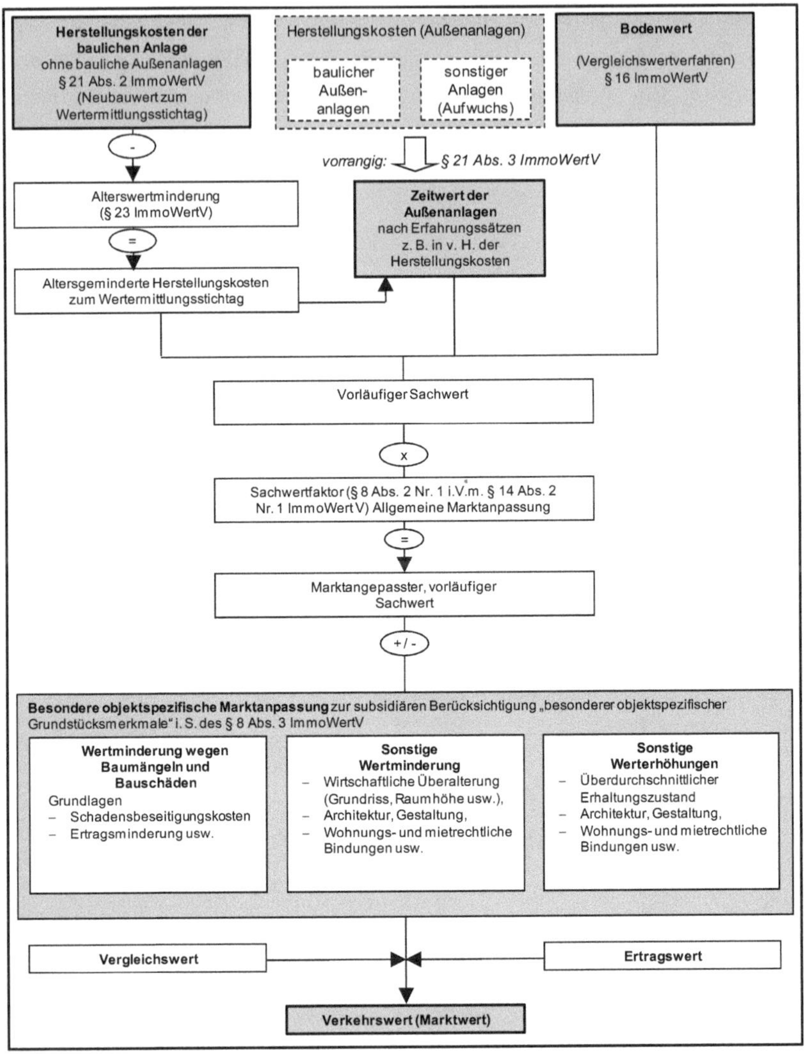

Abbildung 4.13: Schema des Sachwertverfahrens
Quelle: Kleiber, 2010, S. 43

4.2.3.2 Die relevanten Parameter des Sachwertverfahrens

Als relevanter Parameter des Sachwertverfahrens lässt sich trotz Einfluss des Baupreisindex ausschließlich die Herstellungskosten basierend auf den NHK 2000 identifizieren. Durch die Verwendung katalogisierter Werte kann das Sachwertverfahren auch als marktfernes Verfahren bezeichnet werden. Deshalb ist vor Abschluss der Bewertung zu überprüfen, ob der ermittelte Wert, der auch als immaterielle Wertschätzung angesehen werden kann, vom Markt akzeptiert wird. Hierbei kommt es häufig zu größeren Diskrepanzen zwischen Herstellkosten und dem potenziellen Marktwert.[552] Bei einer Differenz ist, wie in Abbildung 4.13 dargestellt, eine allgemeine Marktanpassung vorzunehmen. Allerdings widersprechen diese Anpassung den Grundsätzen der objektiven Wertermittlung, da der Sachverständige ohne messbare Datengrundlage die Höhe der Anpassungen entsprechend seiner persönlichen Vorstellungen anzusetzen hat.

4.3 Nicht normierte Verfahren

Zusätzlich zu den normierten Verfahren finden bei der Immobilienbewertung weitere Verfahren, die sogenannten nicht normierten Verfahren, Anwendung. Im Gegensatz zu den normierten Verfahren, deren Bestandteile sowie Vorgehensweise in der ImmoWertV definiert bzw. festgelegt sind und deren Anwendung deshalb sehr restriktiv durchzuführen ist, können die nicht normierten freier interpretiert werden. Gleichwohl ist die Bewertung mit diesen Verfahren auch zu plausibilisieren und den in Abschnitt 4.1.3 (S. 118ff.) aufgeführten Grundsätzen der Immobilienbewertung anzupassen. Deshalb besteht in der Regel zwischen den einzelnen nicht normierten und normierten Verfahren ein enger Zusammenhang.[553]

---

[552] Vgl. Leopoldsberger *u.a.*, 2008, S. 445 u. Schlicht/Gehri, 2007, S. 188.

[553] Nach KLEIBER lassen sich alle nicht normierten Verfahren im Kern auf eines der drei normierten Verfahren zurückführen. Vgl. Kleiber, 2005a, S. 184.

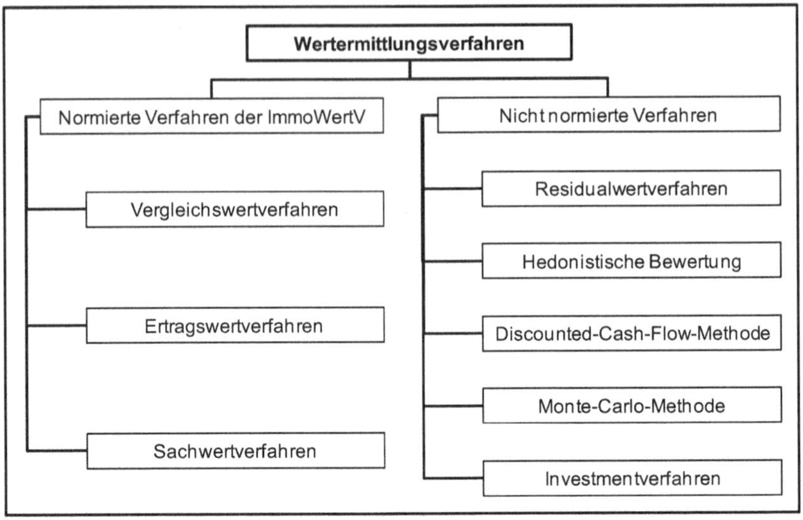

Abbildung 4.14: Übersicht über die Wertermittlungsverfahren
Quelle: eigene Darstellung, in Anlehnung an Bischoff, 2007, S. 494

Zu den in der ImmoWertV nicht normierten Verfahren gehören auch die weltweit angewendeten internationalen Verfahren, die wie das DCF-Verfahren vor allem von angelsächsischen Kaufinteressenten bevorzugt werden,[554] wie z. B. die Comparison Method, die Investment Method und die Residual Method.[555] Aufgrund der großen Nähe zu den zuvor beschriebenen Verfahren Vergleichswert-, Ertragswert- und Sachwertverfahren wird innerhalb dieser Arbeit auf die internationalen Verfahren nicht näher eingegangen.[556] Nachfolgend werden im Hinblick auf die Anwendung bei der Immobilienwertermittlung in Deutschland, das spätere Modell und die Fragestellung, die Berücksichtigung von Nachhaltigkeitsaspekten in der

[554] Vgl. Berndt/Haase, 2002, S. 13 u. Gondring, 2007, S. 24.
[555] Die drei genannten Methoden sind im Red Book, in dem die Bewertungsstandards und -richtlinien der RICS veröffentlicht werden, definiert und werden vornehmlich in Großbritannien angewendet. Die Pendants in den USA heißen: Comparison Approach, Income Approach und ebenfalls Residual Method. Vgl. Simon, 2006, S. 271.
[556] Vgl. Möller, 2007, S. 115ff., Kleiber, 2005a, S. 184 u. Hersberger, 2006, S. 82.

Immobilienwertermittlung, das Residualwertverfahren, die hedonistische Bewertungsmethode und die Discounted-Cash-Flow (DCF)-Methode thematisiert.[557]

4.3.1 Das Residualwertverfahren

Das Residualwertverfahren, auch als Restwert- oder Bauträgermethode bezeichnet, wird zumeist angewendet, wenn eine Wertermittlung mit den normierten Verfahren nicht möglich ist. Ein Beispiel hierfür ist die Bodenwertermittlung in dicht bebauten Städten, bei der keine Vergleichspreise baureifer Grundstücke verfügbar sind sowie Wertermittlung für Rohbauland, bei der der Wert abzüglich der Erschließungskosten, der Wartezeit usw. hergeleitet werden kann. Falls sich das Grundstück bereits im Besitz des Investors befindet, kann es für die Berechnung der Rentabilität eines Grundstückes sowie für die Berechnung der noch tragfähigen Baukosten eines Grundstückes herangezogen werden.[558]

Der Residualwert ergibt sich aus der Differenz eines erwarteten, auf den Zeitpunkt der Vollendung des gesamten Bauvorhabens projektierten Verkehrswertes und allen aufzuwendenden Kosten. Hierzu zählen beispielsweise die Baukosten, Baunebenkosten, Finanzierungs- und Vermarktungskosten sowie ein entsprechender Ansatz für unvorhergesehenes Risiko und den Unternehmensgewinn.[559]

[557] Auf die detaillierte Beschreibung der Investmentmethode, die in der Abbildung dargestellt ist, wird an dieser Stelle ebenfalls verzichtet. Mit Hilfe der Investmentkontrolle ist eine Kontrolle einer geplanten Investition und ihrer Wirtschaftlichkeit, durch die Betrachtung der geplanten Investitionen in ein Grundstück sowie die zukünftigen Entwicklungen der Einflussgrößen auf den Ertrag und die Kosten, möglich. Vgl. Bischoff, 2007, S. 494ff.

[558] Vgl. Ehrenberg, 2007, S. 7.

[559] Vgl. Vogel, 1994, S. 348.

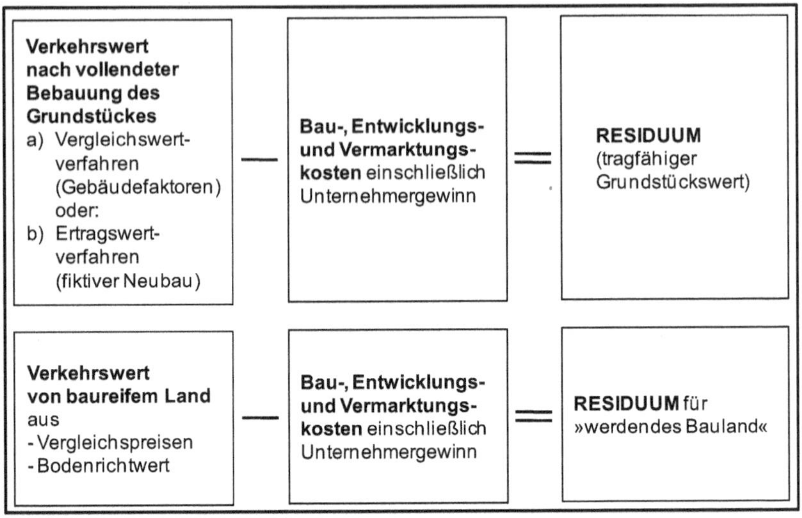

Abbildung 4.15: Schematische Darstellung des Residualwertes
Quelle: Kleiber, 1996, S. 16

Das Residualwertverfahren stellt eine Methode zur Ermittlung eines Grenzwertes dar. Der Residualwert stellt den höchsten Betrag dar, den ein Investor für ein Grundstück aufbringen wird. Liegt der Kaufpreis über dem Residualwert, verringert sich der potenzielle Gewinn entsprechend bzw. es erhöht die Wahrscheinlichkeit eines möglichen Verlustes für den Investor. Allgemein wird der Residualwert als kritisch angesehen, da eine Vielzahl prognostizierter Werte für die Ermittlung notwendig ist.[560]

4.3.2 Die hedonistische Bewertungsmethode

Die hedonistische Bewertungsmethode basiert auf dem Grundsatz, dass sich der Preis bzw. die Zahlungsbereitschaft eines heterogenen Wirtschaftsgutes, wie z. B. einer Immobilie,[561] aus dessen Gesamtnutzung bzw. aus der Summe der Zahlungsbereitschaft aller nutzungsbestimmenden Eigenschaften des Gutes ergibt. Bei der Preisbemessung wird somit jede einzelne Charaktereigenschaft und deren Nutzen-

---

[560] Vgl. Vogel, 1994, S. 352f. u. Ehrenberg, 2007, S. 7.
[561] Vgl. Abschnitt 2.1.2.2, S. 19.

stiftung partiell betrachtet und monetär bewertet.[562] Grundlage für dieses statistische Verfahren ist eine multiple Regressionsberechnung. Die Ausgangsgleichung des hedonistischen Preismodells lautet:[563]

$$h = f(x, \lambda) + \varepsilon \qquad 4.11$$

mit

h = Vektor beobachtbarer Transaktionspreise

x = Matrix der Eigenschaften

λ = Vektor der Koeffizienten

ε = Vektor der Störterme

Anhand der Gleichung ist ersichtlich, dass sich die hedonistische Bewertungsmethode an Transaktionsdaten orientiert und sie dadurch über einen ähnlichen Ansatz wie die zuvor vorgestellten Vergleichswertverfahren verfügt. Wie beim Vergleichswertverfahren handelt es sich durch die Einbeziehung von Vergleichswerten um ein objektives Verfahren,[564] auch wenn in der Literatur angemerkt wird, dass eine Vielzahl an Annahmen, die einer subjektiven Einschätzung unterliegen, zu Beginn der Bewertung zu treffen ist.[565] Hierzu gehört unter anderem die Bestimmung der preisbeeinflussenden Parameter, für die es in der Literatur keinen einheitlichen Konsens gibt, wie beispielsweise Größe, Alter, Standort, Qualität, Ausbaustandard und Entfernung zum Stadtzentrum.[566] Diese Charakteristika können in die Gruppen wohnungs- bzw. immobilienbezogene sowie umgebungsbezogene Einflussfaktoren unterteilt werden.[567]

Das hedonistische Bewertungsverfahren wird heutzutage erfolgreich angewendet und eignet sich vor allem für die Bewertung von Einfamilienhäusern und Eigentums-

[562] Vgl. Lancaster, 1966, S. 133, Rosen, 1974, S. 34 u. Sheppard, 1999, S. 1599.
[563] Vgl. Maurer *u.a.*, 2004, S. 305. Basierend auf dieser Gleichung kann die Berechnung beispielsweise linear, logarithmisch oder exponentiell erfolgen. Die Wahl der Funktion hängt im Wesentlichen von der Abhängigkeit der Parameter untereinander ab. Vgl. Reichert, 2002, S. 230.
[564] Vgl. Schädle, 2009, S. 99.
[565] Vgl. Makkie, 2010, S. 88.
[566] Vgl. Söderberg, 2002, S. 164, Wong *u.a.*, 2002, S. 184 u. Fahrländer, 2007, S. 16.
[567] Vgl. Möbert *u.a.*, 2008, S. 51.

wohnungen.[568] Der Methode werden, ähnlich wie beim Vergleichswerterfahren, durch die Verfügbarkeit von Vergleichsdaten Grenzen gesetzt. Neben dem Vergleichspreis sind, abhängig von den in die Wertermittlung einbezogenen nutzenstiftenden Charaktereigenschaften der Immobilie, auch die Vergleichsdaten dieser Eigenschaften notwendig. Zusätzlich ist das Bewertungsergebnis auch von der Qualität der Vergleichsdaten abhängig. So können sich die Ergebnisse aufgrund uneinheitlicher lokaler Bemessungsstandards unterscheiden.[569]

4.3.3 Das Discounted Cash Flow-Verfahren (Prognoseverfahren)

Bei dem hier vorgestellten DCF-Verfahren wird der Immobilienwert, wie beim Ertragswertverfahren, über die zukünftigen Erträge bzw. deren Barwert ermittelt. Es handelt sich beim Ertragswertverfahren in weiten Teilen um ein DCF-Verfahren. Deshalb wird das nachfolgend vorgestellte DCF-Verfahren zur semantischen Abgrenzung zum Ertragswertverfahren in der Literatur auch als Prognoseverfahren bezeichnet, was auf die notwendige Prognose der zukünftigen Zahlungsströme zurückzuführen ist.[570] Nachfolgend werden die Termini „Prognoseverfahren“ und „DCF-Verfahren“ synonym verwendet, die Bezeichnung DCF-Verfahren bezieht sich in dieser Arbeit damit ausschließlich auf das hier vorgestellte Verfahren und nicht auf das Ertragswertverfahren.

4.3.3.1 Die Grundlagen des DCF-Verfahrens

Beim DCF-Verfahren handelt es sich um ein explizites Wachstumsmodell, d. h. im Gegensatz zum Ertragswertverfahren, bei dem alle Erwartungen hinsichtlich des Mietwertwachstumes implizit im Diskontierungszinssatz, respektive dem Liegenschaftszinssatz integriert werden, werden beim DCF-Verfahren mit Hilfe der mehrperiodigen Betrachtung die Entwicklung der Zahlungsströme in den einzelnen Perioden über einen bestimmten Zeitraum berücksichtigt.[571] Rein mathematisch handelt es sich bei dieser Methode, wie zuvor beim Ertragswertverfahren, um ein Barwertverfahren, weshalb auch hier grundsätzlich die allgemeine Ertragswertfor-

---

[568] Vgl. Feusi, 2009, S. 78.
[569] Vgl. Reichert, 2002, S. 252 u. Schädle, 2009, S. 100.
[570] Vgl. Kleiber, 2005b, Kleiber *u.a.*, 2010, S. 1633 u. Grade, 2008, S. 3.
[571] Neben expliziten Annahmen über das Mietwachstum werden auch weitere Faktoren wie beispielsweise die Abschreibung, die Inflation und die Instandhaltungskosten einzeln berücksichtigt. Vgl. Huschke, 2008, S. 47f., S. 53 und Thomas, 1995,S. 86ff.

mel[572] angewendet wird. Allerdings findet bei diesem Verfahren keine Trennung zwischen den baulichen Anlagen und dem Bodenwert statt. Deshalb lautet die Grundgleichung des DCF-Verfahrens:[573]

$$Barwert = \sum_{i}^{n} \frac{RE_i}{(1+r)^i} + \frac{RW}{(1+r)^i} \quad 4.12$$

Durch den mehrperiodigen Aufbau besteht das DCF-Verfahren, wie das mehrperiodige Ertragswertverfahren, aus zwei Phasen. Die erste Phase, die die jährlichen Zahlungsströme erfasst, erstreckt sich in der Regel über einen Zeitraum von zehn bis fünfzehn Jahren.[574] In der zweiten Phase wird der Restwert der Immobilie, auch als Verkaufswert bezeichnet, gesondert ermittelt.[575] Ein wesentlicher Vorteil dieser Methode besteht in der Erhöhung der Transparenz durch die periodische Darstellung und die Berücksichtigung zukünftiger Entwicklungen in den einzelnen Perioden, was beim Ertragswertverfahren, vor allem beim allgemeinen und vereinfachten, aufgrund der Ertragskonstanz nicht möglich ist.[576] Gleichzeitig bedeutet dies allerdings auch eine Einschränkung der Objektivität. So wird kritisiert, dass für die zukünftigen Erträge Annahmen bzw. Prognosen zu treffen sind und somit subjektive Einflüsse des Gutachters in die Bewertung einfließen.[577] Dieser Kritikpunkt kann allerdings durch die Verwendung von historischen Erfahrungswerten entkräftet werden.

Einen Nachteil des DCF-Verfahrens stellt die fehlende Standardisierung dieses Verfahrens in Anwendungs- und Verwaltungsvorschriften dar. So gab es zwar im Vorfeld der Novellierung der Immobilienwertermittlungsverordnung Spekulationen über die Aufnahme dieser Bewertungsmethode zu den normierten Verfahren, allerdings bezog sich der Vorschlag zur Aufnahme eines mehrperiodigen Verfahrens nicht auf das Prognoseverfahren sondern auf das, in Abschnitt 4.2.2.1.3 beschriebene mehrperio-

---

[572] Vgl. Gleichung 4.1, S. 128.

[573] Vgl. Kleiber *u.a.*, 2010, S. 1637.

[574] Die Begrenzung dieser Phase ist notwendig, um die Unsicherheit der Prognose der zukünftigen Cash-Flows, die mit der zeitlichen Entfernung des Bewertungszeitpunktes zunimmt, zu begrenzen. Vgl. Mandl/Rabel, 1997, S. 153.

[575] Vgl. Abbildung 4.10, S. 140 u. Königstein, 2005, S. 288.

[576] Vgl. die Abschnitt 4.2.2.1, S. 128ff. u. Petersen, 2006, S. 142.

[577] KLEIBER nennt in diesem Zusammenhang die Prognose der künftigen Cashflows und der Bewirtschaftungskosten, der Wertentwicklung von Immobilien, der zukünftigen steuer- und mietrechtlichen Rahmenbedingungen sowie des Restwertes. Vgl. Kleiber, 2004, S. 199 u. Beck, 2005, S. 225.

dige Ertragswertverfahren.[578] Durch die damit fehlende eindeutige Definition des DCF-Verfahrens gibt es sowohl innerhalb der Literatur wie auch in der Praxis unterschiedliche Ansichten über die zu verwendenden Parameter. Hinsichtlich der Erfassung der Zahlungsströme besteht weitestgehend Konsens - so werden die jährlichen Erträge ähnlich wie beim Ertragswertverfahren mit zukünftigen Steigerungsraten ermittelt.[579] Im Gegensatz hierzu werden sowohl für den Diskontierungsfaktor wie auch die Ermittlung des Restwertes[580] unterschiedliche Ansätze vorgeschlagen, weshalb eigentlich nicht von dem DCF-Verfahren gesprochen werden kann, weil sich die Handhabung sowohl national, als auch nach dem jeweiligen Unternehmen unterscheidet. Dieser Umstand hat auch die Aufnahme des DCF-Verfahrens als normiertes Wertermittlungsverfahren bislang verhindert.[581]

4.3.3.2 Der Diskontierungsfaktor des DCF-Verfahrens

Eine Verwendung des Liegenschaftszinssatzes als Diskontierungsfaktor ist beim DCF-Verfahren nicht zulässig, da ansonsten die zukünftigen Entwicklungen sowohl bei den Zahlungsströmen wie auch im Diskontierungsfaktor Berücksichtigung finden würden.[582] Die Anwendung des Liegenschaftszinssatzes als Diskontierungsfaktor beim DCF-Verfahren wäre nur möglich, wenn der Liegenschaftszinssatz um die implizit enthaltenen zukünftigen Erwartungen bereinigt würde. PETERSEN und SOMMER/KRÖLL schlagen hierfür die Multiplikation des Liegenschaftszinssatzes mit der Inflationsrate vor. Dieser Ansatz ist allerdings darauf zurückführen, dass sie im Gegensatz zu KLEIBER/SIMON von einer Inflationsneutralität des Liegenschaftszinssatzes ausgehen.[583] Ob eine solche Inflationsneutralität im Liegenschaftszinssatz

---

578 Vgl. o. V., 2009b, S. 4.
579 Vgl. Abbildung 4.5, S. 129.
580 So schlagen beispielsweise KLEIBER, U. A. für die Restwertermittlung entweder die Schätzung des Restwertes oder die Anwendung des Ertragswertverfahrens vor. Vgl. Kleiber *u.a.*, 2010, S. 1636. Alternativ kann der Restwert auch mit dem Terminal Value ermittelt werden. Der Terminal Value besteht aus dem Verhältnis des Reinertrages zum Ende der ersten Phase und der Kapitalisierungsrate. Diese Methode stammt aus der Unternehmensbewertung, bei der von einer unbegrenzten Laufzeit ausgegangen wird. Für die Immobilie ist diese Annahme nicht übertragbar, weil ein Gebäude in der Regel eine begrenzte Laufzeit besitzt. Deshalb wird zur Kompensation der Wertminderung der baulichen Anlage ein Aufschlag bei der Kapitalisierungsrate berücksichtigt. Zusätzlich kann für die fehlende Indexierung der Erträge der zu kapitalisierenden ewigen Rente ein Abschlag bei der Kapitalisierungsrate vorgenommen werden. Vgl. Hinrichs/Schultz, 2003, S. 268ff.
581 Vgl. Bischoff, 2009, S. 129 u. o. V., 2009b, S. 4.
582 Vgl. Engel, 2003, S. 351.
583 Vgl. Huschke, 2008, S. 148, Sommer, 2010b, S. 216 u. 241, Sommer, 2001, S. 244f., Petersen, 2006, S. 143 u. Abbildung 4.6, S. 133.

vorliegt, ist nach ENGEL/BÄRWOLF abhängig von einer Wertsicherungsklausel in den Mietverträgen der Objekte. Sieht der Mietvertrag beispielsweise eine Anpassung der Mieten an den Verbrauchsindex vor, so ist bei diesen Objekten die Inflation nicht implizit im Liegenschaftszinssatz enthalten, da die Inflation nicht im Kaufpreis berücksichtigt werden muss. Bei Objekten ohne Wertsicherungsklausel beinhaltet der Kaufpreis hingegen Inflationserwartungen, so dass diese implizit im Liegenschaftszinssatz enthalten sind. Unabhängig davon, ob eine Inflationsneutralität des Liegenschaftszinssatz vorliegt, lässt sich bei der Betrachtung der unterschiedlichen Ansätze feststellen, dass die ausschließliche Bereinigung des Liegenschaftszinssatzes durch die Inflationsrate nicht dem DCF-Verfahren gerecht werden kann, da weitere explizit ausgedrückte erwartete, Entwicklungen bei diesem Vorgehen eine Doppelberücksichtigung erfahren würden. Allerdings lässt sich festhalten, dass der Liegenschaftszinssatz zumindest als Ausgangspunkt der Überlegungen zur Ermittlung des Diskontierungsfaktors nicht ausgeschlossen werden sollte.[584]

Jedoch nimmt der Diskontierungsfaktor bei beiden Verfahren eine besondere Stellung ein. So bezeichnen KLEIBER, ET. AL. den Diskontierungsfaktor als „die für das Ergebnis sensibelste Größe".[585] Beispielrechnungen in der Literatur zeigen, dass bereits geringe Abweichungen von 0,5% Veränderung von 15% des Immobilienwertes verursachen können.[586] Aufgrund dieser hohen Sensibilität des DCF-Verfahrens gegenüber diesem Parameter beziehen sich die folgenden Ausführungen auf den Diskontierungsfaktor. Die unterschiedlichen Ansätze innerhalb der Literatur zur Ermittlung des Diskontierungsfaktors orientieren sich im Wesentlichen an:[587]

- Opportunitätskosten,
- durchschnittliche Kapitalkosten,
- tatsächlich erzielte Renditen.

Die ersten beiden Ansätze lassen sich über den Kapitalmarkt ableiten, während die tatsächlich erzielten Renditen direkt über das Bewertungsobjekt selbst bzw. den Im-

---

[584] Vgl. Engel/Bärwolf, 2004, S. 274ff. u. Behrendt/Baumunk, 2001b, S. 10.
[585] Kleiber *u.a.*, 2010, S. 1654.
[586] Vgl. beispielsweise Frieß/Kormaier, 2004, S. 2027.
[587] Vgl. Hersberger, 2006, S. 33.

mobilienmarkt ermittelt werden. Nachfolgend werden zunächst die Verfahren, die dem Kapitalmarkt zugeordnet werden beschrieben.

4.3.3.2.1 Ermittlung des Diskontierungsfaktors über den Kapitalmarkt

Wie die vorherigen Ausführungen gezeigt haben, werden sowohl der Immobilienmarkt wie auch real existierende Kapitalmärkte den Ansprüchen des vollkommenen Kapitalmarktes nicht gerecht, weshalb es sich bei diesen Märkten um unvollkommene Märkte, wenn auch mit unterschiedlichen Ausprägungen, handelt.[588] Dies trifft auch auf die Investitionen auf diesen Märkten zu. Deshalb sind Investitionen, auch in Immobilien, u. a. grundsätzlich mit nicht markgängigen Risiken verbunden.[589] Da bei einer Entscheidung unter Unsicherheit das Ergebnis verschiedener Handlungsmöglichkeiten nicht mit absoluter Gewissheit vorhersagbar ist, sind diese Risiken im Sinne von Abweichungen vom Erwartungswert bei der Investitionsbewertung zu berücksichtigen.[590] Dies erfolgt beim DCF-Verfahren durch die Verwendung eines Kalkulationszinsfußes, der dem Zinssatz der verdrängten Alternativanlage mit gleichem Risiko entspricht (Opportunitätskosten).[591] Das Risiko repräsentiert hierbei die Möglichkeit des Eintrittes eines unvorhergesehenen Ereignisses, das sowohl zu positiven wie auch negativen finanziellen Konsequenzen führen kann.[592] Ursachen hierfür können eine unvollkommene Informationslage über das Eintreten künftiger Umweltzustände sowie mangelhafte Kenntnisse der Entscheidungsträger sein.[593]

Zu den Risiken des Immobilienbereichs gehören neben dem Risiko des Mietausfallwagnisses, das innerhalb der Ermittlung der Zahlungsströme berücksichtigt wird, auch weitere Risikoarten wie bspw. das Standortrisiko, die maßgeblich auf die Eigenschaften des Wirtschaftsgutes Immobilie, wie die Standortgebundenheit, die hohen Investitionskosten, die Heterogenität und der langen Lebensdauer, zurückzu-

---

[588] Vgl. Abschnitt 2.2.2, S. 35ff., Abschnitt 4.1.3, S. 118f. u. Perridon *u.a.*, 2009, S. 82.

[589] So zeigt PFNÜR beispielsweise mit einer empirischen Studie, dass Entscheidungen am Immobilienmarkt mit hohen Unsicherheiten verbunden sind. Vgl. Pfnür, 2007, S. 1ff.

[590] Vgl. Schäfer, 2005b, S. 226, Schäfer *u.a.*, 2008, S. 157 u. Metz, 2007, S. 77.

[591] Bei Entscheidungen unter Unsicherheit wird der Kalkulationszinsfuß neben der genannten Anforderung auch als Zinssatz der Differenz- bzw. Supplementinvestition, als Zinssatz für die Verrechnung der Fremdkapitalkosten sowie als Konsumpräferenzrate des Investors begriffen. Vgl. Perridon *u.a.*, 2009, S. 85.

[592] Vgl. Krelle, 1961, S. 15 u. Drukarczyk, 2003, S. 195.

[593] Vgl. Urschel, 2010, S. 72.

führen sind.[594] Diese Risiken sind entsprechend ihrer Relevanz bei der Ermittlung des Diskontierungsfaktors zu berücksichtigen. Für die Immobilienbewertung bedeutet dies, dass bei der Diskontierung neben einem risikolosen Basiszinssatz ein Risikoaufschlag vorzunehmen ist.[595] Für die Ermittlung des Basiszinssatzes dienen hierbei die Kapitalmarktzinsen risikoarmer Anlagen mit einer adäquaten Laufzeit, wie z. B. Bundesanleihen mit einer Laufzeit von zehn Jahren, als Orientierung.[596] Der Kapitalmarktzinssatz entspricht hierbei der nominalen Rendite festverzinslicher Wertpapiere.[597] Diese nominale Rendite kann als Summe der Komponenten Realzins, Geldentwertungsprämie, Risikoprämie und Liquiditätsprämie aufgefasst werwerden.[598]

Innerhalb der Literatur finden sich unterschiedliche Ansätze zur Ermittlung des Risikoaufschlages, so kann dieser entweder durch pauschalisierte Prozentsätze oder mit Hilfe des Capital Asset Pricing Model (CAPM) berechnet werden. Zunächst wird hier die Bestimmung der Risikoprämie mit dem CAPM beschrieben.

Das CAPM wurde ursprünglich primär von SHARPE, LINTNER und MOSSIN für die Erklärung von Preisen bzw. Renditen riskanter Kapitalmarkttitel entwickelt. Allerdings kann dieses Modell auch bei der Bestimmung von Kalkulationszinssätzen für die Bewertung von Investitionsprojekten herangezogen werden. [599] Die Ursprünge des CAPM liegen in der Portfoliotheorie. So besitzen beide Modelle identische Annahmen hinsichtlich des risikoscheuen Verhaltens der Kapitalanleger. Hieraus ergibt sich

---

[594] Für weitere Risikokategorien und Risikoarten im Immobilienwesen vgl. Maier, 2007, S. 14.

[595] Zusätzlich zu den genannten Komponenten des Diskontierungsfaktors ist ein Abschreibungszuschlag, der die Wertminderung auch bei ordnungsgemäßer Bewirtschaftung präsentieren soll, zu berücksichtigen, falls diese Minderung nicht bereits in die Ermittlung des Jahresreinertrags oder durch den Ansatz einer Modernisierung in die Berechnung einfließt. Vgl. Kleiber, 2004, S. 200.

[596] Vgl. Simon, 2006, S. 277 u. Drukarczyk/Schüler, 2009, S. 209. Die Laufzeit ergibt sich einerseits aufgrund der relativ langen Nutzungsdauer von Immobilien und andererseits der Verfügbarkeit an Marktdaten. Entsprechend der Nutzungsdauer der Immobilie müsste sich der Basiszinssatz an laufzeitadäquaten Bundeswertpapieren orientieren. Allerdings ist der Markt an Wertpapieren mit einer Restlaufzeit von mehr als zehn Jahren kaum liquide, da Wertpapiere mit einer längeren Laufzeit als zehn Jahren nur unregelmäßig emittiert werden. Vgl. Friedrichs, 2002, S. 66.

[597] In der Literatur hat sich für den Kapitalmarktzinssatz risikoamer Wertpapiere der Begriff „risikofreier Zinssatz" durchgesetzt. Innerhalb dieser Arbeit wird dieser Begriff auch in diesem Zusammenhang verwendet. Der Ausdruck „risikofrei" wird somit dem Begriff „risikoarm" gleichgesetzt. Diese Gleichsetzung ist notwendig, da es keine risikolosen Anlagemöglichkeiten gibt. Auch Staatspapiere besitzen ein gewisses Risiko. Neben dem Ausfallrisiko sind dies auch das Inflationsrisiko sowie das Zinsänderungsrisiko. Alternativ werden in der Literatur auch die Termini „sicher" und „quasi-sicher" verwendet. Vgl. Perridon *u.a.*, 2009, S. 268, Moxter, 1983, S. 146 u. Metz, 2007, S. 77.

[598] Vgl. Friedrichs, 2001, S. 62.

[599] Vgl. Götze, 2006, S. 353, Sharpe, 1964, S. 425ff., Lintner, 1965, S. 13ff., Mossin, 1966, S. 768ff.

unter der erweiterten Annahme, dass alle Investoren die gleichen Erwartungen bzgl. der erwarteten Rendite, Varianz sowie Kovarianz haben, ein einheitliches Marktportfolio für alle Anleger, das sich aus dem Gesamtangebot aller unsicheren Wertpapiere zusammensetzt. Unter den Bedingungen, dass im Marktportfolio alle angebotenen, unsicheren Wertanlagen enthalten sind sowie dass jeder Investor dieses Marktportfolio realisiert, resultiert hieraus das Kapitalmarktgleichgewicht, d. h. es existiert durch die Aufnahme aller Wertpapiere weder ein Überangebot noch eine Übernachfrage.[600] Im Kapitalmarktgleichgewicht ergibt sich die Renditeerwartung einer risikobehafteten Anlage aus der risikofreien Rendite zuzüglich einer Risikoprämie, die den zuvor beschriebenen Risikozuschlag darstellt. Die Berechnung der erwarteten Rendite erfolgt beim CAPM mit der Gleichung der Wertpapierlinie[601], die wie folgt lautet:[602]

$$E(r_j) = r_f + (r_m - r_f) \cdot \beta_j \qquad 4.13$$

mit

$E(r_j)$ = erwartete Rendite des Wertpapiers j

r_f = risikoloser Zinssatz

r_m = erwartete Rendite des Kapitalmarkts

β_j = systematisches Risiko des Wertpapiers j

Die Gleichung verdeutlicht den linearen Zusammenhang, der auch in Abbildung 4.16 auf S. 160 dargestellt ist, zwischen der erwarteten Rendite eines Wertpapiers und dem Beta-Faktor, der das systematische Risiko repräsentiert. Die ausschließliche Berücksichtigung des systematischen Risikos resultiert beim CAPM aus der Verwendung des Marktportfolios, da das unsystematische Risiko im günstigsten Fall „wegdiversifiziert" wird und somit vom Kapitalmarkt nicht vergütet wird.[603] Der Beta-Faktor ergibt sich aus dem Quotient der Kovarianz zwischen den Renditeerwartun-

---

[600] Vgl. Franke/Hax, 2009, S. 355.

[601] Im Original heißt die Wertpapierlinie Security Market Line. Im deutschen Sprachgebrauch wird dieser Begriff auch als Wertpapiermarktlinie bezeichnet. Vgl. beispielsweise Franke/Hax, 2009, S. 357.

[602] Elton *u.a.*, 2011, S. 284ff. u. Perridon *u.a.*, 2009, S. 266.

[603] Vgl. Schäfer, 2005b, S. 311ff.

gen des Wertpapiers j sowie des Marktportfolios und der Varianz der Renditeerwartung des Marktportfolios:[604]

$$\beta_j = \frac{Cov(r_j, r_m)}{Var(r_m)} \qquad 4.14$$

Für die Ermittlung des Kalkulationszinssatzes i_u bei der Bewertung unsicherer Investitionsprojekte lässt sich Gleichung 4.13 umformulieren, zu:[605]

$$i_u = r_f + (r_m - r_f) \cdot \beta_u \qquad 4.15$$

Die Verwendung des CAPM benötigt die Voraussetzungen, dass ein Kapitalmarktgleichgewicht, das aus dem risikoscheuen Verhalten und den homogenen Erwartungen der Anleger resultiert, vorhanden ist und risikolose Kapitalanlagen verfügbar sind. Des Weiteren unterliegt das CAPM sehr restriktiven Annahmen, wie den Kriterien eines vollkommenen und informationseffizienten Kapitalmarktes.[606] Diese Bedingungen sind in der Regel in der Realität so nicht anzutreffen, zudem weicht gerade der Immobilienmarkt, wie zuvor gezeigt wurde, erheblich von diesen Bedingungen ab.[607] So führen die geringe Informationseffizienz und Illiquidität des Immobilienmarktes dazu, dass der Mangel an zeitnahen Marktdaten eine direkte Anwendung des CAPM nicht zulässt.[608] Deshalb wird in der Literatur in Anlehnung an die Unternehmensbewertung empfohlen, sich an dem Zinssatz alternativer Anlagen bzw. an deren Opportunitätskosten zu orientieren.[609] Im Rahmen der Immobilienbewertung bieten sich hierfür Unternehmen an, die am Aktienmarkt gelistet sind, wie z. B REITs oder Immobilien-AGs.[610] In der folgenden Abbildung 4.16, auf Seite 160, sind drei deutsche REITs auf der Wertpapierlinie dargestellt.

---

[604] Vgl. Perridon *u.a.*, 2009, S. 267.
[605] Vgl. Götze, 2006, S. 355.
[606] Vgl. Copeland *u.a.*, 2008, S. 206f. u. Perridon *u.a.*, 2009, S. 262 u. 268.
[607] Vgl. Abschnitt 2.2.2.2, S. 37ff.
[608] Vgl. Münchehofe/Sprenger, 2004, S. 262 u. Zülch, 2003, S. 268.
[609] Vgl. Götze, 2006, S. 355.
[610] Vgl. Behrendt/Baumunk, 2001a, S. 11, Kleiber *u.a.*, 2010, S. 1649 u. Wöhle, 2005, S. 220.

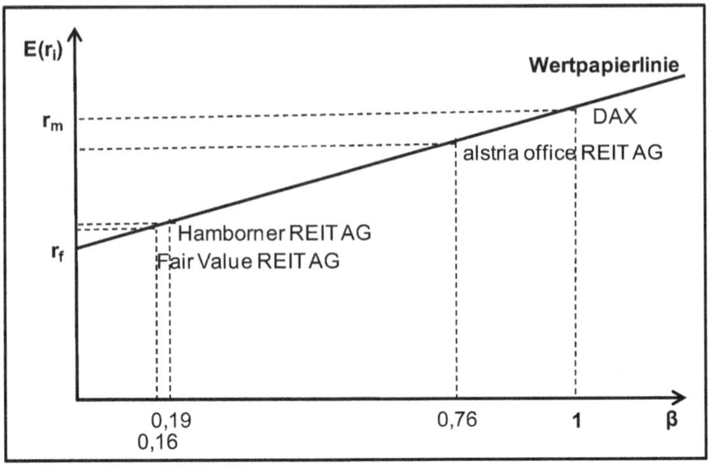

Abbildung 4.16: Die deutschen REITs im Kontext des CAPMs[611]

Quelle: eigene Darstellung

Bei diesem Ansatz, den Kalkulationszinsfuß über börsennotierte Unternehmen zu ermitteln, wird zwangsläufig der Zinsfuß eines Portfolios ermittelt. So werden beim Portfolio Diversifikationseffekte berücksichtigt, die bei einer einzelnen Immobilie nicht vorhanden sind. Darüber hinaus hängt die Entwicklung der Wertpapiere neben der Portfolioqualität auch von der Unternehmensstrategie und der Managementqualität der einzelnen Unternehmen ab,[612] sodass die Anwendung dieser Vorgehensweise für die Immobilienbewertung sehr problembehaftet ist. Auch unter der Annahme, dass ausreichend Marktdaten zur direkten Anwendung des CAPM zur Verfügung stehen, wird beim CAPM ausschließlich das systematische Risiko betrachtet, d. h. der Anteil des unsystematischen Risikos der Immobilie müsste zur Abbildung des vollständigen Risikoprofils einer Immobilie ergänzt werden.[613] Aus diesen Gründen ist die Anwendung des CAPM für die Ermittlung des Kalkulationszinsfußes, auch un-

[611] Die Marktdaten stammen von der Börse Frankfurt (http://www.boerse-frankfurt.de/DE/index.aspx?pageID=5). Das systematische Risiko der einzelnen Unternehmen entspricht den Beta-Faktoren für ein Jahr. Unter der Annahme eines risikofreien Zinssatzes von 3% und einer erwarteten Rendite des DAX, der hier als Marktportfolio dient, von 5,5%, ergibt dies für die alstria office REIT AG eine erwartete Rendite von 4,9%, für die Hamborner REIT AG von 3,475% sowie für die Fair Value REIT AG von 3,4%.

[612] Vgl. Jaeger, 2010, S. 140.

[613] Vgl. Lenz, 2009, S. 304.

abhängig von der grundsätzlichen Kritik des CAPM,[614] für die Bewertung von Immobilien umstritten.

Insgesamt zeigt sich, dass der kapitalmarktorientierte Ansatz zur Bestimmung des Diskontierungsfaktors nur eingeschränkt möglich ist. So entspricht der Basiszinssatz bzw. der risikofreie Zinssatz den Ansprüchen der Immobilienbewertung, z. B. im Hinblick auf die Objektivität, und eignet sich deshalb grundsätzlich zur Anwendung bei der Bewertung. Im Gegensatz hierzu gestaltet sich die Ermittlung des Risikoaufschlages als schwierig, was auch auf die zwangsläufige Gleichsetzung von Kapital-Kapitalmarkttiteln und Immobilien zurückzuführen ist, die allerdings auch aufgrund von Unterschieden im Hinblick auf die Fungibilität und Homogenität nur schwer möglich ist. [615] Durch die Unterschiede zwischen dem Kapitalmarkt und dem Immobilienmarkt sind, wie zuvor gezeigt wurde, Anpassungen durch den Sachverständigen zur Berücksichtigung der Mikrolage, der Bonität der Mieter sowie Alter, Zustand und Ausstattung des Objektes vorzunehmen.[616] Bedingt durch diese Anpassungen fließen auch subjektive Einschätzungen des Sachverständigen in den Diskontierungsfaktor ein, wodurch der Anspruch der objektiven Bewertung nicht mehr uneingeschränkt gegeben ist. Zur Umgehung dieser Problematik wird die Verwendung eines pauschalierten Risikoaufschlages zwischen 1% und 3% vorgeschlagen.[617] Allerdings werden durch die Pauschalisierung die individuellen Marktgegebenheiten in der Regel nicht angemessen berücksichtigt.[618]

Ein weiterer Ansatz für die Ermittlung des Diskontierungsfaktors basiert auf den durchschnittlichen Kapitalkosten. Dieser Ansatz, der auf die ursprüngliche Verwendung des DCF-Verfahrens zur Beurteilung von Investitionsentscheidungen

---

[614] Die grundsätzliche Kritik des CAPM bezieht sich nicht ausschließlich auf die Ermittlung des Kalkulationszinsfußes für die Immobilienbewertung, sondern sie stellt eine allgemeine Kritik des CAPM dar. Wesentliche Kritikpunkte sind die fehlende empirische Bestätigung des Modells, die realitätsferne Annahmen, dass das Modell Preise im Marktgleichgewicht erklärt, obwohl kein Anlass für Transaktionen besteht sowie der einperiodige Aufbau des Modells. Vgl. Perridon *u.a.*, 2009,l S. 271ff., Franke/Hax, 2009, S. 360f. u. Gröger, 2009, S. 65 sowie die dort angegebene Literatur. Vor allem der letzte Kritikpunkt wird bei der Bewertung einer Investition über einen mehrperiodigen Betrachtungszeitraum als ein zentrales Argument gesehen. Trotz dieser Kritik wird das CAPM im Zusammenhang mit dem DCF-Verfahren häufig angewendet, was u. a. mit der hohen Komplexität alternativer Modelle begründet werden kann. Vgl. Rausch, 2008, S. 44 u. Götze, 2006, S. 357.

[615] Vgl. Behrendt/Baumunk, 2001a, S. 11.

[616] Vgl. Kleiber *u.a.*, 2010, S. 1650. Des Weiteren kann aufgrund der Größe eines Objektes zusätzlich ein sogenannter „Fungibilitätszuschlag" berücksichtigt werden. Vgl. Hinrichs/Schultz, 2003, S. 269.

[617] Vgl. Paul, 1998, S. 90 u. Behrendt/Baumunk, 2001a, S. 11.

[618] Vgl. Huschke, 2008, S. 145 u. Zülch, 2003, S. 269.

zurückzuführen ist, berücksichtigt neben den Fremdkapitalkosten, die anhand aktueller Marktdaten ermittelt werden können, auch zu einem gewissen Anteil die Eigenkapitalkosten.[619] Für die Bestimmung der Eigenkapitalkosten bietet sich wiederum das CAPM an. Entsprechend dem Verhältnis Fremdkapital zu Eigenkapital ergeben sich aus den beiden Kostensätzen der Diskontierungsfaktor bzw. die durchschnittlich gewichteten Kapitalkosten. Die Anwendung dieser Methode für die Immobilienbewertung gilt allerdings als sehr umstritten, speziell da die Fremdkapitalkosten auch von der Bonität des Kreditnehmers abhängig sind. Somit existiert kein allgemeingültiger Fremdkapitalkostensatz für alle potenziellen Immobilienkäufer. Außerdem unterscheidet sich in der Regel auch die Finanzierungsstruktur der Käufer. Aus diesen Gründen eignet sich diese Vorgehensweise für die Ermittlung des Diskontierungsfaktors, wie bereits angedeutet, für die Abwägung einer Investitionsentscheidung und weniger für die Immobilienbewertung, wenngleich dieser Ansatz eine Möglichkeit zur Überprüfung der Plausibilität von Verkehrswerten darstellt.[620]

4.3.3.2.2 Ermittlung des Diskontierungsfaktors über den Immobilienmarkt

Im Gegensatz zur Ermittlung des Diskontierungsfaktors, basierend auf den Opportunitäts- und den durchschnittlichen Kapitalkosten, über den Kapitalmarkt, orientiert sich die Ermittlung der tatsächlichen Rendite am Immobilienmarkt. Auch bei der Herleitung des Diskontierungsfaktors aus der Rendite gibt es mit der Verwendung der Anfangsrendite und dem internen Zinssatz unterschiedliche Ansätze, die im Folgenden vorgestellt werden.

Die Anfangsrendite (initial yield) stellt das Verhältnis der Nettoerträge im ersten Jahr und dem Kaufpreis des Objektes dar. Wird innerhalb des ersten Jahres der volle Reinertrag auf Marktniveau erzielt, entspricht die Anfangsrendite dem „all risks yield".[621] Neben der direkten Methode werden die Anfangsrenditen von zahlreichen

[619] Vgl. Hersberger, 2008, S. 50, Vogels, 2005a, S. 29ff. u. Leopoldsberger *u.a.*, 2008, S. 511f.
[620] Vgl. Simon, 2006, S. 277ff. u. Vogels, 2005b, S. 91.
[621] Vgl. Leopoldsberger *u.a.*, 2008, S. 502. Eine detailliertere Definition des Begriffes der Anfangsrendite liefert die gif. Vgl. hierzu gif, 2007.

Institutionen wie Banken und Maklerunternehmen veröffentlicht.[622] Aufgrund der Berechnungsmethode handelt es sich bei der Nettoanfangsrendite im Gegensatz zu den anderen Ansätzen zur Ermittlung des Kalkulationszinsfußes um eine statische Rendite, wobei die Verwendung einer statischen Rendite nicht der dynamischen Betrachtungsweise des DCF-Verfahrens widerspricht, da es sich um eine stichtagsbezogene Bewertung handelt. Ein weiteres Unterscheidungsmerkmal zu den bisher vorgestellten Methoden zur Ermittlung des Diskontierungsfaktors ist, dass sie keiner Anpassung durch den Gutachter bedarf. Somit stellt die Anfangsrendite eine intersubjektive und zuverlässige Rendite dar.[623] Die Höhe der Anfangsrendite kann über die Wachstumschancen der Erträge Aufschluss bieten: So kann ein hoher Kaufpreis ein Indiz für zukünftig erwartete Wertsteigerungen sein.[624] Neben dem einperiodigen Betrachtungszeitraum werden auch die mangelnde Berücksichtigung von unvorhergesehenen Ereignissen sowie die Gefahr einer Verzerrung der Anfangsrendite durch Sondereffekt, wie z. B. erhöhten Marketingkosten im ersten Jahr, kritisch gesehen,[625] weshalb die Anwendung der Anfangsrendite zur Immobilienbewertung nicht frei von Diskussionen ist. Neben der direkten Anwendung der Anfangsrendite wird auch die Verwendung der Anfangsrendite in Verbindung mit dem CAPM vorgeschlagen.[626]

Einen längeren Betrachtungszeitrum, der auch dem des DCF-Verfahrens entsprechen kann, wodurch eine Laufzeitäquivalenz zwischen der Herleitung des Kalkulationszinsfußes und der Wertermittlung erreicht wird, bietet die interne Zinsfußmethode. Dieses Verfahren, das mathematisch stark an die Ermittlung des Liegenschaftszinssatzes angelehnt ist,[627] bezieht dadurch auch eine langfristige

[622] Vgl. Münchehofe/Springer, 2008, S. 165 u. Zülch, 2003, S. 261. Die Heranziehung dieser Daten wird allerdings aufgrund der nicht flächendeckenden und nicht zentralen Veröffentlichungen kritisch gesehen, da die Renditen von einer Vielzahl von Institutionen auf Grundlage individueller Datenbestände ermittelt werden. Vgl. Huschke, 2008, S. 138.
[623] Vgl. Zülch, 2003, S. 261 u. S. 273.
[624] Vgl. Lenz, 2009, S. 301.
[625] Vgl. Münchehofe/Springer, 2008, S. 166, Behrendt/Baumunk, 2001b, S. 10, Lenz, 2009, S. 302 u. Jaeger, 2010, S. 143.
[626] Vgl. Behrendt/Baumunk, 2001a, S. 11 u. Kleiber *u.a.*, 2010, S. 1649.
[627] Sowohl bei der Ermittlung des Liegenschaftszinssatzes wie auch bei der internen Zinsfußmethode wird der Barwert der zukünftigen Erträge dem Kaufpreis gleichgesetzt und der Zinssatz rekursiv berechnet. Im Gegensatz zum Ertragswertverfahren basiert der Barwert der zukünftigen Erträge nicht auf einem konstanten Ertrag, sondern auf unterschiedlichen Erträgen in den jeweiligen Perioden, weshalb die Ermittlung des internen Zinsfußes in der Regel komplexer ist, aber grundsätzlich zum gleichen Ergebnis führt. Vgl. Abschnitt 4.2.2.1.1, S. 131 u. Brand, 2000, S. 211.

Entwicklung und eine stärkere Berücksichtigung unvorhergesehener Ereignisse in die Ermittlung des Diskontierungsfaktors mit ein, als die Anfangsrendite. In der Praxis wird die Anwendung des Verfahrens allerdings durch die fehlende Standardisierung des DCF-Verfahrens erschwert, da bei der Verwendung von Marktdaten die Kenntnis der prognostizierten zukünftigen Erwartungen vorausgesetzt wird.[628] Unabhängig hiervon wird im Rahmen eines Vorschlages der Gesellschaft für Immobilienwirtschaftliche Forschung e.V. (gif) zur Standardisierung des DCF-Verfahrens, der nachfolgend kurz vorgestellt wird, die interne Zinsfußmethode verwendet.[629]

4.3.3.3 Das standardisierte DCF-Verfahren der gif

Die Struktur des DCF-Verfahrens entspricht dem, zuvor beschriebenen, klassischen Aufbau mit zwei Phasen: In der ersten Phase werden die jährlichen Cash-Flows berücksichtigt, während in der zweiten der Restwert ähnlich dem Ertragswertverfahren ermittelt wird. Hierbei wird der Rohertragsfaktor, der beispielsweise von Gutachterausschüssen ermittelt wird, verwendet. Der optimale Betrachtungszeitraum der ersten Phase liegt zwischen 10 und 15 Jahren. Durch die untere Grenze von zehn Jahren wird gewährleistet, dass die Vorteile des DCF-Verfahrens, die Offenlegung und die Transparenz der Daten, genutzt werden können. Die obere Grenze von 15 Jahren resultiert aus der zunehmenden Unsicherheit bei der Prognose der angesetzten Parameter.

Als positive Annahmen sind die tatsächlichen Mieten jeder Periode zu berücksichtigen. Alternativ kann, falls noch kein Mietvertrag vorliegt oder ab dem Ende eines bestehenden Mietvertrages, die Marktmiete angenommen werden. Neben den Mieten können weitere Einnahmen aus Vermietung/Verpachtung von Werbeflächen, Mobilfunkantennen, Automaten und Mobiliar als Sondereinnahmen berücksichtigt werden. Mietausfälle, wie beispielsweise Vermietungszugeständnisse, Leerstand bei Mieterwechsel sowie das allgemeine Mietausfallwagnis werden als fehlende Einnahmen berücksichtigt. Gegen die Einnahmen werden die Ausgaben, die aus den Bewirtschaftungskosten herrühren, unterteilt in Instandhaltungskosten und Verwaltungskosten, aufgrund Leerstand nicht umlagefähige Betriebskosten, Modernisierungs- und/oder Instandsetzungskosten sowie Kosten bei Mieterwechseln, ge-

---

[628] Vgl. Leopoldsberger, 2006, S. 197.
[629] Vgl. gif, 2006, S. 6ff.

rechnet. Die Instandhaltungskosten sind Kosten, die zur Erhaltung der vollen Gebrauchsfähigkeit bzw. der Funktionsfähigkeit des Sollzustandes der Immobilie in Abhängigkeit von der Nutzungsart und der Konstruktion des Gebäudes sowie zum Zeitpunkt der letzten Instandsetzung aufgewendet werden müssen. Die Instandsetzungskosten sind abhängig von der Nutzungsart des Gebäudes, dessen Qualität, Konstruktion und des Alters. Sie werden basierend auf Erfahrungssätzen oder in Höhe des bekannten Instandsetzungsstaus ermittelt. Die GIF empfiehlt, den Diskontierungsfaktor aus bekannten vergleichbaren Transaktionen abzuleiten.[630] Allerdings fehlen hierfür noch die Erfahrungswerte. Alternativ wäre eine Ableitung des Diskontierungsfaktors, unter Berücksichtigung der spezifischen Eigenschaften des Immobilienmarktes, wie bei anderen Anlageformen möglich.

4.3.3.4 Die relevanten Parameter des DCF-Verfahrens

Aufgrund der großen mathematischen Nähe zum Ertragswertverfahren ist ein Großteil der Parameter des DCF-Verfahrens, wie beispielsweise der Reinertrag, die Bewirtschaftungskosten oder die Instandhaltungskosten identisch. Allerdings sind beim DCF-Verfahren durch die Prognose der zukünftigen Erträge weitere Parameter notwendig. Hierzu zählt u. a. der Parameter zur Bestimmung der zukünftigen Entwicklung des Reinertrages, der aus historischen Daten abgeleitet werden kann. Auch die Abschreibung, die beim Ertragswertverfahren im Liegenschaftszinssatz berücksichtigt wird, ist beim DCF-Verfahren getrennt zu ermitteln.

Wie die vorangegangenen Ausführungen gezeigt haben, stellt der Diskontierungsfaktor einen für das Bewertungsergebnis entscheidenden Parameter dar, dessen Herleitung nicht eindeutig geklärt ist. Vor allem bei der Herleitung dieses Parameters macht sich die fehlende Standardisierung des Verfahrens bemerkbar. So gibt es, wie die Ausführungen zeigen, keine Ermittlungsmethode des Diskontierungsfaktors, die nicht problemhaftet ist. Gleichzeitig gibt es in der Literatur aber auch keine einheitliche Vorgehensweise, die unisono empfohlen wird. Deshalb wird in dieser Arbeit, mit Hinblick auf das später entwickelte kapitalmarktorientierte Bewertungsmodell, die Herleitung des Diskontierungsfaktors mit Hilfe des CAPM favorisiert.

---

[630] Den Berechnungsweg sowie eine Analyse zur Ableitung des Diskontierungsfaktors aus Marktwerten liefern MÜRLE/SCHMITT. Vgl. Mürle/Schmitt, 2009, S. 1ff.

4.4 Die Berücksichtigung der Nachhaltigkeit in der Immobilienwertermittlung

Aufbauend auf den zuvor beschriebenen Wertermittlungsverfahren werden innerhalb dieses Abschnittes die Möglichkeiten zur Berücksichtigung der Nachhaltigkeit in der Immobilienbewertung diskutiert. Die relevanten Parameter der vorgestellten Verfahren sind in der folgenden Tabelle zusammengefasst.

Wertermittlungsverfahren	Relevante Parameter
Vergleichswertverfahren	- Transaktionspreise vergleichbarer Objekte
Hedonistische Bewertungsmethode	- Transaktionspreise vergleichbarer Objekte - preisbeeinflussende Parameter
Sachwertverfahren	- Herstellungskosten *nach NHK 2000*
Ertragswertverfahren	- Reinertrag - Liegenschaftszinssatz - Restnutzungsdauer
DCF-Verfahren	- Reinertrag über mehrere Perioden - Mietausfallwagnis - Diskontierungsfaktor - Abschreibung

Tabelle 4.1: Die relevanten Parameter der Wertermittlungsverfahren
Quelle: eigene Darstellung

Aus rechtlicher Sicht ist die Berücksichtigung der Nachhaltigkeitsmerkmale sowohl in den nationalen wie auch internationalen Wertermittlungsrichtlinien bereits integriert. So schreibt die ImmoWertV neben der Berücksichtigung der etablierten Gebäudemerkmale, wie beispielsweise dem baulichen Zustand und der Restnutzungsdauer, vor, auch die Ausstattung und die Qualität sowie die energetischen Eigenschaften bei der Immobilienbewertung zu berücksichtigen.[631] Auch auf internationaler Ebene hat die RICS die Bewertungsstandards des Red Books um die Berücksichtigung von Nachhaltigkeitsaspekten erweitert.[632] Eine konkrete Vorgehensweise, wie diese Aspekte zu berücksichtigen sind, ist aber in beiden Vorschriften nicht gegeben. Das Arbeitspapier der RICS soll vielmehr als Diskussionsgrundlage zur Sensibilisierung dieser Thematik angesehen werden und enthält zwar einige Beispielrechnungen,

---

[631] Vgl. §6 Abs. 5 ImmoWertV.
[632] Vgl. RICS, 2009.

deren Vorgehen allerdings aufgrund der geringen Anzahl vorhandener statistischer Daten nicht verallgemeinert werden kann.[633] Die ImmoWertV schlägt lediglich im Fall einer Instandhaltung oder Modernisierung[634] vor, die Restnutzungsdauer zu erhöhen.[635] Wobei hierbei fraglich ist, inwiefern sich die Restnutzungsdauer der gesamten baulichen Anlage durch eine Modernisierung erhöht, da sich die Nutzungsdauer des Rohbaus und des Ausbaus in der Regel unterscheiden,[636] so dass konstatiert werden kann, dass Nachhaltigkeitsmerkmale zum jetzigen Zeitpunkt zwar bereits in den Wertermittlungsverfahren integriert sind, deren konkrete Berücksichtigung innerhalb der unterschiedlichen Verfahren allerdings noch nicht konkret vorgeschrieben ist. Innerhalb der nachfolgenden Ausführungen wird deshalb die Möglichkeit der Integration der Nachhaltigkeitsaspekte bzw. die mögliche Berücksichtigung der Nachhaltigkeit bei der Immobilienbewertung diskutiert.[637]

4.4.1 Die Berücksichtigung von Nachhaltigkeitsaspekten innerhalb des Vergleichswertverfahren und der hedonistischen Wertermittlung

Die Berücksichtigung von Nachhaltigkeitsaspekten innerhalb des Vergleichswertverfahrens kann einerseits über die Vergleichswerte, basierend auf tatsächlichen Transaktionen, oder über Zu- bzw. Abschläge erfolgen. Erste Hinweise in wissenschaftlichen Studien, dass nachhaltige Gebäude einen höheren Wert haben, zeigen zwar die vorherigen Ausführungen,[638] allerdings müssten diese zur Berücksichtigung im Vergleichswertverfahren durch reale Transaktionen bestätigt werden. Hierzu müssten zeitnahe Transaktionen von ausreichend vielen Vergleichswerten, mit identischen Gebäudemerkmalen, vorhanden sein, wovon bei einer gegenwärtigen Anzahl

---

[633] Vgl. Lux/Piehler, 2011, S. 195.
[634] Nach §2 Abs. 10 HOAI sind Instandhaltungen „Maßnahmen zur Erhaltung des Soll-Zustandes eines Objektes". Darüber hinaus geht die Modernisierung. Sie ist nach §6 Abs. 6 ImmoWertV als „...Maßnahmen, die eine wesentliche Verbesserung der Wohn- oder sonstigen Nutzungsverhältnisse oder wesentliche Einsparungen von Energie oder Wasser bewirken" definiert. Eine ähnliche Definition erfolgt in §559 Abs. 1 BGB (Modernisierungen sind bauliche Maßnahmen, „...die den Gebrauchswert der Mietsache nachhaltig erhöhen, die allgemeine Wohnverhältnisse auf Dauer verbessern oder nachhaltig Einsparungen von Energie und Wasser bewirken)."
[635] Vgl. §6 Abs. 6 ImmoWertV.
[636] Vgl. Kleiber *u.a.*, 2010, S. 908ff.
[637] Die Reihenfolge der Verfahren weicht vom vorherigen Abschnitt ab und entspricht der Reihenfolge in Tabelle 4.1.
[638] Vgl. Abschnitt 3.3.3.5, S. 103ff.

von 145 zertifizierten Immobilien in Deutschland nicht auszugehen ist.[639] Des Weiteren existiert noch keine Informations- und Datengrundlage[640], in der die wesentlichen Merkmale und Eigenschaften von Immobilien bzw. ihrer Nachhaltigkeitsaspekte aufgeführt sind, sodass eine Ermittlung des Verkehrswertes mittels Preisindizes und Umrechnungskoeffizienten möglich ist. Ersatzweise könnte hierfür eventuell bei nachhaltigen Immobilien das Ergebnis der Zertifizierung bzw. bei energieeffizienten Immobilien der Energieausweis genutzt werden. Sowohl die Zertifizierung wie auch die Erstellung des Energieausweises werden von einem unabhängigen Prüfer nach einem standardisierten Verfahren durchgeführt, sodass die Anforderungen der objektiven Bewertung gewährleistet wären, [641] wobei diese Daten zur einfacheren Anwendung bei der Bewertung an einer zentralen Stelle vorliegen müssten.[642]

Das hedonistische Bewertungsverfahren eignet sich grundsätzlich zur Berücksichtigung von Nachhaltigkeitsaspekten insofern, als dass mit diesem Verfahren der Wert einzelner Eigenschaften aus dem Immobilienwert errechnet werden kann und somit die Wertermittlung nachhaltiger Eigenschaften aus Kaufpreisen ermöglicht wird. Darüber hinaus können mit diesem Verfahren aus der Vielzahl nachhaltiger Eigenschaften die preisrelevanten Charakteristika identifiziert werden.[643] Allerdings ist für dieses Verfahren zum jetzigen Zeitpunkt ebenfalls noch keine ausreichende Datengrundlage vorhanden. Dies zeigen auch die Ergebnisse der Regressionsanalysen in Abschnitt 3.3.3.5 zur Performance nachhaltiger Immobilien. So reicht selbst die Datengrundlage des US-amerikanischen Marktes, auf dem im Vergleich zum deutschen Markt aufgrund der höheren Anzahl zertifizierter Immobilien mehr Daten vorhanden sind, nicht aus, um ein statistisch signifikantes Bild nachhaltiger Immobilien zu erzielen.

Grundsätzlich kann festgehalten werden, dass sich sowohl das Vergleichswertverfahren wie auch das hedonistische Bewertungsverfahren prinzipiell zur

---

[639] Vgl. Abschnitt 3.2.1.1, S. 65.

[640] So beinhalten die bestehenden Kaufpreissammlungen und Transaktionsdatenbanken in Deutschland hauptsächlich merkmals- und erfahrungsbasierte Beschreibungen, wie beispielsweise die Nutzfläche, die Anzahl der Räume oder die Gebäudequalität, jedoch keine eigenschafts- oder performancebasierten Beschreibungen wie die Energieeffizienz, den Wärme- und Schallschutz oder die Umweltqualität. Vgl. Lützkendorf/Lorenz, 2007a, S. 64.

[641] Vgl. Abschnitt 3.2.1.1, S. 65.

[642] Diese zentrale Datenbank ist vor allem für die Identifizierung von Vergleichsobjekten notwendig.

[643] Vgl. Makkie, 2010, S. 87.

Verkehrswertermittlung nachhaltiger Immobilien eignet. Allerdings sind gegenwärtig nicht ausreichend Erfahrungswerte vorhanden und deshalb bieten sich die Verfahren zum jetzigen Zeitpunkt für die Wertmittlung nachhaltiger Immobilien nicht an.

4.4.2 Die Berücksichtigung von Nachhaltigkeitsaspekten innerhalb des Sachwertverfahrens

Beim Sachwertverfahren, das im Wesentlichen auf den Herstellkosten basiert, könnte unter Einbezug der in der Literatur häufig erwähnten Mehrkosten von 5 bis 10 % einer nachhaltigen Immobilie ein höherer Immobilienwert ermittelt werden.[644] Allerdings würde sich voraussichtlich dieser Mehrwert ausschließlich aufgrund der höheren Investition und nicht aufgrund positiver Nachhaltigkeitsaspekte ergeben. Ein Indiz für diese These könnten die Ergebnisse von SALVI, U. A. sein: Unter der Annahme, dass die Wertermittlung der untersuchten Einfamilienhäuser mit der schweizerischen Realwertmethode erfolgte, die dem deutschen Sachwertverfahren sehr ähnlich ist,[645] würden sich die 7,5% höheren Immobilienpreise für Einfamilienhäuser, aus den 7,5% höheren Herstellkosten ergeben und somit die oben genannte These bestätigen. Nachdem die Untersuchungen des österreichischen Forschungsprojektes „Neue Immo-Standards" zu einem ähnlichen Ergebnis führten, wird empfohlen, die Energieeffizienz bzw. die daraus resultierenden Kosten mit Ab- bzw. Zuschlägen zu berücksichtigen. Alternativ wird innerhalb des Projektes vorgeschlagen, einerseits auch die Anpassung der Herstellungskosten oder andererseits die Berücksichtigung der Nachrüstkosten in die Wertermittlung einfließen zu lassen. Allerdings sind beide Alternativen problembehaftet, da sowohl die notwendigen Kostensätze bislang nicht bekannt sind, bzw. die Ermittlung der Nachrüstkosten sehr komplex ist.[646]

Insgesamt zeigt sich, dass das Sachwertverfahren, in seiner jetzigen Form durch die Orientierung an den Herstellkosten nicht geeignet ist, Nachhaltigkeitsmerkmale ausreichend zu berücksichtigen. Ein Grund hierfür ist, dass zwischen den Herstellkosten und den Vorteilen einer nachhaltigen Immobilie, die sich im Wesentlichen aus der

---

644 Vgl. Abschnitt 3.3.3.2, S. 96ff.
645 Vgl. Siegl, 2009, S. 159.
646 Vgl. Geissler *u.a.*, 2010b, S. 20.

Nutzung ergeben,[647] kein Zusammenhang besteht. Deshalb müsste das Sachwertverfahren zur Berücksichtigung von Nachhaltigkeitsaspekten, beispielsweise durch die Verwendung von Zu- oder Abschlägen, modifiziert werden.

4.4.3 Die Berücksichtigung von Nachhaltigkeitsaspekten innerhalb des Ertragswertverfahrens

Beim Ertragswertverfahren, dessen maßgebliche Treiber die Restnutzungsdauer, der Reinertrag und der Liegenschaftszinssatz sind,[648] gestaltet sich die Implementierung von Nachhaltigkeitsaspekten aufgrund der geringen Anzahl nachhaltiger Immobilien ebenfalls schwierig.

So stehen bislang keinerlei Erfahrungswerte zur Verfügung wie sich Nachhaltigkeitsmerkmale einer Immobilie auf die Restnutzungsdauer auswirken. Allgemein wird zwar von einer längeren Nutzungsdauer ausgegangen, so z. B. auch in der Studie der David and Lucille Packard Foundation.[649] Die Verlängerungen der Nutzungsdauer kann aus technischer Sicht durch die Verwendung von beständigerem Material und/oder einer Konstruktion, die eine vereinfachte Instandsetzung erlaubt, erreicht werden. Trotz der technischen Möglichkeiten ist neben der technischen auch die ökonomische Nutzungsdauer zu beachten, die eine maßgebliche Determinante zur Ermittlung der Restnutzungsdauer darstellt.[650] Die ökonomische Restnutzungsdauer könnte zwar durch ein flexibles Konzept, mit dem die Anpassung an zukünftige Marktlagen ermöglicht wird, erhöht werden,[651] allerdings sind trotz dieser Möglichkeiten auch die Erfahrungswerte innerhalb dieses Bereiches zu gering, um eine Erhöhung der Restnutzungsdauer in der Immobilienbewertung zu berücksichtigen. Somit kann die Integration von Nachhaltigkeitsaspekten über eine Verlängerung der Restnutzungsdauer nicht erfolgen.

Den zweiten relevanten Parameter des Ertragswertverfahrens stellt der Reinertrag dar, der u. a. aus der marktüblichen erzielbaren Miete ermittelt wird. Auch hier be-

---

647 Vgl. Abschnitt 3.3.3, S. 93ff.
648 Vgl. Kapitel 4.2.2, S. 127.
649 Vgl. Abschnitt 3.3.3.3, S. 99.
650 Vgl. Abschnitt 2.1.2.6, S. 24.
651 Zu nennen wären hier z. B. Veränderungen innerhalb des Gebäudes wie die Reduzierung oder Erhöhung der Raumanzahl oder die Umwidmung in einen anderen Immobilientyp.

steht noch kein empirischer Nachweis, wie sich Nachhaltigkeitsaspekte auf die marktüblich erzielbare Miete auswirken. Hierzu gibt es zwar in den USA bzgl. der erzielbaren Mieten nachhaltiger Gewerbeimmobilien vereinzelte Untersuchungen, die höhere Mieten nachhaltiger Immobilien nachweisen. Innerhalb dieser Studien gibt es allerdings, wie im vorherigen Kapitel beschrieben, erhebliche Unterschiede zwischen den konventionellen und den nachhaltigen Immobilien, die auch wesentliche Gründe für die höher erzielbaren Mieten sein könnten.[652] Auch in Deutschland weisen erste Untersuchungen von Gebäuden die mit dem DGNB zertifiziert sind, im Vergleich zum Durchschnitt, auf einen höheren Mietzins bei geringeren Betriebskosten, einen geringeren Leerstand und damit auf einen höheren Reinertrag hin. Aufgrund der geringen Anzahl zertifizierter und vermieteter Objekte sind diese Erfahrungswerte allerdings noch zu verifizieren.[653] Erschwerend wirkt sich bei der Berücksichtigung von Nachhaltigkeitsaspekten die Verwendung der marktüblichen erzielbaren Miete aus. So ist nicht die individuell höhere Miete eines zertifizierten Objektes maßgebend, sondern vielmehr die Miete vergleichbarer Objekte. Zur Berücksichtigung von Nachhaltigkeitsaspekten über den Reinertrag müsste somit eine ausreichende Datenbasis zertifizierter Objekte bestehen. Abhilfe könnte hierbei die Anwendung des mehrperiodigen Ertragswertverfahrens schaffen, bei dem die auch die Berücksichtigung von Abweichungen zur Marktmiete möglich sind. Allerdings müsste die Berücksichtigung von Abweichungen plausibel sein bzw. auf eine vertragliche Fixierung zurückzuführen sein. Auch eine Reduzierung der Betriebskosten und der Instandhaltungskosten kann sich bei konstanten Mieterträgen positiv auf den Reinertrag auswirken. Die Reduzierung dieser Kosten könnte durch technische Bauteile oder technischen Anlagen, die über eine höhere Lebensdauer verfügen oder geringeren Kosten erzielt werden. Nachdem diese Kostensätze aus den tatsächlich anfallenden Kosten, alternativ auch mit pauschalen Sätzen, ermittelt werden, könnten hierdurch positive Auswirkungen auf den Immobilienwert ausgehen. Ebenfalls positiv könnte sich der geringere Leerstand nachhaltiger Immobilien, der in den unterschiedlichen Studien im vorherigen Kapitel festgestellt wurde,[654] auswirken. Die Berücksichtigung eines

[652] Vgl. Abschnitt 3.3.3.5, S. 103ff.
[653] Vgl. Deuser/Dieterich, 2010, S. 15.
[654] Vgl. Tabelle 1.1, S. 4.

geringeren Mietausfallwagnisses müsste zur Berücksichtigung im Ertragswertverfahren allerdings auf dem deutschen Immobilienmarkt noch nachgewiesen werden.

Innerhalb des EU-Forschungsprojektes „Methodologies for Integration of Energy Performance and Life-Cycle Costing Indicators into Property Valuation Practice" wird für das Verfahren des Income Approach, welches dem Ertragswertverfahren sehr nahe steht, vorgeschlagen, die Miete anteilig um die Energieeinsparungen des Mieters zu erhöhen. Die Erhöhung basiert auf der Annahme, dass die Mieter bereit sind, aufgrund der geringeren Energiekosten eine höhere Miete zu bezahlen.[655] Der Unterschied zur marktüblichen Miete könnte vertraglich zwischen den beteiligten Parteien fixiert werden und dadurch bei der Wertermittlung berücksichtigt werden. Allerdings erfordert die zusätzliche Berücksichtigung von Energiekosten eine Anpassung des Liegenschaftszinsfaktors der beim Ertragswertverfahren den Diskontierungsfaktor darstellt und vor allem die Risiken des Immobilienmarktes abbildet.[656] Die Anpassung resultiert aus den in der folgenden Abbildung 4.17, auf Seite 173, dargestellten unterschiedlichen Entwicklungen und Volatilitäten der Immobilienpreise und des Energiepreises[657].

[655] Vgl. Bienert *u.a.*, 2010, S. 104ff.
[656] Vgl. Abbildung 4.6, S. 133.
[657] In den folgenden Ausführungen wird der Energiepreis grundsätzlich vom Gaspreis repräsentiert, da sich die Ausführungen zum Energiepreis hauptsächlich auf die Heizenergie beziehen und diese in Deutschland mehrheitlich mit Gas oder Öl erzeugt wird. Nachdem in der Regel zwischen der Gas- und Ölpreisentwicklung eine sehr hohe Korrelation besteht, beeinflusst die Wahl eines anderen Energieträgers nicht die dargestellten Ergebnisse.

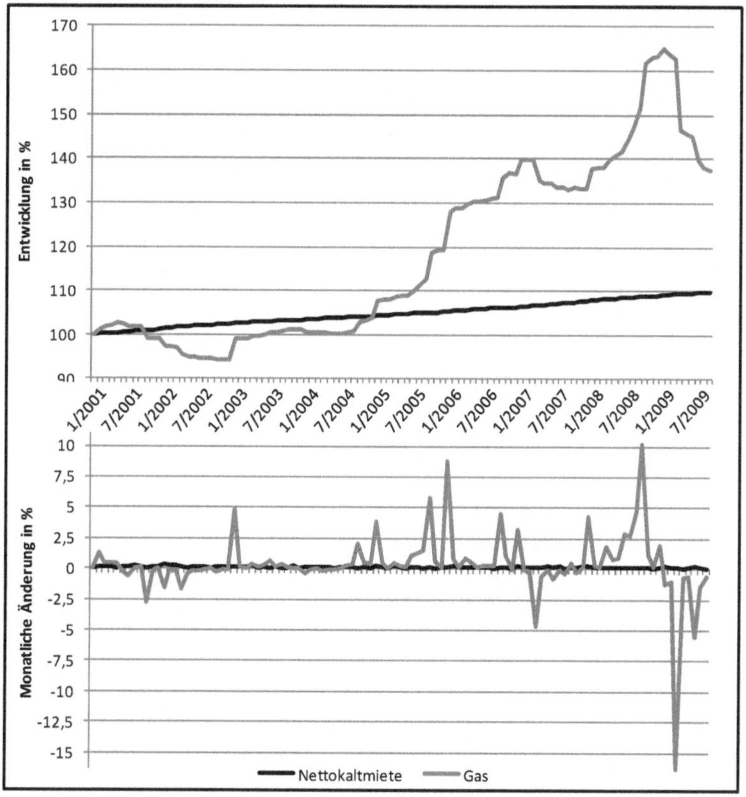

Abbildung 4.17: Entwicklung und monatliche Änderung der Nettokaltmiete sowie des Gaspreises[658]

Quelle: eigene Darstellung, in Anlehnung an Statistisches Bundesamt Deutschland, 2004, S. 12 u. 60, Statistisches Bundesamt Deutschland, 2006, S. 22 u. 60 und Statistisches Bundesamt Deutschland, 2009c, S. 22 u. 60

Aufgrund der höheren Volatilität des Energiepreises im Vergleich zur Volatilität der Mieten ist der Liegenschaftszinssatz voraussichtlich anteilig an den Energiekosten zu erhöhen. Diese Erhöhung gestaltet sich allerdings schwierig, da der Liegenschaftszinssatz aus Daten des Immobilienmarktes ermittelt wird und der Energiepreis auf

---

[658] Bei dieser Statistik ist anzumerken, dass es sich hier um eine durchschnittliche gesamtdeutsche Betrachtung handelt und es deshalb zu einem Diversifikationseffekt kommt. Hierdurch kann es im Vergleich zu einer einzelnen Immobilie zu Abweichungen für die Entwicklung der Nettokaltmiete kommen.

dem Kapitalmarkt ermittelt wird.[659] Die Berücksichtigung des Energiepreises gestaltet sich auch aus bewertungstheoretischer Sicht schwierig, da bei der Bewertung mittels des Ertragswertverfahrens bei zunehmender Volatilität die Unsicherheit des Ergebnisses zunimmt.[660] Bei einer zusätzlichen Berücksichtigung von Externalitäten, wie z. B. den Energiekosten, besteht wie in der vorherigen Abbildung gezeigt, naturgemäß eine hohe Volatilität, so dass die Wertaussagequalität abnimmt.

Der dritte relevante Parameter des Ertragswertverfahrens ist der Liegenschaftszinssatz der wie zuvor beschrieben, aus dem Quotienten geeigneter Kaufpreise und deren Reinerträgen ermittelt wird. Deshalb müssten zur Berücksichtigung von Nachhaltigkeitsaspekten mit diesem Parameter eine ausreichende Anzahl vergleichbarer Immobilien bestehen, die zudem am Markt gehandelt wurden. Nachdem diese Daten zum jetzigen Zeitpunkt nicht verfügbar sind, würde sich eine Reduzierung des Basiswertes Liegenschaftszinssatz mit pauschalen Sätzen aufgrund eines angenommen geringeren Risikos von nachhaltigen Immobilien im Vergleich zu konventionellen Immobilien anbieten. Hierfür gibt es allerdings noch keinerlei Erfahrungsansätze, so dass dieser Ansatz methodisch kaum belastbar ist.

Innerhalb des zuvor erwähnten Forschungsprojektes „Neue Immo-Standards“ wird aufgrund der zuvor beschriebenen Schwierigkeiten bei der Integration von Nachhaltigkeitsaspekten in das Ertragswertverfahren empfohlen, diese Aspekte in einer Kategorie „sonstige, wertbeeinflussende Umstände“ durch Mehr-/Minderkosten für Energie zu berücksichtigen. Zur Ermittlung der Mehr- bzw. Minderkosten werden die Energiekosten der zu bewertenden Immobilie mit einem Referenzgebäude verglichen und monetär bewertet.[661] Eine Schwierigkeit dieser Vorgehensweise liegt vor allem in der Wahl eines geeigneten Referenzgebäudes. Des Weiteren stellt dieser Ansatz eine Modifizierung des Ertragswertverfahrens dar.

Insgesamt lässt sich festhalten, dass das Ertragswertverfahren grundsätzlich zur Bewertung nachhaltiger Immobilien geeignet ist, dass allerdings zum jetzigen Zeitpunkt die Datengrundlage zur Berücksichtigung von Nachhaltigkeitsaspekten noch

---

[659] Vgl. Gleichung 4.4, S. 131.
[660] Vgl. Simon, 2006, S. 275.
[661] Geissler *u.a.*, 2010b, S. 22ff. u. Geissler *u.a.*, 2010a, S. 15ff.

nicht vorhanden ist. Inwiefern die modifizierten Verfahren vom Markt akzeptiert werden, bleibt abzuwarten.

4.4.4 Die Berücksichtigung von Nachhaltigkeitsaspekten innerhalb des DCF-Verfahren

Eine ähnliche Ausgangsbasis wie beim Ertragswertverfahren besteht beim DCF-Verfahren, was auf die hohe Ähnlichkeit beider Wertermittlungsmethoden zurückzuführen ist. Im Gegensatz zum Ertragswertverfahren bietet sich beim DCF-Verfahren durch dessen Aufbau als ein explizites Wachstumsmodell die Möglichkeit, einzelne Parameter, die sich aus den Nachhaltigkeitsmerkmalen ergeben, zu berücksichtigen. Wenngleich auch beim DCF-Verfahren Vergleichswerte, wie die marktübliche Miete oder die Mietausfallwagnis nachhaltiger Immobilien, gegenwärtig fehlen, lassen sich weitere Treiber, wie die im zuvor genannten EU-Projekt vorgeschlagene Erhöhung der Mieten im DCF-Verfahren, leichter integrieren. So kann die unterschiedliche zukünftige Entwicklung der Energiepreise sowie der Mieten leichter berücksichtigt werden.[662] Deshalb wird innerhalb des Projektes auch die Anwendung des DCF-Verfahrens empfohlen.[663] Auch die Berücksichtigung der unterschiedlichen Volatilitäten der Parameter Miete und Energiekosten im Diskontierungsfaktor kann – unter der Voraussetzung, dass dieser wird über den Kapitalmarkt ermittelt wird - einfacher integriert werden.[664]

Auch eine ausschließliche Berücksichtigung von Nachhaltigkeitsmerkmalen einer Immobilie unter der Prämisse, dass eine nachhaltige Objektqualität die zukünftigen Risiken minimiert, lässt sich theoretisch in einem kapitalmarktorientiert ermittelten Kalkulationszinsfuß besser und stichhaltiger als beim Liegenschaftszinssatz berücksichtigen. So könnten die Risikoprämie direkt von nachhaltigen börsengelisteten Immobilienunternehmen, wie z. B. nachhaltigen REITs, abgeleitet werden. Nachdem in Deutschland eine solche Anlageklasse zumindest noch nicht existiert, kann der

---

[662] Vgl. Abbildung 4.17, S. 173.
[663] Vgl. Bienert *u.a.*, 2010, S. 102.
[664] Vgl. Abschnitt 4.3.3.2.2, S. 162.

Unterschied, d. h. das Delta von internationalen konventionellen und nachhaltigen REITs hergeleitet werden.[665]

Aufbauend auf der Prämisse des langfristig reduzierten Risikos nachhaltiger Immobilien hat das Center for Corporate Responsibility and Sustainability (CCRS) an der Eidgenössischen Technischen Hochschule Zürich die CCRS Economic Sustainability Indicator (ESI)-Immobilienbewertung, ein Verfahren zur Bewertung nachhaltiger Immobilien, entwickelt. Nachdem bei dem Bewertungsverfahren davon ausgegangen wird, dass das Risiko über die vergleichsweise geringe Zeitspanne von zehn Jahren vom Sachverständigen abzuschätzen ist, bezieht sich das Verfahren auf die zweite Phase, der Ermittlung des Restwertes bzw. Verkaufswertes, des DCF-Verfahrens. Die erste Phase erfährt keine Änderungen. Der ESI-Indikator, der sich bei der Ermittlung des Restwertes auf den Kalkulationszinssatz des Terminal Values bezieht, wird mittels eines Risikokomponentenmodells ermittelt. Hierbei bestehen bei der Ermittlung Unterschiede entsprechend den Immobilientypen Mehrfamilienhäuser, Büro- und Verwaltungsgebäude. Falls eine Mischnutzung vorliegt, wird der Indikator entsprechend der Nutzung gewichtet ermittelt. Als Grundlage für das Risikokomponentenmodell dienen die Teilindikatoren „Flexibilität und Polyvalenz", „Energie- und Wasserabhängigkeit", „Erreichbarkeit und Mobilität", „Sicherheit" sowie „Gesundheit und Komfort". Die Gewichtung dieser Indikatoren basiert auf den drei Komponenten Szenarien, Eintrittswahrscheinlichkeit und Ausmaß. Der so ermittelte ESI-Indikator kann den Diskontierungsfaktor des Terminal Value maximal um -14,9% bzw. +6,6% beeinflussen. Ist der ESI-Indikator positiv, so kommt es zu einer Erhöhung des Immobilienwertes.[666] Im Gegensatz zu der Erhöhung des Immobilienwertes nachhaltiger Immobilien wird in der ESI-Immobilienbewertung eine Verringerung des Immobilienwertes von Gebäuden angenommen, deren nachhaltige Ausprägung geringer ist. Somit würde dies vermutlich zu einer Abwertung der Mehrzahl der Immobilien führen.

Die Untersuchungen zur Integration von Nachhaltigkeitsaspekten in das DCF-Verfahren zeigen, dass durch den Mangel an Vergleichs- bzw. Erfahrungswerten grundsätzlich die gleiche Problematik bei diesem Verfahren besteht wie bei den zu-

---

[665] Vgl. Abschnitt 3.3.1.3, S. 80f.
[666] Vgl. Meins/Burkhard, 2009, S. 12ff. u. Holthausen *u.a.*, 2009, S. 1ff.

vor untersuchten Verfahren. Jedoch bietet das DCF-Verfahren durch seine Transparenz bereits zum jetzigen Zeitpunkt bessere Möglichkeiten, ergänzende Parameter zu integrieren. Diese Integration ist speziell bei der Verwendung eines kapitalmarktorientierten Diskontierungsfaktors gegeben. Auch beim DCF-Verfahren bleibt abzuwarten, inwiefern die Modifikation des DCF-Verfahrens durch den ESI-Faktor vom Markt akzeptiert wird. In der Schweiz wurde das Verfahren in Praxistest umfangreich getestet und zeigte, dass es sowohl praktikabel wie auch plausibel ist.[667]

4.5 Zwischenfazit und abschließende Bemerkungen

Basierend auf der Beschreibung der Grundlagen der Immobilienbewertung und der Darstellung der unterschiedlichen Bewertungsanlässe sowie die sich hieraus ergebenden Werte wurden der für diese Arbeit relevante Verkehrswert und dessen Bewertungsmethoden sowie deren relevanten Parameter dargestellt. Dem nachfolgenden Zwischenfazit zur Integration der Nachhaltigkeitsaspekte in die Immobilienbewertung folgen eine Bemerkung zur aktuellen Marktsituation sowie ein Ausblick auf das weitere Vorgehen in dieser Arbeit.

4.5.1 Zwischenfazit zur Integration von Nachhaltigkeitsaspekten in die Immobilienbewertung

Zusammenfassend zeigt sich, dass von den normierten Verfahren sowohl das Vergleichswertverfahren wie auch das Ertragswertverfahren grundsätzlich zur Bewertung nachhaltiger Immobilien geeignet sind. Aufgrund der sehr starken Orientierung an Vergleichspreisen bzw. –mieten, was auch der Objektivität geschuldet ist, ist die Integration von Nachhaltigkeitsaspekten in die Immobilienbewertung aufgrund des Mangels an Erfahrungswerten gegenwärtig nicht möglich. Dies trifft auch auf die nichtnormierten Verfahren hedonistische Bewertung und DCF-Verfahren zu. Wenngleich das DCF-Verfahren grundsätzlich aufgrund seiner Transparenz und der

---

[667] Vgl. Meins, 2010, S. 271.

direkten Verbindung zum Kapitalmarkt die besten Möglichkeiten zur Integration von Nachhaltigkeitsmerkmalen bietet.[668]

Selbst wenn Nachhaltigkeit, speziell bei Büroimmobilien, heutzutage Standard ist und erste Transaktionsdaten nachhaltiger Immobilien wie z. B. dem Opernturm und dem Cube in Frankfurt am Main vorhanden sind,[669] reichen die Daten noch nicht für die Ermittlung von Vergleichspreisen oder dem Liegenschaftszinssatz aus. Eine ähnliche Problematik wie bei den Transaktionswerten besteht voraussichtlich auch bei der Ermittlung der marktüblichen Miete, speziell da die meisten nachhaltigen und zertifizierten Immobilien in Deutschland von den Eigentümern selbst genutzt werden.[670] Eine Änderung dieser Ausgangslage für die Immobilienbewertung ist erst zu erwarten, wenn die Anzahl nachhaltiger Immobilien bzw. der Teilmarkt „nachhaltige Immobilien" sowie dessen Teilmärkte die entsprechende Größe erreicht haben und sowohl für die Immobilientypen wie auch die regionalen Teilmärkte entsprechend Vergleichswerte zur Verfügung stehen.[671] Eine weitere Voraussetzung für die Integration von Nachhaltigkeitsaspekten innerhalb der Immobilienbewertung stellt neben dem notwendigen Bestand auch die Verfügbarkeit zentral geführter Datenbanken dar, die auch die Ausprägung der Nachhaltigkeitsmerkmale beinhalten, um neben den bekannten Vergleichswerten wie den Transaktionskosten weitere Vergleiche der veräußerten Immobilien anzustellen. Für den Nachweis des energetischen Standards, könnten hier z. B. die Daten des Energieausweises hilfreich sein. Zum Vergleich der Nachhaltigkeitsmerkmale der Immobilien würden sich - vorausgesetzt eine genügend große Anzahl Immobilien sind mit einem einheitlichen System zertifiziert - Bestandteile der Zertifizierungsbewertung anbieten. Die alleinige Berücksichtigung der Zertifizierungsnote wäre im Rahmen der Immobilienbewertung nicht zu empfehlen, da die Ausführungen im vorherigen Kapitel gezeigt haben, dass ein Nutzer nur Nachhaltigkeitsmerkmale honoriert, die mit einem direkten wirtschaftli-

---

[668] Zu einem ähnlichen Ergebnis kommt auch eine Studie in Australien: So wird zur Berücksichtigung von Nachhaltigkeitsaspekten mit dem DCF-Verfahren festgestellt: „However, the Discounted Cash Flow valuation methodology allows the valuer to more explicity reflect the various aspects of comparable rental and sales evidence in the valuation process. The DCF method facilitates transparency in the various rental rates, outgoings rates, growth rates and capital expenditure allowances adopted, enabling the valuer to more fully reflect all aspects of the comparable evidence." Bowman/Wills, 2008, S. 6.

[669] Vgl. o. V., 2011, S. 3f.

[670] Vgl. Deuser/Dieterich, 2010, S. 15.

[671] Vgl. Abbildung 3.11, S. 111.

chen Vorteil zu begründen sind. Hieraus ergibt sich, dass in der Regel nur Nachhaltigkeitsmerkmale, die für die Nutzung maßgeblich sind, auch wertrelevant sind. Im Gegensatz hierzu bezieht sich der Zertifizierung auf weitere Phasen, wie beispielsweise die Planungs- und Erstellungsphase.[672] Auch der Rückbau der eventuell durch die Verwendung von recycelbarem Material oder einer besseren Trennung der Baumaterialen kostengünstiger wäre, hat nur in bestimmten Fällen Einfluss auf den Immobilienwert. So werden die Freilegungskosten eines Grundstückes nur bei einer geringeren Restnutzungsdauer von 20 Jahren berücksichtigt, ansonsten bleiben diese Kosten unberücksichtigt.

Inwiefern die vorgeschlagenen Modifikationen der bestehenden Wertermittlungsverfahren wie sie in den vorgestellten Forschungsarbeiten erarbeitet wurden von den Marktteilnehmern akzeptiert werden, bleibt abzuwarten. Zu einer Sensibilisierung dieser Fragestellung und der Erzeugung einer höheren Akzeptanz weiterer Qualitätsmerkmale trägt auch die Integration dieser Aspekte in der Immobilienwertermittlungsverordnung bei. Allerdings wäre eine klare Vorschrift zur Berücksichtigung dieser Merkmale innerhalb der Wertermittlung wünschenswert. Ein wesentlicher Kritikpunkt der modifizierten Wertermittlungsverfahren ist die Orientierung an einem Standard bzw. einem Referenzgebäude, zu dem die wirtschaftlichen Vor- oder Nachteile ins Verhältnis gesetzt werden. Die Wahl dieses Referenzgebäudes bietet fast immer eine Angriffsfläche für Kritik an dem Verfahren. Auch bei der Wahl des Referenzgebäudes könnte die Erfassung weiterer relevanter Nachhaltigkeitsmerkmale in zentralen Datenbanken hilfreich sein.

4.5.2 Bemerkungen zur aktuellen Marktsituation und dem Einfluss der Energiepreise

Unabhängig von den zuvor beschriebenen Schwierigkeiten bei der Integration der Nachhaltigkeitsmerkmale in die Wertermittlung, zeigt eine Untersuchung des Statistischen Bundesamtes, deren Ergebnis in der folgenden Grafik auf Seite 180 dargestellt ist, bereits heute unterschiedliche Entwicklungen der Preisindizes für ei-

---

[672] So haben beispielsweise Faktoren, wie der Transportweg des Baumaterials der in der LEED-Zertifizierung in das Ergebnis einfließt keinen Einfluss auf die Nutzungsphase. Vgl. USGBC, 2010a, S. 6.

gengenutzte neugebaute und bestehende Wohngebäude sowie Wohnungen auf. Auch wenn sich die Datenreihen statistisch unterscheiden,[673] ist anhand der folgenden Abbildung ersichtlich, dass sich die beiden Preisindizes zunehmend in unterschiedliche Richtungen entwickeln. Ein Anhaltspunkt hierfür könnten die steigenden Energiekosten sein.[674] Ein weiteres Indiz für diese These könnte auch die Einführung der EnEV im Jahr 2002 sowie deren Novellierung im Jahr 2004 sein, da der Beginn der unterschiedlichen Entwicklungen der Preisindizes zeitlich mit der Einführung der EnEV 2002 zusammenfällt. Ein weiterer Abfall des Preisindex der bestehenden Wohnimmobilien erfolgt im Jahr 2003, woraufhin im folgenden Jahr der Preisindex wieder ansteigt. Die Ursache des Verlaufes könnte in der bevorstehenden Novellierung der EnEV im Jahr 2004 liegen, die allerdings keine verschärften Richtlinien beinhaltete.[675]

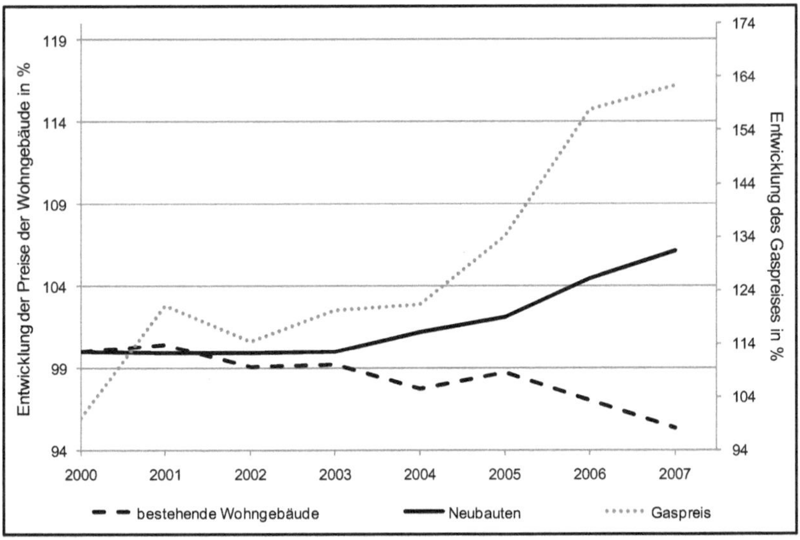

Abbildung 4.18: Entwicklung der Preise von bestehenden und neugebaute Wohngebäude im Verhältnis zur Entwicklung des Gaspreises

Quelle: eigene Darstellung, in Anlehnung an Dechnet, 2008, S. 70 u. S. 73 u. Statistisches Bundesamt Deutschland, 2009c, S. 22

673 So ist der Preisindex für Neubauten einerseits vom Bodenpreis bereinigt und beinhaltet teilweise die Herstellungskosten, während im Preisindex der bestehenden Wohngebäude auf reinen Marktdaten basiert und die Entwicklung des Bodenpreises enthalten ist. Vgl. Dechnet, 2008, S. 69ff.

674 Vgl. hierzu auch Wameling, 2010, S. 3.

675 Vgl. Abschnitt 3.3.2.2, S. 88ff.

Die Unterschiede zwischen den Werten sind nicht ausschließlich mit den zuvor aufgeführten relevanten Parametern zu erklären, da die Mieten wie in Abbildung 4.17 auf der Seite 173 dargestellt, kontinuierlich steigen und somit von einem eher steigenden Immobilienwert auszugehen ist.[676] Vielmehr ist diese Entwicklung mit der Marktanpassung zur Berücksichtigung der Lage auf dem Grundstücksmarkt zu erklären.[677] Wie in der folgenden Abbildung dargestellt, ist diese Marktanpassung Bestandteil der drei normierten Wertermittlungsverfahren.

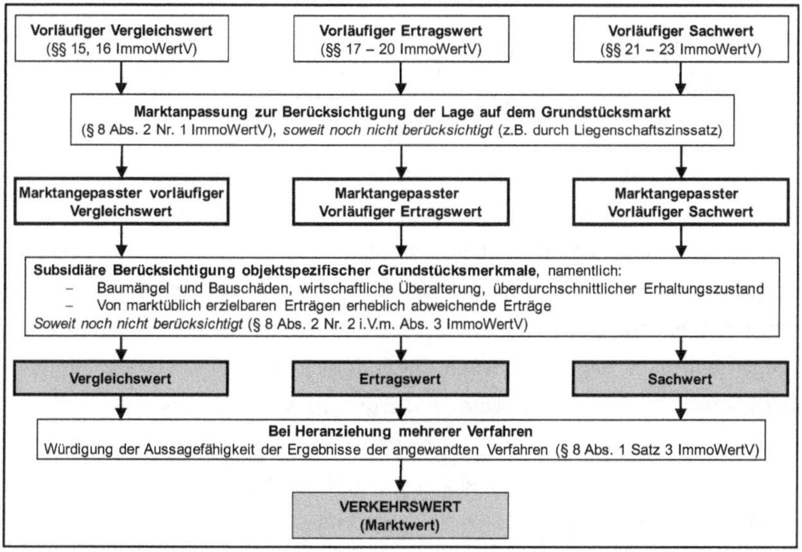

Abbildung 4.19: Ableitung des Verkehrswertes aus dem Vergleichs-, Ertragswerts-, und/oder Sachwertverfahren nach § 8 ImmoWertV
Quelle: Kleiber, 2010, S. 17

Aufgrund des Trends des Preisindexes der Bestandsimmobilien ist bei der Marktanpassung eher von Abschlägen bedingt durch eine geringe Energieeffizienz auszugehen. Zu begründen sind diese Abschläge durch die geringere Nachfrage und den daraus resultierenden Schwierigkeiten beim Verkauf älterer Häuser, deren ener-

[676] Beim Anstieg der durchschnittlichen Mieten in Deutschland ist davon auszugehen, dass die Mieten von Bestandsimmobilien sowie Neubauten steigen. Eine ausschließliche Begründung des Anstiegs der Mieten durch Neubauten, ist aufgrund des geringen Anteils von 0,05% eher unwahrscheinlich. Vgl. Abbildung 5.4, S. 196.

[677] So sieht der §8 Abs. 2 Nr. 1 ImmoWertV vor, dass in den Wertermittlungsverfahren die allgemeinen Wertverhältnisse auf dem Grundstücksmarkt zu berücksichtigen sind.

getische Eigenschaften nicht den Anforderungen des Grundstückmarktes entsprechen.[678] Zur Berücksichtigung von Zu- oder Abschlägen wurden innerhalb des Forschungsprojektes „Immobilienwert und Energiebedarf" basierend auf empirischen Untersuchungen Bewertungsmatrizen in Abhängigkeit vom Immobilientyp, der Baualtersklasse und der Endenergieeffizienzklasse ermittelt. Hierbei zeigt sich, dass vor allem für ältere Gebäude mit einer geringen Energieeffizienz von Abschlägen auszugehen ist, während Zuschläge für neuere Gebäude mit einer höheren Energieeffizienzklasse zu berücksichtigen sind.[679] Auch auf den internationalen Immobilienmärkten[680] geht die RICS von einer sinkenden Nachfrage von Immobilien, die den Nachhaltigkeitsrichtlinien nicht entsprechen, aus, was sich negativ auf den Wert dieser Immobilien auswirkt.[681]

Die Berücksichtigung von Zuschlägen bei neueren Gebäuden, deren höhere Energieeffizienz bereits allein aus den steigenden rechtlichen Anforderungen resultiert,[682] stellt im Gegensatz zu den Bestandsimmobilien nur einen Grund für den Anstieg des Preisindexes dar. Ein weiterer Grund für diese Entwicklung könnten zusätzlich vergleichsweise höhere Mieten energieeffizienter Gebäude darstellen. So wird davon ausgegangen, dass die Bruttomieten durch kontinuierlich steigende Energiepreise immer mehr in den Fokus der Mieter und Eigentümer rücken. Bei energieeffizienten Gebäuden könnten aufgrund des geringeren Energieverbrauches die Nettomieten bei gleichbleibender Bruttomiete steigen, was gleichzeitig zu einem Anstieg des Verkehrswertes führt.[683] Dadurch zeigt sich, dass Objekte mit einer höheren Energieeffizienz höhere Mieten generieren können und damit höhere Immobilienwerte erzielen können. Gegenwärtig wird der Unterschied der Mieten als ein Mehrwert bezeichnet, da der Immobilienbestand von Objekten mit geringerer Energieeffizienz dominiert wird. Zukünftig wird sich das Verhältnis durch Neubauten oder Modernisie-

---

678 Vgl. Hofmann-Heidrich, 2011, S. 15.
679 Vgl. Wameling, 2010, S. 8ff.
680 Im Wesentlichen bezieht sich die RICS auf den britischen und den US-amerikanischen Markt.
681 Des Weiteren wird innerhalb des Berichtes angenommen, dass steigende Kosten für Energie, Wasser und Abfallentsorgung bei Gebäuden, die über keine entsprechende Energieeffizienz, keine Wassersparvorrichtung sowie über keine Möglichkeit zur Abfallversorgung vor Ort verfügen, höhere Betriebskosten verursachen und dies im ungünstigsten Fall zu niedrigerem Mietwachstum führen könnte. Vgl. RICS, 2009, S. 23 u. 26.
682 Vgl. Kapitel 3.3.2.2, S. 88ff.
683 Vgl. Mikoleit-Garraud, 2010, S. 202 u. Töllner, 2009, S. 58f.

rungen von Bestandsimmobilien[684] verschieben, so dass der Bestand von energieeffizienten Objekten dominiert wird. In diesem Fall ist nicht mehr von einem Mehrwert energieeffizienter Immobilien auszugehen, sondern vielmehr von einem Mietabschlag für Objekte die dem zukünftigen Standard nicht entsprechen.

Insgesamt zeigt sich, dass für die Werte von Neubauten und Bestandsimmobilien gegenläufige Entwicklungen zu erkennen sind, beide Entwicklungen aber auf die gemeinsame Ursache Energiepreis zurückzuführen sind. Unter der Prämisse, dass diese Erkenntnisse des deutschen Immobilienmarktes auf internationale Immobilienmärkte übertragbar sind,[685] bedeutet dies für den empirisch ermittelten Mehrwert nachhaltiger Immobilien in den im vorherigen Kapitel zur Performance nachhaltiger Mehrwert vorgestellten Studien,[686] dass das Delta zwischen nachhaltigen Immobilien und konventionellen Immobilien nicht ausschließlich aus der Erhöhung des Immobilienwertes nachhaltiger Immobilien resultiert, sondern auch aus dem reduzierten Wert der konventionellen Immobilien. Auch hier ist eine Verschiebung des Verhältnisses nachhaltiger zu konventionellen Immobilien, ähnlich wie zuvor beschrieben, zu erwarten, wenngleich die Verschiebung später zu erwarten ist, was im Wesentlich aus der späteren Standardisierung nachhaltiger Immobilien resultiert,[687] wobei die Energieeffizienz ein wesentliches Merkmal nachhaltiger Immobilien darstellt, was eine klare Trennung beider Entwicklungen erschwert.[688]

4.5.3 Methodische Bemerkungen zum weiteren Vorgehen innerhalb dieser Arbeit

Basierend auf diesen Ergebnissen wird nachfolgend ein Bewertungsmodell entwickelt, das die zukünftige Wertentwicklung einer bestehenden Immobilie berücksichtigt. So haben die vorherigen Ausführungen gezeigt, dass sich eine hohe

---

[684] Wie bei Neubauten unterliegen auch Modernisierungs- und teilweise Instandsetzungsmaßnahmen einem gesetzlich vorgeschriebenen energetischen Mindeststandard. Vgl. Abschnitt 3.3.2, S. 85ff.
[685] Woraufhin auch die Ergebnisse der zuvor erwähnten Studie der RICS hinweist.
[686] Vgl. Tabelle 1.1, S. 4.
[687] So wurde das erste Gesetz der Energieeinsparung in Deutschland bereits im Jahr 1973 verabschiedet. Die Vorschriften wurden in mehreren Stufen bis zur aktuellen EnEV 2009 verschärft, während international das erste Zertifizierungssystem für nachhaltige Immobilien im Jahr 1990 in Großbritannien entwickelt wurde. Das deutsche Zertifizierungssystem wurde sogar erst im Jahr 2009 entwickelt. Vgl. Abschnitt 3.3.2.2, S. 88ff. u. Tabelle 3.2, S. 69.
[688] Vgl. Kapitel 3.1, S. 54ff.

Energieeffizienz positiv auf den Immobilienwert auswirkt, was speziell eher neuere Immobilien betrifft. Vor allem Objekte, die vor der Einführung von Gesetzen zur Energieeinsparung errichtet wurden, besitzen in der Regel eine geringere Energieeffizienz, wodurch sich grundsätzlich ein geringerer Immobilienwert ableiten lässt. Gerade aufgrund dieser Ausgangssituation bieten diese Immobilien die Möglichkeit, die Energieeffizienz des Gebäudes durch eine energetische Modernisierung zu erhöhen und damit auch, wie zuvor gezeigt wurde, die Möglichkeit höhere Mieteinnahmen, eine bessere Verkäuflichkeit sowie letztlich einen höheren Immobilienwert zu erzielen. Die Zielsetzung des nachfolgend entwickelten Modells besteht in der Bewertung dieses Potenzials, das sich aus einer möglichen zukünftigen Entwicklung ergeben kann. Hierbei stellen die Energieeffizienz des energetisch modernisierten Gebäudes sowie die Entwicklung des Gaspreises die maßgeblichen Parameter dar. Die Eingrenzung auf das Nachhaltigkeitskriterium Energie ist einerseits der in diesem Kapitel fehlenden Datengrundlage geschuldet, andererseits stellt die Energieeffizienz von Gebäuden ein wesentliches Kriterium nachhaltiger Immobilien dar, von dem zudem ein maßgeblicher Beitrag für den Umwelt- und Klimaschutz ausgeht.[689]

Die Datengrundlage zur Performance nachhaltiger Immobilien ist in Deutschland bis auf wenige erste Abschätzungen noch sehr gering. Deshalb ist ein Rückgriff auf empirische Untersuchungen, wie beispielsweise bei der Entwicklung der ESI-Immobilienbewertung in der Schweiz, in Deutschland noch nicht möglich. Die aktuell vorhandene Datengrundlage in Deutschland, die auch für den weiteren Modellaufbau benötigt wird, ist primär auf den Energiebereich fokussiert, weshalb sich bereits aus modelltheoretischen Gründen die Fokussierung auf den Treiber Energie empfiehlt. Grundsätzlich besteht auch in weiteren nachhaltigkeitsaffinen Bereichen, wie beispielsweise altersgerechten Immobilien, eine Nachfrage.[690] Allerdings existiert noch keine Datengrundlage, die einen Einfluss dieses Nachhaltigkeitsmerkmals auf den Immobilienwert nachweist, wie dies zuvor mit der Energieeffizienz gezeigt wurde.[691] Deshalb können diese Faktoren innerhalb des Modellaufbaus zum jetzigen Zeitpunkt nicht berücksichtigt werden.

---

[689] Vgl. Lux/Piehler, 2011, S. 195f.
[690] o. V., 2009c, S. 11.
[691] Vgl. Abschnitt 4.5.2, S. 179ff.

5 Modell zur Berücksichtigung einer zukünftigen energetischen Modernisierung

Ausgehend von dem zuvor gezeigten Zusammenhang der Energieeffizienz und des Immobilienwertes wird innerhalb dieses Kapitels ein Bewertungsmodell für nachhaltige, i. S. energieeffiziente Immobilien entwickelt, das die zukünftige Entwicklung einer energetischen Modernisierung berücksichtigt. Die Ausführungen im vorherigen Kapitel haben gezeigt, dass sich das DCF-Verfahren, trotz der mangelnden Standardisierung, für die Integration der Nachhaltigkeitsaspekte in die Immobilienbewertung anbietet. Allerdings birgt dieses Verfahren, wie die folgenden Ausführungen zeigen, auch Schwächen bei der Bewertung zukünftiger Investition, weshalb nachfolgend das Potenzial einer zukünftigen Entwicklung mit dem Realoptionsansatz, der eine Erweiterung des DCF-Verfahrens darstellt, bewertet wird. Der ausführlichen Begründung der Wahl des Realoptionsansatzes ist die Beschreibung der Grundlagen zur Berücksichtigung der zukünftigen Entwicklung vorangestellt. Aufbauend hierauf wird ein Kausalmodell zur Berücksichtigung einer energetischen Modernisierung bei den Mieteinnahmen sowie dem Immobilienwert entwickelt. Der Vorstellung des Modells sowie einer Beispielrechnung ist eine Einführung des Realoptionsansatzes und dessen Anwendung im Immobilienbereich vorangestellt. Zunächst werden nachfolgend die Grundlagen der Berücksichtigung der zukünftigen Entwicklung „energetische Modernisierung" erörtert.

5.1 Grundlage der Berücksichtigung einer energetischen Modernisierung

5.1.1 Die Wahl des Bewertungsverfahrens

Die Berücksichtigung des Potenzials einer energetischen Modernisierung im Immobilienwert entspricht den Vorgaben der Immobilienwertverordnung, die vorschreibt: *„Künftige Entwicklungen wie beispielsweise absehbare anderweitige Nutzungen (§4 Absatz 3 Nummer 1) sind zu berücksichtigen, wenn sie mit hinreichender Sicherheit auf Grund konkreter Tatsachen zu erwarten sind"*[692]. Die Grundvoraussetzung für die Berücksichtigung der zukünftigen Entwicklung stellt eine qualifizierte Erwartung dar,

---

[692] §2 ImmoWertV.

die hier aus dem aufgezeigten Zusammenhang der Energieeffizienz und des Immobilienwertes resultiert.[693] Darüber hinaus sind zur Integration des Potenzials der zukünftigen Entwicklung in den Verkehrswert, die folgenden drei Regeln einzuhalten:[694]

- Die Erwartung muss auf rechtlichen und tatsächlichen Gegebenheiten fußen, spekulative Erwartungen dürfen nicht berücksichtigt werden.
- Die Nutzungsmöglichkeit muss entsprechend den im Immobilienverkehr „gewöhnlichen" und damit markt- und wertbestimmenden Verwertungsmöglichkeiten des Objektes entsprechen. Persönliche Nutzungsabsichten eines Erwerbers sind nicht zu beachten.
- Die Daten, die in die Wertermittlung eingehen, müssen dem gewöhnlichen Geschäftsverkehr entsprechen. Ungewöhnliche oder persönliche Verhältnisse dürfen die Daten nicht beeinflussen.

Diese drei Regeln gehen im Wesentlichen auf die Definition des Verkehrswertes als einem intersubjektiven Wertbegriff, der dem Normalitätsprinzip entspricht, zurück.[695] Wie in Abbildung 5.1, Seite 187, dargestellt, wird in der Literatur für die Wertermittlung eines Grundstückes mit verschiedene Entwicklungsmöglichkeiten vorgeschlagen, entsprechend einer Szenarioanalyse für jede bestehende Alternative eine getrennte Wertermittlung mit dem Ertragswertverfahren bzw. für die Alternativnutzung mit dem Residualwertverfahren vorzunehmen und das wahrscheinlichste Szenario auszuwählen.[696]

---

[693] Vgl. Abschnitt 4.5.2, S. 179.
[694] Vgl. Kleiber *u.a.*, 2010, S. 600f.
[695] Vgl. Abschnitt 4.1.2, S.116.
[696] Vgl. Kleiber *u.a.*, 2010, S. 601.

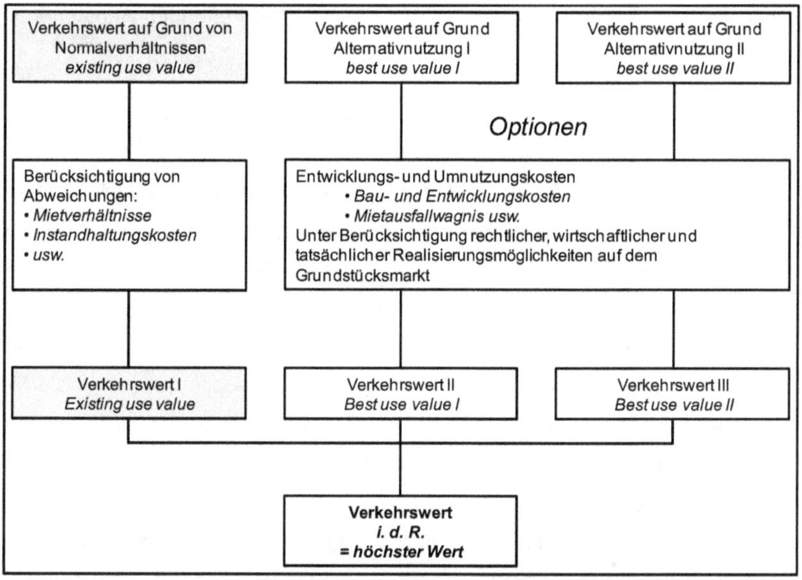

Abbildung 5.1: Verkehrswert von Immobilien mit Entwicklungspotenzial
Quelle: Kleiber u.a., 2010, S. 601

Entgegen der hier vorgeschlagenen Anwendung des Ertragswert- bzw. des Residualwertverfahrens im Rahmen einer Szenarioanalyse, basiert das in dieser Arbeit entwickelte Modell auf dem Realoptionsansatz. Ein wesentlicher Kritikpunkt der zuvor genannten Verfahren resultiert aus den Grenzen, die den Verfahren bei der Einbindung der Flexibilität gesetzt sind. So sind, wie in Abbildung 5.1 dargestellt, zu Beginn des Planungshorizontes ein Erwartungsszenario und eine Handlungsstrategie festzulegen. Gleichzeitig sind hierbei Annahmen statischer Rahmenbedingungen zu treffen und Anpassungsmöglichkeiten aufgrund sich ändernder Umweltzustände auszuschließen, was bei Investitionsentscheidungen in der Realität selten zu beobachten ist.[697] Dies führt bei einem auf Basis des DCF-Verfahrens ermittelten Kapitalwert in der Regel zu einer Unterbewertung und somit unter Wertsteigerungsgesichtspunkten zu einer suboptimalen Investitionsentscheidung.[698] Aufgrund der

[697] Vgl. Dixit/Pindyck, 1995, S. 105ff. u. Kemna, 2001, S. 641.
[698] Vgl. Damisch, 2002, S. 153, Trigeorgis, 1996, S. 124 u. Hommel/Pritsch, 1999, S. 127f.

mangelnden Berücksichtigung der Flexibilität und der zu treffenden Annahmen wird der so ermittelte Kapitalwert auch als „statischer Kapitalwert“ bezeichnet.[699]

Im Gegensatz zu den barwertorientierten Modellen des Ertragswert- und DCF-Verfahrens, sowie dem daraus ableitbaren Residualwertverfahren, besitzt der Realoptionsansatz (ROA) die Möglichkeit, auch zukünftige Handlungsmöglichkeiten zu berücksichtigen.[700] D. h. abweichend von den zuvor genannten Verfahren fließt der Wert der Flexibilität einer Investition, die zu einem späteren Zeitpunkt realisiert werden kann, in die Bewertung mit ein, was zu einer „Heilung“ der zuvor aufgezeigten Schwächen der barwertorientierten Verfahren führt. Eine wesentliche Voraussetzung der Flexibilität stellt grundsätzlich die freiwillige Handlungsoption dar, d. h. die Flexibilität entfällt bei auf gesetzlichen Verpflichtungen basierenden Maßnahmen. In der folgenden Abbildung 5.2 ist die Flexibilität bzw. die Handlungsoption eines Immobilienbesitzers im Rahmen der energetischen Modernisierung schematisch dargestellt. Den Ausgangspunkt der Betrachtung stellen die Megatrends der Nachhaltigkeit dar. Sie können, wie zuvor beschrieben,[701] zu einer Änderung der Nutzernachfrage führen und/oder durch die Ressourcenverknappung zu einem Anstieg der Energiepreise verursachen. Gleichzeitig veranlassen sie den Staat zum Handeln. In der Regel wird der Gesetzgeber mit gesetzlichen Vorgaben versuchen negativen Entwicklungen entgegen zu wirken.[702] Hierdurch hat der Besitzer keine Wahlmöglichkeit und muss das Gebäude energetisch modernisieren. Damit entfällt die Handlungsoption, es besteht keine Flexibilität. Falls dieser Fall nicht Eintritt, hat der Investor immer noch die Handlungsmöglichkeit die Modernisierung zeitlich sowie in ihrem Umfang selbst zu bestimmen. Eine rationale Entscheidung vorausgesetzt, wird der Investor die Maßnahme durchführen, wenn die Erwartung der höheren Einnahmen aufgrund einer höheren Miete und/oder einem geringeren Leerstand die Investitionskosten übersteigen wird.

---

[699] Vgl. Hayes/Garvin, 1982, S. 78, McDonald/Siegel, 1986, S. 708 u. Dixit, 1989, S. 630.

[700] Der ROA basiert auf MYERS, der bei der Unternehmensbewertung neben dem traditionell berechneten Wert der Vermögensgegenstände auch eine zweite Komponente ausmachte, die den Optionswert darstellt und sich aus den möglichen zukünftigen Handlungsmöglichkeiten eines Unternehmens ergibt. Vgl. Myers, 1977, S. 150.

[701] Vgl. Abschnitt 3.3.1, S. 74ff.

[702] Vgl. Abschnitt 3.3.2, S. 85ff.

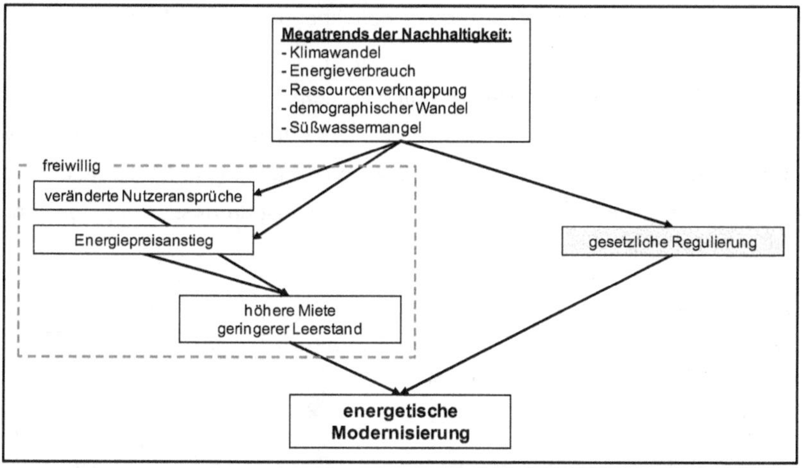

Abbildung 5.2: Schematische Darstellung der Flexibilität im Rahmen einer energetischen Modernisierung
Quelle: eigene Darstellung

Die Attraktivität des ROA-Modellansatzes resultiert vor allem aus seiner Integrationsmöglichkeit von Flexibilität in einer Investitionsentscheidung und der symmetrischen Berücksichtigung von Risiko auf Ertrag und Wert einer Immobilie.[703] Handlungsflexibilität und Risiko i. S. von Upside und Downside Risk, mithin also als Wertreiber im Sinne einer Normalverteilung, stellen gerade für die investitionstheoretische Beurteilung von freiwilligen Umbaumaßnahmen an Gebäuden die zentralen Ansatzpunkte zur Wertermittlung dar, die den gängigen Bewertungsverfahren im Immobilienbereich fehlen. In der folgenden Tabelle 5.1, auf Seite 190, ist ein Vergleich der verschiedenen Wertermittlungsverfahren in Bezug auf die Unsicherheit und Flexibilität dargestellt. Hierbei zeigt sich, dass sich die normierten Verfahren und das DCF-Verfahren, wie im vorherigen Kapitel gezeigt, grundsätzlich zur Marktwertermittlung eignen.[704] Der ROA offeriert bei der Marktwertermittlung seine Schwäche, wie nachfolgend gezeigt wird.[705] Allerdings bietet er sich aufgrund seiner zukunftsgerichteten Auslegung wie das Ertragswert- und das DCF-Verfahren zur Erkennung und Analyse von Unsicherheiten sowie zur Erkennung von Flexibilitäten. Im Ver-

[703] Vgl. Schäfer/Schässburger, 2003, S. 285.
[704] Vgl. Kapitel 4.2, S. 121ff. u. Abschnitt 4.3.3, S. 152ff.
[705] Vgl. Abschnitt 5.4.1.1, S. 238ff.

gleich zum DCF-Verfahren ist das Ertragswertverfahren zur Analyse von Unsicherheiten weniger geeignet, was im Wesentlichen auf die Berücksichtigung aller zukünftigen Entwicklungen in einem Parameter, dem Liegenschaftszinssatz, zurückzuführen ist. Die begrenzte Möglichkeit zur Erkennung und zur Analyse von Unsicherheiten mit dem Vergleichswert- sowie dem Sachwertverfahren resultiert vor allem aus der gegenswarts- bzw. vergangenheitsorientierte Ausrichtung der Verfahren.[706]

Verfahren / Eigenschaften	Vergleichswert	Sachwert	Ertragswert	DCF	Realoptionsansatz
Marktwertbestimmung	●	●	●	●	◐
Unsicherheiten erkennen	◐	◐	●	●	●
Unsicherheiten analysieren	◐	◐	◐	●	●
Flexibilitäten erkennen	○	○	●	●	●
Flexibilitäten bewerten	○	○	○	○	●

Tabelle 5.1: Vergleich der Wertermittlungsmethoden in Bezug auf Unsicherheit und Flexibilität

Quelle: eigene Darstellung

5.1.2 Begründung der Eingrenzung

Neben der hier begründeten Wahl des Realoptionsansatzes als Bewertungsmodell sind aufgrund des sehr breit gefächerten Forschungsfeldes Immobilien im Allgemeinen sowie im Speziellen nachhaltige Immobilien Eingrenzungen vorzunehmen.[707] So beziehen sich die weiteren Ausführungen wie bereits zuvor angedeutet auf Bestandsimmobilien des Immobilientyps Wohnimmobilien. Diese Eingrenzung ergibt sich aus der besonderen Relevanz dieses Immobilientyps. So besteht der größte Anteil der Wohnflächen aus Altbauten, die zwischen 1849 und 1978 erbaut wurden. Gerade diese Altbauten verbrauchen drei- bis fünfmal mehr Heizenergie als Neubauten, weshalb sich durch Modernisierungsmaßnahmen bis zu 80% des

[706] Vgl. Abbildung 4.2, S. 119 u. Abschnitt 4.2.2, S. 127ff.
[707] Vgl. Kapitel 1, S. 11ff. u. Kapitel 1, S. 53ff.

Energieverbrauchs einsparen lassen.[708] Hinsichtlich der Nachhaltigkeit von Immobilien spielt die Energieeffizienz die tragende Rolle für die Entwicklung des Modells. Diese Eingrenzung wird ebenfalls nachfolgend im Einzelnen begründet.

5.1.2.1 Eingrenzung auf das Nachhaltigkeitskriterium Energie

Der hier berücksichtigte Werttreiber Energie beinhaltet sowohl den Energieverbrauch, wie auch die CO_2-Emission, die maßgeblich bei der Beheizung der Immobilie entsteht. Trotz dieser Einschränkung auf nur einen einzelnen Nachhaltigkeitsaspekt bleibt der ganzheitliche Grundgedanke der drei Dimensionen der Nachhaltigkeit erhalten.[709] Dieser Umstand wird in der folgenden Abbildung 5.3, auf Seite 191, basierend auf der Definition der Dimensionen der Nachhaltigkeit im Bauwesen, von SCHNEIDER U. A., verdeutlicht.

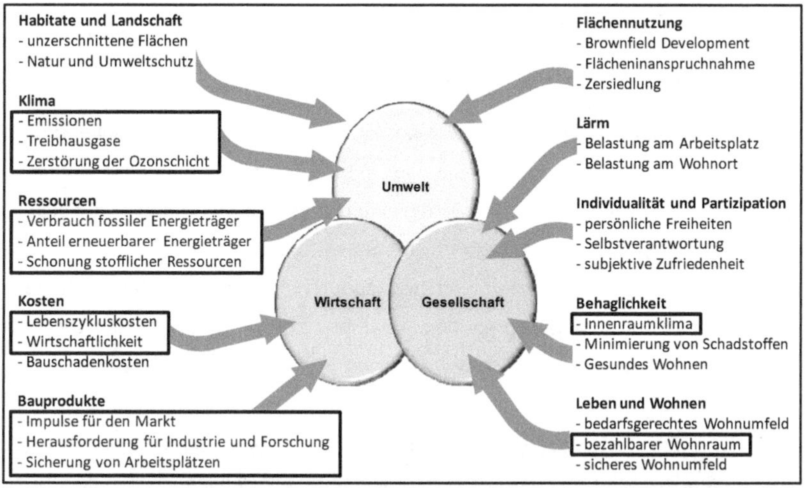

Abbildung 5.3: Dimensionen der Nachhaltigkeit im Bauwesen
Quelle: eigene Darstellung, in Anlehnung an Schneider u.a., 2007, S. 144

In dieser Abbildung wird der Einfluss des Werttreibers Energie auf die umrahmten Dimensionen der Nachhaltigkeit deutlich, wobei der Werttreiber in der Regel nicht der einzige Nachhaltigkeitsaspekt einer Dimension ist und er somit jeweils nur einen Teileinfluss hat. Ferner haben andere Werttreiber, wie beispielsweise die Verwen-

[708] Vgl. Sedlbauer, 2009, S. 34.
[709] Vgl. Abbildung 3.2, S. 59.

dung nachwachsender Rohstoffe auch einen Einfluss auf einen Großteil der umrahmten Felder.

Auch entsprechend der zuvor eingeführten Bezeichnungen von Gebäuden mit Nachhaltigkeitsmerkmalen kommt es durch die Reduzierung auf den Nachhaltigkeitsaspekt Energie zu einer vordergründigen Eingrenzung auf die Gebäudebezeichnung Niedrigenergiehaus. Neben der Fokussierung auf einen einzelnen Aspekt widerspricht auch die Konzentration auf die Nutzungsphase, die aus den Erkenntnissen der Immobilienbewertung resultiert, der Definition der „nachhaltigen Immobilie“.[710] Allerdings bezieht sich der Nachhaltigkeitsaspekt Energie nicht ausschließlich auf die ökonomische, sondern auch auf die soziale und ökonomische Dimension der Nachhaltigkeit, weshalb weiterhin der Begriff „nachhaltige Immobilie“ verwendet wird. Des Weiteren entspricht eine Erhöhung der Energieeffizienz von Immobilien und der damit verbundenen Reduzierung des Konsums nicht erneuerbarer Energien, wie Gas und Öl, dem intergenerativen Ansatz der Nachhaltigkeit.[711]

Insgesamt ist festzuhalten, dass der Treiber Energie, wie in diesem Kapitel definiert, eine Sonderstellung im Bereich nachhaltiger Immobilien einnimmt. Diese Sonderstellung ist auch auf andere Bereiche wie die öffentliche Wahrnehmung von Politik und der privaten Haushalte[712] übertragbar. Die Sonderstellung resultiert auch aus den zuletzt stark gestiegenen Preisen und den dadurch gestiegenen Energiekosten.[713] Für die Politik ist der Immobilienbereich im Rahmen der Klimaschutzpolitik besonders maßgebend.[714] So schätzt die Bundesregierung in ihrer Hightech-Strategie zum Klimaschutz den Anteil des Energieverbrauches von Immobilien auf 40% am gesamten Energieverbrauch, der mit 170 Mio. Tonnen CO_2-Emissionen pro Jahr somit ca. 20% der gesamten jährlichen Emissionen Deutschlands verursacht.[715] Hiervon entfallen 15% der deutschen CO_2-Emissionen auf die Heizung und Warmwasseraufbereitung für Wohnungen. Von diesem Anteil von 15% können circa fünf Prozent vermieteten

---

[710] Vgl. Abschnitt 3.1.2, S. 59ff.
[711] Vgl. Kapitel 3.1, 54f.
[712] Vgl. hierzu auch die Ausführungen zum Umweltbewusstsein privater Haushalte in Abschnitt 3.3.1.1, S. 76f.
[713] Vgl. Abbildung 4.17, S. 173.
[714] Vgl. hierzu auch die Ausführungen zu den regulatorischen Rahmenbedingungen auf internationaler wie auch auf nationaler Ebene in Abschnitt 3.3.2, S. 85ff.
[715] Vgl. BMBF, 2007, S. 2 u. S. 31-33.

Geschosswohnungsbauten sowie 10% selbst genutzten Wohneinheiten zugeordnet werden.[716]

Einen weiteren Hinweis auf die Sonderstellung der Energie liefern die Vielzahl an Berichten und Programmen auf nationaler sowie internationaler Ebene, wovon ein Ausschnitt nachfolgend chronologisch dargestellt wird:

Die Relevanz der Energieeffizienz von Immobilien für den Klimaschutz wird bereits in dem 1987 erschienen Brundtland Bericht hervorgehoben. Dieser thematisiert unter anderem den Umwelt- und Klimaschutz als Teilbereiche einer nachhaltigen Entwicklung vor dem Hintergrund eines prognostizierten steigenden Energieverbrauchs an fossilen Brennstoffen und der daraus resultierenden Erderwärmung.[717] Im Bereich der Immobilien wird ein großes Potenzial für Energieeinsparungen durch Maßnahmen zur Erhöhung der Energieeffizienz gesehen.[718]

Im Kyoto-Protokoll, der Klimarahmenkonvention der Vereinten Nationen, das die Zielwerte für den Ausstoß von Treibhausgasen für die teilnehmenden Staaten festlegt, verpflichtet sich die Bundesrepublik Deutschland dazu, die Emissionen gegenüber dem Basisjahr 1990 bis 2008-2012 um 21% zu reduzieren.[719] Die Energieeffizienz als Maßnahme für den Klimaschutz nimmt durch ihre Verankerung im Kyoto-Protokoll dabei weiter an Bedeutung zu.[720]

Der 2002 veröffentlichte Endbericht der Enquete-Kommission des Deutschen Bundestages für eine nachhaltige Energieversorgung beziffert den Anteil des Energieverbrauchs der privaten Haushalte auf 28% am gesamten Energieverbrauch Deutschlands und führt diesen hauptsächlich auf den Raumwärmebedarf zurück. Durch eine Erhöhung der Energieeffizienz in diesem Bereich könnte demnach der Energiebedarf um bis zu 70% reduziert werden.[721] Energieeinsparpotenziale werden sowohl bei Sanierungen, als auch bei Neubauten gesehen.[722]

---

716 Vgl. DV, 2009, S. 4.
717 Vgl. Hauff, 1987, S. 176f.
718 Vgl. Hauff, 1987, S. 202.
719 Vgl. United Nations, 1998, Anhang B.
720 Vgl. United Nations, 1998, Artikel 2, Absatz 1 (a) (i).
721 Vgl. Deutscher Bundestag, 2002, S. 40 f. Tz. 120.
722 Vgl. Deutscher Bundestag, 2002, S. 159-173 Tz. 521-567.

Sowohl der Stern Review on the Economics of Climate Change, wie auch das Intergovernmental Panel on Climate Change untersuchen im Weiteren Maßnahmenfelder zur Anpassung an den Klimawandel bzw. zur Milderung von dessen Folgen. Neben der Bepreisung von und dem Handel mit Emissionsrechten und der Förderung von Innovationen im Bereich emissionsarmer Technologien wird abermals die Förderung von Energieeffizienz auch und insbesondere von Wohn- und Geschäftsgebäuden als maßgeblicher Bereich zur Verringerung von CO_2-Emissionen identifiidentifiziert.[723]

Auf nationaler Ebene schlägt sich dies in den sogenannten Meseberger Beschlüssen nieder, in denen die Bundesregierung eine Reduzierung der Emissionen bis 2020 von 40 Prozent unter das Niveau von 1990 anbietet. Neben dieser Zielsetzung werden hierbei die Strategien bzw. die Ansatzpunkte zur Erreichung dieser Ziele festgelegt. Von den 26 Maßnahmen, die in diesem Bericht genannt werden, beziehen sich sechs Maßnahmen, wie in der folgenden Tabelle dargestellt, direkt auf private und staatliche genutzte Gebäude sowie eine Maßnahme indirekt auf den Immobilienbereich.[724]

Maßnahmen		Immobilien	Staatlich genutzte Immobilien	Privathaushalte in Verbindung zu Immobilien
4	Intelligente Messverfahren für Stromverbrauch			X
10	Energieeinsparverordnung	X		
11	Betriebskosten bei Mietwohnungen	X		
12	CO_2-Gebäudesanierungsprogramm	X		
13	Energetische Modernisierung der sozialen Infrastruktur		X	
14	Erneuerbare-Energien Wärmegesetz (EEWärmeG)	X		
15	Programm zur energetischen Sanierung von Bundesgebäuden		X	

Tabelle 5.2: Maßnahmen der Meseberger Beschlüsse, die den Immobilienbereich betreffen

Quelle: eigene Darstellung, in Anlehnung an BMU, 2007b

723 Vgl. Stern, , S. 324 ff. u. Levine *u.a.*, 2007, S. 387ff.
724 Vgl. BMU, 2007b, S. 1ff.

In all diesen Berichten und Programmen wird dem hohen Einsparpotenzial im Immobilienbereich eine elementare Rolle zur Erreichung der Klimaschutzziele zugewiesen, wobei die Bundesregierung davon ausgeht, dass Gebäudesanierungen das höchste energetische Sparpotenzial bieten, um über das im Kyoto-Protokoll vereinbarte Ziel hinaus eine Reduktion der CO_2-Emissionen von 30 % gegenüber dem Basisjahr 1990 bis 2020 zu erreichen.[725] Die besondere Schlüsselrolle des Immobilienbestandes zeigen auch die Ziele der Bundesregierung, im Rahmen des Energiekonzepts für eine umweltschonende, zuverlässige und bezahlbare Energieversorgung den Primärenergiebedarf bis zum Jahr 2050 um 80% zu senken, damit der Gebäudebestand nahezu neutral ist.[726] Darüber hinaus spielt die Gebäudesanierung im Rahmen der Energieeinwende in Deutschland eine besondere Rolle. So bezeichnet die Ethik-Kommission des Deutschen Bundestages, Sichere Energieversorgung, die Gebäudesanierung als ein generationenübergreifendes Projekt der gesamten Gesellschaft und empfiehlt das weitere Vorantreiben der Sanierung von Bestandsimmobilien.[727]

Diese Ausführungen zur Begründung der Eingrenzung auf den Nachhaltigkeitsaspekt Energie zeigen bereits auch die Relevanz des Gebäudebestandes sowie im Speziellen des Wohnimmobilienbestandes. Nachfolgend werden weitere Gründe für die Fokussierung auf den Wohnimmobilienbestand aufgezeigt.

5.1.2.2 Eingrenzung auf bestehende Wohnimmobilien

Die besondere Bedeutung des Immobilienbestandes ergibt sich auch aus der Neubauquote in Deutschland. In Abbildung 74 ist der Verlauf der Neubauquote dargestellt. In den vergangenen Jahren zeichnete sich ein fallender Trend ab: Während die durchschnittliche Neubauquote zwischen den Jahren 1993 und einschließlich 2001 noch durchschnittlich 1,27 % betrug, ist sie in den Jahren ab 2002 bis 2008 auf 0,5 % gefallen. Gegenwärtig leben 70% bis 80% der deutschen Bevölkerung in Wohnungen oder Häusern, die mindestens älter als zehn Jahre sind.[728] Unter Annahme einer solch niedrigen zukünftigen Neubauquote bedeutet dies, dass selbst wenn ausschließlich alle zukünftig erstellten Immobilien über Nach-

---

[725] Vgl. BMBF, 2007, S. 2 u. S. 31-33.
[726] Vgl. Abschnitt 3.3.2.2, S. 92.
[727] Vgl. Ethik-Kommission Sichere Energieversorgung, 2011, S. 30.
[728] Vgl. Lee, 2008, S. 295.

haltigkeitsaspekte bzw. eine hohe Energieeffizienz verfügen, dies nur einen marginalen Effekt auf die politisch geplante Reduktion der Emissionen von Treibhausgasen durch Immobilien haben würde .[729]

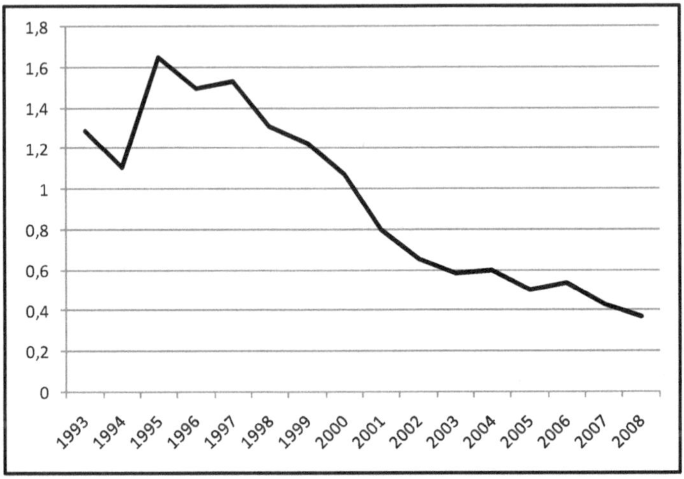

Abbildung 5.4: Neubauquote von Wohnimmobilien in Deutschland
Quelle: eigene Darstellung, in Anlehnung an Statistisches Bundesamt Deutschland, 2008

Ferner zeigt ein Benchmark-Szenario der DB RESEARCH, dass allein durch die Erneuerung des Bestandes und ohne die Berücksichtigung von Sanierungsmaßnahmen der mittlere Heizwärmbedarf von heute 135 kWh auf 124 kWh pro Quadratmeter und Jahr reduziert werden kann. Unter Berücksichtigung eines Anstiegs der Wohnflächennachfrage von 7%, der trotz einer rückläufigen Bevölkerungszahl aus einem erhöhten Wohnflächenbedarf pro Haushalt resultiert, wird der Heizwärmebedarf im Jahr 2030 nur sehr geringfügig unterhalb des heutigen Niveaus liegen. Gleichzeitig würde dies nur einen geringen Beitrag zur Erzielung des Klimaschutzzieles beitragen.[730] MCKINSEY sieht den größten Einzelhebel zur Vermeidung der CO_2-Emission in einer umfassenden Verbesserung von Dämmung und Heizung von Wohngebäuden, die vor 1979 errichtet wurden, auf einen"7-Liter-Standard" bzw. auf einen Energieverbrauch von 70 kWh pro Quadratmeter und

[729] Vgl. Lorenz *u.a.*, 2008, S. 5.
[730] Vgl. Auer *u.a.*, 2008, S. 20f.

Jahr.[731] In der nachfolgenden Abbildung sind die Minderungspotenziale in der deutschen Immobilienwirtschaft aufgeführt.

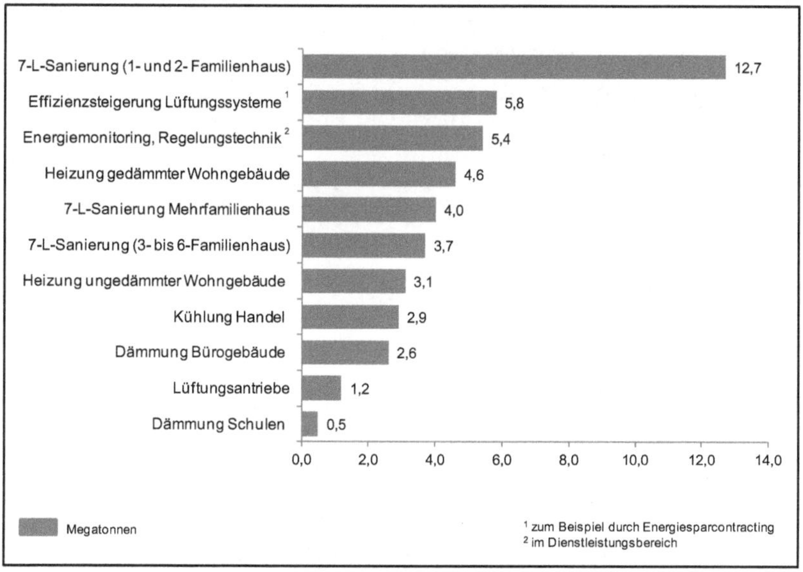

Abbildung 5.5: Treibhausgasminderungspotenziale in der Immobilienwirtschaft in Megatonnen

Quelle: Bardt u.a., 2008, S. 4 und McKinsey & Company, 2007, S. 37f.

Als Anreiz zur Hebung dieses Minderungspotenzials hat die Bundesregierung verschiedene Förderungsmaßnahmen, die in der folgenden Tabelle dargestellt sind, auf den Weg gebracht.[732] Bei den Programmen wird zwar zwischen Förderungen für Privatpersonen sowie Wohnungsunternehmen unterschieden, jedoch bestehen bei den einzelnen Fördermaßnahmen teilweise Überschneidungen.

---

[731] Vgl. McKinsey & Company, 2007, S. 38.

[732] Neben den in der Tabelle dargestellten Förderprogrammen für Bestandsgebäude bestehen auch weitere Maßnahmen, wie beispielsweise für den energieeffizienten Wohnungsneubau. Nachdem der Fokus der Arbeit auf Bestandsimmobilien liegt, sind diese Programme in der Tabelle nicht aufgeführt. Vgl. BMU, 2009a, S. 12f.

Förderprogramm	Privatpersonen	Unternehmen
Vor-Ort-Beratung	X	X
Energieberatung der Verbraucherzentralen	X	
Energieeffizient Sanieren – Zuschuss[1]	X	
Energieeffizient Sanieren – Kredit[1]	X	X
Energieeffizient Sanieren – Sonderförderung[1]	X	X
Wohnraum Mordernisieren[1]	X	X
Marktanreizprogramm[2]	X	
Wettbewerb – Energetische Sanierung von Großwohnsiedlungen		X

Förderung über: [1] das CO_2-Gebäudesanierungsprogramm der KfW
[2] das Bundesamt für Wirtschaft und Ausfuhrkontrolle

Tabelle 5.3: Förderprogramme der Bundesregierung
Quelle: eigene Darstellung, in Anlehnung an BMU, 2009a, S. 14-32 u. S.37f.

Durch die Entwicklung des CO_2-Gebäudesanierungsprogrammes der Kreditanstalt für Wiederaufbau (KfW) werden Eigentümern für energetische Sanierungen vergünstigte Kredite oder Zuschüsse eingeräumt. Allerdings ist fraglich, ob die jährlich bereitgestellten Mittel von 600 bis 700 Millionen Euro für private Investitionen ausreichen werden. Seit Auflage des Programmes sind jährlich durchschnittlich 77.000 Wohnungen (ca. 0,2% des Bestandes) über das Programm saniert worden.[733] Basierend auf einer Studie der DB RESEARCH geht der Hauptverband der deutschen Bauindustrie von jeweils 200.000 Wohnungssanierungen in den Jahren 2006 und 2007 aus, woraus sich eine jährliche Energieeinsparung von 2,3 Mrd. kWh bzw. gut einer Million Tonnen CO_2 ergibt.[734] Allerdings entspricht die Zahl von 200.000 sanierten Wohnungen nur 0,5% des gesamten deutschen Wohnungsbestandes und damit auch das eingesparte Energievolumen nur 0,5% des gesamten Energiebedarfes im Wohnungsbereich. Unter der Annahme, dass bis zum Jahr 2030 weiterhin jährlich 200.000 Wohnungen saniert werden, würden weniger als fünf Millionen Wohneinhei-

[733] Vgl. Bardt *u.a.*, 2008, S. 14.
[734] Bei den Angaben werden die Zusatzemissionen aufgrund der Umbaumaßnahmen nicht berücksichtigt.

ten auf den neuesten energetischen Stand gebracht werden. Im Verhältnis zum gesamten Wohnungsbestand würde dies einem Achtel bzw. nicht einmal 20% des Altbaubestandes mit einem Baujahr vor 1979 entsprechen. Damit wäre das Klimaschutzziel nicht zu erreichen. McKinsey geht von einer notwendigen Sanierungsrate von 1,7% aus[735], was sehr ambitioniert ist und mehr als eine Verdreifachung der heutigen Sanierungsrate bedeuten würde.[736] Zur Erzielung des neuen Ziels der Bundesregierung, der Reduzierung des CO_2-Ausstoßes des Gebäudebestandes um 80% bis zum Jahr 2050,[737] müsste die Quote der jährlichen Sanierungen sogar 2,5% betragen.[738]

Diese Diskrepanz zwischen der Zielsetzung und deren eingeschränktes Potenzial hinsichtlich ihrer Realisierbarkeit stellt die Motivation für die Modellerstellung in dieser Arbeit dar. Die Zielsetzung des Forschungsvorhabens besteht darin, zusätzlich zur staatlichen Förderung, einen weiteren Anreiz zur Erhöhung der Sanierungsquote zu entwickeln. Dies soll durch die Integration des nachhaltigen Werttreibers Energie in den Immobilienwert sowie in die Entscheidungsfindung ermöglicht werden. Gleichzeitig ergeben sich aus der Zielsetzung die folgenden drei grundlegenden Anforderungen an das Modell: Objektivität, Transparenz und Rationalität. Diese ergeben sich sowohl aus der Definition des Verkehrswertes wie auch aus den Voraussetzungen zur Berücksichtigung zukünftiger Entwicklungen entsprechend der ImmoWertV.

Die Grundlage des Realoptionsmodells, das eine mögliche zukünftige energetische Modernisierung berücksichtigt, stellt der Zusammenhang zwischen der Erhöhung der Energieeffizienz und der Mieteinnahmen bzw. des Immobilienwertes dar. Der Zusammenhang zwischen diesen beiden Faktoren wird im Rahmen der Herleitung des Kausalmodells im nächsten Abschnitt dargestellt.

5.2 Herleitung des Kausalmodells

Das Kausalmodell, das innerhalb dieses Abschnittes entwickelt wird, stellt die Grundlage zur Berücksichtigung der Mietänderung nach der Modernisierung dar. Nachdem

---

[735] Vgl. McKinsey & Company, 2007, S. 37.
[736] Vgl. Auer *u.a.*, 2008, S. 22f.
[737] Vgl. Abschnitt 3.3.2.2, S. 92.
[738] Vgl. Hunziker, 2010, S. 38.

die Verteilungsproblematik allgemein, z. B. von BARDT, U. A., McKinsey und dem Hauptverband der Deutschen Bauindustrie, als ein Grund für die geringe Sanierungsquote angesehen wird, [739] wird diese im weiteren Verlauf diskutiert und aufgrund empirischer Untersuchungen neu definiert.

Die Fokussierung auf vermietete Objekte ergibt sich aus dem größeren Potenzial für energetische Einsparmaßnahmen. Dies ergibt sich einerseits aus der Quantität der Immobilien (so beträgt die Mietwohnungsquote in Deutschland beinahe 60%)[740] und andererseits aus deren Qualität. Verschiedene internationale Studien haben nachgewiesen, dass der Qualitätsstandard von vermieteten Objekten üblicherweise geringer ist als bei selbstgenutzten Immobilien.[741] Es ist davon auszugehen, dass sich dieser Unterschied auch auf den nationalen Immobilienbestand hinsichtlich der Ausprägung von Nachhaltigkeitsmerkmalen und der energetischen Qualität übertragen lässt.

Nachfolgend wird zunächst die Ausgangslage im Sinne der aktuell geltenden rechtlichen Vorschriften zur Berücksichtigung einer energetischen Modernisierung beschrieben und diskutiert.

5.2.1 Rechtliche Vorschriften

In Deutschland bestehen zum Mieterschutz speziell im Wohnimmobilienbereich sehr restriktive gesetzliche Regelungen.[742] Dies setzt sich auch bei der Frage der Berücksichtigung einer energetischen Modernisierung bei den Mieten fort. So sieht die gegenwärtige Gesetzeslage in Deutschland für Wohnimmobilien eine Mieterhöhung aufgrund von Modernisierungsmaßnahmen gemäß §559 BGB von 11% der entstanden Kosten vor, die den Gebrauchswert der Mietsache nachhaltig erhöhen. Hierbei ist zu berücksichtigen, dass die im Rahmen einer Totalsanierung entstandenen Instandhaltungskosten nicht in die Mieterhöhung eingerechnet werde dürfen. Bei ei-

---

[739] Vgl. Bardt *u.a.*, 2008, S. 11, McKinsey & Company, 2007 u. Hauptverband der Deutschen Bauindustrie, 2008 S. 40 S. 2.

[740] Vgl. Takakura, 2009, S. 372.

[741] Diese Studien beziehen sich vor allem auf den US-amerikanischen Immobilienmarkt. Während HENDERSON/IOANNIDES den Qualitätsunterschied zwischen selbstgenutzten und vermieteten Wohnimmobilien theoretisch herleiten, weisen die übrigen Studien den Unterschied empirisch nach. Vgl. hierzu beispielsweise Henderson/Ioannides, 1983, S. 98ff., Galster, 1983, S. 112, Gatzlaff/Green, 1998, S. 341 u. Shilling *u.a.*, 1991, S. 382f.

[742] Vgl. Abschnitt 2.2.1.2.2, S. 33.

ner vereinbarten Staffelmiete sowie einer vereinbarten Indexmiete ist eine Mieterhöhung gemäß §559 ausgeschlossen.[743]

KNISSEL zeigt, dass eine Mieterhöhung nach §559 BGB unter bestimmten Voraussetzungen[744] nur eine begrenzte Wirkungsdauer hat. So präsentiert das vertikal linierte Feld in Abbildung 5.6 die 11% Mieterhöhung der Modernisierungskosten pro Jahr. Dies führt im Jahr 2004 zu einem Anstieg der Miete. Die dicke Linie stellt den Verlauf der ortsüblichen Miete dar. In den Folgejahren darf der Vermieter die Miete bis zum Schnittpunkt im Jahr 2011 nicht mehr erhöhen. Abbildung 5.6, auf Seite 202, zeigt, dass die energiebedingte Mieterhöhung durch den Anstieg der ortsüblichen Mieten ausgeglichen wird und die Mehreinnahmen für den Vermieter gering sind. Basierend auf diesem vereinfachten Modell kommt KNISSEL/ALLES zu dem Ergebnis, dass eine energetische Modernisierung sehr wahrscheinlich unrentabel ist.[745]

---

[743] Vgl. Krolkiewicz *u.a.*, 2009, S. 67ff.

[744] So existiert ein Mietspiegel, über den die ortsübliche Miete definiert wird und die Miete entspricht vor der Modernisierung bereits der ortsüblichen Miete. Die ortsübliche Miete steigt kontinuierlich um 2 % pro Jahr an, die ortsübliche Vergleichsmiete inklusive Wohnwertverbesserungszuschlag ist am Markt erzielbar. Es wird keine Mieterhöhung durch Neuvermietung berücksichtigt und auch Mietausfälle oder -kündigungen werden nicht berücksichtigt.

[745] Vgl. Knissel/Alles, 2003, S. 36ff.

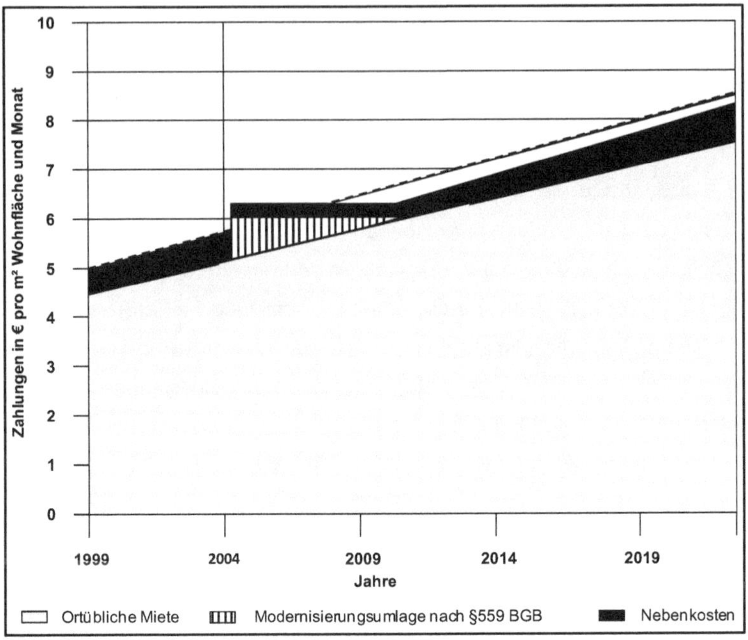

Abbildung 5.6: Energiebedingte Mehreinnahmen im Zeitverlauf – Mieterhöhung nach §559 BGB
Quelle: Knissel/Alles, 2003, S. 38

Diese zeitliche Begrenzung des Modernisierungsaufschlages erhöht gleichzeitig die Amortisationszeit der Investition des Besitzers, wodurch aus Investorensicht die Motivation sinkt, eine energetische Modernisierung durchzuführen. Im Gegensatz zum Vermieter hat der Mieter einen Anreiz eine energetische Modernisierung durchzuführen, da eine solche Maßnahme die Nebenkosten und die daraus resultierenden Gesamtausgaben des Mieters reduziert werden. Der Mieter hat aber keine Möglichkeit den Vermieter zu einer energetischen Modernisierung zu zwingen, sodass sich ein „Investor-Nutzer-Dilemma" ergibt.[746] Deshalb wird gefordert, nicht die Kaltmiete, sondern vielmehr die Warmmiete als Bemessungsgrundlage heranzuziehen.[747]

Aufgrund dieser Verteilungsproblematik und dem fehlenden Anreiz seitens des Besitzers, eine energetische Modernisierungsmaßnahme durchzuführen, fordert auch

---

[746] Vgl. Kießling, 2008, S. 66 u. Knissel *u.a.*, 2001, S. 34.
[747] Vgl. Bardt *u.a.*, 2008, S. 14 u. Just, 2009, S. 57.

die Politik eine Änderung der gegenwärtigen Rechtslage. So schlägt beispielsweise die Bundeskanzlerin vor, dass die Eigentümer einen höheren Teil der Investition auf die Miete umlegen dürfen, während der Mieter von niedrigen Energiekosten profitiert.[748] Trotz dieser Ankündigung beinhaltet der aktuelle Gesetzentwurf, der die energetischen Sanierungen vorantreiben soll, keine Änderung hinsichtlich der Verteilungsproblematik. Der Entwurf sieht vor, mit steuerlichen Anreizen die Bereitschaft einer energetischen Modernsierung zu erhöhen. Dem Eigentümer soll die Möglichkeit eingeräumt werden, jährlich 10% der Modernisierungsaufwendungen über einen Zeitraum von 10 Jahren steuerlich abschreiben zu können.[749] Somit wird anstatt einer Änderung des Mietrechtes und der Lösung der Verteilungsproblematik mittels fiskalischer Rahmenbedingungen versucht, die Sanierungsquote zu erhöhen. Aus Sicht des Gesetzgebers kann dieses Vorgehen mit der gleichzeitigen Schutzfunktion des Mieters erklärt werden.[750]

5.2.2 Lösungsansätze für das Investor-Nutzer-Dilemma

Unabhängig von der Diskussion zum Mietrecht wurden in Deutschland verschiedene Lösungsansätze für das Investor-Nutzer-Dilemma erarbeitet. Teilweise wurden diese Ansätze, wie beim ökologischen Mietspiegel, bereits in die Praxis umgesetzt. Nachfolgend wird eine Auswahl dieser Ansätze vorgestellt.

5.2.2.1 Das Modell der Teilwarmmiete

Das Modell der Teilwarmmiete geht zurück auf den Umweltdezernenten der Stadt Frankfurt am Main, KOENIGS, der im Jahr 1997 forderte: „Die Miete muss die ökologische Wahrheit sagen".[751] Im Gegensatz zu der üblichen Aufteilung Kaltmiete und Nebenkosten setzen sich die beiden Kostenblöcke aus der Teilwarmmiete sowie den „nutzungsabhängigen Kosten" zusammen. Die Teilwarmmiete besteht hierbei aus der Kaltmiete sowie dem fixen Kostenblock „Grundheizkosten", der entsprechend der energetischen Eigenschaften des Gebäudes ermittelt wird und den durchschnittli-

---

[748] Im Original: „Das findet natürlich auf den ersten Blick nicht jeder gut, aber es ist doch verständlich, dass sich solch eine Investition in die Zukunft sowohl für den Vermieter als auch für den Mieter lohnen muss". Hulverscheidt, 2010.

[749] Vgl. Osadnik, 2011.

[750] „Jede Änderung des Mietrechts muss dem doppelten Charakter der Mietwohnung als Sozialgut wie als Wirtschaftsgut gerecht werden." Deutscher Bundestag, 2003, S. 14.

[751] Energiereferat Frankfurt am Main, 2002, S. 1.

chen Heizkosten entspricht. Die „nutzungsabhängigen Kosten" ergeben sich aus dem tatsächlichen Mehr- oder Minderverbrauch. Somit entstehen für den Mieter keine Mehrkosten und auch das Verursacherprinzip bleibt erhalten. Es gibt lediglich hinsichtlich der Verteilung der Kosten einen Unterschied zum gängigen Verteilungsprinzip. Änderungen der Kostenverteilung und damit ein erhöhter Anreiz für den Besitzer zur Durchführung einer energetischen Modernisierung ergeben sich erst nach einer entsprechenden Maßnahme. In der folgenden Abbildung ist das Verteilungsprinzip sowohl vor, wie auch nach einer Modernisierung dargestellt.[752]

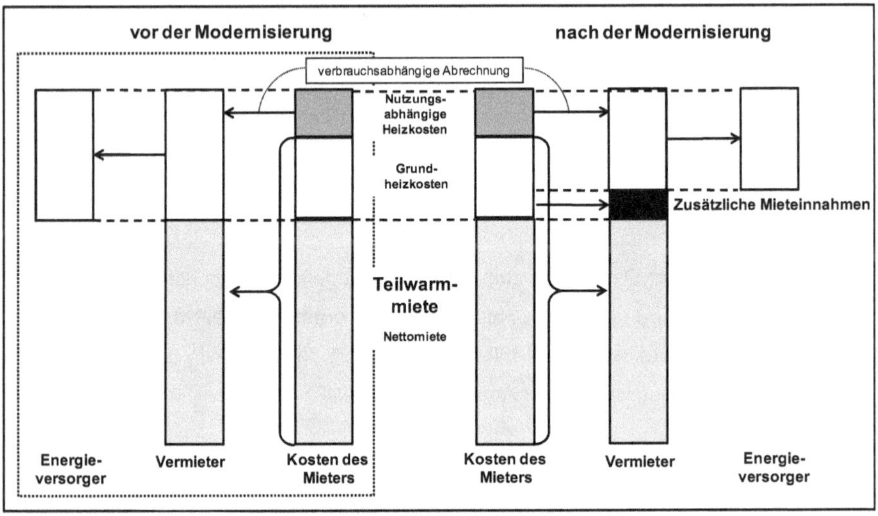

Abbildung 5.7: Das Schema der Teilwarmmiete vor und nach einer energetischen Modernisierung

Quelle: eigene Darstellung, in Anlehnung an Knissel u.a., 2001, S. 36 u. 37

Wie in der Abbildung dargestellt, profitiert der Vermieter nach einer energetischen Modernisierung durch zusätzliche Einnahmen. Die Höhe der Einnahmen orientiert sich an der Energieeinsparung bzw. den eingesparten Energiekosten. Aufgrund dieser Konstellation entsteht im Vergleich zur gesetzlichen Regelung, die sich an den Modernisierungskosten orientiert, zusätzlich der Anreiz die Energieeffizienz des Gebäudes zu steigern. Des Weiteren wird auch die Steigerung der Energiekosten berücksichtigt, wodurch sich die Amortisationszeit der Maßnahmen entsprechend der

---

[752] Vgl. Knissel *u.a.*, 2001, S. 35f.

Anpassung der Teilwarmmiete an die Preisentwicklung verkürzt und somit ein weiterer Anreiz gegeben ist.[753]

Kurzfristig ist damit der Vermieter der alleinige Profiteur der energetischen Modernisierung, der mit den zusätzlichen Einnahmen die Energieeinsparmaßnahmen refinanzieren kann. Innerhalb des Modells kann auch vorgesehen werden, dass mittelfristig die Mieter auch monetär von der höheren Energieeffizienz der Immobilie profitieren. In diesem Fall können die Teilwarmmiete bzw. die Grundheizkosten nach einem nicht definierten Zeitraum an den dann bestehenden energetischen Standard angepasst werden. Diese Anpassung betrifft im Wesentlichen die zusätzlichen Mieteinnahmen, die zugunsten des Mieters vollständig oder nur teilweise eliminiert werden können.[754]

Aus juristischer Sicht besteht bei diesem Modell die Problematik, dass die Mietverträge bei Anwendung der Teilwarmmiete erneuert werden müssten und die Einführung nur auf freiwilliger Basis möglich ist.[755] Darüber hinaus bedeutet die Überwälzung der Energiekosten speziell durch die Liberalisierung des Energiemarktes für den Vermieter einen erheblichen Aufwand, da er eventuell mit unterschiedlichen Energieversogern in Verbindung stehen sowie die unterschiedlichen Preise der Versorger bei der Berechnung der tatsächlichen Heizkosten berücksichtigen muss. weshalb sich das Modell vor allem in Fällen anbietet, bei denen bereits die Heizungskosten aufgrund der bestehenden Infrastruktur zentral berechnet werden müssen.

5.2.2.2 Energie-Contracting

Das Energie-Contracting kann als eine Art „energetisches Outsourcing" interpretiert werden, bei dem ein Dienstleistungsunternehmen mit der Verantwortung der Energieversorgung beauftragt wird. Allgemein wird dieses Outsourcing als effektiv angesehen, da z. B. der Betrieb von Heizungsanlagen in der Regel nicht zu den Kernkompetenzen von Wohnungsunternehmen oder Privatinvestoren gehört. Grundsätzlich kann zwischen den zwei Arten Energielieferer-Contracting bzw.

[753] Vgl. Kießling, 2008, S. 68.
[754] Knissel *u.a.*, 2001, S. 42.
[755] Vgl. Knissel *u.a.*, 2001, S. 9 u. S. 35ff.

Wärmecontracting und Energieeinspar-Contracting, auch als Performance- Contracting bezeichnet, unterschieden werden.[756]

Beim Energieliefer-Contracting ist das Dienstleistungsunternehmen im Wesentlichen mit der Planung, Finanzierung, Errichtung und dem Betrieb der Erzeugungsanlage beauftragt. Das Energieliefer-Contracting kommt normalerweise beim Neubau oder bei einem Sanierungsbedarf zur Anwendung. Der Gebäudebenutzer verpflichtet sich vertraglich über einen längeren Zeitraum von zumeist fünf bis 20 Jahren, die Energie zu einem festgesetzten Entgelt zu beziehen. Diese Art des Contracting dient im Wesentlichen der Reduktion des Investitionsrisikos des Immobilieneigentümers. Im Gegensatz hierzu verfolgt das Energieeinspar-Contracting einen ganzheitlichen Ansatz, der sich auf die Reduzierung des Energieverbrauches der Immobilie bezieht. Dem Contractor stehen für die Reduzierung des Energieverbrauches unterschiedliche Maßnahmen wie die Optimierung energetischer und regeltechnischer Anlagen sowie Veränderungen der Gebäudehülle zur Verfügung. Die Vergütung des Dienstleisters richtet sich nach der realisierten Energieeinsparung. Außerdem werden die notwendigen Investitionen mit einem fest vereinbarten Entgelt über die Vertragslaufzeit refinanziert.[757]

Grundsätzlich kann sowohl mit dem Energielieferer-Contracting, wie auch dem Energieeinspar-Contracting eine Steigerung der Energieeffizienz erzielt werden, wenngleich vom Energieeinspar-Contracting aufgrund des ganzheitlichen Ansatzes ein größeres Energiesparpotenzial zu erwarten ist.[758] So wird in der Literatur durch verbesserte Energiemonitoring- und Energiemanagementsystemen, wozu auch das Energieeinsparcontracting zu zählen ist, von einer Einsparung von 11 Mt. CO_2e bis zum Jahr 2020 ausgegangen.[759] Wesentliche Vorteile des Contracting liegen auch in der Überwindung des Modernisierungsstaus. Bei einer breiten Marktdurchdringung wird im Durchschnitt mit zusätzlichen jährlichen Investitionen aufgrund des Vorzieheffektes von 3,2 Mrd. Euro gerechnet.[760]

---

[756] Vgl. Kießling, 2008, S. 70, Friedemann *u.a.*, 2007, S. 13 u. Huber, 2009, S. 229 u. Schulte, 2006, S. 42.
[757] Vgl. Friedemann *u.a.*, 2007, S. 13.
[758] Vgl. Auer *u.a.*, 2008, S. 28.
[759] Vgl. McKinsey & Company, 2007, S. 39.
[760] Vgl. Ruhland *u.a.*, 2009, S. 3f. u. 30.

Nicht zuletzt aufgrund dieses Einsparpotenzials ist Contracting Bestandteil einer Vielzahl politischer Programme, wie beispielsweise dem „Energiekonzept für eine umweltschonende, zuverlässige und bezahlbare Energieversorgung“ oder dem Bericht der Ethik-Kommission Sichere Energieversorgung.[761] Der Begriff Contracting befindet sich auch in den Eckpunkten für ein integriertes Energie- und Klimaprogramm im Zusammenhang mit den verschiedenen Punkten des Gebäudeberei-Gebäudebereiches.[762] Allerdings ergeben sich beim Energie-Contracting, speziell bei bestehenden Mietverträgen ähnliche juristische Schwierigkeiten wie beim Modell der Teilwarmmiete. Neben der offenen juristischen Fragestellung besteht eine weitere Einschränkung des Contracting aus wirtschaftlichen Gründen, die sich aus den hohen Anlaufkosten ergeben und weshalb dieses Modell nur auf größere Wohnungsbestände von Wohnungsunternehmen oder Genossenschaften anwendbar ist.[763] Die Schwierigkeiten bei bestehenden Mietverhältnissen sowie die Einschränkung auf größere Wohnungsbestände bedingt eine wesentliche Reduzierung des Energieeinsparpotenzials.[764]

5.2.2.3 Ökologischer Mietspiegel

Im Gegensatz zu den zuvor vorgestellten Lösungsansätzen, deren Fokus auf einzelnen Immobilien lag, bezieht sich der ökologische Mietspiegel auf das Mietpreisniveau regionaler Teilmärkte. Der ökologische Mietspiegel wurde im Jahr 2003 erstmalig in Darmstadt eingeführt und im Jahr 2008 neu berechnet.[765]

Beim ökologischen Mietspiegel handelt es sich um einen qualifizierten Mietspiegel, d. h. neben der gängigen Vergleichssystematik wird auch die Energieeffizienz als ein

---

[761] Vgl. BMWi/BMU, 2010, S. 23 u. Ethik-Kommission Sichere Energieversorgung, 2011, S. 28.

[762] Innerhalb der Meseberger Beschlüsse ist Contracting ein Bestandteil in den folgenden Punkten: der Einführung intelligenter Messverfahren für den Stromverbrauch, dem Förderprogramm für Klimaschutz und Energieeffizienz, der Sanierung von Mietwohnungen und der energetischen Sanierung von Bundesgebäuden. Vgl. BMU, 2007b, S. 15-29 u. Tabelle 5.2, S. 194.

[763] Vgl. Auer *u.a.*, 2008, S. 28, Rast, 2009, S. 305 u. Kießling, 2008, S. 71f.

[764] Allein die Einschränkung auf die größeren Bestände von Wohnungsunternehmen und Genossenschaften bedeutet, dass lediglich 9 Mio. der 23 Mio. Mietwohnungen für das Contracting geeignet sind. Vgl. Abschnitt 2.2.1.2.1, S. 31.

[765] Vgl. Knissel *u.a.*, 2009, S. 3.

charakteristisches Merkmal berücksichtigt.[766] Diese Berücksichtigung energetischer Eigenschaften im ökologischen Mietspiegel Darmstadt stellt kein Alleinstellungsmerkmal dar. Bis zum Juli 2008 war bei 168 der vorhandenen 700 Mietspiegel in Deutschland bereits mindestens ein positives energetisches Differenzierungsmerkmal integriert.[767] Allerdings gehört der Darmstädter Mietspiegel zu den ersten qualifizierten Mietspiegeln, der die wärmetechnische Beschaffenheit eines Gebäudes berücksichtigt, weshalb auf diesen exemplarisch genauer eingegangen wird.

Beim ökologischen Mietspiegel für die Stadt Darmstadt aus dem Jahr 2003 wird zwischen Gebäuden mit guter wärmetechnischer Beschaffenheit, mit einem Primärenergiekennwert unter 175 kWh/(m^2_{AN}a) sowie schlechter wärmetechnischer Beschaffenheit unterschieden und entsprechend der Ausprägung dieser Eigenschaft ein Zuschlag auf die ortsübliche Miete eines Gebäudes begründet. Die Untersuchungen im Rahmen der Erstellung des ökologischen Mietspiegels zeigten, dass für Gebäude mit einer schlechten wärmetechnischen Eigenschaft kein Zuschlag zu erheben ist, während bei Gebäuden mit einer guten wärmetechnischen Eigenschaft die Miete signifikant um 0,37 €/m² höher ist, weshalb ein Zuschlag in Höhe dieses Betrages für die gute wärmetechnische Eigenschaft geltend zu machen ist.[768] Ferner zeigen die Untersuchungen, dass dieser Zuschlag weitestgehend der Heizkosteneinsparung durch die wärmetechnische Eigenschaft entspricht. Damit bedeutet die Einführung des ökologischen Mietspiegels für einen Mieter keinen finanziellen Mehrwert, da der Zuschlag bei einer guten wärmetechnischen Eigenschaft den Kosteneinsparungen entspricht. Im Gegensatz hierzu bedeutet die Möglichkeit einen Zuschlag zu erheben für Vermieter von Gebäuden mit einer schlechten wärmetechnischen Eigenschaft einen Anreiz zur Durchführung einer energetischen Modernisierung. Die Investitionskosten können durch den Zuschlag, der im Gegen-

---

[766] In §558d Abs. 1 BGB sind qualifizierte Mietspiegel definiert als: „Ein qualifizierter Mietspiegel ist ein Mietspiegel, der nach anerkannten wissenschaftlichen Grundsätzen erstellt und von der Gemeinde oder von den Interessentenvertretern der Vermieter und der Mieter anerkannt worden ist." Gemäß Abs. 2 ist der qualifizierte Mietspiegel nach zwei Jahren an die Marktentwicklung anzupassen und nach vier Jahren neu zu erstellen.

[767] Vgl. BBSR im BBR, 2010, S. 24.

[768] Im aktuellen Mietspiegel Darmstadt 2010 werden zwischen Gebäuden mit „mittlerer wärmetechnischen Eigenschaft" mit einem Primärenergiekennwert unter 250 bis 175 kWh/(m²a) und „verbesserter wärmetechnischen Eigenschaft" mit einem Primärenergiekennwert unter 175 kWh/m²a unterschieden. Bei einer mittleren wärmetechnischen Beschaffenheit kann ein Zuschlag von 0,38 €/m² und bei einer verbesserten wärmetechnischen Beschaffenheit von 0,50 m²/a geltend gemacht werden. Vgl. Magistrat der Wissenschaftsstadt Darmstadt, 2010, S. 9.

satz zur Mieterhöhung nach §559 BGB langfristig zu erwirtschaften ist,[769] refinanziert werden.[770]

Beim ökologischen Mietspiegel treten zwar die zuvor beschriebenen juristischen Schwierigkeiten wie bei den anderen Lösungsansätzen nicht auf,[771] allerdings bedeutet die Integration der Energieeffizienz einen erheblicheren Aufwand. Grundvoraussetzung ist neben der politischen Unterstützung auch die Mitarbeit der Immobilienbesitzer sowie die gesamte Akzeptanz des Marktes. Des Weiteren sind empirische Untersuchungen notwendig, um die eventuellen Zuschläge zu legitimieren.

5.2.3 Das Kausalmodell zur Berücksichtigung einer energetischen Modernisierung

Die vorherigen Ausführungen zeigen, dass unabhängig vom jeweiligen Lösungsansatz unterschiedliche Schwierigkeiten zu lösen sind. Allerdings zeigen sich auch die folgenden Gemeinsamkeiten zwischen den Ansätzen:

- die Gesamtausgaben der Mieter erhöhen sich nicht durch die energetische Modernisierung
- die Heizkosteneinsparungen, die sich aus der Modernisierung ergeben, werden ganz oder teilweise zur Refinanzierung der Investitionskosten genutzt.

Daraus resultieren die notwendigen Bedingungen zur Lösung des Investor-Nutzer-Dilemmas, dass sich die zusätzlichen Einnahmen an den Kosteneinsparungen orientieren und die Investitionskosten über langfristige Mehreinnahmen refinanziert werden. Im Gegensatz zur Gesetzgebung orientiert sich das hier gewählte Kausalmodell an diesen Bedingungen. Deshalb sieht das im Folgenden betrachtete Modell vor, dass durch die energetische Modernsierung zusätzliche Einnahmen für den Besitzer generiert werden. Wie in der folgenden Abbildung dargestellt, wird bei den Einsparungen der Energiekosten davon ausgegangen, dass diese vollständig durch eine Erhöhung der Kaltmiete kompensiert werden.

---

[769] Vgl. Abbildung 5.6, S. 202.
[770] Vgl. Knissel/Alles, 2003, S. 3 u. S. 35-40.
[771] Vgl. Knissel/Alles, 2003, S. 3.

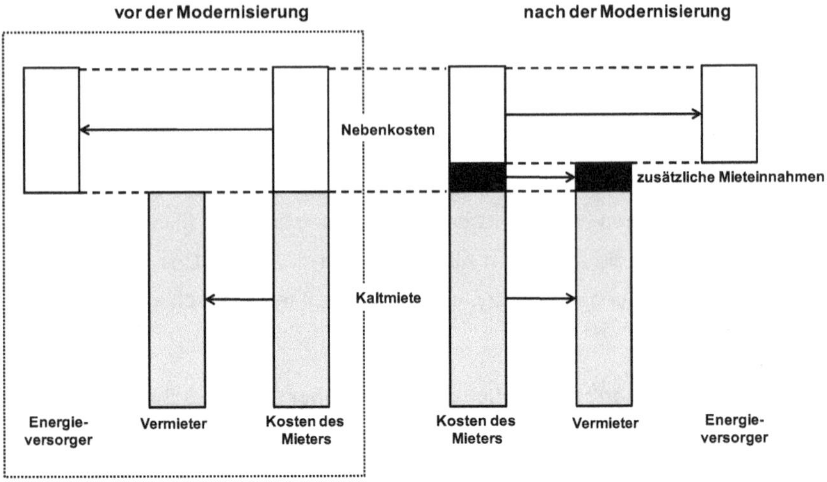

Abbildung 5.8: Die Schematische Darstellung des Kausalmodells zur Berücksichtigung einer energetischen Modernisierung
Quelle: eigene Darstellung

5.2.3.1 Grundlagen des Kausalmodells

Das Kausalmodell bezieht sich damit ähnlich wie beim Modell der Teilwarmmiete und dem Energie-Contracting auf ein einzelnes Gebäude und die Verteilung der Zahlungsströme nach einer Modernisierung. Die Begründung des Modells rekurriert auf den Ergebnissen der empirischen Untersuchungen zur Erstellung des ökologischen Mietspiegels, die nachweisen, dass die höheren Mieten eines Gebäudes mit einer guten wärmetechnischen Beschaffenheit den geringeren Heizungskosten entsprechen. Dieser empirische Nachweis des Einflusses einer verbesserten energetischen Gebäudequalität auf die Nettomiete wurde im Mietspiegel Darmstadt 2008 bestätigt.[772] Somit wird deutlich, dass die zuvor getroffene Annahme einer vollständigen Kompensation durchaus realistisch ist. Des Weiteren ergab eine Umfrage unter 128 Immobilienfachleuten, von denen 69% der Befragten bereit wären 10% mehr Kaltmiete zu zahlen, wenn dieser Mehrbetrag in den Bewirtschaftungs-/Energiekosten eingespart wird.[773] Der Bundesverband deutscher Wohnungsunternehmen (GdW) geht in seinem Branchenbericht „Wohntrends 2020“ vor dem Hintergrund steigender

---

[772] Vgl. Knissel *u.a.*, 2009, S. 1.
[773] Vgl. Roux Deutschland GmbH, 2008, S. 7.

Energiepreise von einer gestiegenen Bereitschaft der Nachfrager respektive der Mieter aus, für eine höhere Energieeffizienz eine höhere Miete zu zahlen. Entsprechend stellen die Energiekosten ein immer wichtiger werdendes Wettbewerbselement dar, da sich die Gesamtmiete zum entscheidenden Kostenmaßstab entwickeln wird.[774] Von dieser Entwicklung der Gesamtmiete bzw. der Bruttomiete gehen auch SIEGL und TÖLLNER aus.[775]

In Abbildung 5.8 ist zu erkennen, dass es sich für die Mieter um eine kostenneutrale Umschichtung zwischen Nebenkosten und Kaltmiete handelt. Auch im Hinblick auf die soziale Dimension der Nachhaltigkeit ist dies entscheidend, so dass beispielsweise für einkommensschwache Mieter keine zusätzliche Belastung entsteht. Somit kann es zu keiner Mehrbelastung des Mieters, wie bei den gegenwärtigen regulatorischen Vorschriften kommen. Diese Möglichkeit, dass es durch die Orientierung an den Modernisierungskosten in manchen Fällen zu Mieterhöhungen kommen kann, die die Energiekosteneinsparungen übertreffen, wird auch vom Mieterbund kritisch gesehen.[776] Im Rahmen des Kausalmodells kann es lediglich aus Sicht des Energieversorgers und des Vermieters zu Änderungen der Zahlungsströme kommen.

Beim hier vorgestellten Kausalmodell treten die Veränderungen der Zahlungsströme erst mit der Modernisierung auf. Deshalb sind rechtliche Eingriffe in das Mietverhältnis, im Gegensatz zum Modell der Teilwarmmiete und teilweise dem Energieeinspar-Contracting, erst im unmittelbaren Vorfeld der Modernisierung zu treffen. Hierbei kann speziell bei bestehenden Mietverhältnissen, alternativ zur Novellierung des Mietvertrages, die nach Abschluss der Modernisierung zu zahlende Miete bereits in der Modernisierungsvereinbarung festgehalten werden. Diese Modernisierungsvereinbarung wird in der Regel zwischen dem Mieter und dem Vermieter vor dem Beginn der Sanierung getroffen und regelt im Allgemeinen den Umfang und das angestrebte Ergebnis der Sanierung nebst der zu erwartenden Beeinträchtigung der Mietsache während der Arbeiten. Modernisierungsvereinbarungen stellen ähnlich wie Mieterhöhungsvereinbarungen eine Ergänzung des Mietvertrages dar und sind

774 Vgl. GdW, 2008, S. 80.
775 Vgl. Siegl, 2009, S. 161 u. Töllner, 2009, S. 59.
776 Vgl. Jahn, 2011.

schwerer als Mieterhöhungen nach §558f BGB anzufechten, da sie unter Zustimmung des Mieters getroffen werden.[777]

5.2.3.2 Voraussetzungen und Annahmen des Kausalmodells

Die Voraussetzung dieses Ansatzes ist ein ausgewogener regionaler Markt, bei dem dieser Ansatz vom Nachfrager bzw. Mieter gewürdigt wird. In strukturschwachen Regionen ist davon auszugehen, dass zusätzliche Mieteinnahmen nicht von den Mietern bezahlt werden. Trotzdem kann auch in diesen Märkten eine energetische Modernisierung als Wettbewerbsvorteil angesehen werden, wenngleich sich dieser Vorteil nicht unbedingt auf die Miete, sondern auf den Vermietungserfolg und damit auf den Leerstand auswirkt. Deshalb wäre ein möglicher Ansatzpunkt für die Verwendung des Modells nicht eine höhere Kaltmiete, sondern eine Reduzierung des Mietausfallwagnisses. Dieser Zusammenhang könnte beispielsweise über die Messung der Korrelation zwischen der energetischen Eigenschaft und des Vermietungserfolges dargestellt werden. Allerdings würde diese Modellmodifikation den Rahmen dieser Arbeit sprengen, weshalb diese Möglichkeit als Aufgabe zukünftiger, auf dem nachfolgenden Modell aufbauender Forschungsarbeiten gesehen wird.

Die beschriebene Problematik besteht nicht nur im Rahmen des Modells, sondern auch bei der Anwendung der gesetzlichen Mieterhöhung aufgrund einer Modernisierung. So zeigen BARDT U. A., dass die Grenze einer möglichen Erhöhung aufgrund der Obergrenze von 20% auf die ortsübliche Miete in strukturschwachen Regionen relativ schnell erreicht wird. Bei einer ortsüblichen Vergleichsmiete von vier Euro oder weniger wäre etwa in den neuen Bundesländern der Aufschlag bei Modernisierungskosten von 100 Euro pro m² nur bedingt anrechenbar. Von den 92 Ct/m², die den gesetzlich erlaubten 11% entsprechen, können nur 80 Ct/ m² angerechnet werden.[778]

Zur Vereinfachung des Modells werden folgende weitere Annahmen getroffen:

---

[777] Vgl. Töllner, 2009, S. 59.
[778] Vgl. Bardt *u.a.*, 2008, S. 11.

- durch die Modernisierung entstandene Mietausfälle bzw. Kürzungen sowie die Bauzeit werden nicht berücksichtigt,
- die Mietpreisobergrenze wird vernachlässigt,
- die Sanierung erfolgt in einem Zug,
- von der gesetzlich zulässigen Umlegung der Modernisierungskosten wird abgesehen,
- die Energieeinsparungen sind vor der Modernisierung abschätzbar und
- es wird von einem Standardklima sowie Standardverbrauch ausgegangen.

Die beiden zuletzt genannten Annahmen resultieren aus den Eigenschaften des Energieausweises, der für die Quantifizierung der Energieeinsparung herangezogen werden kann. Die Energieeinsparung ist neben dem Energiepreis die zweite Variable, die zur Ermittlung der zusätzlichen Mieteinnahmen notwendig ist.

Die Energieeinsparung kann durch die Differenz des Energiebedarfes vor und nach der energetischen Modernisierung des Gebäudes berechnet werden. Der Energiebedarf ist Bestandteil des Energieausweises und wird wie folgt definiert:

„Der Energiebedarf ist der gesamte Energiebedarf eines Wohngebäudes zur Raumheizung, Lüftung, Warmwasseraufbereitung und Kühlung inklusive der dabei entstehenden Verluste und dem Hilfsenergiebedarf (elektrischer Strom) der Anlagentechnik. Er gibt also an, wie viel kWh Energie dem Gebäude (z. B. in Form von Brennstoffen, Strom oder Fernwärme) pro Quadratmeter Gebäudenutzfläche und Jahr zugeführt werden müssen. Dieses „Brennstoffäquivalent" ist der eigentliche relevante Energiebedarf für den Nutzer, weil sich über den Endenergiebedarf und die Brennstoffpreise die Energiekosten des Gebäudes abschätzen lassen"[779].

---

[779] BMVBS, 2008, S. 11.

Die Berechnung der Energiekosten erfolgt daraufhin mit folgender Gleichung:[780]

$$Energiekosten = \frac{Endenergiebedarf}{Heizwert\ des\ Brennstoffes} \cdot Brennstoffpreis \cdot Gebäudenutzfläche \quad 5.1$$

Zur Ermittlung des Endenergiebedarfes wird zunächst der Energieverbrauch berechnet und aufbauend darauf die Anlagentechnik bewertet. Für die Erstellung des Energieausweises kann entweder der Energiebedarf unter Berücksichtigung der normierten Randbedingungen für Nutzerverhalten und Außenklima herangezogen werden, oder eine Bewertung aufbauend auf den unter realen Bedingungen erfassten Energieverbrauch stattfinden. Für eine Abschätzung der Energieeinsparung vor der Modernisierung ist die Ermittlung des Energiebedarfes notwendig. Hierfür muss das gesamte Gebäude mit allen Umfassungsflächen wie Außenwänden, Fenstern, Dachflächen und Bodenplatten erfasst sowie die Außenbauteile und die Anlagentechnik energetisch bewertet werden. Für die Bewertung ist keine Besichtigung oder genaue Kenntnis vor Ort notwendig, sodass die relevanten Daten aus Plänen und Beschreibungen entnommen werden können. Des Weiteren können die Daten bei Neubauten aus der Planung übernommen werden. Aufgrund dieser Vorgehensweise bei der Berechnung des Energiebedarfes ist eine Abschätzung der Energieeinsparung durch die Modernisierungsmaßnahmen im Vorfeld bereits abschätzbar. Hierbei müsste der zukünftige Endenergiebedarf basierend auf den Planungsdaten ermittelt werden und mit dem Endenergiebedarf vor der Modernisierung verglichen werden. Die Ermittlung der Energieeinsparung kann somit anhand von Erfahrungswerten entsprechend der Baumaßnahmen durchgeführt werden. Tabelle 5.10, auf Seite 259, gibt einen Überblick über die verschiedenen Maßnahmen und deren Energieeinsparpotenziale.

Allerdings kann es durch die Anwendung normierter Randbedingungen zu Abweichungen vom individuellen Energieverbrauch kommen, bedingt durch die klimatischen Verhältnisse am Standort des Gebäudes und deren jährlichen Schwankungen, der Lage der Wohnung im Gebäude und vom eigenen individuellen

[780] Vgl. BMVBS, 2008, S. 18.

Nutzerverhalten. Diese Abweichungen aufgrund der jährlichen Klimaschwankungen können auch bei der Verwendung des Energieverbrauches auftreten, da hier ebenfalls von einem langjährigen, deutschlandweiten Mittelwert ausgegangen wird.[781] Möglichkeiten zur Lösung des Problems des örtlichen Klimas wären die Verwendung der prozentualen Einsparung und Anwendung auf lokale Erfahrungswerte oder die Anpassung der Ergebnisse mit Hilfe der Daten lokaler Wetterstationen. Neben diesem strukturierten Vorgehen bei der Ermittlung des Endenergiebedarfs bzw. der daraus resultierenden Energiekosten hat die Anwendung des Energieausweises auch den Vorteil der Neutralität und Transparenz gegenüber dem Mieter.

5.2.3.3 Der Einfluss der Modernisierung auf den Immobilienwert

Die neue Verteilung der Zahlungsströme und die daraus resultierenden zusätzlichen Mieteinnahmen für den Vermieter führen nach der Modernisierungsmaßnahme aufgrund der Änderungen der Barwerte zu einem veränderten Immobilienwert. Neben den ursprünglichen Zahlungen, die sich aus der Kaltmiete ergeben, sind nun auch die zusätzlichen Zahlungen zu berücksichtigen. Allerdings besteht entgegen der Kaltmiete bei den zusätzlichen Mieteinnahmen kein Zusammenhang mit dem Immobilienmarkt, sondern mit dem Energiemarkt. Für den neuen Verkehrswert nach der energetischen Modernisierung (VW_{neu}) bedeutet dies, dass er sich aus dem gängigen Verkehrswert sowie dem Barwert der zusätzlichen Mieteinnahmen, hier als Mehrwert bezeichnet, zusammensetzt.

$$VW_{neu} = VW_{alt} + Mehrwert \qquad 5.2$$

Durch den Bezug der beiden Bestandteile des neuen Verkehrswertes auf unterschiedliche Märkte ergeben sich Abweichungen von der traditionellen Verkehrswertermittlung. Die Abweichungen beziehen sich im Wesentlichen auf die Berücksichtigung der relevanten Parameter des Energiemarktes. Dies sind im Speziellen die zukünftige Entwicklung des entsprechenden Energiepreises sowie dessen Volatilität. Bei der Berechnung des VW_{neu} ergeben sich aufgrund dieser Besonderheiten die Möglichkeiten, beide Bestandteile der Gleichung 5.2 getrennt zu berechnen oder sie in einer Gleichung zusammenzufassen. Aus Darstellungsgründen wird zunächst die Berechnung des Mehrwertes einzeln vorgestellt und in einem

---

[781] Vgl. BMVBS, 2008, S. 26ff.

weiteren Schritt die Bestandteile zu einer Gleichung zusammengefasst. In Analogie zur Grundgleichung des DCF-Verfahrens[782] resultiert der Mehrwert aus den jährlichen Reinerträgen der zusätzlichen Mieteinnahmen (ZM):

$$Mehrwert = \sum_{i}^{n} \frac{RE_i^{ZM}}{(1+r_e)^i} + \frac{\frac{RE_i^{ZM}}{k_e}}{(1+r_e)^n} \qquad 5.3$$

mit

RE_i^{ZM} = jährliche Reinerträge aus den zusätzlichen Mieteinnahmen

r_e = Diskontierungszins abgeleitet aus der Entwicklung des Energiepreises

k_e = Kalkulationszinsfuß abgeleitet aus der Entwicklung des Energiepreises

Die zusätzlichen Mieteinnahmen, die sich aus der Energiekosteneinsparung ergeben, werden aus dem Endenergieverbrauch vor der Modernisierung und dem Endenergieverbrauch nach der Modernisierung berechnet und mit den zukünftigen Brennstoffpreisen multipliziert. Hieraus ergibt sich die Gleichung zur Berechnung der jährlichen zusätzlichen Mieteinnahmen:[783]

$$ZM_i = \frac{Energieeinsparung}{Heizwert\ des\ Brennstoffes} \cdot Brennstoffpreis_i \cdot Gebäudenutzfläche \qquad 5.4$$

Die zukünftigen Brennstoffpreise können in Anlehnung an die Immobilienbewertung basierend auf der historischen Preisentwicklung prognostiziert[784] oder, wie in der Beispielrechnung, mit den Future Preisen ermittelt werden.[785] Zur Ermittlung des Reinertrages aus den zusätzlichen Mieteinahmen ist analog zur Berechnung des

---

[782] Vgl. Gleichung 4.12, S. 153.
[783] Vgl. hierzu auch Gleichung 5.1, S. 214.
[784] Vgl. Abschnitt 4.3.3.1, S. 153.
[785] Vgl. Abschnitt 5.4.3.1.1, S. 251ff.

Reinertrages aus dem Rohertrag das Mietausfallwagnis zu subtrahieren.[786] Dies resultiert aus der Annahme, dass bei einem Leerstand keine Heizkosten anfallen werwerden. Darüber hinaus wird beim Reinertrag aus den zusätzlichen Mieteinnahmen auch die Differenz der heutigen und zukünftigen Instandhaltungskosten berücksichtigt. Sowohl die Studie von KATS wie auch von der DAVID AND LUCILE PACKARD FOUNDATION gehen bei nachhaltigen Immobilien von niedrigeren Instandhaltungskosten aus.[787] In diesem Fall würde die Differenz der Instandhaltungskosten zum Mehr-Mehrwert addiert. Die Verwaltungskosten und die Betriebskosten gehen nicht in die Berechnung des Reinertrages der zusätzlichen Mieteinnahmen ein, da von keiner Veränderung dieser Kosten resultierend aus der Modernisierung auszugehen ist und sie somit in der Berechnung des Reinertrages aus dem Rohertrag bereits berücksichtigt werden.

Innerhalb des Kausalmodells wird zwar von einer vollständigen Kompensation der Energieeinsparung durch die zusätzlichen Mieteinnahmen ausgegangen, wie dies in Abbildung 5.8 auf Seite 210 dargestellt ist, alternativ wäre aber auch eine Aufteilung der Energiekosteneinsparung zwischen Mieter und Vermieter möglich. Hierbei wären unterschiedliche Ansätze denkbar: So könnte es sich bei der Aufteilung um eine konstante oder eine alternierende Verteilung handeln. Bei der Ermittlung des Reinertrages müsste eine Abweichung von dem Ansatz der vollständigen Kompensation mit einer entsprechenden prozentualen Minderung der jährlichen zusätzlichen Einnahmen berücksichtigt werden.

Der Diskontierungsfaktor des Reinertrages der zusätzlichen Mieteinnahmen ergibt sich aus der Standardabweichung der Energiepreisentwicklung. Die Annahme der unterschiedlichen Diskontierungsfaktoren für den Energiepreis sowie der Reinerträge aus den Mieteinnahmen basiert auf den unterschiedlichen Volatilitäten, weshalb der risikoadjustierte Zinssatz einer Anpassung an die neue Ausgangslage bedarf.[788] Zudem wird der Restwert durch den Terminal Value repräsentiert. Um der begrenzten Restnutzungsdauer der Immobilie gerecht zu werden, wird der Kalkulationszinsfuß

[786] Vgl. Abbildung 4.5, S. 129.
[787] Vgl. Abschnitt 3.3.3.3, S. 98.
[788] Vgl. Abbildung 4.17, S. 173.

mit einem Vorschlag versehen.[789] Insgesamt lautet die Gleichung des neuen Verkehrswertes nach der energetischen Modernisierung:

$$VW_{neu} = \sum_{i=1}^{n} \frac{RE_i}{(1+r_{alt})^i} + \frac{\frac{RE_i}{k_{alt}}}{(1+r_{alt})^n} + \sum_{i=1}^{n} \frac{RE_i^{ZM}}{(1+r_e)^i} + \frac{\frac{RE_i^{ZM}}{k_e}}{(1+r_e)^n} \qquad 5.5$$

mit

r_{alt} = Diskontierungszins vor der Modernisierung

k_{alt} = Kalkulationszinsfuß vor der Modernisierung

Zusammengefasst lautet die Gleichung des Verkehrswertes nach der Modernisierung:

$$VW_{neu} = \sum_{i=1}^{n} \frac{RE_i + RE_i^{ZM}}{(1+\bar{r})^i} + \frac{\frac{RE_i + RE_i^{ZM}}{\bar{k}}}{(1+\bar{r})^n} \qquad 5.6$$

mit

$$\bar{r} = \frac{RE}{RE + RE^{ZM}} * r_{alt} + \frac{RE^{ZM}}{RE + RE^{ZM}} * r_e \qquad 5.7$$

und

$$\bar{k} = \frac{RE}{RE + RE^{ZM}} * k_{alt} + \frac{RE^{ZM}}{RE + RE^{ZM}} * k_e \qquad 5.8$$

Sowohl der Diskontierungszins, wie auch der Kalkulationszinsfuß für die Ermittlung des Verkehrswertes nach Gleichung 5.6 werden als gewichteter Durchschnitt gebildet. In den Gleichungen 5.7 und 5.8 ist die Gewichtung der ersten Periode dargestellt, wobei das Verhältnis der Reinerträge über den Betrachtungszeitraum durch die unterschiedlichen Preisentwicklungen der Miete und der Energiekosten nicht konstant bleiben wird. Deshalb würde die Ermittlung des gewichteten Durch-

[789] Vgl. Fußnote 580, S. 154.

schnittes über mehrere Perioden ein exakteres Ergebnis liefern. Allerdings ist auch offen, inwiefern die Anwendung der ursprünglichen Zinsfüße, wie sie vor der Modernisierung verwendet werden, aus Gründen der Vereinfachung legitim ist.

Darüber hinaus ist eine weitere Änderung des Immobilienwertes durch geringere Abschläge oder eventuell Zuschläge nach §8 ImmoWertV zu erwarten, die aus einer besseren Vermarktbarkeit der Immobilie resultieren.[790] Nachdem im Rahmen dieser Arbeit über diese Abschläge aber keine allgemeingültige Aussage getroffen werden kann, werden hier die möglichen Auswirkungen auf den Immobilienwert ausschließlich erwähnt.

Diese Ausführungen zeigen, dass, neben den zusätzlichen Einnahmen, mit dem höheren Immobilienwert ein weiterer Anreiz für den Investor besteht, eine energetische Modernisierung durchzuführen. Dieser Effekt eines höheren Immobilienwertes ist auch beim Modell der Teilwarmmiete sowie dem ökologischen Mietspiegel zu erwarten. Beim Energiespar-Contracting dürfte sich aufgrund der Veränderung der Abschläge auch ein höherer Immobilienwert ergeben. Die zusätzlichen Einnahmen durch die Energiekosteneinsparungen erhält allerdings der Contractor, sodass bei diesem Lösungsansatz keine Steigerung des Immobilienwertes durch die zusätzlichen Mieteinnahmen zu erwarten ist.

Das Kausalmodell sowie die Auswirkungen auf die Zahlungsströme und den Immobilienwert stellen die Grundlage des in dieser Arbeit entwickelten Realoptionsmodells dar. Bevor dieses Modell vorgestellt wird, wird im nächsten Kapitel die Anwendung von Realoptionen im Immobilienbereich dargestellt.

5.3 Der Realoptionsansatz (ROA) im Immobilienbereich

Die Ausführungen in Abschnitt 5.1.1 zeigen, dass sich der Realoptionsansatz durch die Berücksichtigung von zukünftigen Handlungsmöglichkeiten auszeichnet. Diese Eigenschaft des Realoptionsansatzes resultiert aus der Analogie zwischen Realoptionen und Finanzoptionen, weshalb die Definition der Finanzoptionen auch auf den Realoptionsansatz übertragbar ist:[791]

[790] Vgl. Abschnitt 4.5.2, S. 181ff.
[791] Vgl. Beckmann, 2006, S. 46 u. Hilpisch, 2006, S. 32.

„An option is defined as the right, without associated symmetric obligation, to buy (if a call) or sell (if a put) a specified asset (e. g. common stock) by paying a prespecified price (the exercise or maturity date). If the option can be excercised before maturity, it is called an American option; if only at maturity, a European option".[792]

Aus dieser Definition ergeben sich die drei Merkmale Flexibilität, Unsicherheit und Irreversibilität. Die Flexibilität beschreibt lediglich das Recht und nicht die Verpflichtung zur Ausübung der Option, durch die Unsicherheit bzw. den nicht genau vorhersagbaren Umweltzustand ist die wirtschaftliche Attraktivität der Investition nicht vorgegeben. Die Irreversibilität ergibt sich durch die Aufhebung des Optionsrechtes, falls die Option ausgeübt wird.[793] Im Gegensatz zu Finanzoptionen beziehen sich Realoptionen nicht auf börslich gehandelte Finanztitel, sondern auf realwirtschaftliche Projekte. Es besteht in der Regel auch keine vertragliche Fixierung wie bei Finanzoptionen, die vertraglich zugesicherte Handlungsmöglichkeiten und somit Finanzkontrakte darstellen. [794] Diese Unterschiede zwischen den Optionsarten bedingen, dass einige Faktoren der Finanzoptionen für die Projektbewertung uminterpretiert werden müssen. In der folgenden Tabelle sind die korrespondierenden Realoptions-Variablen im Vergleich zu Finanzoptionen dargestellt.

Options-parameter	ROA allgemein	ROA im Immobilienbereich
S	Projektwert	Immobilienwert/Mieteinnahmen
X	Investitionskosten für das Projekt	Entwicklungskosten
D	Cashflows aus dem Projekt	-
r_f	risikofreier Zinssatz	risikofreier Zinssatz
σ	Projekt Volatilität (oder Proxy-Variable)	Unsicherheit des Immobilienwertes/der Mieteinnahmen
T	Restlaufzeit bis zum spätesten Investitionszeitpunkt	Laufzeit bis zum Verfall der Investitionsmöglichkeit

Tabelle 5.4: Finanzoption vs. Realoption
Quelle: Schellenberg, 2008, S. 392

[792] Trigeorgis, 2000, S. 69.
[793] Vgl. Hommel/Müller, 1999, S. 178, Hommel/Pritsch, 1999, S. 123 u. Leithner/Liebler, 2003, S. 225.
[794] Vgl. Spremann, 1999, S. 411f. u. Schäfer, 2005b, S. 347. Für weitere Unterschiede zwischen Finanzoptionen und Realoptionen, die sich beispielsweise auf die Auswirkung der Volatilität oder die Beleihung der Option beziehen vgl. Brach, 2003, S. 44ff.

Die Handlungsflexibilität, die von einer Realoption ausgeht, bezieht sich zumeist auf die Verzögerung einer Investition und stellt damit im Grundcharakter eine Warteoption dar. Die Verzögerung erlaubt dem Investor die Entwicklung relevanter Rahmenbedingungen abzuwarten und nach der Erlangung neuer Informationen über die Ausübung der Option, d. h. die Durchführung der Investition, zu entscheiden. Deshalb wird für den Begriff „Warteoption" in diesem Zusammenhang auch der Begriff „Lernoption" synonym verwendet. Ausgehend von diesem Grundcharakter kann die Investitionsentscheidung, wie nachfolgend dargestellt, in Investitions- und Desinvestitionsoptionen unterteilt werden. Während sich eine Investitionsentscheidung auf eine verzögerte Investition bezieht, ermöglicht die Desinvestition den Abbruch eines Projektes zu einem späteren Zeitpunkt.[795]

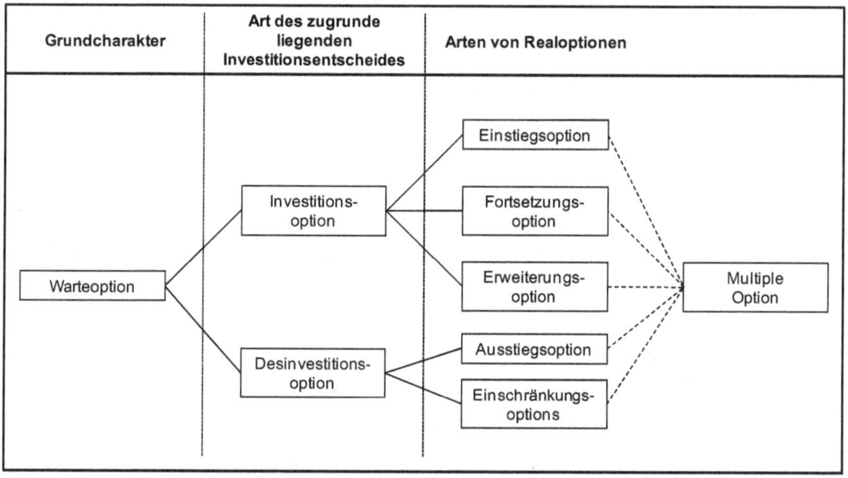

Abbildung 5.9: Klassifikation von Realoptionen
Quelle: Ernst/Thümmel, 2000, S. 669

Von der Investitionsoption, die oft aus einer Call-Option besteht, gehen die Einstiegs-, Fortsetzungs- und Erweiterungsoption aus. Die Einstiegsoption versteht sich auf den zeitlich flexiblen Einstieg in ein Projekt, während sich die Fortsetzungsoption auf ein Projekt bezieht, dass in mehreren Teilschritten geplant ist. Der Investor entscheidet zum Ende jeder Teilperiode über die Fortsetzung des Projektes bzw. der

---

[795] Vgl. Hilpisch, 2006, S. 31f., Hommel/Müller, 1999, S. 123 u. Ernst/Thümmel, 2000, S. 669.

Investition in der nächste Phase bzw. Teilperiode. Im Gegensatz zur Fortsetzungsoption existiert das Projekt bereits, wodurch der Investor die Option hat, das bestehenbestehende Projekt zu erweitern. Die Desinvestitionsoption wird üblicherweise von einer Put-Option repräsentiert. Sie bietet die zwei Möglichkeiten einer Ausstiegs- sowie Einschränkungsoption. Die Ausstiegsoption bietet dem Investor die Möglichkeit, ein Projekt vor dem Ende der Projektdauer zu beenden, wohingegen die Einschränkungsoption eine Reduzierung des Projektes bzw. die Verringerung des Engagements des Investors ermöglicht. Bei der Multiple Option verfügt der Investor über mehrere Handlungsmöglichkeiten: Er verfügt somit über ein Portfolio aus Investitions- und Desinvestitionsoptionen. Die Entscheidung hängt hierbei maßgeblich davon ab, ob sich positive oder negative Umweltzustände einstellen.[796]

Innerhalb des Immobilienbereiches beziehen sich die unterschiedlichen Realoptionsansätze weniger auf Projekte sondern vielmehr auf die Gebäude selbst sowie unbebaute Grundstücke. Die Literaturrecherche zum Realoptionsansatz im Immobilienbereich, die sich auf wissenschaftliche Arbeiten mit der Verbindung Realoptionen und Immobilien bezieht,[797] zeigt, dass in diesem Bereich zumeist die Einstiegsoption, gefolgt von der Fortsetzungsoption, verwendet wird. Ferner taucht mit der Wechseloption eine weitere Optionsart auf, die in Abbildung 5.9 auf Seite 221 nicht abgebildet ist.[798] Bei der Wechseloption oder Umstellungsoption besteht die Möglichkeit, Inputfaktoren, den Output oder den Modus Operandi eines bestehenden Projektes zu verändern.[799]

Insgesamt ergab die Literaturrecherche, dass der Realoptionsansatz mit 24 Arbeiten zu unterschiedlichen Fragestellungen aus der Immobilienwirtschaft im Immobilienbereich verankert ist. Die nachfolgend vorgestellten Arbeiten sind, mit Ausnahme der

796 Vgl. Ernst/Thümmel, 2000, S. 669, Fuhrer, 2005, S. 87-89, Schulmerich, 2003, S. 66f. u. Beckmann, 2006, S. 82-84.

797 Diese Literaturrecherche bezieht sich ausschließlich auf Arbeiten mit direktem Bezug zum Immobilienbereich. Weitere Ansätze, die sich nur indirekt auf den Immobilienbereich beziehen, sind nicht Gegenstand der Recherche. Diese Arbeiten beziehen sich auf die Finanzierung sowie daraus resultierende Kapitalanlageprodukte, wie beispielsweise Mortgage-Backed-Securities. Vgl. hierzu beispielsweise Green/Shoven, 1986, S. 41ff., Kau *u.a.*, 1992, S. 279ff. sowie Leung/Sirmans, 1990, S. 91ff.

798 Vgl. Tabelle 5.6, S. 230 u. Tabelle 5.8, S. 236.

799 Vgl. Beckmann, 2006, S. 84.

Arbeit von BÜCH[800] und GRENADIER[801], in die drei Kategorien Projektentwicklung, Empirie sowie Nutzungsphase/Renovierung unterteilt. Die Einteilung in diese drei Kategorien erwies sich in manchen Fällen als schwierig, da manche Arbeiten mehrere dieser Kategorien abdecken. Hier wurde die Zuordnung entsprechend dem thematischen Schwerpunkt gewählt. Die meisten Arbeiten zum Realoptionsansatz im Immobilienbereich beziehen sich auf die Projektentwicklung,[802] was sich auch mit der größten Handlungsmöglichkeit bzw. Flexibilität in dieser Phase des Lebenszyklus einer Immobilie erklären lässt. So besteht beispielsweise die Möglichkeit, den Baubeginn eines Gebäudes zu verzögern, den Bau eines oder mehrerer Gebäude auf einem unbebauten Grundstück in Ausbaustufen zu unterteilen oder ein Gebäude abzureißen und ein neues zu errichten. Diese Flexibilität ist bei einem bestehenden Gebäude in der Regel nicht gegeben. Besonders bauliche Veränderungen eines bestehenden Gebäudes sind im Allgemeinen mit höheren Anstrengungen verbunden, eine Ausnahme hiervon stellen Veränderungen während der Renovierung dar.[803]

5.3.1 Der ROA in der Projektentwicklung

Wie gezeigt wurde, befasst sich die Mehrheit der wissenschaftlichen Arbeiten mit der Wertermittlung im Rahmen der Projektentwicklung. Den Grundstein für diese Arbeiten legte TITMAN mit seinem Modell im Jahr 1985 mit der Bewertung eines Parkplatzes[804] in Westwood, Los Angeles. TITMAN zeigte anhand dieses Modells, dass sich die Unsicherheiten, die aus den zukünftigen Immobilienpreisen resultieren und die er mit der geometrisch Brownschen Bewegung modelliert, positiv auf den Grundstückswert auswirken. Der Optionsansatz in diesem Modell ist eine Einstiegsoption, wobei der Basiswert der Immobilienwert ist, während die Baukosten, die als prognostizierbar angesehen werden und somit keinem stochastischen Prozess unterliegen, den Ausübungspreis darstellen.[805] In Anlehnung an den Residualwert[806]

---

[800] BÜCH entwickelt ein modulares Realoptionsmodell, das sich auf den gesamten Lebenszyklus einer Immobilie bezieht. Vgl. Büch, 2009, S. 1ff.

[801] GRENADIER befasst sich innerhalb der Studie mit dem ROA im Immobilienbereich, allerdings liegt der Schwerpunkt der Arbeit auf einem spieltheoretischen Ansatz und wird deshalb nicht in der Literaturrecherche berücksichtigt. Vgl. Grenadier, 1996, S. 1653ff.

[802] Vgl. hierzu auch Tabelle 5.6, S. 230, Tabelle 5.7, S. 233 u. Tabelle 5.8, S. 236.

[803] Vgl. hierzu auch Abbildung 2.6, S. 27.

[804] Der Parkplatz wird hier mit einem unbebauten Grundstück gleichgesetzt.

[805] Innerhalb des Modells von TITMAN variieren die Baukosten ausschließlich aufgrund der Annahme, dass mit zunehmender Bebauungsintensität die Baukosten proportional steigen werden.

unterstellt TITMAN, dass sich der Grundstückswert aus der Differenz des Immobilienwertes und den Herstellkosten ermitteln lässt, so dass der Wert der Einstiegsoption dem Grundstückswert entspricht. Bei einem positiven Optionswert empfiehlt sich eine Verzögerung der Entwicklung des Grundstückes, um eine günstigere Gelegenheit abzuwarten. Die Berechnungen erfolgen hier mit dem Binomial-Verfahren.[807] Aus diesem Modellaufbau ergibt sich eine Konkretisierung der Realoptions-Variablen im Immobilienbereich. Aufbauend auf der Gegenüberstellung der Variablen der Finanzoptionen und des Realoptionsansatzes in Tabelle 5.4 auf Seite 220, sind in der folgenden Tabelle die korrespondierenden Faktoren des allgemeinen und des immobilienspezifischen Realoptionsansatzes gegenübergestellt. Die einzelnen Optionsparameter sind in der Regel auch auf andere Realoptionsansätze im Immobilienbereich übertragbar.

Options-parameter	ROA allgemein	ROA im Immobilienbereich
S	Projektwert	Immobilienwert/Mieteinnahmen
X	Investitionskosten für das Projekt	Entwicklungskosten
D	Cashflows aus dem Projekt	-
r_f	Risikofreier Zinssatz	Risikofreier Zinssatz
σ	Projekt Volatilität (oder Proxy-Variable)	Unsicherheit des Immobilienwertes/der Mieteinnahmen
T	Restlaufzeit bis zum spätesten Investitionszeitpunkt	Laufzeit bis zum Verfall der Investitionsmöglichkeit

Tabelle 5.5: Der ROA in der Projektentwicklung
Quelle: eigene Darstellung

Die Volatilität, die in der Tabelle dargestellt ist und die die Wertentwicklung des Basisobjektes bzw. im Immobilienbereich des Immobilienwertes oder der Mieteinnahmen erfasst, kommt in der Optionspreisbewertung eine besondere Bedeutung zu. Im Gegensatz zur klassischen Kapitalwertmethode, bei der unsichere Umweltzustände im risikoadjustierten Zinssatz berücksichtigt werden und eine Erhöhung der Volatilität aufgrund der Steigerung des Diskontierungssatzes zu einem geringeren Projektwert führt, besteht beim Optionswert eine positive Korrelation mit

[806] Vgl. Kapitel 4.3.1, S. 149.
[807] Vgl. Titman, 1985, S. 505ff.

der Volatilität, d. h. aus einem Anstieg der Volatilität resultiert ein höherer Optionswert.[808] Dieser Effekt einer Erhöhung der Volatilität ist maßgeblich auf die unter-unterschiedliche Behandlungen von Risiken zurückzuführen. Diese ergibt sich durch das asymmetrische Risikoprofil[809] von Optionen, das von den Optionspreisverfahren berücksichtigt wird.[810]

Für die Optionspreisbewertung steht, in Anlehnung an die Bewertung von Finanzoption, eine Vielzahl von Verfahren zur Verfügung. Die nachfolgende Abbildung gibt einen Überblick über diese Verfahren.

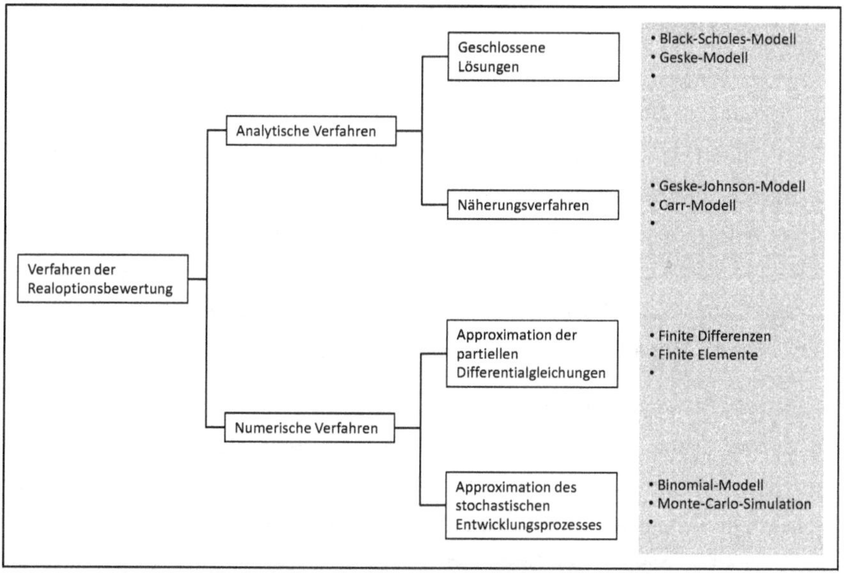

Abbildung 5.10: Verfahren der Realoptionsbewertung
Quelle: Hungenberg u.a., 2005, S. 8

---

808 Vgl. Leithner/Liebler, 2003, S. 230, Ballwieser, 2002, S. 185, Merton, 1973, S. 149 u. Copeland/Weiner, 1990, S. 147f.

809 Die Asymmetrie des Risikoprofils ergibt sich aus der Absicherung des Optionshalters gegenüber negativen Entwicklungen. Im ungünstigen Fall muss die Option nicht ausgeführt werden. Der Optionshalter kann hingegen im günstigen Fall durch die Ausübung von der positiven Entwicklung profitieren.

810 Vgl. Dixit/Pindyck, 1995, S. 110, Copeland/Keenan, 1998, S. 41 u. Schäfer, 2005b, S. 360.

Die vorhandenen Verfahren lassen sich in analytische und nummerische Verfahren untergliedern.[811] Zu den analytischen Verfahren gehören zum einen geschlossene Lösungen für spezifische Problemstellungen, wozu das bei Finanzoptionen dominant gebräuchliche Black-Scholes-(Merton)-Modell zu zählen ist. Diese Modelle zeichnen sich vor allem durch einen standardisierten Ansatz aus: Das gesuchte Ergebnis lässt sich durch einfaches Einsetzen lösen. Mit zunehmender Komplexität der Problemstellung muss allerdings auf die zweite Gruppe, die Näherungsverfahren zurückgegriffen werden. Der Vorteil dieser Verfahren liegt in der einfachen Handhabung, was jedoch restriktive Modellprämissen erfordert, die speziell bei der Realopti-Realoptionsbewertung nur schwer einzuhalten sind.[812]

Die zweite Gruppe von Verfahren bedient sich der approximativen Lösung von partiellen Differentialgleichungen, die die jeweilige Option beschreiben. Hierbei ist zwischen den Methoden der finiten Differenzen und denen der finiten Elemente zu unterscheiden. Wesentlich anschaulicher und zugänglicher sind hingegen die Verfahren, bei denen die Option durch die Approximation des stochastischen Prozesses modelliert wird, zu denen auch das Binomialmodell zu zählen. Mit diesen Verfahren wird der stochastische Prozess anschaulich dargestellt und es können auch komplexe Optionsarten abgebildet werden.[813]

Die partielle Differentialgleichung wurde von WILLIAMS im Immobilienbereich zuerst angewendet. Damit stellt diese Arbeit einen weiteren Meilenstein des Realoptionsansatzes in der Anwendung im Immobilienbereich dar, auf dem viele weitere Arbeiten aufbauen. Im Gegensatz zu TITMAN, bei dem der Immobilienwert den Basiswert der Option darstellt, besteht der Basiswert der Einstiegsoption bei WILLIAMS aus den Mieteinnahmen. Im Modell von WILLIAMS unterliegen sowohl die Mieteinnahmen, wie auch die Entwicklungskosten einem stochastischen Prozess. Das Verhältnis der Kosten zur Intensität richtet sich hierbei nach einer (substitutionalen Faktor-) Cobb-

---

[811] Eine Übersicht über die verschiedenen Bewertungsverfahren findet sich in Baecker *u.a.*, 2003, S. 26ff. u. Schulmerich, 2003, S. 64ff.

[812] Vgl. Baecker *u.a.*, 2003, S. 26f.

[813] Vgl. Schulmerich, 2003, S. 79, Baecker *u.a.*, 2003, S. 27f. u. Fuhrer, 2005, S. 98.

Douglas Funktion[814], wobei die Kovarianz der Mieteinnahmen sowie der Baukosten konstant ist. Der Grundstückswert entspricht wie bei TITMAN dem Optionswert und lässt sich mit Hilfe einer partiellen Differentialgleichung aus dem Verhältnis der Baukosten zu den Mieteinnahmen ermitteln. Neben der Wertermittlung des Grundstückes sind sowohl die Ermittlung des optimalen Investitionszeitpunktes als auch die Berechnung der optimalen Investitionsintensität über das lineare Verhältnis der Baukosten zu den Mieteinnahmen möglich. Die Laufzeit der Option ist bei WILLIAMS unbegrenzt. In einem weiteren Schritt ergänzt WILLIAMS das Modell mit zusätzzusätzlichen Wartungskosten, die für das unbebaute Grundstück anfallen. Durch die Berücksichtigung der Wartungskosten wird die Investition bzw. die Projektentwicklung zu einem früheren Zeitpunkt durchgeführt.[815]

CAPOZZA/SICK wenden den Realoptionsansatz auf die Wertermittlung eines landwirtschaftlich genutzten Grundstückes an. Dieser Ansatz basiert auf einer Wechseloption, die eine Umwandlung der Agrarfläche in ein städtisch genutztes Grundstück beschreibt. Der stochastische Prozess dieses Modells basiert auf der Verwendung der arithmetisch Brownschen Bewegung (ABM), die im Gegensatz zur geometrisch Brownschen Bewegung auch negative Werte ermöglicht. Als Basiswert dienen hier die urbanen Mieteinnahmen. Neben dem Realoptionsansatz basiert dieses Modell auf einem räumlichen Modell, das auch die Entfernung der Agrarfläche zum Stadtzentrum berücksichtigt. CAPOZZA/SICK zeigen, dass sich ein Anstieg der städtischen Mieteinnahmen positiv auf den Wert landwirtschaftlich genutzter Flächen auswirkt.[816] CAPOZZA/LI erweitern dieses Modell um den Intensitätswert, der eine mögliche zukünftige Nutzung mit einer höheren Intensität berücksichtigt. Dieser zusätzliche Wert wird mit Hilfe einer Wechseloption ermittelt.[817]

In Anlehnung an TITMAN und WILLIAMS basiert das Modell von QUIGG auf einer amerikanischen Einstiegsoption mit einer unbegrenzten Laufzeit. Als Basiswert dient

---

[814] „Cobb-Douglas-Produktionsfaktoren sind speziell durch konstante Produktionselastizitäten gekennzeichnet. Die Summe der Produktionselastizitäten der variablen Faktoren ergibt die so genannte Skalenelastizität (synonym: Niveauelastizität). Diese sagt aus, um wie viel Prozent die Produktion steigt, wenn man alle variablen Faktoren um ein Prozent erhöht. Bei abnehmenden Skalenerträgen ist diese Skalenelastizität kleiner als eins." Woeckener, 2011, S. 17.

[815] Vgl. Williams, 1991, S. 191ff.

[816] Vgl. Capozza/Sick, 1994, S. 297ff.

[817] Vgl. Capozza/Li, 1994, S. 889ff.

hierbei der Immobilienpreis. QUIGG untersucht zunächst die Auswirkung von konstanten Kosten, wie beispielsweise Steuern und Wartungskosten, die für das unbebaute Grundstück zu entrichten sind. QUIGG kommt zu dem Ergebnis, dass diese Kosten Auswirkungen auf den Grundstückswert haben und dass dieser mit der Erhöhung der Kosten sinkt. In einem weiteren Schritt unterliegen auch die Entwicklungskosten einem stochastischen Prozess.[818]

Das Modell von CHILDS, U. A. stellt Untersuchungen für eine gemischt genutzte Immobilie, die beispielsweise teilweise aus Wohnfläche und Bürofläche besteht, an. Grundgedanke ist hierbei, dass durch die Mischung ein Diversifikationseffekt erreicht werden kann, der sich positiv auf den Wert auswirkt. Entsprechend der Nutzung werden unterschiedliche Mieteinnahmen, die der arithmetisch Brownschen Bewegung folgen und eine konstante Korrelation besitzen, erwartet. Das Modell kann sowohl für unbebaute und, durch eine Modifikation des Modells, für bebaute Grundstücke angewendet werden. Der Realoptionsansatz basiert auf einer Wechseloption; Der Besitzer des Grundstückes hat die Möglichkeit durch eine Entwicklung des Grundstückes bzw. durch einen Umbau der vorhandenen Immobilie das Nutzungsverhältnis zu ändern. Für die Berechnung des Modells, die mit dem Binomialbaumverfahren durchgeführt wird, wird zu Beginn die optimale Mischung festgelegt, die Änderungskosten werden mit einer Cobb-Douglas-Funktion ermittelt. CHILDS, U. A. zeigen, dass die Wechseloption auf den Grundstückswert bzw. auf den Wert der Immobilie Einfluss hat. Des Weiteren kann dieser Einfluss erheblich sein und die Entwicklungsentscheidung wesentlich beeinflussen.[819]

Das Modell von KAWAGUCHI/TSUBOKAWA behandelt dieselbe Thematik wie die zuvor beschriebenen Arbeiten. Allerdings unterscheidet sich das Modell in der Durchführung sowie in der Annahme der Ausgangslage gänzlich. Bei dem Modell handelt es sich nicht um eine stetige, sondern zeitdiskrete Betrachtung über mehrere Perioden. Die Berechnung basiert auch nicht auf einer partiellen Differentialgleichung sondern auf einem Binomialbaum. Da die Autoren weder von einer Normalverteilung noch von einer log-Normalverteilung des Immobilienpreises ausgehen, wird als stochastischer Prozess die zeitdiskrete Diffusion verwendet. Innerhalb des ursprünglichen

---

[818] Vgl. Quigg, 1995, S. 265ff.
[819] Vgl. Childs *u.a.*, 1996, S. 317ff.

Modells unterliegen die Immobilienpreise sowie die Baukosten einem stochastischen Prozess. Aufgrund der hohen Komplexität des Modells und des erhöhten Rechenaufwandes wird für die Berechnung ein Näherungsverfahren verwendet und die Bau-Baukosten als konstant angenommen.[820]

Die Arbeit von SING greift im Wesentlichen die Grundgedanken von WILLIAMS auf und hat die Zielsetzung, den optimalen Entwicklungszeitpunkt sowie die optimale Nutzungsintensität zu ermitteln. Im Gegensatz zu den zuvor skizzierten Modellen berücksichtigt SING die Bauzeit sowie einen nicht-linearen Zusammenhang der Baukosten und der Nutzungsintensität des Grundstückes. Vor dem SING-Modell wurde in den Realoptionsarbeiten die Bauzeit, die zwischen sechs Monaten und zwei Jahren betragen kann, vernachlässigt. Es wird dagegen angenommen, dass die Projektentwicklung zum optimalen Zeitpunkt stattfindet und im Anschluss sofort Einnahmen generiert werden können. Zur Berücksichtigung der Bauzeit in seinem Modell schlägt Sing zwei Lösungsansätze vor. So kann diese Bauzeit entweder durch ein Hedge-Portfolio, bestehend aus einer Long Call-Option und einer Short Call-Option, oder mit Hilfe eines Forwards auf die Mieteinnahmen im Modell berücksichtigt werden.[821] WANG/ZHOU untersuchen zusätzlich zum Realoptionsansatz den Einfluss von mehreren Teilnehmern und unterschiedlichen Entwicklungszeitpunkten auf den Grundstückspreis. Als Besonderheit im Realoptionsbereich werden die Entwicklungskosten nicht in Abhängigkeit zur Nutzungsintensität, sondern zum erzielbaren Umsatz angesetzt.[822] ROCHA, U. A. untersuchen eine schrittweise Entwicklung eines Grundstückes mittels einer Fortsetzungsoption. Falls die erste Phase der Projektentwicklung erfolgreich ist, beginnt die zweite Phase, andernfalls wird die Projektentwicklung abgebrochen.[823]

Die folgende Tabelle gibt eine Übersicht, über die in diesem Abschnitt beschriebenen Arbeiten. Die Variablen der jeweiligen Modelle sind kursiv geschrieben.

[820] Vgl. Kawaguchi/Tsubokawa, 2001, S. 9ff.
[821] Vgl. Sing, 2001, S. 35ff.
[822] Vgl. Wang/Zhou, 2006, S. 1ff.
[823] Vgl. Rocha *u.a.*, 2007, S. 67ff.

Autor	Optionsart	Stochastischer Prozess	Basisobjekt	Ausübungspreis	Laufzeit	Berechnungs-verfahren
Titman, 1985	Einstiegsoption	GBM	*Immobilienpreis*	Entwicklungskosten	Eine Periode	Binomialbaum
Williams, 1991	Einstiegsoption	GBM	*Mieteinnahmen*	*Entwicklungskosten*	Unbegrenzt	Part. DGL
Capozza/Sick, 1994	Wechseloption	ABM	*Mieteinnahmen*	Entwicklungskosten	Unbegrenzt	Part. DGL
Capozza/Li, 1994	Wechseloption	ABM	*Mieteinnahmen*	Entwicklungskosten	Unbegrenzt	Part. DGL
Quigg, 1995	Einstiegsoption	GBM	*Mieteinnahmen*	*Entwicklungskosten*	Unbegrenzt	Part. DGL
Childs u. a., 1996	Wechseloption	ABM	*2 Mieteinnahmen*	Änderungskosten	Begrenzt	Binomialbaum
Kawaguchi/ Tsubokawa, 2001	Einstiegsoption	Zeitdiskrete Diffusion	*Immobilienpreis*	*Entwicklungskosten*	Begrenzt	Binomialbaum
Sing, 2001	Einstiegsoption	GBM	*Mieteinnahmen*	*Entwicklungskosten*	Unbegrenzt	Part. DGL
Wang/Zhou, 2006	Einstiegsoption	GBM	*Mieteinnahmen*	*Entwicklungskosten*	Unbegrenzt	Part. DGL
Rocha u. a., 2007	Fortsetzungs-option	GBM	*Mieteinnahmen*	*Entwicklungskosten*	Begrenzt	Part. DGL

Tabelle 5.6: Übersicht des ROA in der Projektentwicklung
Quelle: eigene Darstellung

5.3.2 Empirische Untersuchungen im ROA

Die empirischen Untersuchungen zum Realoptionsansatz im Immobilienbereich beziehen sich ausschließlich auf die Projektentwicklung bzw. wie im vorherigen Abschnitt gezeigt auf die Ermittlung des Wertes der Einstiegsoption, die aus der verzögerten Entwicklung des Grundstückes resultiert. Während innerhalb der Studien im Bereich der Projektentwicklung die Herleitung eines Realoptionsmodells im Vordergrund steht, ist es die Zielsetzung dieses Abschnittes, einen Vergleich der Arbeiten hinsichtlich der durch ein Realoptionsmodell errechneten Werte mit Marktpreisen bzw. mit anderen Wertermittlungsverfahren durchzuführen. In manchen Fällen ist die Herleitung eines Realoptionsmodells, wie beispielsweise bei QUIGG und BRENNER, U. A, dem Vergleich vorangestellt.

Der erste Beitrag mit dieser Thematik stammt von QUIGG aus dem Jahr 1993. Als Grundlagen dienen QUIGG 2.700 Transaktionspreise, aus dem Zeitraum 1976 bis 1979, die in der US-Stadt Seattle getätigt wurden. Das Realoptionsmodell basiert im Wesentlichen auf dem Modell von WILLIAMS aus dem Jahr 1991. Im Gegensatz zu WILLIAMS, der von einem linearen Verhältnis der Entwicklungskosten zu den Mietertrágen ausgeht, wird dieses Verhältnis bei QUIGG als nichtlinear angenommen. Aus diesen Daten ermittelt QUIGG eine statistisch signifikante Realoptionsprämie von 6%. QUIGG definiert die Realoptionsprämie als den Quotienten aus der Differenz des inneren Wertes der Realoption und dem Realoptionswert des Modells sowie dem Realoptionswert des Modells.[824] Das Modell von QUIGG findet auch innerhalb der empirischen Untersuchung von YAMAZAKI, Anwendung, welcher einen Vergleich zwischen den Ergebnissen des Realoptionsansatzes sowie neoklassischen Bewertungsansätzen durchgeführt hat. Als Referenzwert dienen hierbei Marktpreise auf dem japanischen Immobilienmarkt. YAMAZAKI kommt zu dem Ergebnis, dass der Realoptionsansatz dem neoklassischen Ansatz, respektive dem DCF-Verfahren, vorzuziehen ist.[825] Zu diesem Ergebnis kommen auch HOLLAND U. A., die einen ähnlichen Vergleich der Bewertungsansätze durchführen. Sie folgern daraus, dass die Irreversibilität und die Möglichkeit der Verzögerung einer Immobilieninvestition zentrale Faktoren der Entscheidungsfindung und damit Wert bildend sind.[826]

Einen ähnlichen Ansatz wie QUIGG verfolgen SING/PATEL für den britischen Immobilienmarkt. Gegenstand ihrer Untersuchung sind 2.286 bebaute Grundstücke, die zwischen 1984 und 1997 gekauft und verkauft wurden. SING/PATEL nehmen hierbei an, dass die Intensität bzw. die Größe der Immobilien in den Transaktionen optimal gewählt wurde. Des Weiteren sind die Entwicklungskosten innerhalb des Realoptionsmodells konstant. Eine Ermittlung der optimalen Nutzungsintensität des Grundstückes in Abhängigkeit von den Entwicklungskosten und den Mieteinnahmen wie bei QUIGG entfällt somit. SING/PATEL ermitteln eine Optionsprämie von 28,78% für Büroimmobilien, 25,75% für Industrieimmobilien und 16,06% für Einzelhandelsimmobilien.[827]

BRENNER, U. A. vergleichen die Ergebnisse des Realoptionsansatzes, des Vergleichswertverfahrens sowie des Residualwertverfahrens. Ausgangspunkt dieser Untersuchung sind zwölf Berliner Grundstücke. Die Studie zeigt, dass das Ergebnis des Realoptionsansatzes speziell durch die Berücksichtigung der Unsicherheiten der zukünftigen Reinerträge sowie der Opportunitätskosten im Vergleich zum Residualwertverfahren in der Regel zu plausibleren Ergebnissen führt. Für den Fall, dass die Investition sofort durchgeführt wird, führen beide Verfahren zum gleichen Ergebnis. Im Vergleich zum Vergleichswertverfahren ist der Realoptionsansatz allerdings unter-

---

[824] Vgl. Quigg, 1993, S. 621ff.
[825] Vgl. Yamazaki, 2001, S. 53ff.
[826] Vgl. Holland *u.a.*, 2000, S. 33ff.
[827] Vgl. Sing/Patel, 2001, S. 535ff.

legen, was innerhalb dieser Studie auf eine ungenügende Berücksichtigung des Risikos zurückgeführt wird.[828] Diese Anwendung des Realoptionsansatzes ist allerdings als eine reine wissenschaftliche Untersuchung zu sehen. An der Verwendung des Realoptionsansatzes zur Immobilienbewertung wird kritisiert, dass dieser Ansatz auf Faktoren basiert, die innerhalb der Immobilienbewertung bereits berücksichtigt werden. So wird das Potenzial der zukünftigen Entwicklung eines Grundstückes in §5 ImmoWertV bereits gesetzlich berücksichtigt. Der Ansatz würde somit das Entwicklungspotenzial zweifach berücksichtigen. Diese Problematik trifft nicht auf das nachfolgend vorgestellte Modell zur Berücksichtigung des Potenzials einer zukünftigen Modernisierung zu, da das Modell auf dem zuvor vorgestellten Kausalmodell und den zusätzlichen Mieteinnahmen basiert,[829] deren Berücksichtigung in der ImmoWertV nicht gesetzlich vorgeschrieben ist.[830]

BULAN U. A. untersuchen anhand einer Warteoption auf einem unbebauten Grundstück die Auswirkungen der Volatilität des Basiswertes, der Renditen von Eigentumswohnungen, auf den Zeitpunkt der Entwicklung des Grundstückes. Hierbei nutzen sie die Daten von 1.214 Projektentwicklungen im Wohnungsbereich, die zwischen 1979 und 1998 in Vancouver durchgeführt wurden. BULAN U. A. zeigen, dass eine Erhöhung der Volatilität der Renditen von Eigentumswohnungen zu einem Rückgang der Entwicklung von Eigentumswohnungen von 13% führt. Diese Auswirkung entspricht einem Rückgang der Immobilienpreise um 9%. Dies zeigt einerseits die Bedeutung der Volatilität im Allgemeinen und andererseits den negativen Einfluss der Volatilität des Basiswertes auf die Wahrscheinlichkeit der Ausübung der Option.[831]

In der folgenden Tabelle 5.7 ist eine Zusammenfassung der unterschiedlichen Ansätze und deren Ergebnisse dargestellt.

---

[828] Vgl. Brenner *u.a.*, 2007, S. 1002ff.
[829] Vgl. Abschnitt 5.2.3, S. 209.
[830] Vgl. Adam, 2010, S. 91-93.
[831] Vgl. Bulan *u.a.*, 2009, S. 237ff.

Autor	Untersuchungsgegenstand	Referenzwerte	Ergebnis
Quigg, 1993	Ermittlung der Realoptionsprämie	2.700 Transaktionspreise von Grundstücken zw. 1976 u. 1979 aus Seattle	Optionsprämie von durchschnittlich 6%
Holland, 2000	Vergleich ROA und neoklassische Bewertungsansätze	Zeitreihen über 20 Jahre des US-Immobilienmarkts	ROA ist vorzuziehen
Yamazaki, 2001	Vergleich ROA und neoklassische Bewertungsansätze	4.368 Transaktionsdaten von 1985 bis 2000 in Japan	ROA ist zu bevorzugen
Sing/Patel, 2001	Ermittlung der Realoptionsprämie	2.286 Transaktionspreise bebauter Grundstücke zw. 1984 u. 1997 in UK	Realoptionsprämie: 28,78% für Büroimmobilien 25,75% für Industrieimmobilien 16,06% Einzelhandels-immobilien
Brenner u. a., 2007	Vergleich des ROA mit Immobilienbewertungsverfahren	12 Grundstücke in Berlin	ROA hat bessere Ergebnisse als das Residualwertverfahren, aber schlechtere als das Vergleichswertverfahren
Bulan u. a., 2009	Auswirkungen der Volatilität auf den Entwicklungszeitpunkt	1.214 Projektentwicklungen zw. 1979 u. 1998 in Vancouver	Erhöhung der Volatilität der Renditen der Eigentumswohnungen führt zu einem Rückgang der Entwicklungen

Tabelle 5.7: Übersicht der empirischen Arbeiten im Bereich ROA und Immobilien

Quelle: eigene Darstellung

5.3.3 Der ROA in der Nutzungsphase

Im Unterschied zu den vorherigen Abschnitten, bei denen sich der Realoptionsansatz im Wesentlichen auf die Projektentwicklung konzentrierte, haben die Arbeiten dieses Abschnittes unterschiedliche Ansätze sowie teilweise unterschiedliche Perspektiven. Die Gemeinsamkeit dieser Arbeiten besteht im Bezug auf bereits fertiggestellte und genutzte Immobilien. Zunächst werden hier Arbeiten vorgestellt, die sich hauptsächlich mit der Renovierung auseinandersetzen. Im Gegensatz zu den vorgestellten Studien aus dem Bereich der Projektentwicklung, bei denen in der Regel keine Einnahmen aus den unentwickelten Grundstücken generiert werden, setzen die folgenden Arbeiten voraus, dass die Immobilie vor der Renovierung bereits vermietet wurde. Der durch die Renovierung erwirtschaftete Mehrwert wird als Differenz der Mieten im nicht renovierten und renovierten Zustand angenommen.

So untersuchten LENTZ/TSE, ob eine Immobilie aufgrund einer schädlichen Substanz, wie beispielsweise Asbest, saniert werden soll. Innerhalb des Modells hat der Besitzer die drei Möglichkeiten keine Maßnahmen durchzuführen, die schädlichen Materialien zu beseitigen oder zuerst die Materialen beseitigen und anschließend eine neue Immobilie zu errichten. Aus dieser Konstellation ergibt sich eine Fortsetzungsoption, die aus zwei Einstiegsoptionen besteht. Die erste Option bezieht sich hierbei auf den optimalen Zeitpunkt zur Entfernung des schädlichen Materials, während mit der zweiten Option der optimale Zeitpunkt sowie die optimale Intensität für den Neubau ermittelt werden. Innerhalb des Modells sind die Mieteinnahmen sowie die Baukosten, die beide der geometrisch Brownschen Bewegung folgen, variabel und weisen eine konstante Korrelation auf. Für die unterschiedlichen Zustände der Immobilie kontaminiert, saniert und neu, werden unterschiedliche Mieteinnahmen angenommen. Zur Ermittlung dieser Mieteinnahmen dienen die erzielbaren Mieteinnahmen eines Neubaus als Referenzwert. Die Mieteinnahmen der weiteren Zustände werden mittels Abschläge von diesem Referenzwert berechnet. Falls zusätzlich rechtliche Vorschriften existieren, die die freie Wahl des optimalen Zeitpunktes zur Entfernung der schädlichen Materialen einschränken, finden LENTZ/TSE Anhaltspunkte, dass der Immobilienwert aufgrund dieser Rahmenbedingungen sinkt, wodurch den Vorgaben Kosten zugeordnet werden können.[832]

WILLIAMS untersucht im Jahr 1997 den Einfluss wiederkehrender Renovierung auf den Immobilienwert. Er geht hierbei davon aus, dass eine Immobilie beliebig oft renoviert werden kann, d. h. sobald eine Renovierung abgeschlossen ist, wird die Möglichkeit einer weiteren Renovierung geprüft. Ausgehend von diesen Wiederholungen basiert das Modell auf einer Fortsetzungsoption. Die Renovierungszeit wird hierbei innerhalb des Modells berücksichtigt, die Mieteinnahmen folgen einer Arithmetisch Brownschen Bewegung. Durch die Nutzung der Immobilie nach der Renovierung verringert sich der Wert konstant. Die Renovierungskosten werden mit Hilfe einer Cobb-Douglas-Funktion ermittelt, da fixe Kosten zu einer späteren sowie größeren Renovierung führen würden und damit zu einer Verringerung des Optionswertes sowie des Immobilienwertes. WILLIAMS zeigt mit diesem numerischen Modell, dass eine Renovierung möglichst früh, bevor der Wert der Immobilie zu weit sinkt, durchgeführt werden soll und dass die Intensität der Renovierung mit jeder Wiederholung abnehmen soll. Des Weiteren zeigen die Ergebnisse von WILLIAMS, dass der Immobilienwert durch wiederholende Renovierungen im Vergleich zu einer einmaligen Renovierung höher ist. [833] GUNNELIN verfolgt einen ähnlichen Ansatz wie

---

[832] Vgl. Lentz/Tse, 1995, S. 121ff.
[833] Vgl. Williams, 1997, S. 387ff.

WILLIAMS, allerdings unterscheidet er sich im Wesentlichen durch den Ansatz einer einmaligen Renovierung und durch die Wahl der Eingangsparameter. Aufgrund der einmaligen Sanierung handelt es sich bei GUNNELIN um eine Wechseloption. Im Gegensatz zu WILLIAMS verwendet GUNNELIN nicht die Mieteinnahmen, sondern die Immobilienpreise, die wie die Renovierungskosten variabel sind und einer geometrisch Brownschen Bewegung folgen. GUNNELIN kommt zu dem Ergebnis, dass aufgrund der Unsicherheiten, die mit den Immobilienwerten und den Renovierungskosten verbunden sind, ein Bauboom während einer Abwärtsbewegung des Marktes ein realistisches Szenario sein kann.[834]

GRENADIER untersucht die optimale Zusammensetzung der Mieterstruktur, wobei deren unterschiedliche Eigenschaften, wie beispielsweise das Ausfallrisiko sowie eine positive oder negative Wechselbeziehungen[835] der Mieter zueinander, berücksichtigt werden. Ausgehend von einem statischen Ansatz, bei dem die Zusammensetzung zu Beginn festgelegt ist, wird die Struktur anschließend mittels einer Einstiegsoption dynamisch ermittelt. Die Option wird ausgeübt, wenn die positiven Effekte einer Änderung die Kosten des Mieterwechsels übersteigen.[836] In einer weiteren Studie analysiert GRENADIER Mietverträge und zeigt unterschiedliche Optionen, wie eine Abbruchoption, die das Mietverhältnis beendet, sowie eine Erweiterungsoption, bei der der Mietvertrag zu einem bestimmten Zeitpunkt verlängert wird.[837]

SCHAEFER/PFNÜR gehen den Fragen nach, wann eine Immobilie nicht mehr den gestellten Anforderungen entspricht und somit gewechselt werden sollte. Der optimale Wechselzeitpunkt der Immobilie ist erreicht, wenn die Wechselkosten, die sich aus den Erwerbsnebenkosten, den Umzugskosten sowie den Umstellungskosten zusammensetzen, geringer sind als die Opportunitätskosten. Die Opportunitätskosten setzen sich aus der Summe des Nutzentganges gegenüber der nutzenmaximalen Bereitstellungsalternative und der Kostendifferenz in der Nutzung zusammen. Innerhalb dieser Studie werden zwei Realoptionsmodelle aufgestellt. Zunächst sind die Wechselkosten variabel und die Opportunitätskosten konstant. Im zweiten Modell

---

[834] Vgl. Gunnelin, 2001, S. 345ff.

[835] Grenadier beschreibt diese Wechselbeziehungen anhand eines Einkaufzentrums. So profitiert ein Mieter von einer hohen Anzahl unterschiedlicher Einzelhändler, da hierdurch die Anzahl der Besucher und somit potenzieller Kunden erhöht wird.

[836] Vgl. Grenadier, 1995a.

[837] Vgl. Grenadier, 1995b, S. 297ff.

sind die Wechselkosten konstant und die Opportunitätskosten variabel. Innerhalb beider Modelle folgen die Variablen der geometrisch Brownschen Bewegung. SCHAEFER/PFNÜR kommen zu dem Ergebnis, dass eine zunehmende Ungewissheit den Entscheidungsträger zu einem Hinauszögern seiner Entscheidung veranlassen wird.[838]

Autor	Optionsart	Ansatz	Basisobjekt	Ausübungspreis
Lentz, 1995	Fortsetzungsoption	Entfernung schädlicher Stoffe oder Neubau	*Mieteinnahmen*	*Baukosten*
Williams, 1997	Fortsetzungsoption	Wiederholende Renovierung	*Mieteinnahmen*	Baukosten
Grenadier, 1995	Einstiegsoption	Optimale Mischung der Mieter	*Mieteinnahmen*	Kosten aufgrund von Mieterwechsel
Grenadier, 1995	Ausstiegsoption/ Fortsetzungsoption	Analyse unterschiedlicher Mietverträge	*Mieteinnahmen*	*Kosten aufgrund von Mieterwechsel*
Gunnelin, 2001	Wechseloption	Renovierung	*2 Mieteinnahmen*	*Baukosten*
Schaefer/Pfnür, 1999	Wechseloption	Ermittlung des optimalen Zeitpunkts für einen Immobilienwechsel	*Opportunitäts-kosten*	Wechselkosten

Tabelle 5.8: Übersicht des ROA in der Nutzungsphase
Quelle: eigene Darstellung

5.3.4 Zusammenfassende Bemerkungen zur Literaturrecherche

Die Literaturrecherche zeigt, dass der Realoptionsgedanke im Immobilienbereich verankert ist und viele Analysefelder abgedeckt werden. Eine Fokussierung auf Einstiegsoptionen, speziell im Bereich der Projektentwicklung und der Empirie ist festzustellen. Investitionen in Immobilien ist in der Regel mit einem hohen Kapitaleinsatz mit einer langfristigen Kapitalbindung sowie mit einem hohen Grad an Unsicherheiten über die zukünftig aus der Investition erwarteten Rückflüsse gekennzeichnet.[839] Dadurch dürften die notwendigen modelltheoretischen Voraussetzungen für die Begründung einer Realoption - nämlich Irreversibilität und Unsicherheit – in der Vielzahl der Fälle von Immobilieninvestitionen vorhanden sein. Die dritte Bedingung für die Begründung einer Realoption im konkreten Anwendungsfall, die Flexibilität, ist innerhalb der vorgestellten Realoptionsansätze im Immobilienbereich

[838] Vgl. Schaefer/Pfnür, 1999, S. 1ff.
[839] Vgl. Pfnür/Schaefer, 2001, S. 252.

durch die jeweilige Handlungsmöglichkeit wie beispielsweise eine zeitlich verzögerte Entwicklung einer Immobilie gegeben.

Die meisten Arbeiten, wie beispielsweise die von WILLIAMS 1991, QUIGG 1993 und 1995, CAPOZZA/ SICK 1994 und GRENADIER 1995, basieren auf dem Modell von MCDONALD/SIEGEL.[840] Dies führt teilweise zu Ähnlichkeiten in der Vorgehensweise sowie auch in der Wahl der Annahmen. So besitzt die Mehrheit der zuvor vorgestellten Arbeiten zwei Grundannahmen: Es existiert ein konstanter risikoloser Zinssatz, des Weiteren sind die Variablen respektive die Mieteinnahmen bzw. die Immobilienpreisen sowie in manchen Fällen die variablen Entwicklungskosten und auch die Baukosten mittels eines äquivalenten Portfolios darstellbar. Die Bildung eines äquivalenten Portfolios ist aufgrund der Arbitragefreiheit, die eine Grundlage der finanzwirtschaftlichen Optionspreistheorie ist, notwendig. Wie in Abschnitt 2.2.2.2 belegt wurde, ist speziell im Immobilienbereich durch die Heterogenität der Immobilie sowie des im Vergleich zu den Aktienmärkten illiquiden Handels von Immobilien ein vollkommener und vollständiger Markt nicht gegeben.[841] Innerhalb der Literatur finden sich für diese Problematik zwei mögliche Lösungsansätze: Die erste Möglichkeit besteht darin, dass das Portfolio mit perfekt korrelierten und fungiblen sowie rege gehandelten Wertpapieren von beispielsweise Immobilien-Aktiengesellschaften[842] oder REITs[843] nachgebildet wird. In der Regel ist dies allerdings für einzelne Immobilien erforderlich, wodurch diese Lösung aufgrund der Einzigartigkeit der Projekte problembehaftet ist.[844] Die zweite Möglichkeit besteht in der Verwendung der Marktwertverzichtsannahme (Market Asset-Disclaimer), bei der als marktfähiges Referenzobjekt mit identischer Risikoposition wie das Investitionsobjekt das eigentliche Investitionsprojekt ohne Flexibilität verwendet wird.[845] Trotz dieser Hemmnisse stellen diese Realoptionsansätze im Immobilienbereich, wie im folgenden Kapitel ge-

---

[840] Im Modell von MCDONALD/SIEGEL, das auf einer Warteoption basiert, wird bei unsicheren Investitionskosten und Gewinnen der optimale Zeitpunkt für die Investition bestimmt. Vgl. McDonald/Siegel, 1986, S. 707ff.

[841] Vgl. Büch, 2005, S. 27, Oppenheimer, 2002, S. 229f., Pfnür/Schaefer, 2001, S. 251 u. Abschnitt 2.2.2.2, S. 37ff.

[842] Vgl. Abschnitt 2.2.3.3, S. 48f.

[843] Vgl. Abschnitt 2.2.3.4, S. 49ff.

[844] Vgl. Lucius, 2000, S. 77.

[845] Vgl. Abschnitt 4.3.3.2.1, S. 156ff., Büch, 2006, S. 25 und zur Marktwertverzichtannahme Copeland/Antikarov, 2001, S. 94f.

zeigt wird, die Grundlage für den Modellaufbau zur Berücksichtigung der Nachhaltigkeitstreiber in der Immobilienbewertung dar.

5.4 Realoptionsmodell zur Bewertung energieeffizienter Immobilien

Innerhalb dieses Kapitels wird aufbauend auf den vorherigen Abschnitten dieses Kapitels das Realoptionsmodell zur Berücksichtigung einer zukünftigen energetischen Modernisierung im Immobilienwert hergeleitet. Aufgrund der besonderen Bedeutung konzentriert sich das Realoptionsmodell somit auf den Treiber Energie und das Energiesparpotenzial einer Wohnimmobilie. Für die Modellierung des Realoptionsansatzes dient die in der folgenden Abbildung dargestellte empfohlene Vorgehensweise von HOMMEL/PRITSCH als Orientierung.

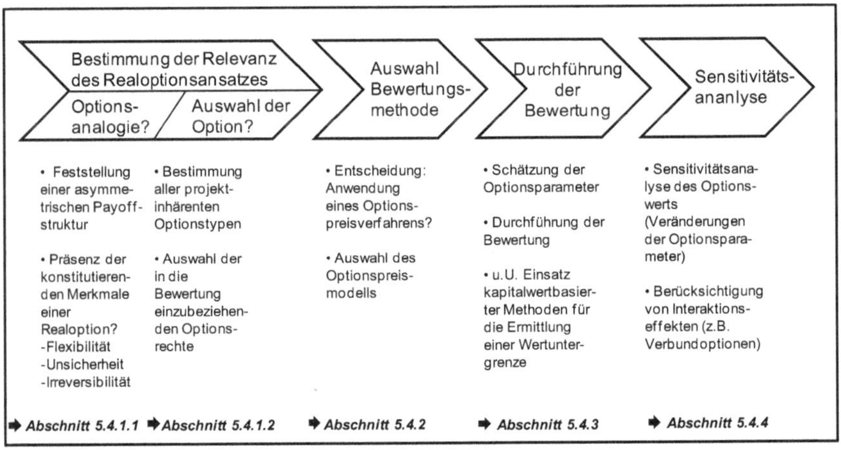

Abbildung 5.11: Einzelschritte der Bewertung mit dem Realoptionsansatz
Quelle: eigene Darstellung, in Anlehnung an Hommel/Pritsch, 1999, S. 122

5.4.1 Bestimmung der Relevanz des Realoptionsansatzes

5.4.1.1 Die Optionsanalogie

Zielsetzung des Modells ist, wie in Abschnitt 5.1.1 beschrieben, die Berücksichtigung der potenziellen zukünftigen Entwicklung im Rahmen der Immobilienbewertung mit dem Realoptionsansatz. Ausgangspunkt dieses Ansatzes ist die Gleichung von MYERS zur Ermittlung des Unternehmenswertes:[846]

$$U = V_A + V_G \quad 5.9$$

Mit dieser Gleichung spaltet MYERS den Unternehmenswert in zwei Komponenten:

- den Marktwert aller gegenwärtigen Vermögensgegenstände (Assets in Place) V_A, bewertbar mit den gängigen DCF-Bewertungsverfahren sowie
- den Wert zukünftiger Wachstumsmöglichkeiten (V_G). Sie stellt für die Unternehmensleitung, resp. die Investoren eine Möglichkeit (und keine Verpflichtung) auf zukünftige unternehmerische Entscheidungen und Handlungen dar, die sie ausüben können, um bestimmte reale Vermögensgegenstände bzw. Cash Flows in der Zukunft zu erwerben. Diesen mit der Investition verbundenen Handlungsspielraum und die Wahlmöglichkeit der Unternehmensleitung resp. des Investors bildet die Realoption ab. Diese aktiven Gestaltungsmöglichkeiten, die mit einem Investitionsobjekt verknüpft sein können, werden in den klassischen Investitionsbewertungsmodellen nicht erfasst.[847]

Bezogen auf den anstehenden Analyserahmen energetischer Effizienz im Wohnimmobilienbereich bedeutet Gleichung 5.9 eine Erweiterung bzw. eine Spaltung in die zwei Komponenten „gegenwärtiger Immobilienwert" und den „Realoptionswert". Letzterer verkörpert den Wert der Flexibilität, der sich aus einer möglichen energetischen Modernisierung einer bestehenden Immobilie ergibt. Entsprechend des Optionsgedankens und seiner bedingten Entscheidungsgrundlage hat der Besitzer einer Immobilie die Möglichkeit (aber nicht die Verpflichtung), zukünftig eine energetische Modernisierung der Immobilie durchzuführen. Aus dieser vorhandenen Entscheidungsgrundlage resultiert auch das asymmetrische Risikoprofil der Option, da der Besitzer nur bei einer positiven zukünftigen Entwicklung die Modernisierung durchführen wird.[848] Diese Handlungsmöglichkeit, d. h. Option bleibt auch im Fall einer Veräußerung der Immobilie bestehen und geht mit der Immobilie in den Besitz des

---

[846] Vgl. Myers, 1977, S. 150.
[847] Vgl. Schäfer, 2005b, S. 387.
[848] Vgl. Abschnitt 5.3.1, S. 202f.

neuen Eigentümers über. Hieraus folgt, dass der Optionswert auch Bestandteil des Kaufpreises bzw. des Verkehrswertes sein muss.

Durch die Adaption des Grundgedankens von MYERS unterliegt die Ausgangsformel einer Anpassung auf dem Immobilienmarkt. Hierbei stellt der erste Summand der folgenden Gleichung VW_0 den Immobilienwert gemäß dem DCF-Verfahren dar, während der zweite Term VW_{ROA} den Optionswert präsentiert.

$$VW_{erw} = VW_0 + VW_{ROA} \qquad 5.10$$

Der zweigliedrige Aufbau mit dem Immobilienwert, basierend auf dem DCF-Verfahren und dem Wert der Realoption korrespondiert mit der heutigen Literatur, die den Realoptionsansatz als ein komplementäres Instrument ansieht.[849] Nachdem die traditionelle Bewertung den Mehrwert des Flexibilitätspotenzials vernachlässigt, wird dieses Defizit durch die Anwendung des Realoptionsansatzes behoben.[850] Des Weiteren hat die Literaturrecherche zum Realoptionsansatz im Immobilienbereich gezeigt, dass der Realoptionsansatz zu sehr komplexen Modellen geführt hat, deren Anwendung nur begrenzt in der Praxis möglich ist. Dies bezieht sich im Speziellen auf das Hedge-Portfolio zur Ermittlung des Optionswertes: Aufgrund der unterschiedlichen Ausgangslagen, die sich aus der Vielzahl an Teilmärkten ergeben, müsste jeweils ein entsprechendes Portfolio bestimmt werden.[851]

Die drei manifestierenden Bedingungen einer Realoption - Irreversibilität, Unsicherheit und Handlungsflexibilität[852] - können aus dem Immobilienbereich übernommen bzw. angepasst werden. Die Irreversibilität und die Unsicherheit sind durch den hohen Kapitaleinsatz mit einer langfristigen Kapitalbindung sowie mit einem hohen Grad an Unsicherheit über die zukünftig aus der Investition erwarteten Rückflüsse

---

[849] Vereinzelt findet sich in der Literatur die Meinung, dass der Realoptionsansatz das DCF-Verfahren dominiert und das DCF-Verfahren lediglich einen Spezialfall darstellt. Diesen Ansatz verfolgt auch die Studie von BRENNER, U. A. die im Rahmen der Literaturrecherche vorgestellt wurde. Die Ergebnisse der Studie zeigen, dass die Ermittlung des Verkehrswertes mit dem Realoptionsansatz aufgrund der geringeren Volatilität des Reinertrages zu unterschiedlichen Ergebnissen im Vergleich zu den normierten Wertermittlungsverfahren führt. Neben den Problemen, die sich bei der Immobilienbewertung ergaben, ist der augenscheinlichste Kritikpunkt an diesem Ansatz, dass mit dem Optionsverfahren lediglich der Wert der Flexibilität berechnet wird. Vgl. Abschnitt 5.3.2, S. 231f., Hugenroth, 2010, S. 11 u. Hommel/Müller, 1999, S. 177.

[850] Vgl. Hugenroth, 2010, S. 11, Trigeorgis, 2000, S. 124, Brach, 2003, S. 44ff. u. Miller/Park, 2002, S. 106f.

[851] Vgl. Abschnitt 5.3.4, S. 236.

[852] Vgl. Kapitel 5.3, S. 219ff.

gekennzeichnet. Die Handlungsflexibilität besteht, wie zuvor beschrieben, aus der Möglichkeit, eine energetische Modernisierung durchzuführen.

5.4.1.2 Die Auswahl der Option

Ausgangspunkt für das Modell sind, wie in der folgenden Abbildung 5.12 auf S. 242 dargestellt, alle Gebäude des Immobilienbestandes, wobei der eigentlichen Anwendung des Modells eine Selektion vorgeschaltet ist. So sind Gebäude, die bereits einen hochwertigen energetischen Standard erreicht haben und bei denen eine weitere Modernisierung nur schwer durchführbar ist, nicht berücksichtigt. Es kann davon ausgegangen werden, dass der Besitzer nicht mehr die Möglichkeit zu einer weiteren Modernisierung und somit keine Option mehr hat. Dies gilt auch für Immobilien, die aufgrund technischer Restriktionen nicht modernisiert werden können, z. B. denkmalgeschützte Liegenschaften zählen, deren Anteil ca. vier Prozent am Gesamtbestand ausmacht.[853] Eine weitere Einschränkung bezieht sich auf Gebäude die aufgrund von Verordnungen, wie beispielsweise der Energieeinsparverordnung (EnEV), modernisiert werden müssen[854] und damit keinen freiwilligen Investitionsspielraum mehr haben, wodurch der Optionscharakter ebenfalls entfällt.

[853] Vgl. Loga *u.a.*, 2007, S. 15.

[854] Die zum 1. Oktober 2009 beschlossene EnEV 2009 gilt auch für Bestandsimmobilien. So gelten beispielsweise höhere Anforderungen an die Dämmung von nicht begehbaren aber zugänglichen Geschossdecken und ab 2011 sind auch begehbare Dachgeschossdecken zu dämmen. Vgl. BMVBS, 2009 u. Abschnitt 3.3.2.2, S. 88ff.

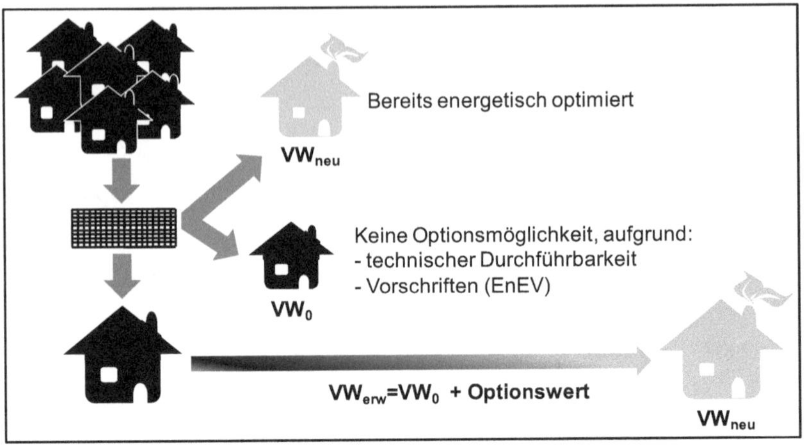

Abbildung 5.12: Schematische Darstellung des Modellansatzes
Quelle: eigene Darstellung

Bei energetisch optimierbaren Gebäuden, d. h. solchen mit Optionscharakter, setzt sich bis zur Ausübung bzw. der Durchführung der energetischen Modernisierung der Immobilienwert, wie in Gleichung 5.10 auf Seite 240 dargestellt, aus dem Wert des DCF-Verfahrens und dem Optionswert zusammen. Aufgrund der Irreversibilität verfällt mit der Ausübung der Optionscharakter der Immobilie. Basierend auf dem zuvor vorgestellten Kausalmodell erfährt der Immobilienwert durch die zusätzlichen Mieteinnahmen eine Änderung.[855] Die bereits energetisch modernisierten Gebäude besitzen bereits einen Immobilienwert, der die Energieeffizienz berücksichtigt. Bei der modellierten Option handelt es sich, wie bei der Mehrheit der Realoptionsansätze im Immobilienbereich, um eine Einstiegs- bzw. Warteoption. Basierend auf der zuvor durchgeführten Unterteilung der Realoptionsansätze in die Gruppen „Projektentwicklung", „Nutzungsphase/Renovierung" sowie „empirische Untersuchungen", kommen die Ansätze der Projektentwicklung dem hier modellierten Fall am nächsten. Dies nicht zuletzt auch deshalb, weil bei den Arbeiten zur Nutzungsphase ein Vergleich zwischen den Einnahmen vor und nach der Investition stattfindet, während in der Regel bei den Studien im Bereich der Projektentwicklung von keinen Einnahmen vor der Entwicklung ausgegangen wird. Dieser Umstand trifft auch hier zu: So werden Mehreinnahmen durch die energetische Modernisierung erst nach der Investition

[855] Vgl. Gleichung 5.6, S. 218.

bzw. der Modernisierung generiert.[856] Einnahmen bzw. Mieten im Vorfeld der Modernisierung werden im Immobilienwert VW_0 berücksichtigt und sind unabhängig von einer zukünftigen Investition. Analog zu den Modellen in der Projektentwicklung, bei denen der Optionswert in Abhängigkeit des Immobilienwertes bzw. der kumulierten Mieteinnahmen sowie den Herstellkosten ermittelt wird und dem Grundstückspreis entspricht, weist der Optionswert innerhalb des hier formulierten Modells eine Abhängigkeit von den zusätzlichen zukünftigen Mieteinnahmen sowie den Modernisierungskosten[857] auf. In der folgenden Abbildung ist der schrittweise Ablauf des Optionsentscheidungsmodells anhand eines Flussdiagramms dargestellt.

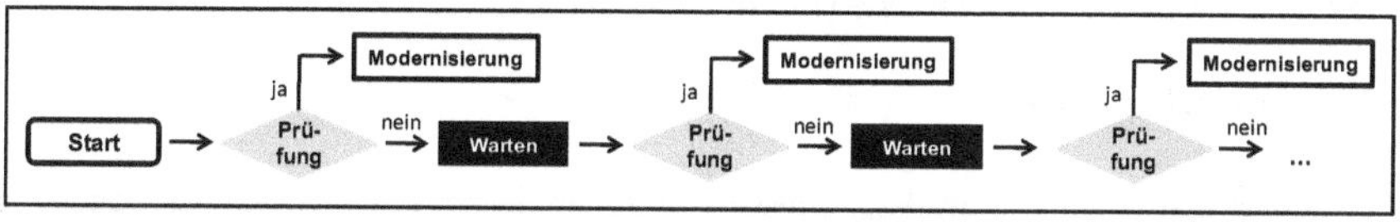

Abbildung 5.13: Flussdiagramm des Entscheidungsprozesses der Option
Quelle: eigene Darstellung

Zum Laufzeitbeginn der Option findet eine Prüfung der Rentabilität der Modernisierung der Immobilie statt. Führt dies zu einem positiven Ergebnis, sollte die Modernisierung durchgeführt werden. Falls sich aktuell eine Modernisierung als unrentabel erweist, wird zu Beginn der nächsten Periode eine weitere Prüfung durchgeführt. Dieser Vorgang wiederholt sich, bis entweder eine Modernisierung rentabel wird oder das Laufzeitende der Option erreicht ist. Dieser Ablauf entspricht dem Grundcharakter einer Warteoption (auf eine Ausübungsmöglichkeit in der nächsten Periode und den Eintritt neuer entscheidungsrelevanter Informationen). Die Art der Option wird in der Regel durch eine Call-Option konzipiert. Zusammen mit der Möglichkeit die energetische Modernisierung vorzeitig durchzuführen, d. h. vor Laufzeitende der Option, ergibt sich hieraus eine amerikanische Call-Option.[858]

---

[856] Vgl. Abschnitt 5.2.3.1, S. 210ff.

[857] Entgegen der üblichen Praxis der Immobilienbewertung, bei denen mit Ausnahme des Sachwertverfahrens die Herstellungskosten nicht berücksichtigt werden, sind diese beim Realoptionsansatz einzubeziehen, da es sich bei der Option um eine zukünftige Entwicklung handelt und somit nicht nur Zahlungseingänge sondern auch Auszahlungen aufgrund späterer Investitionen zu erwarten sind. Die Berücksichtigung der Investitionskosten entspricht der Definition des Residualwertes, der bei einer traditionellen Bewertung von Grundstücken mit einem Entwicklungspotenzial angewendet wird. Vgl. Abbildung 5.1, S. 187, Kapitel 4.2, S. 121ff. u. Abschnitt 4.3.1, S. 149.

[858] Vgl. Schäfer, 2005b, S. 384 u. S. 389 u. Kapitel 5.3, S. 220.

Der Basiswert dieses Modells besteht aus dem Energiepreis. Im Immobilienbereich und im Besonderen mit Blick auf Nachhaltigkeit stellt dieses Vorgehen, wie die Literaturrecherche zum Realoptionsansatz im Immobilienbereich gezeigt hat, ein Novum dar. Die Cash-Flows innerhalb des Modells ergeben sich aus dem Quantum der Energieeinsparung sowie aus dem Energiepreis (Beschreibung im folgenden Abschnitt). Hierbei basieren die Annahmen bezüglich der Cash-Flows im Realoptionsmodell auf den erwarteten zusätzlichen Mieteinnahmen, die nach der Modernisierung vom Gebäude generiert werden.[859] Entsprechend der Vorgehensweise in Abbildung 5.11 wird im Folgenden die Auswahl der Bewertungsmethode und das Optionspreismodells detailliert beschrieben.

5.4.2 Auswahl der Bewertungsmethode

Die Literaturrecherche zum Realoptionsansatz im Immobilienbereich hat gezeigt, dass im Wesentlichen das Binomialbaumverfahren und die partiellen Differentialgleichungen im Immobilienbereich angewendet werden.[860] Hierbei weisen die partiellen Differentialgleichungen gegenüber den Binomialbauverfahren Vorteile auf. So können neben dem Basiswert auch die Investitionskosten einem stochastischen Prozess folgen, was beim Binomialbaumverfahren in der Regel nicht möglich ist. KAWAGUCHI/TSUBOKAWA haben hierzu ein Binomialbaummodell erstellt, in dem auch die Investitionskosten einem stochastischen Prozess folgen. Allerdings steigert sich die Anzahl der Knoten mit jedem Betrachtungszeitraum exponentiell und erlangt somit eine hohe mathematische Komplexität, so dass eine Berechnung mit dem Modell beinahe unmöglich ist. Weitere Vorteile der partiellen Differentialgleichungen sind die Ermittlung des optimalen Investitionszeitpunktes sowie eine mögliche Ermittlung der optimalen Energieeinsparung in Abhängigkeit von den Modernisierungskosten. Die Ermittlung der optimalen Energieeinsparung setzt allerdings eine lineare Beziehung der Kosten und des Nutzen voraus, die in der Realität nicht unbedingt gegeben ist. Des Weiteren besitzen die partiellen Differentialgleichungen im Immobilienbereich in der Regel eine unbegrenzte Laufzeit, die bei einem unbebauten Grundstück anwendbar ist. Allerdings kann diese Annahme nicht auf Gebäude mit einer begrenzten Nutzungsdauer übertragen werden. Beim Binomialbaumverfahren ist die Laufzeit

[859] Vgl. Abbildung 5.8, S. 210.
[860] Vgl. Tabelle 5.6, S. 230 u. Tabelle 5.8, S. 236.

begrenzt und kann frei bestimmt werden. Insgesamt kann durch die Ermittlung der optimalen Energieeinsparung davon ausgegangen werden, dass mit den partiellen Differentialgleichungen, neben der modelltheoretisch bedingten höheren Genauigkeit der Ergebnisse, eine höhere Objektivität erzielt werden kann. Allerdings steigt auch die mathematische Komplexität des Modells und führt zu einem Verlust an Modell- und Ergebnistransparenz, was die praktische Verwendung des Modells ausschließt.

Innerhalb der Literatur besteht weitestgehend Konsens, dass von den zur Verfügung stehenden Verfahren zur Realoptionsbewertung[861] lediglich beim Binomial- und dem Black-Scholes-(Merton-)Modell die Operationalisierbarkeit für praktische Belange gegeben ist.[862] Im Gegensatz zum Binomialbaumverfahren bestehen beim Black-Scholes-(Merton-)Modell sehr restriktive Annahmen.[863] Hierzu gehört u. a. die Verwendung von europäischen Optionen, d. h. die Ausübung der Option ist erst am Ende der Laufzeit möglich. Der hier gewählte Optionsansatz stellt allerdings eine amerikanische Option dar, wodurch die Ausübung der Option jederzeit möglich ist.[864] Durch diese zeitliche Flexibilität bzw. die Möglichkeit, die Option jederzeit auszuüben, kann der Optionswert niemals unter den inneren Wert fallen. Im Gegensatz hierzu liegt der Realoptionswert einer europäischen Option, auch bei hinreichendem Projektwert, unter dem inneren Wert, was das Risiko europäischer Optionen reflektiert. So kann der Projektwert über die Restlaufzeit unter den Present Value der Investition fallen. Diese Unterscheidungen führen zwar nicht zum grundsätzlichen Ausschluss des Black-Scholes-Modells, allerdings stellt der Optionswert, der mit diesem Ansatz ermittelt wird, vielmehr die untere Abschätzung des Realoptionswertes dar.[865] Auch im Hinblick auf die Ausrichtung des Modells, der Immobilienbewertung, wo die praktische Anwendung und die Transparenz entscheidende Kriterien zur Auswahl des Verfahrens darstellen, wird hier das Binomial-Modell nach COX, ROSS, RUBINSTEIN (CRR) als Analysemodell dem nachfolgend formulierten Realoptionsmodell zugrunde gelegt. Wenngleich dieses Verfahren durch die diskrete Bewertung

---

[861] Vgl. Abbildung 5.10, S. 225.
[862] Vgl. Brach, 2003, S. 26f. u. Baecker *u.a.*, 2003, S. 31.
[863] Vgl. Black/Scholes, 1973, S. 646 u. Merton, 1973, S. 160.
[864] Vgl. Abbildung 5.13, S. 243.
[865] Vgl. Hilpisch, 2006, S. 100f.

eines kontinuierlichen Problems lediglich näherungsweise exakte Lösungen liefern kann, überwiegt bei der Entscheidung die praktische Anwendbarkeit.[866]

5.4.3 Die Bewertung der Realoption

Das Binomial-Modell ist den Lattice-Ansätzen bzw. den Optionspreisbäumen zuzuordnen und basiert auf der Annahme, dass der Preis des Basisobjektes einem zeitdiskreten, multiplikativen, stochastischen Binomialprozess folgt. Die Wertermittlung erfolgt mittels eines Preisbaumes, wofür zunächst die Laufzeit der Option in gleich große Perioden zu unterteilen ist. Innerhalb jedes Zeitabschnittes kann der Preis des Basiswertes steigen oder fallen.[867] Basierend auf diesen Wertänderungen ergibt sich der sogenannten Preisbaum der nachfolgend vorgestellt wird.

5.4.3.1 Der Preisbaum des Binomial-Modells

Ausgangspunkt der Bildung des Preisbaumes ist die Unsicherheit. So basiert das Modell von CRR auf der Übertragung der Unsicherheit eines Aktienwertes auf die der Aktie zugehörigen Option. Die Unsicherheit wird hierbei als eine mögliche Aufwärtsbewegung, in Abhängigkeit einer bestimmten Wahrscheinlichkeit und eine mögliche Abwärtsbewegung, ebenfalls mit einer bestimmten, anderen Wahrscheinlichkeit unterteilt.[868]

Die Unsicherheit stellt innerhalb des Realoptionsansatzes eine statistisch berechenbare Größe dar, die sich aus der Volatilität des Basiswertes ergibt. Im Gegensatz zum Risiko, dass sich aus der Unsicherheit ergibt, nimmt die Unsicherheit mit der Zeit zu, während das Risiko konstant bleibt. Die Begriffe Risiko und Unsicherheit werden manchmal als Synonyme verwendet und bestehen aus bekannten, unbekannten und nicht abschätzbaren Umweltzuständen [869] . [870] Entsprechend dem Kenntnisstand des Entscheiders über das Eintreten der Umweltzustände kann zwischen der Unsicherheit sowie dem Risiko mit subjektiven oder objektiven Eintrittswahrscheinlichkeiten unterschieden werden. Unsicherheit liegt vor, wenn lediglich

---

866 Vgl. Fuhrer, 2005, S. 104f.

867 Vgl. Hugenroth, 2010, S. 9, Fuhrer, 2005, S. 105 u. Baecker *u.a.*, 2003, S. 29.

868 Vgl. Cox *u.a.*, 1979, S. 232ff.

869 Umweltzustände sind für das Entscheidungssubjekt nicht kontrollierbar, sondern treten für dieses vielmehr zufällig auf. Trotzdem können den Umweltzuständen unterschiedliche Eintrittswahrscheinlichkeiten zugeordnet werden. Vgl. Löw, 2003, S. 15.

870 Vgl. Mun, 2006, S. 136 u. Abschnitt 4.3.3.2.1, S. 156f.

bekannt oder abschätzbar ist, welche Umweltzustände eintreten können, aber die Eintrittswahrscheinlichkeit nicht bekannt ist. Im Gegensatz hierzu ist der Entscheider bei Risiko in der Lage den möglichen Umweltzuständen Eintrittswahrscheinlichkeiten zuzuordnen. Hierbei kann es sich im Fall von subjektiven Eintrittswahrscheinlichkeiten um persönliche Einschätzungen und bei objektiven Wahrscheinlichkeiten um eindeutige Informationen verschiedener Informationsquellen, die aus der „Natur der Sache" oder verlässlichen statistischen Erhebungen resultieren, handeln.[871]

In der folgenden Abbildung ist die Entwicklung der Unsicherheit über die Zeit dargestellt.

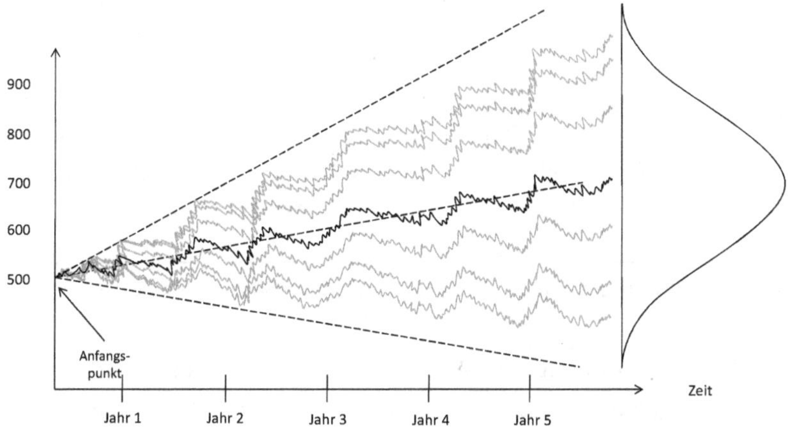

Abbildung 5.14: Entwicklung der Unsicherheit über die Zeit
Quelle: Mun, 2006, S. 136

Wie aus Abbildung 5.14 ersichtlich ist, ergibt sich die Struktur des Preisbaumes, in Abbildung 5.15 aus eben dieser Entwicklung der Unsicherheit über die Zeit.

[871] Vgl. Schredelseker, 2002, S. 201f.

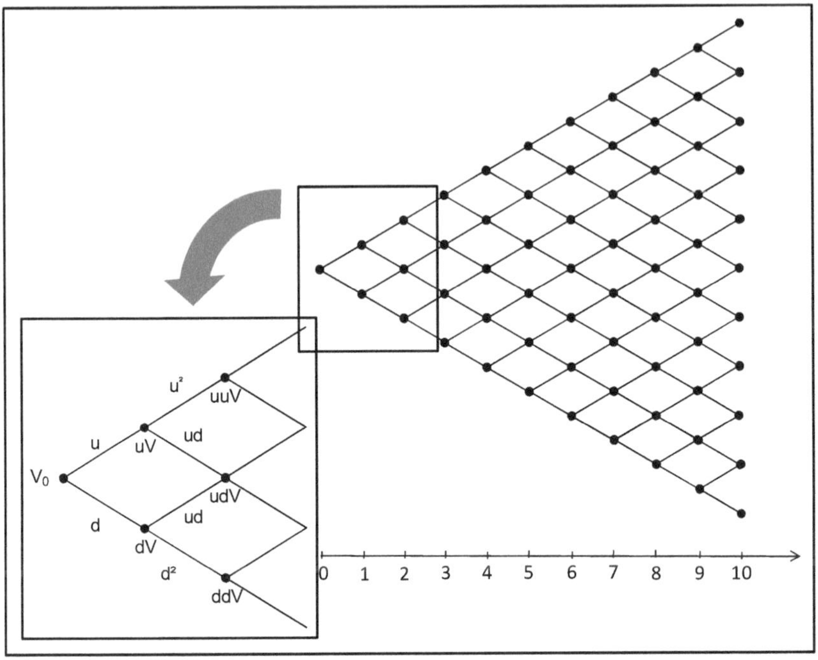

Abbildung 5.15: Der Preisbaum des Binomial-Modells
Quelle: eigene Darstellung

Allgemein bildet der Erwartungswert der Projektes (V_0) bzw. der Bruttowert der zukünftigen Cash-Flows den Ausgangspunkt des Preisbaumes. An jedem Knoten des Preisbaumes wird ausgehend vom entsprechenden Erwartungswert die zuvor beschrieben Änderungen mit den Auf- und Abwärtsbewegungen (ups & downs), die die marktmäßig zu beschreibende Unsicherheit des Basiswertes wiederspiegeln, zur Ermittlung des Vermögenswertes des nächsten Knotens mit den folgenden Gleichungen berechnet:[872]

$$u = e^{\sigma\sqrt{\frac{T}{n}}} \qquad 5.11$$

$$d = e^{-\sigma\sqrt{\frac{T}{n}}} \qquad 5.12$$

[872] Vgl. Cox *u.a.*, 1979, S. 249.

Die beiden Gleichungen zeigen, dass in die Auf- und Abwärtsbewegungen neben der Unsicherheit, die sich aus der Volatilität des Basiswertes ergibt (σ), auch die Laufzeitlänge der Option (T) sowie die Anzahl der Perioden (n) in die Berechnung eingehen.

Die Parameter zur Entwicklung des Preisbaumes zur Berücksichtigung einer zukünftigen Modernisierung ergeben sich aus dem Kausalmodell sowie den Erkenntnissen der Immobilienbewertung. In Anlehnung an das Kausalmodell besteht der Basiswert des Modells aus den Energiekosten resp. den Heizkosten.[873] Damit fußt auch die Volatilität zur Ermittlung der Auf- und Abwärtsbewegung auf der Entwicklung der Energiekosten. Innerhalb des Modells wird also Unsicherheit in Verbindung mit Energie ausschließlich durch das Preisrisiko des Basiswertes „Energie" eingeführt. Weitere Risiken[874] wie beispielsweise das Konstruktionsrisiko sind aufgrund des strukturierten Modernisierungsprozesses und der Planbarkeit des Energieeinsparungsziels vernachlässigbar. Somit basiert die Unsicherheit in diesem Modell auf den Komponenten des Erwartungswertes des Gas- bzw. Heizölpreises. Durch dieses Vorgehen kann von einer objektiveren Berechnung ausgegangen werden, da sämtliche eingehenden Größen auf Marktpreisen bzw. -entwicklungen beruhen. So kommen DANGL/KOPEL zu dem Ergebnis: *„Immer dann, wenn unternehmerisches Risiko durch ein Portefeuille von gehandelten Werten repliziert werden kann, ist die eindeutige Ermittlung eines Marktwertes möglich"*.[875]

Aus den Erkenntnissen des DCF-Verfahrens zur Immobilienbewertung leitet sich die Laufzeit der Option ab, die der Länge des ersten Betrachtungszeitraums von zehn bis 15 Jahren des DCF-Verfahrens entspricht. Im Optionskontext handelt sich bei dem gewählten Zeitraum um eine relativ lange Laufzeit, was auch aus optionspreistheoretischen Gründen problembehaftet ist.[876] Allerdings ist die Laufzeit im Hinblick auf das Bewertungsobjekt Immobilie mit einem Investitions- oder Sanierungszyklus

---

[873] Vgl. Abschnitt 5.2.3, S. 209ff.

[874] SCHÄFER gibt einen Überblick über mögliche Risiken in der Projektfinanzierung, der aber auch auf diese Thematik übertragbar ist. Vgl. Schäfer, 2002, S. 430f.

[875] Dangl/Kopel, 2003, S. 61.

[876] So zeigt beispielsweise HILPISCH mit einem Black-Scholes Modell den Einfluss einer längeren Laufzeit auf den Optionswert, der sowohl positiv wie auch negativ sein kann. Vgl. Hilpisch, 2006, S. 111f.

eines Gebäudes von 30 bis 50 Jahren angemessen.[877] Neben der Laufzeit basiert auch die Wahl der Perioden von einem Jahr auf dem DCF-Verfahren.[878] Alternativ kann durch eine Verfeinerung bzw. Wahl von kürzeren Perioden und damit einer Erhöhung der Betrachtungszeitpunkte ein exakteres Ergebnis erzielt werden.[879] Des Weiteren wird für den gesamten Betrachtungszeitraum des Modells ein konstanter risikofreier Zinssatz angenommen. Insgesamt ergeben sich hierdurch die in der folgenden Tabelle dargestellten Parameter für das Realoptionsmodell.

Optionsparameter	Realoption (allgemein)	Realoptionsmodell
S	Projektwert	Bruttobarwert der zusätzlichen Einnahmen
X	Investitionskosten für das Projekt	Modernisierungskosten
r_f	risikofreier Zinssatz	risikofreier Zinssatz
σ	Projekt Volatilität (oder Proxy-Variable)	Volatilität des Energiepreises
T	Restlaufzeit bis zum spätesten Investitionszeitpunkt	Betrachtungszeitraum des DCF-Verfahrens

Tabelle 5.9: Die Optionsparameter des Realoptionsmodells
Quelle: eigene Darstellung

Neben den in der Tabelle aufgeführten Parametern existiert mit den Dividenden ein weiterer Parameter. Grundsätzlich können Dividenden im Realoptionskontext als entgangene Einnahmen angesehen werden. So können Dividenden beispielsweise bei einer Verzögerung der Investitionsentscheidung und entgangenen Einnahmen, die nicht mehr verdient werden können, berücksichtigt werden. Aufgrund des hier gewählten Modellansatzes trifft dieser Fall allerdings nicht zu, da eine Verzögerung hier nicht zu entgangenen, sondern zu zeitlich nur aufgeschobenen Einnahmen führt. Deshalb spielen Dividenden in der weiteren Betrachtung keine Rolle. Nachfolgend wird die Ermittlung der relevanten Parameter zur Erstellung des Preisbaumes vorgestellt.

---

[877] Vgl. Tabelle 2.1, S. 25.
[878] Vgl. Abschnitt 4.3.3.1, S. 152f.
[879] Vgl. Mun, 2006, S. 150.

5.4.3.1.1 Ermittlung des Bruttobarwertes der zusätzlichen Mieteinnahmen

Der Bruttobarwert basiert auf den Energieeinsparungen, die aus der energetischen Modernisierung resultieren. Zur Ermittlung des Barwertes kann auf die Erkenntnisse zum Einfluss der Modernisierung auf den Immobilienwert zurückgegriffen werden.[880] In Analogie zu Gleichung 5.3 wird der Bruttobarwert wie folgt ermittelt.

$$V_0 = \sum_{i=1}^{n} \frac{RE_i^{ZM}}{(1+r)^i} + \frac{\frac{RE_i^{ZM}}{k}}{(1+r)^T} \qquad 5.13$$

Der Reinertrag, der sich aus den zusätzlichen Mieteinnahmen ergibt, entspricht hierbei dem gleichen Reinertrag wie zuvor beschrieben. Abweichend von Gleichung 5.3 geht nicht der Diskontierungsfaktor der Reinerträge aus den zusätzlichen Mieteinnahmen ein, sondern der Diskontierungsfaktor des DCF-Verfahrens, womit der Wertermittlung der gesamten Immobilie Rechnung getragen wird.[881] Ein weiterer Grund, warum nicht der Diskontierungsfaktor des Energiepreises oder der risikoadjustierte Diskontierungsfaktor in die Berechnung gemäß Gleichung 5.7 eingeht, besteht in der Vermeidung der doppelten Berücksichtigung der Volatilität. Beim Binomial-Modell wird die Unsicherheit, wie zuvor gezeigt, durch die Auf- und Abwärtsbewegung berücksichtigt. Somit ist die Verwendung eines risikoadjustierten Diskontierungsfaktors entgegen der Praxis des DCF-Verfahren beim Realoptionsansatz nicht zulässig.[882]

Wie aus der Gleichung für die Herleitung des Erwartungswertes ersichtlich ist, sind sämtliche Variablen der Gleichung - mit Ausnahme des Energiepreises - Konstante. Deshalb kann von einer vollständigen Korrelation des Projektwertes und des Energiepreises ausgegangen werden. Aufgrund dieses Vorhandenseins einer „Twin Security" können für die Ermittlung des Projektwertes wie im Folgenden dargestellt, die Future-Preise verwendet werden.[883] Die folgenden Ausführungen beziehen sich auf den Gaspreis, sie sind grundsätzlich aber beispielsweise auch auf den Heizölpreis übertragen werden.

---

[880] Vgl. Abschnitt 5.2.3.3, S. 215ff.

[881] Gleiches wie für den Diskontierungsfaktor gilt auch für den Kapitalisierungszinssatz.

[882] Vgl. Schulmerich, 2003, S. 73.

[883] Vgl. Hommel/Pritsch, 1999, S. 131f., Brennan/Schwartz, 2001, S. 348f. u. Paddock *u.a.*, 2001, S. 778ff.

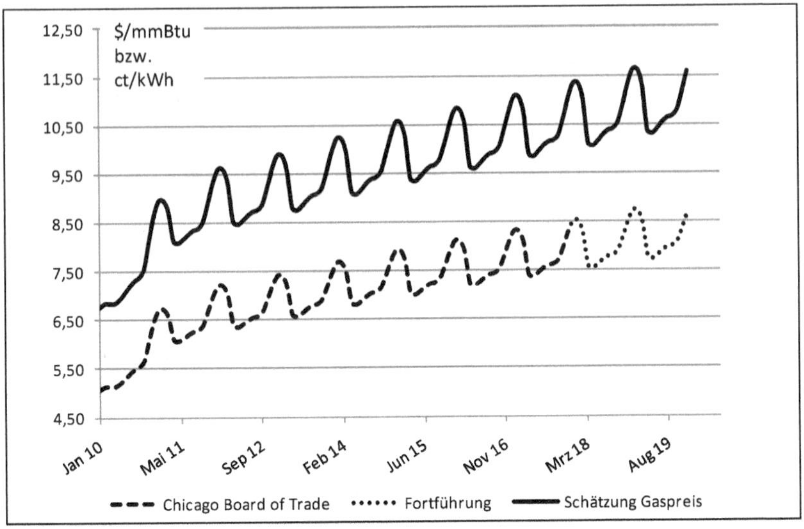

Abbildung 5.16: Future-Gaspreise
Quelle: eigene Darstellung

Die Grundlage für die Abschätzung der zukünftigen Gaspreise basiert auf den Future-Preisen, die z. B. am Chicago Mercantile Exchange[884] börsentäglich gehandelt werden. In Abbildung 5.16 ist der Verlauf für „Natural Gas (Henry Hub)“ Futures dargestellt. Zum Zeitpunkt der Recherche [885] sind Futures mit einer Laufzeit bis Dezember 2017 handelbar. Zur Fortführung der Daten bis zum Betrachtungsende der Realoption werden die Preise unter Nutzung der Autokorrelation[886] der Zeitreihe für die Futures durch Zerlegung der Zeitreihe und mit Hilfe der Methode der kleinsten Quadrate berechnet. Alternativ kann hier auch der ARIMA-Ansatz verwendet werden, bei dem die Zerlegung entsprechend der jeweiligen Monate erfolgt und dadurch eine lineare Trendkurve für die jeweiligen Monate unterstellt wird. Damit die Summe der Quadrate der Abweichungen von den beobachteten Werten minimal ist, wird eine Kurve gesucht, die möglichst nahe an den gegebenen Datenpunkten verläuft. Dies entspricht einer Geraden mit folgender Form:[887]

---

[884] http://www.cmegroup.com/trading/energy/natural-gas/natural-gas.html.
[885] Stand: 05.11.2009.
[886] Die Autokorrelationen einer Zeitreihe sind die Korrelationen der Werte dieser Reihe mit deren eigenen vorhergehenden Werten. Vgl. DeFusco *u.a.*, 2004, S. 529.
[887] Vgl. Leiner, 1998, S.15 u. 62.

$$y_i = a + x_i \cdot b \qquad 5.14$$

Hierbei steht y_i für den Future-Preis und x_i für das entsprechende Jahr. Der Steigungsparameter a sowie der Ordinatenabschnitt b werden wie folgt ermittelt:[888]

$$a = \bar{y} - b\bar{x} \qquad 5.15$$

und

$$c = \frac{\sum_{i=1}^{n}(x_i - \bar{x})(y_i - \bar{y})}{\sum_{i=1}^{n}(x_i - \bar{x})} \qquad 5.16$$

mit:

$$\bar{x} = \frac{1}{n}\sum_{i=1}^{n} x_i \qquad 5.17$$

$$\bar{y} = \frac{1}{n}\sum_{i=1}^{n} y_i \qquad 5.18$$

Die für die Berechnung relevanten, zukünftigen Gaspreise für die privaten Haushalte ergeben sich aus der Annahme einer perfekten Korrelation zwischen den Kassa-Gaspreisen und deren Future-Preisen. Zur Vereinfachung wird hierbei ein durchschnittlicher Gaspreis angenommen und damit keine Differenzierung zwischen den unterschiedlichen Anbietern sowie Tarifen vorgenommen. Die Berechnung auf Grundlage der verfügbaren Future-Preise führt zu den zukünftigen monatlichen Kassa-Gaspreisen. Zur Angleichung an die jährliche Betrachtung des Modells werden diese monatlichen Werte mittels des Heizenergiebedarfs pro Monat gemäß VDI 2067, Blatt 1 in jährliche Gaspreise umgerechnet. Dieser monatliche Heizenergiebedarf ist in der folgenden Abbildung dargestellt.

[888] Vgl. Leiner, 1998, S. 16-18.

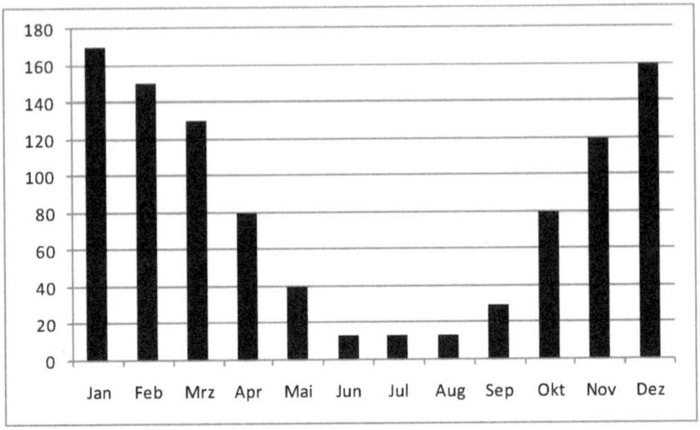

Abbildung 5.17: Heizenergiebedarf pro Monat [‰]
Quelle: VDI 2067, Blatt 1

Durch diese Umrechnung erfolgt der gewichtete jährliche Durchschnitt des Kassa-Gaspreises. Hierbei wird berücksichtigt, dass sowohl der Verbrauch wie auch der Gaspreis in den Sommermonaten geringer ist und somit die Wintermonate mit einem höherem Verbrauch und einem höherem Preis stärker gewichtet sind. In der folgenden Abbildung ist das Ergebnis basierend auf der beschriebenen Vorgehensweise dargestellt.

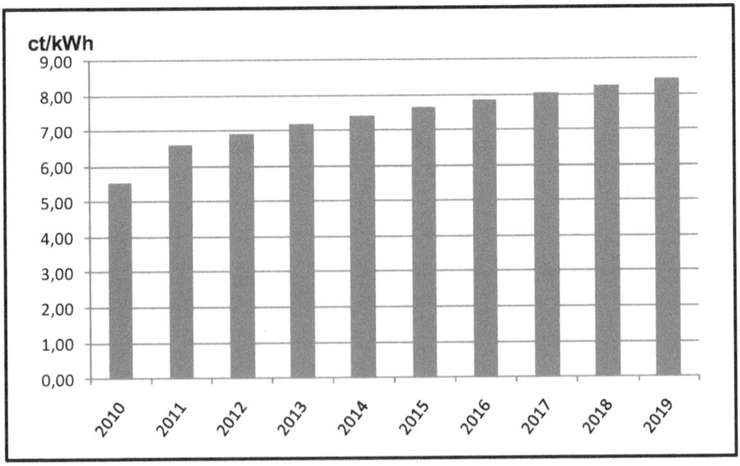

Abbildung 5.18: Durchschnittliche jährliche Gaspreise für private Haushalte
Quelle: eigene Darstellung

5.4.3.1.2 Die Ermittlung der Volatilität der Energiekosten

Zur Ermittlung der Unsicherheit bzw. der Volatilität stehen mehrere Verfahren zur Auswahl. Die geläufigsten sind die Ermittlung über die historische Volatilität, die Messung impliziter Volatilitäten und Cash-Flow Simulationen wie beispielsweise eine Monte-Carlo Simulation.[889] So verwenden YANG/BLYTH eine Monte-Carlo Simulation zur Ermittlung der Volatilität des Gaspreises, alternativ beschreiben sie aber auch die Ermittlung der Volatilität durch historische Volatilität.[890] In der Literatur finden sich weitere Ansätze zur Ermittlung der Volatilität des Gaspreises wie z. B. die Verwendung von Future-Preisen.[891] Innerhalb des Modells wird aufgrund der vorhandenen „Twin Security" die Volatilität über die historische Volatilität durch Verwendung vergangener Preise bestimmt.[892]

Aufgrund der Möglichkeit die Energieeinsparungen, wie in den vorherigen Ausführungen gezeigt, abzuschätzen, sind andere Unsicherheiten wie beispielsweise eine Prozessunsicherheit oder eine technische Unsicherheit nicht als für das Modell relevant zu erkennen. Deshalb basiert die Volatilität in diesem Modell ausschließlich auf der Preisunsicherheit bzw. auf der historischen Volatilität des Gaspreises. In der folgenden Abbildung ist der Verlauf des durchschnittlichen, jährlichen Gaspreises für private Haushalte dargestellt.

---

[889] Vgl. Hommel/Pritsch, 1999, S. 131.
[890] Vgl. hierzu beispielsweise Yang/Blyth, 2007, S. 9ff.
[891] Vgl. Jaillet *u.a.*, 2004, S. 913ff. u. Lai *u.a.*, 2010, S. 18f.
[892] Alternativ ist die Ermittlung der historischen Volatilität auch über am Markt gehandelte Optionen möglich. Hierbei wird dann die implizite historische Volatilität ermittelt. Vgl. Hommel/Pritsch, 1999, S. 131.

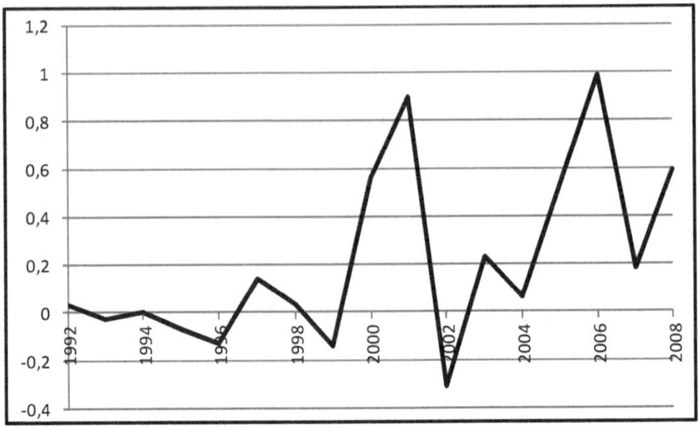

Abbildung 5.19: Jährliche Änderung des Gaspreises für private Haushalte
Quelle: eigene Darstellung, in Anlehnung an BMWi, 2010

Bei der Analyse historischer Zeitreihen eines Risikofaktors wird bei einer Preisänderung der Logarithmus des Verhältnisses zwischen neuem und altem Preis gemessen. Die historische Volatilität (σ) lässt sich aus dem Erwartungswert (μ) und der Varianz (σ^2) der zugrundeliegenden Zeitreihe ermitteln, indem entlang dieser Zeitreihe die relativen Änderungen (Z) über die Zeitintervalle δt von einem Zeitpunkt (S(t)) zum nächsten bestimmt werden. Die Gleichungen hierfür lauten:[893]

$$\mu = \frac{1}{\delta t} \tag{5.19}$$

$$\sigma^2 = \frac{1}{\delta t} var[X] \tag{5.20}$$

mit

$$Z = \ln(\frac{S(t+\delta t)}{S(t)}) \approx \frac{S(t+\delta t) - S(t)}{S(t)} \tag{5.21}$$

Hieraus ergibt sich für den empirisch festgestellten Gaspreis für die privaten Haushalte analog der Daten inhärent in obiger Abbildung eine Jahresvolatilität von 15,55%.

[893] Vgl. Deutsch, 2008, S. 551.

Der Ermittlung der relevanten Parameter und der Erstellung des Energiepreisbaumes folgt im Binomial-Modell die Ermittlung des Optionspreises. Diese erfolgt über den Ereignisbaum, der im folgenden Abschnitt vorgestellt wird.

5.4.3.2 Der Ereignisbaum des Binomial-Modells

Entsprechend den Vorgaben des CRR-Modells wird der Optionswert selbst durch rekursives Vorgehen unter Verwendung der risikoneutralen Wahrscheinlichkeit, beginnend bei den Knoten am Ende des Betrachtungszeitraumes und der Ermittlung des inneren Wertes der Option berechnet.[894] Die Berechnung mit der risikoneutralen Wahrscheinlichkeit basiert auf der Verwendung eines Duplikationsportfolios beim CRR-Modell. Hierbei wird die Wertentwicklung der Option mit einem Portfolio aus Basisinstrument und risikoloser Anlage nachgebildet. Mittels dieses Portfolios wird die Wertentwicklung der Option einer bestimmten Periode exakt dupliziert. Aufgrund der unterstellten Arbitragefreiheit müssen das Portfolio und die Option zwangsläufig identische Preise aufweisen. Hierdurch kann der Wert der Option aus dem Betrag, der zur Bildung des Portfolios benötigt wird, hergeleitet werden. Der Ansatz von CRR ist nicht für alle Binomialmodelle bindend, so basiert das Modell von RENDLEMAN/BARTER auf dem Hedgeansatz. Allerdings führen beide Ansätze zu identischen Ergebnissen, da es sich nur um unterschiedliche Formulierungsansätze derselben Bewertungstechnik handelt.[895] Ausgehend von diesen Ansätzen lässt sich durch die Möglichkeit mit dem derivativen Instrument und dem äquivalenten Portfolio identische zukünftige Auszahlungen nachzubilden, darauf schließen, dass sie auch, aufgrund der Arbitragefreiheit, den gleichen Gegenwartswert aufweisen müssen. Wodurch sich das Prinzip der risikoneutralen Bewertung ableiten lässt. So erlaubt die Kombination aus Basisinstrument und Option die Bildung des sogenannten Hedge-Portfolios, was unabhängig von der Wertentwicklung des Basisinstrumentes immer identische Zahlungsströme generiert. Der Marktwert des risikofreien Hedge-Portfolios ergibt sich wiederum aus dem Wert zum Ausübungszeitpunkt abdiskontiert mit dem risikofreien Zinssatz. Der Wert der Optionsposition ergibt sich somit durch Subtraktion des Marktwertes des Basisinstrumentes.[896] Gleichzeitig impliziert die Fähigkeit ein

---

[894] Vgl. Cox *u.a.*, 1979, S. 235.
[895] Vgl. Beckmann, 2006, S. 56f., Rendleman/Bartter, 1979, S. 1095ff., Hilpisch, 2006, S. 127 u. Büch, 2009, S. 55ff.
[896] Vgl. Trigeorgis, 2000, S. 73.

risikofreies Portfolio zu konstruieren die Vernachlässigbarkeit der individuellen Risikoeinstellung der Investoren und damit die Annahme risikoneutraler Investoren. Ent-Entsprechend dieser Annahme müssen die erwarteten Renditen aller Anlagen dem risikofreien Zinssatz entsprechen, woraus sich die risikoneutrale Wahrscheinlichkeit ableiten lässt.[897]

Aus der rekursiven Berechnung der Knoten ergibt sich ein zweiter Baum, der sogenannte Ereignisbaum, der in der folgenden Abbildung dargestellt ist. Zur besseren Darstellung der Vorgehensweise wird hier exemplarisch ein Entscheidungsbaum über zwei Perioden dargestellt. Nachdem das Binomial-Modell ohne Einschränkung beliebig um die Anzahl der Perioden erweitert werden kann, weichen die Berechnungen des hier angewendeten Realoptionsmodells über einen längeren Zeitraum nicht von der nachfolgend vorgestellten Vorgehensweise über zwei Perioden ab.

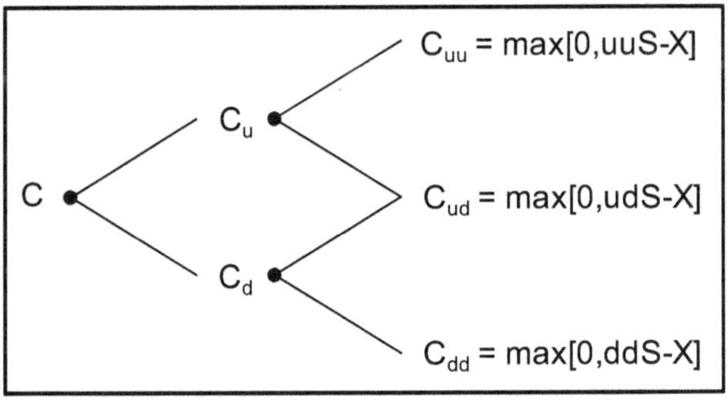

Abbildung 5.20: Ereignisbaum eines zweiperiodischen Binomial-Modells
Quelle: Fuhrer, 2005, S. 106

Der innere Wert der Option am Ende des Betrachtungszeitraumes ergibt sich aus der Differenz des Vermögenswertes am Laufzeitende und des Ausübungspreises (X). Falls die Differenz zu diesem Zeitpunkt negativ ist, würde die Option nicht ausgeübt werden und der Optionswert wäre null.[898] Damit wird innerhalb des Bewertungsverfahrens das asymmetrische Risikoprofil der Option berücksichtigt. Bei der hier zu erstellenden Realoption ergibt sich der Ausübungspreis, gemäß Tabelle 5.9 auf Seite 250, aus den Investitionskosten der Modernisierungsmaßnahme. Der Ausübungs-

[897] Vgl. Hommel/Lehmann, 2001, S. 122 u. Schäfer, 2005b, S. 375.
[898] Vgl. Trigeorgis, 1995, S. 12.

preis entspricht damit jenen Kosten, welche zum Betrachtungszeitpunkt aufgebracht bzw. veranschlagt werden, um die gewünschte Energieeinsparung zu erzielen. In Tabelle 5.10 sind Beispiele für diese Kosten sowie deren Wirtschaftlichkeit im Hinblick auf die Energieeinsparung dargestellt. Voraussichtlich werden die Investitionskosten neben der technischen Durchführbarkeit und gesetzlichen Vorgaben, wie beispielsweise der EnEV, ein entscheidender Faktor bei der Festlegung der Energieeinsparungsziele sein. Im Rahmen dieser Forschungsarbeit können auch im Hinblick auf die individuellen Eigenschaften der einzelnen Immobilien keine Handlungsempfehlungen bzw. Energieeinsparungszielsetzungen gegeben werden.

Bereich	Maßnahmen		Maßnahmenkosten gesamt (brutto	Energiebedingte Mehrkosten (brutto)			Energieeinsparung		Kosten der eingesparten Energie
			Spezifisch*	Modernisierungsanteil	Spezifisch*	bezogen auf Wohnfläche **	bezogen auf Wohnfläche**		€/kWh
Außenwand	Wärmedämmverbundsystem	16 cm Dämmstärke	114 €/m²	50%	57 €/m² (BTF)	34 €/m²	41 kWh/(m²a)	Brennstoff	5,3 Cent/kWh
Dach	Zwischen- + Aufsparrendämmung bei Neueindeckung des Daches	24 cm Dämmstärke	136 €/m²	25%	34 €/m² (BTF)	11 €/m²	23 kWh/(m²a)	Brennstoff	3,0 Cent/kWh
Oberste Geschossdecke	Dämmauflage, begehbar	24 cm Dämmstärke	50 €/m²	100%	50 €/m² (BTF)	14 €/m²	31 kWh/(m²a)	Brennstoff	2,8 Cent/kWh
Kellerdecke	Dämmung unter der Decke	8 cm Dämmstärke	32 €/m²	100%	32 €/m² (BTF)	9 €/m²	11 kWh/(m²a)	Brennstoff	5,3 Cent/kWh
Fenster	3-Scheiben-Wärmeschutzverglasung im Passivhaus-Rahmen**		571 €/m²	27%	155 €/m² (BTF)	31 €/m²	9 kWh/(m²a)	Brennstoff	21,4 Cent/kWh
Lüftung	Lüftungsanlage mit Wärmerückgewinnung		5950 €/WE	100%	5950 €/WE	74 €/m²	16 kWh/(m²a)	Brennstoff	35,0 Cent/kWh
Warmwasser-bereitung	thermische Solaranlage		2380 €/WE	100%	2380 €/WE	30 €/m²	11 kWh/(m²a)	Brennstoff	19,3 Cent/kWh
Wärme-erzeugung	Brennwertkessel***		702 €/WE	31%	216 €/WE	3 €/m²	8 kWh/(m²a)	Brennstoff	2,7 Cent/kWh
	Elektro-Wärmepumpe (Erdreich)***		5548 €/WE	91%	5062 €/WE	63 €/m²	32 kWh/(m²a)	Primärenergie	14,4 Cent/kWh
	Holzpelett-Kessel**		1687 €/WE	71%	1201 €/WE	15 €/m²	177 kWh/(m²a)	Primärenergie	0,6 Cent/kWh
	BHKW***		1593 €/WE	70%	1108 €/WE	14 €/m²	90 kWh/(m²a)	Primärenergie	-

Beispielhafte Kosten und Energieeinsparung für ein Mehrfamilienhaus mit 1000 m² Wohnfläche
Die jeweils angegebene Energieeinsparung gilt für Einzelmaßnahmen, bei Maßnahmenkombinationen ist die erzielte Einsparung geringer als die Summe der Einsparungen der Einzelmaßnahmen.
Randbedingung für die Ermittlung der Kosten der eingesparten kWh: reale Kosten, Nutzungsdauer: Wärmeschutz 25 Jahre / Anlagentechnik 20 Jahre; Kapitalzins 4% (real)
*) bei Wärmeschutz bezogen auf Bauteilfläche (BTF) / bei Anlagetechnik bezogen auf Anzahl Wohneinheiten (WE)
**) für den Fall einer anstehenden Fenstererneuerung (Referenz: Einbau von Fenstern mit 2-Scheiben-Wärmeschutzverglasung)
***) für den Fall einer anstehenden Erneuerung des Wärmeerzeugers (Referenz: Einbau eines Niedertemperatur-Kessel)

Tabelle 5.10: Beispiele für Kosten und Wirtschaftlichkeit von Maßnahmen

Quelle: Knissel u.a., 2007

Ausgehend von den Knoten am Ende des Betrachtungszeitraumes werden die Optionspreise der vorangegangen Perioden berechnet. Dies sind in Abbildung 5.20 aus Seite 258 die Knoten C_u und C_d. Die Gleichungen zur Ermittlung der Optionspreise lauten:[899]

$$C_u = (C_{uu} \cdot p + (1-p)C_{ud}) \cdot e^{(-r_f \cdot dt)} \tag{5.22}$$

$$C_d = (C_{du} \cdot p + (1-p)C_{dd}) \cdot e^{(-r_f \cdot dt)} \tag{5.23}$$

Zur Berechnung der beiden Werte ist, aufgrund der zuvor beschriebenen Risikoneutralität, neben dem risikofreien Zinssatz (r_f) auch die risikoneutrale Wahrscheinlichkeit notwendig, die basierend auf den Werten der Auf- und Abwärtsbewegung sowie den regelmäßig ausgeschütteten Dividenden (D) ermittelt wird:[900]

$$p = \frac{e^{(r_f - D)\frac{T}{n}} - d}{u - d} \tag{5.24}$$

Der Optionswert zu Beginn des Betrachtungszeitraumes ergibt sich aus den Werten C_u und C_d, die wiederum mit der risikoneutralen Wahrscheinlichkeit multipliziert werden sowie mit dem risikofreien Zinssatz diskontiert werden. In der folgenden Gleichung ist die direkte Ermittlung des Optionswertes über zwei Perioden dargestellt:[901]

$$\begin{aligned} C &= [C_{uu} \cdot p^2 + 2p(1-p)C_{ud} + (1-p)^2 C_{dd}] \cdot e^{(-2r_f \cdot dt)} \\ &= \big[p^2 \cdot max[0, uuS - X] + 2p(1-p) \\ &\quad \cdot max[0, udS - X] + (1-p)^2 \\ &\quad \cdot max[0, ddS - X]\big] \cdot e^{(-2r_f \cdot dt)} \end{aligned} \tag{5.25}$$

---

[899] Vgl. Fuhrer, 2005, S. 106 u. Mun, 2006, S. 157.

[900] Vgl. Mun, 2006, S. 153. Diese Gleichung kann auch bei einer Periodenwahl unter einem Jahr angewendet werden. Im Allgemeinen erhöht die Verkürzung der Periodenlänge und damit die Erhöhung der Knotenanzahl die Genauigkeit der Berechnung. Dies bezieht sich auch auf die Ermittlung der Auf- und Abwärtsbewegung in den Gleichungen 5.11 und 5.12. Obwohl hier die Periodenlänge von einem Jahr, in Anlehnung an das DCF-Verfahren gewählt wurde, können die Gleichungen auch für kürzere Periodenlänge angewendet werden.

[901] Vgl. Cox *u.a.*, 1979, S. 238.

5.4.3.3 *Beispielrechnung des Modells*

Innerhalb dieses Abschnittes wird zur besseren Veranschaulichung eine Beispielrechnung durchgeführt. Hierfür werden das zuvor beschriebene Binomial-Modell und die ermittelten Parameter genutzt. Die konkreten Maßnahmen zur energetischen Durchführung sowie die Kosten und die Energieeinsparung stammen von einer Beispielrechnung des Institutes Wohnen und Umwelt. Bei dem Objekt handelt es sich um eine Wohnimmobilie mit neun Wohneinheiten und 691 m² beheizter Wohnfläche. Das Gebäude hat vor der energetischen Modernisierung einen Heizenergiebedarf von 275 kWh/(m²a) und soll nach der energetischen Modernisierung dem Standard „3-Liter-Haus" mit einem Heizenergiebedarf von 28 KWh/(m²a) entsprechen. Die in der Studie genannten notwendigen Maßnahmen zum Erreichen dieses Zieles sind:[902]

Dämmung der Außenwand mit 20 cm Wärmedämmungsverbundsystem

- 14 cm Dämmung zwischen den Sparren
- 20 cm Kellerdeckendämmung
- 3-Scheiben-Wärmeschutzverglasung
- Lüftungsanlage mit Wärmerückgewinnung
- Die Haustüren werden durch gedämmte Türen ersetzt
- Dämmung des gesamten Sockelbereichs des Gebäudes
- 6 cm Auf-Sparren-Dämmung

Durch die Durchführung dieser Maßnahmen entstehen Kosten von 389 €/m². Allerdings wird bei dieser Modernisierung vom sog. Kopplungsprinzip ausgegangen. Hierbei wird unterstellt, dass die Modernisierungsmaßnahme im Zug einer regelmäßigen Instandsetzungsmaßnahme durchgeführt wird und die Gesamtkosten um die Instandhaltungskosten reduziert werden. Somit ergibt sich ein anrechenbarer Kostensatz für die energetische Modernisierung von 314 €/m².[903] Unterschiedliche Literaturquellen, wie beispielsweise McKinsey gehen davon aus, dass eine Modernisierung nur zusammen mit einer regulären Instandsetzungsmaßnahme wirtschaftlich sein kann.[904] Das Kopplungsprinzip kann grundsätzlich auch beim Realoptionsmodell

[902] Vgl. Loga *u.a.*, 2007, S. 27.
[903] Vgl. Loga *u.a.*, 2007, S. 27.
[904] Vgl. McKinsey & Company, 2007, S. 38.

angewendet werden. Allerdings werden der Aufschub der Investition bzw. dessen Auswirkungen auf den Immobilienpreis wie beispielsweise ein Instandhaltungsstau bei der Berechnung des Optionswertes nicht berücksichtigt.

In der folgenden Tabelle 5.11, auf Seite 262, sind die einzelnen Parameter der Beispielrechnung aufgeführt. Die Investitionskosten wurden, aufgrund der Verwendung aktueller Zahlen für die Energiepreise, auf das Preisniveau von 2010 angehoben.

Ausgangslage	
Beheizte Wohnfläche	691 m²
Modernisierungskosten	231.123,33 €
Energieeinsparung	247 kWh/(m²a)
Bewertungsstichtag	01.01.2009
mögliche Modernisierung	01.01.2010
Mietausfallwagnis	3%
Diskontierungsfaktor	5,6%
Kapitalisierungszinssatz	11,1%
Volatilität	15,55%
risikofreier Zinssatz	3,4%
Vereinfachte Annahme	jährliche Mieteinnahmen

Tabelle 5.11: Parameter der Beispielrechnung
Quelle: eigene Darstellung, in Anlehnung an Loga u.a., 2007, S. 27 u. gif, 2006

Der Diskontierungsfaktor wird, wie in Abschnitt 4.3.3.2.2 beschrieben, über den Kapitalmarkt bzw. das systematische Risiko der G-REITs ermittelt. Nach den Berechnungen in diesem Abschnitt ergibt sich aus den Daten der drei G-REITs ein gemittelter Zinssatz von 4,6%.[905] Zur Berücksichtigung des Diversifikationseffektes, der aus der Ermittlung dieses Zinssatzes aus den Werten der Portfolios der REITs resultiert, wird zusätzlich ein Aufschlag von einem Prozent berücksichtigt. Damit ergibt sich ein Diskontierungsfaktor von 6,6%. Aufgrund der begrenzten Restnut-

---

[905] Vgl. Abbildung 4.16, S.160.

zungsdauer der Immobilie wird auch bei der Ermittlung des Kapitalisierungszinssatzes ein Aufschlag auf den Diskontierungsfaktor vorgenommen.[906] Der Aufschlag wird in Anlehnung an das standardisierte DCF-Verfahren der GIF gewählt, die von einem Aufschlag von 5,5% ausgeht. Des Weiteren basiert auch die Annahme des Mietausfallwagnisses auf dem standardisierten DCF-Verfahren der gif.[907] Im Rahmen der Beispielrechnung wird die Abschreibung der Modernisierungskosten bei der Ermittlung des Bruttobarwertes des Objektes vernachlässigt.

Der statische Barwert dieser Modernisierungsmaßnahme hat einen Wert von 212.372,97 Euro. Dem gegenüber stehen die Modernisierungskosten von 231.123,33 Euro, sodass sich der Kapitalwert insgesamt auf -18.750,37 Euro beläuft, d. h. die Modernisierung hätte zum Zeitpunkt des Bewertungsstichtages keinen positiven Einfluss auf den Immobilienwert und würde deshalb voraussichtlich, unter der Annahme, dass der Immobilienwert das Kriterium der Investitionsentscheidung ist, nicht durchgeführt werden.

Im zweiten Schritt wird die Flexibilität einer möglichen zukünftigen energetischen Modernisierung mittels des Realoptionsmodells zusätzlich zum vorhandenen Immobilienwert ermittelt. Die Auf- und Abwärtsbewegungen haben hier einen Wert von 1,1682 bzw. 0,8560. In Abbildung 5.22 ist der Preisbaum des Binomial-Modells mit der Anwendung der Unsicherheit auf den Basiswert dargestellt.

---

[906] Vgl. Abschnitt 4.3.3.1, S. 154.
[907] Vgl. Abschnitt 4.3.3.3, S. 164f. u. gif, 2006.

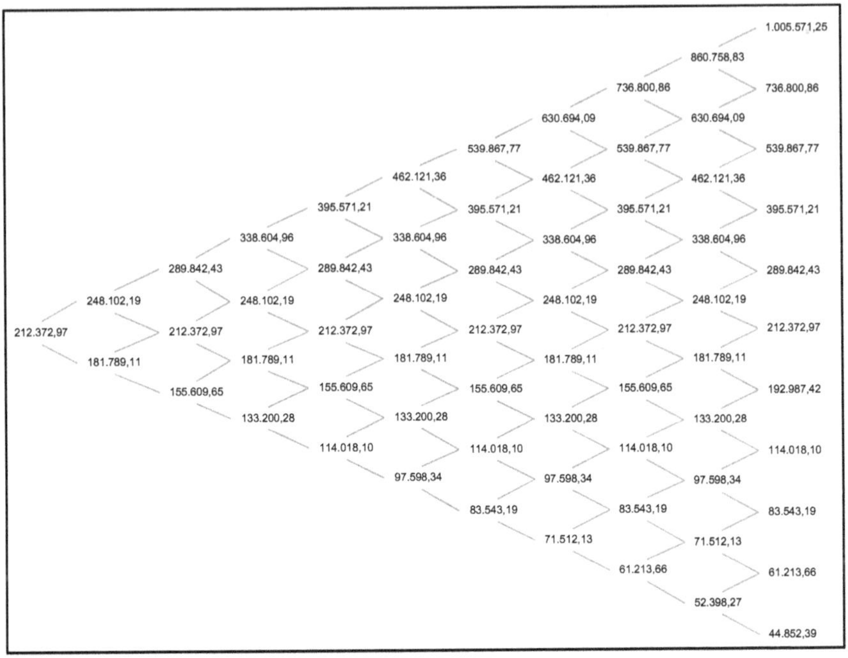

Abbildung 5.21: Preisbaum der Realoption

Quelle: eigene Darstellung

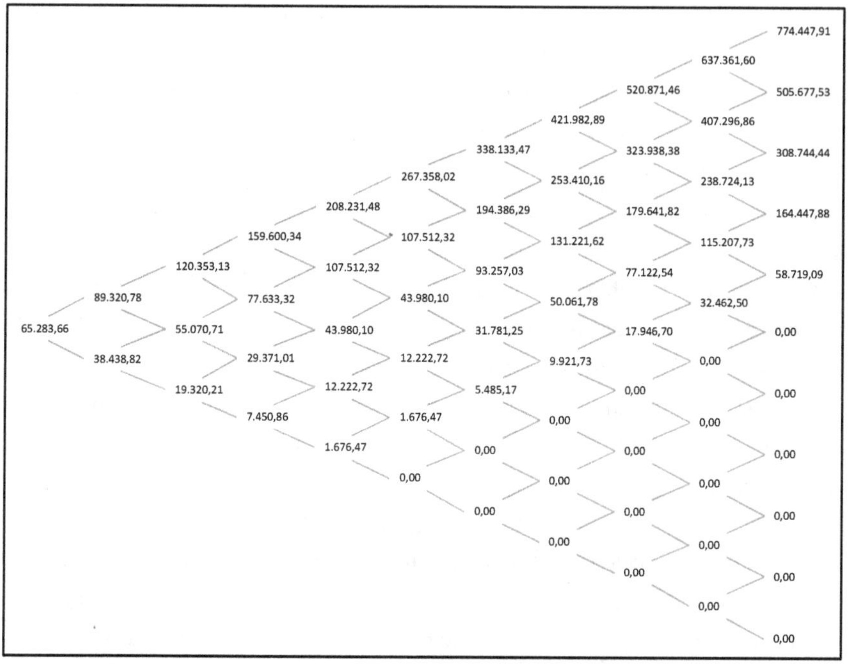

Abbildung 5.22: Ereignisbaum zur Bewertung des Optionswertes
Quelle: eigen Darstellung

Die Abbildung 5.22 zeigt einen Optionswert bzw. Wert der Flexibilität von 65.283,66 Euro. Gemäß Gleichung 5.10 (auf Seite 240) bedeutet dies eine Erhöhung des Immobilienwertes um diesen Betrag. Dieses Ergebnis stellt den Beweis dar, dass sich eine potenzielle zukünftige Modernisierung bereits zum Bewertungsstichtag positiv auf den Immobilienwert auswirken kann. Allerdings weist dieses Modell aus optionspreistheoretischer Sicht noch eine Schwäche auf, die aus dem Fehlen einer Dividende resultiert. So zeigt MERTON, dass eine amerikanische Option ohne Berücksichtigung der Dividende wie eine europäische Option zu behandeln ist. Eine vorzeitige Ausübung vor der Fälligkeit der Option ist nicht sinnvoll, da das Warten bis zur Fälligkeit keinen negativen Einfluss auf den Optionswert hat.[908] Dies würde für das Realoptionsmodell bedeuten, dass eine Modernisierung frühestens zum Ende des Betrachtungszeitraumes sinnvoll ist. Die Erhöhung des Betrachtungszeitraumes

[908] Vgl. Merton, 1973, S. 144 u. Schilling *u.a.*, 1987, S. 745.

würde damit in der Regel immer mit einem höheren Immobilienwert „belohnt" werden. Dadurch führt das Modell zu keinem Anreiz von Modernisierungsmaßnahmen. Allerdings zeigen die vorherigen Ausführungen, dass die Berücksichtigung von Dividenden unter den Modellannahmen nicht sinnvoll ist.[909] Zur Berücksichtigung von Dividenden bzw. entgangenen Einnahmen aufgrund der verzögerten Modernisierung wäre eine Berücksichtigung des Instandhaltungsstaus denkbar. In der Regel wird zur Nutzung von Synergien die Modernisierungsmaßnahme gemeinsam mit den Instandhaltungsmaßnahmen ausgeführt. Die Verzögerung, wie sie in diesem Realoptionsansatz vorgesehen ist, führt damit gleichzeitig zu einer Verzögerung der Inhaltstandhaltungsmaßnahmen, was zu Mietminderungen führen kann. Diese entgangenen Einnahmen durch die Mietminderung könnten innerhalb des Realoptionsmodells als Dividenden berücksichtigt werden, da es sich hierbei um entgangene Einnahmen handelt, die zukünftig auch nicht mehr generiert werden können. Nachdem dieser Ansatz allerdings nicht den Modellannahmen entspricht und die Berücksichtigung des Instandhaltungsstaus weitere, komplexere Auswirkungen auf das Modell hat, kann dieser Ansatz im Rahmen dieser Arbeit nicht weiter verfolgt werden. Des Weiteren liegen dem Autor auch keine Datensätze zur Berechnung der Mietminderung vor.

Eine weitere Möglichkeit zur Begegnung der Schwäche des Modells, dass sich optionstheoretisch immer die Verzögerung der Maßnahmen anbietet, besteht in einer Erweiterung des Modells, die im nächsten Abschnitt vorgestellt wird.

5.4.3.4 Erweiterung des Modells

Mun sieht für die Verzögerung des Investitionszeitpunktes zwei Ursachen: Die Wachstumsrate des Basiswertes und den Diskontierungsfaktor. Der Diskontierungsfaktor basiert hier auf dem Kapitalmarkt und kann somit nicht geändert werden. Auch eine Änderung der Wachstumsrate bzw. der Tendenz des Basiswertes ist aufgrund der Ermittlung mit Marktdaten nicht möglich bzw. unrealistisch.[910]

Dies zeigt, dass die einzige Lösung des Problems in einer Erweiterung des Modells liegt, da aufgrund der Marktdaten keine Änderungen der Parameter möglich sind.

---

[909] Vgl. zu der Berücksichtigung der Dividenden Abschnitt 5.4.1, S. 250f. u. für die Modellannahmen Abschnitt 5.2.3.2, S. 212ff.
[910] Vgl. Mun, 2006, S. 262.

Eine mögliche Erweiterung des Modells liegt in der Berücksichtigung steigender Modernisierungskosten aufgrund der Inflationsrate. Hierbei bietet sich speziell der Baukostenindex an, da er im Gegensatz zur Inflationsrate nur die bauspezifischen Komponenten enthält. In der folgenden Abbildung ist der Aufbau des Baupreisindexes dargestellt.

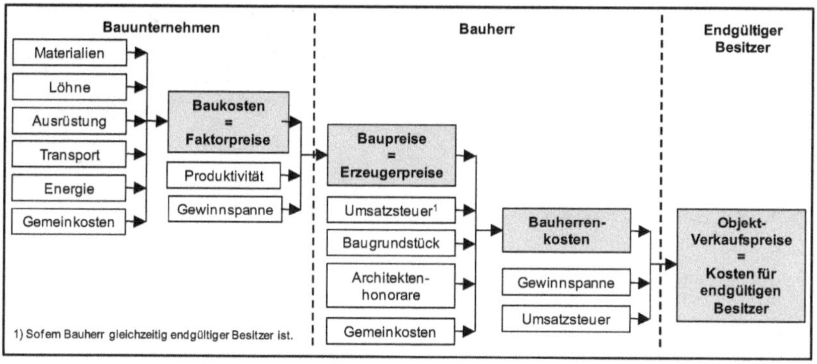

Abbildung 5.23: Aufbau des Baupreisindex
Quelle: Dechnet, 2006, S. 174

Der Baukostenindex zeigt die Entwicklung der Preise der beim Bauen eingesetzten Produktionsfaktoren. Hierzu zählen insbesondere Arbeit und Material sowie auch Ausrüstung, Energie, Transport und sonstige Kostenfaktoren. Der Baupreisindex wird häufig auch als Outputpreisindex bezeichnet, da er alle für den Bauherrn relevanten Preise aufzeigt. So werden neben den Faktorkosten auch die Veränderungen der Produktivität sowie die Gewinnmargen des Bauunternehmens im Baupreisindex berücksichtigt. Der Baupreisindex für Instandhaltungsmaßnahmen bei Wohngebäuden erfuhr in den letzten drei Jahren eine durchschnittliche Steigerung von 3,6%. Im Folgenden wird zur Verdeutlichung der Ergebnisse, aber auch aufgrund des starken Anstieges der Kosten für Honorare von Architekten und Bauingenieuren innerhalb dieses Zeitraumes, eine Steigerungsrate von 4% angenommen.[911]

Die Berücksichtigung steigender Modernisierungskosten hat bei der Berechnung des Optionswertes keinen Einfluss auf den Preisbaum des Realoptionsmodells in Abbildung 5.21 auf Seite 264, da die Investitionskosten erst bei der rekursiven

[911] Vgl. Statistisches Bundesamt Deutschland, 2009a, S. 26f.

Berechnung des Optionswertes angewendet werden. In Abbildung 5.24 ist der Ereignisbaum zur Bewertung der Realoption mit steigenden Investitionskosten berücksichberücksichtigt.

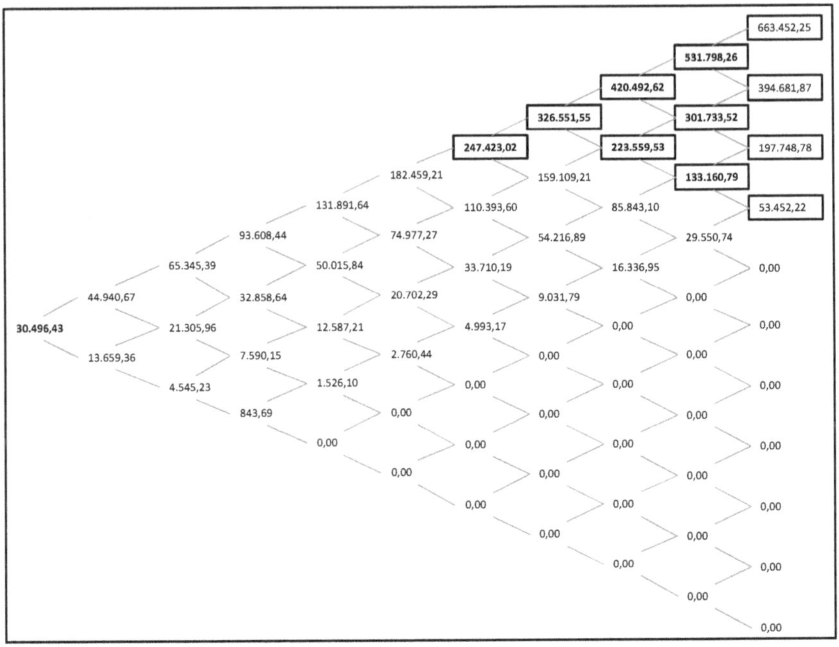

Abbildung 5.24: Ereignisbaum des erweiterten Realoptionsmodells
Quelle: eigene Darstellung

Aus der Abbildung ist ersichtlich, dass sich der Optionswert im Vergleich zur vorherigen Berechnung aufgrund der steigenden Kosten, reduziert hat. Des Weiteren bietet sich eine Modernisierung an den umrahmten Knoten an. Eine vorzeitige Ausübung der Option ergibt sich, wenn der innere Wert an einem Knoten größer ist als der Optionswert.[912] Unter der Voraussetzung ständig steigender Gaspreise und basierend auf den Ergebnissen, findet eine Modernisierung frühestens nach sechs Jahren statt. Die Erweiterung des Modells liefert durch die Berücksichtigung der steigenden Modernisierungskosten nicht nur plausiblere Ergebnisse, sondern ermöglicht auch eine Prognose für den Zeitraum zur Durchführung der Modernisierung und setzt hierdurch

[912] Vgl. McDonald/Siegel, 2001, S. 256 u. Hilpisch, 2006, S. 137-140.

auch Anreize für den Markt. Allerdings ergibt sich die Möglichkeit einer vorzeitigen Modernisierung nur, wenn die Steigerungsrate der Modernisierungskosten höher ist als der risikofreie Zinssatz. Ist dies nicht der Fall, besteht die gleiche Problematik wie beim ursprünglichen Modellansatz: Eine vorzeitig Ausübung bietet sich dann nicht an.

5.4.4 Sensitivitätsanalyse

Die Sensitivitätsanalyse dient im Allgemeinen zur Ermittlung von Interaktionen verschiedenen Realoptionen und/oder der Erlangung der Sensitivität für getroffene Annahmen. Interaktionen können auftreten, falls ein Bündel verschiedener Realoptionen im Rahmen einer Investitionsmöglichkeit zu untersuchen ist oder die Option den Charakter einer Fortsetzungsoption aufweist. In beiden Fällen können die Ergebnisse einzelner Optionen bzw. einzelner Teile eines Projektes die übrigen Realoptionen beeinflussen.[913] Der Realoptionsansatz in dieser Arbeit bezieht sich ausschließlich auf eine Option, sodass Interaktionen mit anderen Optionen nicht zu erwarten sind. Deshalb werden nachfolgend die Auswirkungen von Änderungen verschiedener Parameter auf den Optionswert untersucht.[914] Dies sind im Rahmen dieser Sensitivitätsanalyse die fünf Parameter:

- jährliche Volatilität des Basiswertes
- Diskontierungsfaktor des DCF-Verfahrens
- Anstieg der Steigerungsrate der Modernisierungskosten
- risikofreier Zinssatz
- jährlicher Anstieg des Energiepreises.

Zusätzlich würden sich auch die Investitionskosten für die Analyse anbieten. Allerdings setzt eine Veränderung der Investitionskosten auch eine Änderung der Energieeinsparung voraus, da durch den Anstieg der Kosten auch ein Anstieg des Nutzens anzunehmen ist. Nachdem das Kosten-Nutzen-Verhältnis allerdings für jede Immobilie unterschiedlich und der Verlauf dieser Kurve nicht linear ist, kann der Ein-

---

[913] Vgl. Hommel/Pritsch, 1999, S. 132f.

[914] Die verwendeten Werte der Beispielrechnung dienen hier als Basiswerte. Die Variation erfolgt ausgehend von den Basiswerten durch Erhöhung bzw. Reduzierung der Werte. Die Grenzen werden basierend auf realistischen Annahmen frei gewählt.

fluss der Investitionskosten im Rahmen dieser Arbeit nicht untersucht werden. Die Grundlage der Untersuchung stellt der erweiterte Realoptionsansatz dar.

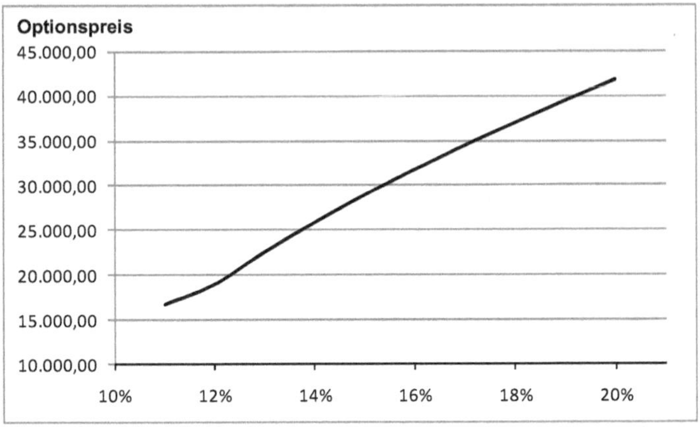

Abbildung 5.25: Variation der jährlichen Volatilität des Basiswertes
Quelle: eigene Darstellung

Die Abbildung zeigt die Variation der Volatilität des Basiswertes zwischen zehn und 20%. Die auf historischen Marktdaten basierende Volatilität beläuft sich auf 15,55%. Die Analyse zeigt, dass der Optionspreis bzw. der Wert der Flexibilität mit der Volatilität zunimmt. Der Optionswert beläuft sich bei einer Volatilität von 10% auf 16.747,56 Euro, der Optionswert steigt auf einen Wert von 41.804,38 Euro bei einer jährlichen Volatilität von 20%. Damit bestätigt sich die Feststellung, dass der Optionswert mit zunehmender Volatilität bzw. Unsicherheit aufgrund der asymmetrischen Risikoverteilung zunimmt.[915] Zurückzuführen ist dies auf die partielle Ableitung der Bewertungsformel nach der Volatilität, auch als Vega bezeichnet. In der Regel gewinnt die Unsicherheit mit Nähe des Projektwertes zu den Modernisierungskosten an Bedeutung. Gleiches gilt auch bei zunehmender Restlaufzeit. Ist die Differenz zwischen Projektwert und Modernisierungskosten größer, nimmt die Bedeutung der Unsicherheit ab.[916] Des Weiteren hat die Änderung der Volatilität keine Auswirkungen auf den empfohlenen Zeitpunkt zur Durchführung der Modernsierung. Deshalb

[915] Vgl. Abschnitt 5.3.1, S. 236f.
[916] Vgl. Hilpisch, 2006, S. 109f.

sollte, unter der Voraussetzung positiver Marktaussichten,[917] die Modernisierung nach sechs Jahren durchgeführt werden.

Bei der Variation des Diskontierungsfaktors zeigt sich ein anderes Bild: So sollte die Modernisierung bei einem Zinssatz von 3% und 3,5% bereits nach vier Jahren durchgeführt werden. Mit steigendem Zinssatz verlängert sich auch der Zeitpunkt der empfohlenen Modernisierung, bei einem Zinssatz ab 7,5% sollte die Modernisierung nach sieben Jahren durchgeführt werden. Gleichzeitig zeigt sich, wie in der folgenden Abbildung dargestellt, dass der Optionswert mit zunehmendem Zinssatz abnimmt.

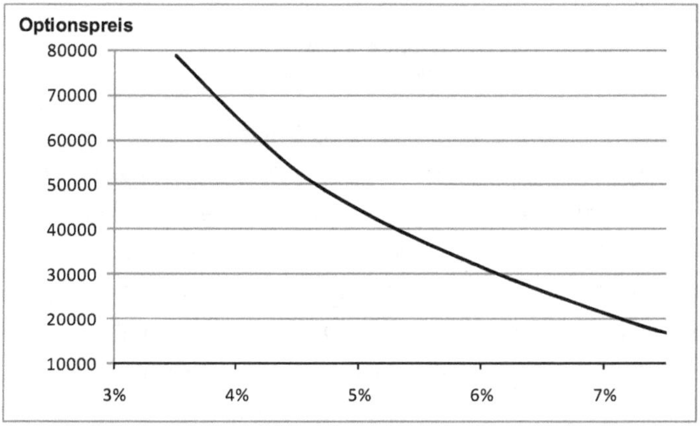

Abbildung 5.26: Variation des Diskontierungsfaktors
Quelle: eigene Darstellung

Der Optionswert variiert zwischen einem Wert von 78.906,12 Euro bei einem Zinssatz von 3% und 12.200,11 Euro bei einem Diskontierungsfaktor von 8%.

---

917 Die Nennung des empfohlenen Zeitpunktes der Modernisierung in diesem Aspekt, setzt immer steigende Preise voraus.

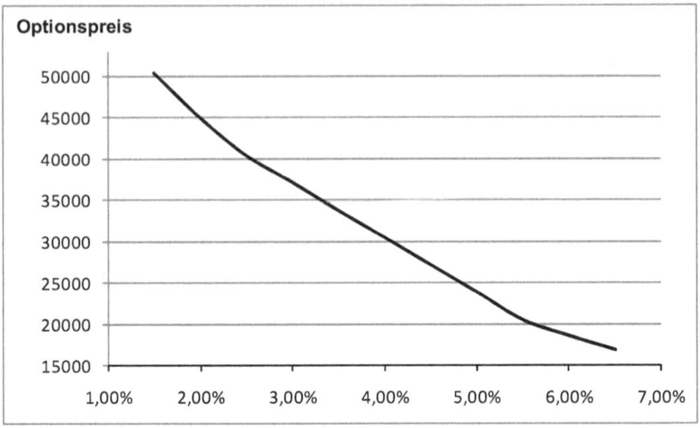

Abbildung 5.27: Variation des Anstieges der Modernisierungskosten
Quelle: eigene Darstellung

In der vorherigen Abbildung wird die jährliche Steigerungsrate der Modernisierungskosten zwischen Werten von 1,5% und 6,5% variiert. Mit zunehmender Höhe der Steigerungsrate fällt der Optionswert, was auf die steigenden Investitionskosten bei gleichbleibenden Einnahmen zurückzuführen ist. Bei einer jährlichen Steigerung von 1% beläuft sich der Optionswert auf 50.454,99 Euro, dieser fällt bis auf einen Wert von 16.891,89 Euro bei einem jährlichen Anstieg der Modernisierungskosten von 6,5%. Trotz des fallenden Optionswertes verkürzt sich auch mit dem Anstieg der Steigerungsrate die Zeit bis zum Zeitpunkt der empfohlenen Modernisierung. Bei einer Steigerungsrate von 3,5% wird nach sechs Jahren die Modernisierung empfohlen, während sich die Frist bei einer Rate von 6,5% auf vier Jahre verkürzt. Bei einem Wert unter 3,4% wird keine Modernisierung über die gesamte Laufzeit empfohlen, da der risikofreie Zinssatz dann größer als die Steigerungsrate ist und die notwendige Bedingung zur Ermittlung des optimalen Investitionszeitpunktes nicht mehr erfüllt ist.

Der gleiche Effekt tritt bei der Variation des risikofreien Zinssatzes auf. Nachdem die Steigerungsrate der Modernisierungskosten im ursprünglichen Modell 4% beträgt, wird ab einem risikofreien Zinssatz von 4% und höher kein optimaler Investitionszeitpunkt empfohlen. Unterhalb dieser Grenze zeigt sich, dass die Zeitspanne bis zur empfohlenen Modernisierung umso kürzer ist, je geringer der risikofreie Zinssatz ist. Bei einem Zinssatz von 3,4% sind dies sechs Jahre. Die Zeitspanne fällt auf vier Jahre für einen Zinssatz von 1%. Dieses Wechselspiel mit den Modernisierungskosten ist auf die zunehmende Differenz des risikofreien Zinssatzes und der Modernisierungskosten zurückführen. Je größer diese Differenz, desto kürzer die Zeitspanne bis zum optimalen Investitionszeitpunkt. In der folgenden Abbildung 5.28 auf Seite 273 ist die Entwicklung des Optionswertes in Abhängigkeit vom risikofreien Zinssatz dargestellt. Hierbei zeigt sich, dass der Optionswert mit zunehmendem Zinssatz steigt. Bei einem Zinssatz von 1% beläuft sich der Optionswert auf 18.823,42 Euro, während der Wert bis zu einem Zins von 6% auf 50.771,08 Euro steigt.

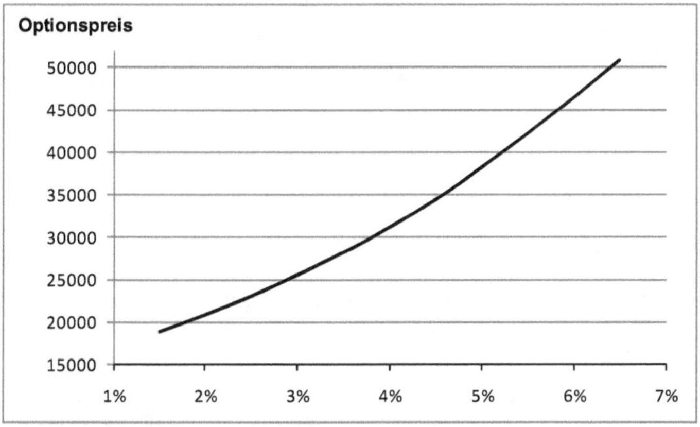

Abbildung 5.28: Variation des risikofreien Zinssatzes
Quelle: eigene Darstellung

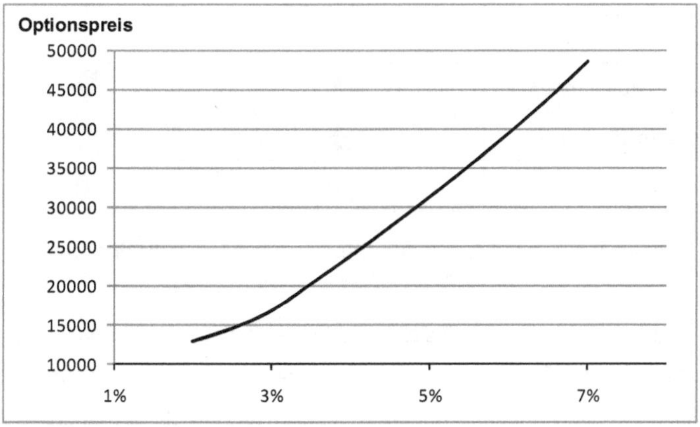

Abbildung 5.29: Variation des jährlichen Anstiegs des Energiepreises
Quelle: eigene Darstellung

Ausgehend von einer gemittelten jährlichen Steigerung des Energiepreises von 3,4% im ursprünglichen Modell, variiert die jährliche Steigerungsrate der Szenarioanalyse von 2% bis 7%. Aus der Abbildung ist ersichtlich, dass der Optionswert mit dem zunehmenden jährlichen Anstieg der Energiekosten steigt. Bei einer Steigerungsrate von 1% beläuft sich der Optionswert auf 18.823,42 Euro, während bei einer Rate von 7% der Wert 48.463,01 Euro beträgt. Mit zunehmender Steigerungsrate nimmt die Zeitspanne bis zum empfohlenen Investitionszeitpunkt ab. Ursprünglich belief sich diese Spanne auf sieben Jahre, bei einer Rate von 7% wird bereits nach fünf Jahren die Modernisierung empfohlen. Sowohl die Auswirkungen der steigenden Energiepreise auf den Optionswert wie auch auf die Zeitspanne bis zur empfohlenen Modernisierung ist auf die Steigerung des Barwertes bei gleichzeitig konstanten Investitionskosten zurückzuführen. Der steigende Kapitalwert bzw. innere Wert der Option, der sich hieraus ergibt, beeinflusst sowohl den Optionswert, wie auch die Ermittlung des optimalen Investitionszeitpunktes.

In der folgenden Tabelle sind die Tendenzen des Optionswertes sowie der Zeitspanne bis zur empfohlenen Modernisierung in Abhängigkeit der Parameter nochmals zusammengefasst.

Anstieg der/des...	Optionswert	Zeitspanne bis zum optimalen Investitionszeitpunkt
Volatilität des Basiswertes	↑	→
Diskontierungsfaktors	↓	↑
Modernisierungskosten	↓	↓
risikofreien Zinssatzes	↑	↑
Energiepreises	↑	↓

Tabelle 5.12: Zusammenfassung der Sensitivitätsanalyse
Quelle: eigene Darstellung

Die Verkürzung der Zeitspanne bis zum optimalen Investitionszeitpunkt bezieht sich hierbei nicht ausschließlich auf den Zeitpunkt, sondern sie erhöht auch die Anzahl der möglichen Konstellationen, wann eine Modernisierung durchgeführt werden sollte. In der folgenden Abbildung ist die Erhöhung der möglichen Konstellationen, die durch die eingerahmten Felder markiert sind, exemplarisch dargestellt. Im Vergleich zum ursprünglichen Ereignisbaum des erweiterten Realoptionsmodells in Abbildung 5.24 auf Seite 268 hat sich die Anzahl der optimalen Investitionszeitpunkte von zehn auf 16 erhöht. Es sind nun nicht mehr sechs Preisanstiege bis zur vorzeitigen Ausübung der Option notwendig, sondern nur noch vier.

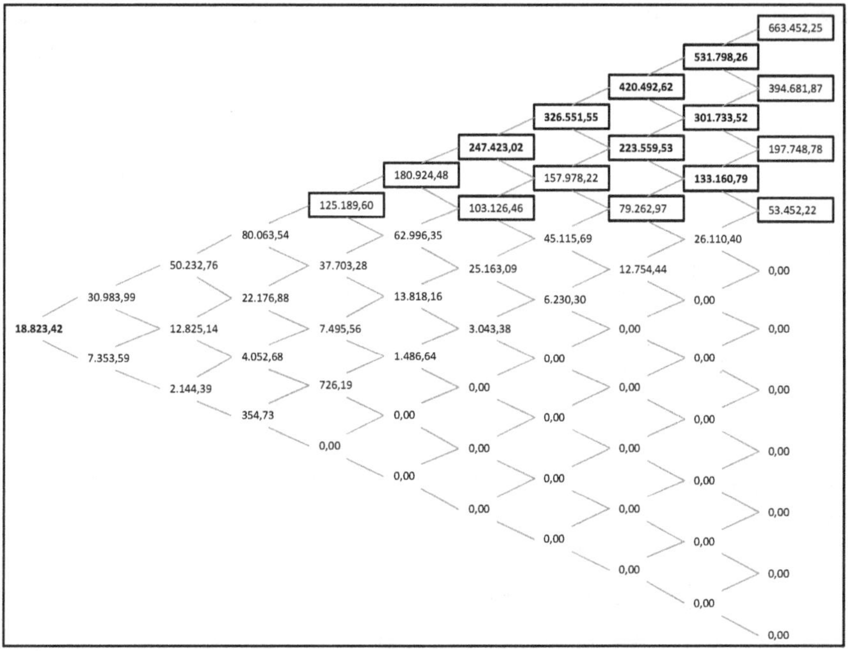

Abbildung 5.30: Der Ereignisbaum bei einem risikofreien Zinssatz von einem Prozent

Quelle: eigen Darstellung

5.5 Zusammenfassende Bemerkungen und Fazit

Ausgehend von der gewonnen Erkenntnis in Kapitel 1, dass die Energieeffizienz einen Einfluss auf den Immobilienwert hat, wurde basierend auf dem Treiber Energie ein Realoptionsmodell entwickelt, mit welchem das Energieeinsparpotenzial einer zukünftigen Modernisierung bewertet werden kann. Ein zusätzliches Indiz für die Relevanz des Treibers Energie ist auch die politische Fokussierung auf diesen Bereich: Neben gesetzlichen Verordnungen ist das Energieeinsparpotenzial des Gebäudebestandes ein zentrales Element politischer Programme, aber auch wissenschaftlicher

Studien. Zusätzlich zu der Auswahl des Treibers Energie aus dem Spektrum der Nachhaltigkeitsaspekte einer Immobilie wurden weitere einschränkende Annahme getroffen. Dies betrifft neben der Auswahl des Immobilientyps der Wohnimmobilie auch die Beschränkung der Untersuchungen auf den Gebäudebestand, der im Hinblick auf die Neubauquote von 0,5% eine besondere Rolle spielt.

Die Ausführungen zur Immobilienwertermittlungsverordnung haben gezeigt, dass die Berücksichtigung der zukünftig möglichen energetischen Modernisierung grundsätzlich mit den Vorschriften konform ist. Eine Abweichung von den gesetzlichen Vorschriften fand im Rahmen der Erstellung des Kausalmodells zur Berücksichtigung einer energetischen Modernisierung statt. Diese Abweichung wird mit dem Investor-Nutzer-Dilemma begründet, das auch aus der aktuellen gesetzlichen Grundlage resultiert und als ein wesentlicher Hinderungsgrund für die Durchführung energetischer Modernisierung angesehen wird. Des Weiteren führt die Mieterhöhung basierend auf den Modernisierungskosten, wie sie aktuell im BGB vorgesehen ist, in Einzelfällen zu einer Mehrbelastung der Mieter. Im Gegensatz zur Orientierung an den Modernisierungskosten, fußen die zusätzlichen Mieteinnahmen des Vermieters ausschließlich auf den Energieeinsparungen, die im Rahmen der Modernisierung erzielt werden. Dieser Ansatz basiert im Wesentlichen auf den verschiedenen Lösungsansätzen für das Investor-Nutzer-Dilemma. Auch die Prämisse des Kausalmodells, dass keine zusätzlichen Kosten für den Mieter entstehen, resultiert aus diesen Lösungsansätzen. Die Einbeziehung der Energiekosten in die Immobilienbewertung stellt einen Paradigmenwechsel der traditionellen Immobilienbewertung dar, der über die bisherige Berücksichtigung von Wertreibern aus immobilienfernen Bereichen wie der Konjunkturaussicht hinausgeht. Allerdings zeigt sich die Relevanz des Wertreibers auch in den vorgestellten, modifizierten Bewertungsverfahren für nachhaltige Immobilien, die diesen Treiber teilweise auch explizit berücksichtigen.

Zur Berücksichtigung der Handlungsmöglichkeit, eine energetische Modernisierung in der Zukunft durchzuführen, wurde basierend auf dem Kausalmodell ein Realoptionsmodell konzipiert. Die im Rahmen der Modellentwicklung durchgeführte Literaturrecherche zeigte, dass der Realoptionsansatz bereits in der Immobilienwertermittlung verankert ist. Aufbauend auf den elementaren Ansprüchen der Wertermittlung, der Objektivität und der Transparenz, wurde ein Modell auf Basis des

Binomial-Modells entwickelt. Der Beweis des zusätzlichen Wertes, der sich aus der Handlungsmöglichkeit ergibt, erfolgte innerhalb einer Beispielrechnung. Ferner wurde gezeigt, dass sämtliche Daten zur Ermittlung des Wertes der Flexibilität vorhanden sind. Durch die Erweiterung des Realoptionsmodells konnte zusätzlich die Ermittlung des optimalen Investitionszeitpunktes in den Realoptionsansatz integriert werden, wodurch ein zusätzlicher Anreiz für die energetische Modernisierung geschaffen wurde. Es ist festzuhalten, dass innerhalb der Arbeit lediglich der Wert der Handlungsmöglichkeit in diesem speziellen Fall bewiesen wurde. Eine Verallgemeinerung des Ergebnisses auf alle Immobilien ist aufgrund der heterogenen Eigenschaft des Wirtschaftsgutes Immobilie nicht zulässig, sodass eine Ermittlung des Wertes nur individuell für eine ausgewählte Immobilie möglich ist.

Hinsichtlich der Modellwahl ist anzumerken, dass mit dem Binomialbaumverfahren zwar ein praktisch anwendbares Modell verwendet wurde, durch die diskrete Bewertung aber auch die Genauigkeit der Ergebnisse sinkt. Die Genauigkeit könnte zwar durch die Erhöhung der Anzahl der Perioden teilweise behoben werden, allerdings steht dem die jährliche Betrachtung der Erträge im Immobilienbereich entgegen. Darüber hinaus wurden auch bei der Ermittlung der Daten Annahmen getroffen, die in der Praxis so wahrscheinlich nicht vorzufinden sind. Die Wahl der Annahmen resultiert auch aus mangelnden Erfahrungswerten in der Literatur. Zu nennen ist hier im Speziellen die Annahme der vollständigen Korrelation des Future-Gaspreises und der Gaskosten privater Haushalte.[918] Die exakte Korrelation dieser beiden Werte müsste noch berechnet werden. Im Rahmen dieser Arbeit war dies aufgrund des Umfangs nicht möglich. Auch die Festlegung einer fixen Steigerungsrate der Modernisierungskosten entspricht nicht dem tatsächlichen Verlauf der Modernisierungskosten. Diese Einschränkung musste gewählt werden, da eine Berechnung des Optionswertes durch eine Variation der Modernisierungskosten zusätzlich zu den Energiepreisen aufgrund der Komplexität des Modells nicht mehr durchführbar wäre.[919] Des Weiteren lag der Fokus der durchgeführten Untersuchung auf dem Immobilienwert, woraus auch die Ausrichtung des Realoptionsansatzes an diesem Wert resultiert. Damit wird u. a. der optimale Investitionszeitpunkt basierend

---

[918] Vgl. Abbildung 5.16, S. 252.
[919] Vgl. Abschnitt 5.3.1, S. 229.

auf dem Immobilienwert ermittelt. Für den Besitzer einer Immobilie, speziell bei einer geplanten längeren Haltezeit der Immobilie, steht allerdings nicht der Immobilienwert, sondern die Rendite seiner Investition im Vordergrund. Zur Berücksichtigung dieser Präferenz kann das Realoptionsmodell angepasst werden. Diese Anpassungen beziehen sich im Wesentlichen auf die Ermittlung des Barwertes des Modells aus Investorensicht. Dies betrifft vor allem den Diskontierungsfaktor des Bruttobarwertes, für den anstelle des Zinssatzes aus der Immobilienwertentwicklung die Kapitalkosten des Investors verwendet werden. Hierbei könnten auch die unterschiedlichen Förderungen der KfW in die Berechnung einfließen. Ferner kann das Modell auch im Bereich des Energieeinspar-Contracting eingesetzt werden. Durch entsprechende Modifikationen kann mit Hilfe des Modells der Wert des Contracting einer Immobilie ermittelt werden.

Durch die abschließend durchgeführte Sensitivitätsanalyse konnte der Einfluss der Entwicklung der einzelnen Parameter auf den Optionswert sowie auf die Zeitspanne bis zum optimalen Investitionszeitpunkt aufgezeigt werden. Hieraus lassen sich auch Rückschlüsse auf mögliche zukünftige Entwicklungen schließen. So kann basierend auf der zu erwartenden, zunehmenden Ressourcenverknappung, trotz eines allgemeinen geringeren Energieverbrauches und der Zunahme von erneuerbaren Energien am Energiemix, von einem stärkeren Anstieg des Energiepreises, als im Modell angenommen ausgegangen werden. Allein hieraus würden sich entsprechend den Ergebnissen der Sensitivitätsanalyse ein höherer Optionswert sowie eine Reduzierung der Zeitspanne bis zum optimalen Investitionszeitpunkt ergeben. Gleichzeitig ist mit dem Anstieg des Energiepreises eine höhere Volatilität zu erwarten, wodurch der Optionswert weiter ansteigen würde. Eine Veränderung des optimalen Investitionszeitpunktes ist nicht zu erwarten. Eine Verringerung des Optionswertes würde sich bei diesem Szenario aus dem Anstieg der Modernisierungskosten aufgrund der höheren Energiekosten sowie höheren Materialkosten, wie z. B. für ölbasierenden Produkte wie Kunstoffe, zu erwarten. Mit der Verringerung des Optionswertes würde sich auch die Zeitspanne bis zum optimalen Investitionszeitpunkt verlängern. Allerdings ist zu erwarten, dass die Modernisierungskosten geringer ansteigen als die Energiepreise und somit der Einfluss des Energiepreises dominieren wird, sodass in diesem Szenario insgesamt von einer Erhöhung des Optionswertes und einer Verkürzung der Zeitspanne bis zum optimalen Investitionszeitpunkt ausgegangen werden kann. Innerhalb dieses Szenarios würde damit von dem Modell ein stärkerer Anreiz durch den vorgezogenen optimalen Investitionszeitpunkt ausgehen. Hierbei ist anzumerken, dass es sich bei der Szenarioanalyse um ein rein qualitatives Ergebnis handelt. Um eine konkretere Aussagen zu treffen, müsste das Szenario berechnet werden.

In einem weiteren Szenario, dass den Fall der Entdeckung weiterer fossiler Brennstoffreserven vorsieht, wäre von sinkenden Energiepreisen auszugehen. Hierdurch würde sich im Gegensatz zum ersten Szenario der Optionspreis reduzieren und die Zeitspanne bis zum optimalen Investitionszeitpunkt verlängern. Gleichzeitig sinkt die Volatilität des Energiepreises, wodurch der Optionspreis weiter fallen würde. Die Modernisierungskosten würden durch die sinkenden Energiepreise voraussichtlich ebenfalls sinken, was zwar einen Anstieg des Optionswertes sowie eine Verkürzung zum optimalen Investitionszeitpunkt zur Folge hätte. Allerdings würden die Auswirkungen der niedrigeren Modernisierungskosten wahrscheinlich wieder durch die sinkenden Energiepreise neutralisiert werden. Der optimale Investitionszeitpunkt würde sich nach hinten verschieben. Somit würde in diesem Fall von dem Modell kein zusätzlicher Anreiz ausgehen.

Beide Szenarien führen zu unterschiedlichen Ergebnissen. Während im ersten Fall ein Anreiz vom Modell ausgeht, gehen im zweiten keine Anreize aus. Dies zeigt zwar, dass das Modell nicht in jedem Fall zu Anreizen führt. Allerdings scheint der Eintritt des zweiten Szenarios eher unwahrscheinlich zu sein. Der erste Fall scheint eher die aktuelle Situation wiederzugeben, sodass konstatiert werden kann, dass das Modell unter normalen Umständen zu Anreizen führt. Im zweiten Fall würde sich eine Modernisierung grundsätzlich nicht rechnen, wodurch die Sanierungsquote weiter sinken würde. Das Erreichen der Klimaschutzziele wäre gefährdet und damit wäre der Gesetzgeber gezwungen mit Steuerungsmaßnahmen, wie z. B. zusätzlichen Steuern, Gesetzen oder der Erhöhung von Subventionen, entgegenzuwirken. Hierdurch wäre das zweite Szenario, wie es zuvor beschrieben wurde, hinfällig und müsste basierend auf der veränderten Ausgangssituation neu beurteilt werden.

6 Zusammenfassung und Forschungsausblick

Ausgehend von der noch nicht eindeutig geklärten Frage nach der Berücksichtigung von Nachhaltigkeitsaspekten innerhalb der Immobilienbewertung, hatte die Arbeit die Zielsetzung, die Möglichkeiten der Integration dieser Aspekte in die Bewertung aufzuarbeiten sowie ein kapitalmarktorientiertes Modell zur Berücksichtigung von Nachhaltigkeitsaspekten zu entwickeln.

Nachdem alle Kapitel mit ausführlichen Zusammenfassungen versehen sind, sollen im Weiteren nur die wichtigsten Ergebnisse dieser Arbeit kompakt wiedergegeben werden, um darauf aufbauende Ansatzpunkte für weitere Forschungsarbeiten aufzuzeigen.

6.1 Zusammenfassung

Nachfolgend werden hier die drei Unterpunkte aus Kapitel 1.2, die die zentrale Forschungsfrage (Welche Auswirkung haben Nachhaltigkeitsmerkmale auf den Wert einer Immobilie?) konkretisieren, einzeln beantwortet.

Die Spezifikation der Nachhaltigkeit im Immobilienbereich

Hierzu war es zunächst notwendig, die Grundlagen des Immobilienbereiches respektive die Begriffe „Immobilie“ und „Nachhaltigkeit im Immobilienwesen“ zu definieren. Dies war speziell beim Begriff „Immobilie“ notwendig, da keine eindeutige Definition existiert. Mit der Adaption des Begriffes von BONE-WINKE, U. A. konnte eine Definition festgelegt werden, die die physische, juristische aber vor allem auch die für diese Arbeit relevante wirtschaftliche Sichtweise vereint. Aus dieser Definition ergeben sich die sieben wesentlichen Charakteristika Standortgebundenheit, Heterogenität, lange Produktionsdauer, hohe Kapitalbindung, hohe Transaktionskosten, Dauerhaftigkeit sowie begrenzte Substituierbarkeit. Diese Eigenschaften haben einen wesentlichen Einfluss auf den Immobilienmarkt und führen zur Komplexität dieses Marktes der über eine Vielzahl von Teilmärkten verfügt. Hierzu gehört auch die Differenzierung in sachliche Teilmärkte. Analog zur Definition des Begriffes „Immobilie“ hat sich gezeigt, dass die Nachhaltigkeit im Immobilienwesen und deren einzelne Ausprägungen nicht eindeutig definierbar sind. Obwohl sich die Nachhaltigkeit im Immobilienwesen aus der allgemeinen Definition des Begriffes „Nachhaltigkeit“ herleiten lässt, werden die Begriffe Nachhaltigkeit und Energieeffizienz teilweise synonym verwendet. Gründe für diese Gleichsetzung sind die Verwendung des englischen Begriffes „Green Building", der zwar die ökologische und soziale Dimension der Nachhaltigkeit berücksichtigt, allerdings die ökonomische Dimension vernachlässigt. Weitere Gründe finden sich auch in wissenschaftlichen Arbeiten sowie den gesetzlichen Vorgaben, deren Fokus im Immobilienbereich auf der Erhöhung der Energieeffizienz bzw. der Verringerung der Emissionen liegt. Diese uneinheitliche Interpretation des Begriffes „nachhaltige Immobilie" setzt sich auch bei den Zertifizierungsverfahren fort. Es existiert weltweit eine Vielzahl dieser Verfahren, die sich hinsichtlich der Bewertungssystematik, der Kriterien sowie der Qualität der Bewertung unterscheiden. Auch wenn die Marktteilnehmer einheitliche Standards bevorzugen, besteht kurz- bis mittelfristig keine Lösung für diese Problematik. Darüber hinaus haben die Ausführungen gezeigt, dass durch die Zertifizierung eine Abgrenzung zu herkömmlichen Immobilien stattfindet und dies in letzter Konsequenz zu einer weiteren Differenzierung des Immobilienmarktes und damit zur Bildung eines weiteren sachlichen Teilmarktes führt. Abschließend ist zur Spezifikation der Nachhaltigkeit im Immobilienbereich festzuhalten, dass unabhängig vom definitorischen Gleichklang der drei Nachhaltigkeitsdimensionen, der Treiber Energie die Nachhaltigkeitsdimension im Immobilienbereich dominiert. Des Weiteren liegt der allgemeine Fokus weniger auf dem gesamten Lebenszyklus einer Immobilie, sondern hauptsächlich auf der Nutzungsphase.

Identifikation der den Immobilienwert beeinflussenden Parameter für die investitionstheoretische Bewertung und die Veränderung der Parameter durch die Integration der Nachhaltigkeit

Die Identifikation der den Immobilienwert beeinflussenden Parameter in dieser Arbeit wurde innerhalb der Analyse der Anreiz zur Investition in nachhaltige Immobilien ermittelt. Hierbei gilt es einerseits zwischen indirekten Treibern wie der Erhöhung der Nachfrage und andererseits direkten Treiber, die direkte wirtschaftliche Vorteile darstellen, zu unterscheiden. Ursachen für die Erhöhung der Nachfrage nachhaltiger Immobilien lassen sich maßgeblich auf den gesellschaftlichen Druck zurückführen. Hierbei kann zwischen privaten Haushalten, institutionellen Investoren sowie Unternehmen differenziert werden. Die Nachfrage privater Haushalte lässt sich im Wesentlichen durch ein verändertes Umweltbewusstsein im Rahmen jüngster Veröffentlichungen zum Klimawandel begründen, während für institutionelle Investoren neben dem Diversifikationspotenzial auch die allgemeine Nachhaltigkeitsstrategie der Investoren im Vordergrund steht.

Die Anreize für Unternehmen sind hingegen vielfältiger als bei den beiden anderen Gruppen. Neben der Außendarstellung, die auf ein verbessertes Image und/oder CSR-Rating durch die Nutzung nachhaltiger Immobilien zurückzuführen ist, hat die Nutzung einer nachhaltigen Immobilie weitere Vorteile, die bereits in den Bereich der wirtschaftlichen Vorteile gehören. Dies sind beispielsweise geringere Energiekosten, eine höhere Arbeitsmotivation der Mitarbeiter sowie weniger krankheitsbedingte Fehltage. Die Literaturrecherche zu den wirtschaftlichen Vorteilen nachhaltiger Immobilien ergab, dass speziell im gewerblichen Bereich die Kostenersparnis durch die verbesserte Mitarbeitermotivation die Verringerung der Energiekosten übersteigt. Ferner ergab die Recherche, dass es unterschiedliche Studien zu den wirtschaftlichen Vorteilen nachhaltiger Immobilien gibt. Zu unterscheiden ist hierbei zwischen den Kosten-Nutzen-Analysen und den Regressionsanalysen. Es hat sich gezeigt, dass unabhängig vom gewählten Ansatz keine allgemeingültigen Erkenntnisse zur Miethöhe oder dem Immobilienwert getroffen werden können, was hauptsächlich auf den zu geringen Bestand nachhaltiger Immobilien zurückzuführen ist.

Zur Untersuchung der relevanten Parameter, die durch die Integration von Nachhaltigkeitsaspekten in der Immobilienbewertung verändert werden müssten, wurde eine Bestandsaufnahme der gängigen Immobilienbewertungsverfahren durchgeführt und basierend auf den Erkenntnissen der finanziellen Vorteilhaftigkeit nachhaltiger Immobilien die maßgeblichen Treiber identifiziert. Aufgrund der Vielzahl an vorhandenen Bewertungsverfahren und deren Ansätze zur Bewertung können die maßgeblichen Treiber ausschließlich in Abhängigkeit von den jeweiligen Bewertungsverfahren identifiziert werden. Die Untersuchungen zeigen, dass die vorhandenen Bewertungsverfahren grundsätzlich zur Integration der Nachhaltigkeitsaspekte geeignet sind, allerdings gegenwärtig die notwendigen Erfahrungswerte für die Ermittlung eines Immobilienwertes, der den allgemeinen Bewertungsansprüchen der Objektivität gerecht wird, nicht vorhanden sind. Zusätzlich wurden im Rahmen der Analyse Studien vorgestellt, in denen durch Modifikationen der Verfahren versucht wurde, trotz der nicht vorhandenen Erfahrungswerte

Nachhaltigkeitsaspekte in die Immobilienbewertung zu integrieren. Ob und inwieweit diese Modifikationen von den Marktteilnehmern akzeptiert werden, konnte im Rahmen der Arbeit nicht erörtert werden, sodass auch hier keine allgemeingültige Lösung für die Integration der Nachhaltigkeitsaspekte in die Immobilienbewertung präsentiert werden kann. Unabhängig hiervon haben die Untersuchungen gezeigt, dass die Energieeffizienz bereits bei der Immobilienbewertung berücksichtigt wird.

Entwicklung eines kapitalmarkttheoretisch begründeten Bewertungsmodells, in welchem Nachhaltigkeitsaspekte berücksichtigt werden.

Aufbauend auf der Erkenntnis, dass der Treiber Energie im Rahmen der Nachhaltigkeitsdiskussion im Immobilienbereich eine besondere Rolle spielt und dass die Energieeffizienz eines Gebäudes Einfluss auf den Wert der Immobilie hat, wurde unter Verwendung des Realoptionsansatzes ein kapitalmarktorientiertes Bewertungsmodell zur Bewertung einer zukünftigen, energetischen Modernisierung entwickelt. Zusätzlich zum regulären Immobilienwert wird durch das Modell der Wert der Flexibilität berücksichtigt, der sich aus der Handlungsoption „Modernisierung heute oder später" ergibt. Im Rahmen des Modellaufbaus wurde gezeigt, dass die Bewertung einer möglichen Weiterentwicklung der Immobilie den gesetzlichen Vorgaben, der Immobilienwertverordnung, entspricht. Darüber hinaus wurde im Rahmen des Modellaufbaus auch die Fokussierung auf bestehende Wohnimmobilien begründet. Das Modell fußt auf der Annahme des Kausalmodells, dass der Vermieter zusätzliche Mieteinnahmen basierend auf den Energiekosten nach einer energetischen Modernisierung generiert. Innerhalb einer Beispielrechnung wurde der Wert der Handlungsmöglichkeit nachgewiesen. Außerdem wurde durch die Ergänzung des Modells, resp. der Berücksichtigung der jährlich steigenden Modernisierungskosten, das Realoptionsmodell um die Funktion erweitert, den optimalen Investitionszeitpunkt zu ermitteln. Die Beispielrechnungen haben auch gezeigt, dass die notwendigen Werte zur Berechnung des Optionswertes verfügbar sind, auch wenn die in der Beispielrechnung verwendeten Daten zur praktischen Anwendung einer Verfeinerung der Daten bedürfen.

Inwiefern dieser Optionswert in der heutigen Immobilienbewertung bereits durch Aufschläge oder mit der Abbildung 5.1 auf Seite 187 vorgeschlagenen Szenarioanalyse berücksichtigt wird, kann im Rahmen dieser Arbeit nicht festgestellt werden. Deshalb wurde hier zunächst davon ausgegangen, dass eine Berücksichtigung nicht stattfindet. Unabhängig davon, ob der Optionswert bereits innerhalb der Immobilienbewertung Berücksichtigung findet, zeigt das Modell, dass von der Handlungsmöglichkeit ein zusätzlicher Wert ausgeht und dieser Wert unabhängig davon, ob sich die Erwartungen der zusätzlichen Einnahmen nach dem Kausalmodell oder den gegenwärtigen Vorschriften richten, im Immobilienwert zu berücksichtigen ist. Auch wenn die Modellierung basierend auf der gesetzlichen Grundlage optionstheoretisch komplex ist, ist davon auszugehen, dass durch alle Änderungen der gesetzlichen Vorschriften, die die energetische Modernisierung betreffen, Änderungen des Immobilienwertes resultieren.

6.2 Forschungsausblick

Einen Ansatzpunkt für weitergehende theoretische Forschungsarbeiten stellt vor allem das Realoptionsmodell dar. Hierbei könnten einerseits die Vorschläge aus Kapitel 5.5 für eine Weiterentwicklung des Modells zur Ermittlung des Wertes von Energieeinspar-Contracting Rechten sowie andererseits die Ermittlung des optimalen Investitionszeitpunktes aus Sicht des Besitzers aufgegriffen werden. Ein weiterer Ansatz könnte die Entwicklung eines Modells basierend auf einer Fortsetzungsoption darstellen. Hierbei könnte die Modernisierung, ähnlich wie bei ROCH U. A., in mehreren Schritten durchgeführt werden. Die nächste Stufe der Modernisierung würde nur erfolgen, falls die bereits ausgeführten Teilprojekte erfolgreich waren. Dabei könnte aufgrund der unterschiedlichen Lebensdauer der technischen Anlagen sowie der Bauteile eines Gebäudes eine Reduzierung des Instandhaltungsstaus erzielt werden.

Nachdem der Fokus der Arbeit hauptsächlich auf der Integration der Nachhaltigkeitsaspekte in der Immobilienbewertung und der Begründung des Realoptionsmodells lag, könnte aufbauend auf diesen Erkenntnissen ein Bewertungsverfahren basierend auf einer partiellen Differentialgleichung wie z. B. bei WILLIAMS entwickelt werden, das in der Regel zu exakteren Ergebnissen führt. Hierbei wäre es auch notwendig, das Kosten-Nutzen-Verhältnis einer energetischen Modernisierung genauer zu untersuchen. Allerdings ist fraglich, inwiefern sich ein sehr komplexes Modell aus praktischen Überlegungen für die Ermittlung eines Tauschwertes eignet.

Zusätzlich könnte neben dem Treiber Energie auch die Reduzierung der CO_2-Emission berücksichtigt werden. Dieser Ansatz setzt die Annahme voraus, dass im Immobilienbereich entweder eine rechtliche Grundlage besteht, wie sie ab dem Jahr 2015 durch die Einführung von Klimazertifikaten für Brennstoffe diskutiert wird,[920] bzw. Zuweisungen von Emissionszertifikaten erteilt werden oder dass eine Berücksichtigung dieser über eine freiwillige Kompensation möglich ist. Die Generierung von zusätzlichen Einnahmen könnte hier entweder durch die Veräußerung von Reduktionszertifikaten auf dem Markt für freiwillige Kompensation von Treibhausgasemissionen erzielt oder als Vorbereitung für die Erweiterung des gesetzlichen Emissionshandels auf Immobilien angesehen werden. Reduktionszertifikate basieren auf Projekten, die zu einer CO_2-Einsparung im Vergleich zu einem Referenzportfolio beitragen.[921] Grundvoraussetzung hierfür ist die „Zusätzlichkeit", d. h., die Klimaschutzmaßnahme wäre ohne die Veräußerung der Emissionszertifikate nicht erfolgt. Grundgedanke hierbei ist, dass die Kompensation als nachranginger Ersatz für eigene Einsparungen dienen soll. Für den Modellansatz bedeutet dies, dass vor der Einbeziehung der Emissionszertifikate in die Bewertung zu prüfen ist, ob die Modernisierung auch ohne Kompensation erfolgen würde.

Eine alternative Möglichkeit wäre die Annahme einer rechtlichen Grundlage. Hierbei wäre ebenfalls mit dem Emissionshandel ein Markt vorhanden und somit grundsätzlich der Realoptionsansatz anwendbar. Allerdings ist dieser Markt mit sehr vielen Unsicherheiten behaftet. Derzeit befindet sich der Markt auch aufgrund der noch unklaren Zuteilungs-Prozedere zukünftiger Zertifikate ab dem Jahr 2013 in einem Stadium, in dem er noch nicht die Effizienz aufweist, die etablierten Märkten zu eigen ist. Die für die Erweiterung des Realoptionsmodells benötigten Preissignale sind daher bislang noch zu wenig belastbar und weisen oft erratische Schwankungen, speziell zum Ende der Zuweisungsperiode, auf, die mit der mangelnden Informationseffizienz des Marktes begründet sind.[922]

Eine weitere Möglichkeit für weitere Forschungsarbeiten wäre die Erweiterung des Nachhaltigkeitsspektrums um mehrere Treiber und/oder Immobilientypen. So könnte

[920] Vgl. Oberhuber, 2010.
[921] Vgl. DEHSt, 2008, S. 8f.
[922] Vgl. Labatt/White, 2007, S. 161f. u. Hermann *u.a.*, 2010 ,S. 11ff.

beispielsweise ein Realoptionsmodell für die energetische Sanierung von Büroimmobilien angewendet werden. Im Rahmen der Entwicklung des Modells müssten neben den Energiekosten weitere Treiber, wie ein verbessertes Image oder eine höhere Arbeitsproduktivität, berücksichtigt werden.

Innerhalb dieser Arbeit wurde zwar gezeigt, dass es sich bei dem hier entwickelten Realoptionsmodell um ein praktikables Bewertungsverfahren handelt, auch wenn die Daten zur praktischen Anwendung noch zu verfeinern wären. Allerdings ist fraglich wie die Akzeptanz des Marktes gegenüber dem Modell sein wird. Im Hinblick auf die Diskussion zur Etablierung des DCF-Verfahrens als normiertes Bewertungsverfahren, die neben den zuvor beschriebenen Problemen im Wesentlichen an der Ablehnung der Marktteilnehmer scheiterte, ist fraglich wie die Marktakteure eine Weiterentwicklung des DCF-Verfahrens, welche der Realoptionsansatz darstellt, akzeptieren werden. Kurz- bis mittelfristig scheint dies eher unwahrscheinlich.

Zusammenfassend lässt sich festhalten, dass diese soeben betrachteten Bereiche der vorliegenden Arbeit noch einen großen Spielraum für weitere theoretische und empirische Forschung bieten. Die Beachtung der Thematik einer energetischen Modernisierung wird zukünftig aufgrund der steigenden gesetzlichen Anforderungen, wie sie bereits auf EU-Ebene geplant sind, aber auch aufgrund der Energiewende in Deutschland, bei welcher Energieeinsparungen im Immobilienbestand eine wichtige Rolle spielen werden, weiter zunehmen. Neben diesen Entwicklungen wird auch die Rohstoffverknappung und die damit einhergehenden steigenden Energiekosten zusätzliches Interesse der Wissenschaft an diesem Themenbereich wecken.

Verzeichnis der Gesetze, Rechtsverordnungen und Verwaltungsanweisungen

AltZertG, Gesetz über die Zertifizierung von Altersvorsorge- und Basisrentenverträgen (Altersvorsorgeverträge-Zertifizierungsgesetz – AltZertG) vom 26. Juni 2001, BGBl. S. 1310, 1322, zuletzt geändert durch Artikel 12 des Gesetzes vom 8. Dezember 2010, BGBl. I S. 1768.

BauGB, Baugesetzbuch vom 23. September 2004, BGBl. I S. 2414, zuletzt geändert durch Artikel 4 des Gesetzes vom 31. Juli 2009, BGBl. I S. 2585.

BewG, Bewertungsgesetz vom 1. Februar 1991, BGBl. I S. 230, zuletzt geändert durch Artikel 13 des Gesetzes vom 8. Dezember 2010, BGBl. I S. 1768.

BGB, Bürgerliches Gesetzbuch vom 2. Januar 2002, BGBl. I S. 42, 2909, zuletzt geändert durch Artikel 1 des Gesetztes vom 17. Januar 2011, BGBl. I S. 34.

BGBl. I, 1976, Gesetz zur Einsparung von Energie in Gebäuden (Energieeinsparungsgesetz – EnEG) vom 22. Juli 1976, veröffentlicht im Bundesgesetzblatt Teil I Nr. 87 vom 28.07.1976, S. 1873-1888.

BGBl. I, 1980, Erstes Gesetz zur Änderung des Energieeinsparungsgesetzes vom 20. Juni 1980, veröffentlicht im Bundesgesetzblatt Teil I Nr. 30 vom 25.06.1980, S. 701-702.

BGBl. I, 2001, Gesetz zur Umstellung von Gesetzen und Verordnungen im Zuständigkeitsbereich des Bundesministeriums für Wirtschaft und Technologie sowie des Bundesministeriums für Bildung und Forschung auf Euro (Neuntes Euro-Einführungsgesetz) vom 10. November 2001, veröffentlicht im Bundesgesetzblatt Teil I Nr. 58 vom 14.11.2001, S. 2992-3028

BGBl. I, 2001, Verordnung über energiesparenden Wärmeschutz und energiesparende Anlagetechnik bei Gebäuden (Energieeinsparverordnung – EnEV) vom 16. November 2001, veröffentlicht im Bundesgesetzblatt Teil I Nr. 59 vom 21.11.2001, S. 3085-3102.

BGBl. I, 2004, Erste Verordnung zur Änderung der Energieeinsparverordnung vom 2. Dezember 2004, veröffentlicht im Bundesgesetzblatt Teil I Nr. 64 vom 07.12.2004, S. 3144-3145.

BGBl. I, 2005, Bekanntmachung der Neufassung des Energieeinspargesetzes vom 1. September 2005, veröffentlicht im Bundesgesetzblatt Teil I Nr. 56 vom 07.09.2005, S. 2684-2687.

BGBl. I, 2007, Verordnung über energiesparenden Wärmeschutz und energiesparende Anlagentechnik bei Gebäuden (Energieeinsparverordnung – EnEV) vom 24. Juli 2007, veröffentlicht im Bundesgesetzblatt Teil I Nr. 34 vom 26.07.2007, S. 1519-1563.

BGBl. I, 2008, Gesetz zur Förderung Erneuerbarer Energien im Wärmebereich (Erneuerbare-Energien-Wärmegesetz – EEWärmeG) vom 7. August 2008, veröffentlicht im Bundesgesetzblatt Teil I Nr. 36 vom 18.08.2008, S. 1658-1665.

GBl, 2007, Gesetz zur Nutzung erneuerbarer Wärmeenergie in Baden-Württemberg (Erneuerbare-Wärme-Gesetz – EWärmeG) vom 20. November 2007, veröffentlicht im Gesetzblatt Nr. 19 vom 23.11.2007, S. 531-534.

GBO, Grundbuchordnung vom 26. Mai 1994, BGBl. I S. 1114, zuletzt geändert durch Artikel 1 des Gesetzes vom 11. August 2009, BGBl. I S. 2713.

HOAI, Verordnung über die Honorare für Architekten- und Ingenieurleistungen (Honorarordnung für Architekten und Ingenieure – HOAI) vom 11. August 2009, BGBl. I S. 2732.

ImmoWertV, Verordnung über die Grundsätze für die Ermittlung der Verkehrswerte von Grundstücken (Immobilienwertermittlungsverordnung – ImmoWertV) vom 19.05.2010, BGBl. S. 639.

InvG, Investmentgesetz vom 15. Dezember 2003, BGBl. I S. 2676, zuletzt geändert durch Artikel 14 des Gesetzes vom 9. Dezember 2010, BGBl. S. 1900.

PfandBG, Pfandbriefgesetz vom 22. Mai 2005, BGBl. I S. 1373, zuletzt geändert durch Artikel 12 des Gesetzes vom 9. Dezember 2010, BGBl. I S. 1900.

Richtlinie 2002/91/EG des Europäischen Parlaments und des Rates vom 16. Dezember 2002 über die Gesamtenergieeffizienz von Gebäuden, veröffentlicht im Amtsblatt der Europäischen Gemeinschaft L 1 vom 04.01.2003, URL: http://eur-lex.europa.eu/LexUriServ/LexUriServ.do?uri=OJ:L:2003:001:0065:0071:DE:PDF, S. 65-71.

Richtlinie 2006/32/EG des Europäischen Parlaments und des Rates vom 5. April 2006 über Endenergieeffizienz und Energiedienstleistungen und zur Aufhebung der Richtlinie 93/76/EWG des Rates, veröffentlicht im Amtsblatt der Europäischen Union L 114 vom 27.04.2006, URL: http://eur-lex.europa.eu/LexUriServ/LexUriServ.do?uri=OJ:L:2006:114:0064:0085:DE:PDF, S. 64-85.

Richtlinie 2010/31/EU des Europäischen Parlaments und des Rates vom 19. Mai 2010 über die Gesamtenergieeffizienz von Gebäuden (Neufassung), veröffentlicht im Amtsblatt der Europäischen Union L 153 vom 18.06.2010, URL: http://eur-lex.europa.eu/LexUriServ/LexUriServ.do?uri=OJ:L:2010:153:0013:0035:DE:PDF, S. 13-35.

Richtlinie 91/674/EWG des Rates vom 19. Dezember 1991 über den Jahresabschluß und den konsolidierten Abschluß von Versicherungsunternehmen, veröffentlicht im Amtsblatt der Europäischen Wirtschaftsgemeinschaft L 374 vom 31.12.1991, URL: http://eur-lex.europa.eu/LexUriServ/LexUriServ.do?uri=CELEX:31991L0674:DE:HTML, S. 7-31.

StGB, Strafgesetzbuch vom 13. November 1998, BGBl. I S. 3322, zuletzt geändert durch Artikel 1 des Gesetzes vom 22. Dezember 2010, BGBl. S. 2300.

WertR 2006, Richtlinie für die Ermittlung der Verkehrswerte (Marktwerte) von Grundstücken (Wertermittlungsrichtlinien – WertR 2006) vom 1. März 2006 sind im Bundesanzeiger Nr. 108a vom 10. Juni 2006 (Berichtigung vom 1. Juli 2006 Bundesanzeiger Nr. 121 S. 4798) veröffentlicht. Sie sind Ergänzungen der Verordnung über Grundsätze für die Ermittlung der Verkehrswerte von Grundstücken (Wertermittlungsverordnung – WertV) vom 6. Dezember 1997, BGBl. I S. 2209 zuletzt geändert durch Artikel 3 des Gesetzes vom 18. August 1997, BGBl. S. 2081.

WiStrG, Gesetz zur weiteren Vereinfachung des Wirtschaftsstrafrechts (Wirtschaftsstrafgesetz 1954) vom 3. Juni 1975, BGBl. I S. 1313, zuletzt geändert durch Artikel 55 des Gesetzes vom 8. Dezember 2010, BGBl. S. 1864.

WoBindG, Gesetz zur Sicherung der Zweckbestimmung von Sozialwohnungen (Wohnungsbindungsgesetz – WoBindG) vom 13. September 2001, BGBl. I S. 2404, zuletzt geändert durch Artikel 87 der Verordnung vom 31. Oktober 2006, BGBl. I S. 2407.

NHk 2000, Normalherstellungskosten 2000 (NHK 2000) gemäß den Wertermittlungsrichtlinien des Bundes und dem Runderlass des Bundesministeriums für Verkehr-, Bau und Wohnungswesen vom 1. Dezember 2001 (BS 12 – 63 05 04 – 30/1)

Literaturverzeichnis

Abromeit-Kremser, B., 1986, Offene Immobilieninvestmentfonds: betriebswirtschaftliche Aspekte ihres Managements, (Schriftenreihe des Instituts für Kredit- und Versicherungswirtschaft, Abteilung Bankbetriebslehre, Hrsg. von Bühler, W., 13), Wien.

Adam, K., 2010, Umsetzung des Realoptionsverfahrens in der Immobilienwirtschaft - Möglichkeit und Grenzen - eine Frage der Definition, in: GuG - Grundstücksmarkt und Grundstückswert, 21. Jg., Heft 2, S. 89-92.

Alda, W./Hirschner, J./Reichelt, J./Graf, D., 2009, Projektentwicklung in der Immobilienwirtschaft - Grundlagen für die Praxis, 3. Aufl., Wiesbaden.

Alda, W./Lassen, J., 2005, Kapitalanlagegesellschaften, in: Schulte, K.-W., et al. (Hrsg.), 2005, Handbuch Immobilien-Investitionen, 2., vollständig überarbeitete Aufl., Köln, S. 87-121.

ALPHA Energy & Environment GmbH, 2010, LEED in Deutschland - Anwendung des internationalen Green Building Standards im Development, Norderstedt.

Arnaout, A./Viering, S., 2005, Konzeption offener und geschlossener Immobilienfonds, in: BDO Deutsche Warentreuhand AG (Hrsg.), 2005, Praxishandbuch Real Estate Management - Kompendium der Immobilienwirtschaft, Stuttgart, S. 425-442.

Auer, J./Heymann, E./Just, T., 2008, Bauen als Klimaschutz - Warum die Bauwirtschaft vom Klimawandel profitiert, Deutsche Bank Research, Aktuelle Themen 433, Frankfurt am Main.

Baecker, P. N./Hommel, U./Lehmann, H., 2003, Marktorientierte Investitionsrechnung bei Unsicherheit, Flexibilität und Irreversibilität - Eine Systematik der Bewertungsverfahren, in: Hommel, U., et al. (Hrsg.), 2003, Reale Optionen - Konzepte, Praxis und Perspektiven strategischer Unternehmensfinanzierung, Berlin, Heidelberg u. New York, S. 15-35.

Baetge, J./Kirsch, H.-J./Thiele, S., 2001, Bilanzen, 5., überarbeitete und erweiterte Aufl., Düsseldorf.

BaFin (Hrsg.), 2010, Statistik der Bundesanstalt für Finanzdienstleistungsaufsicht - Erstversicherungsunternehmen- 2008, Bonn und Frankfurt am Main.

Bahr, C./Lennerts, K., 2010, Lebens- und Nutzungsdauer von Bauteilen, Endbericht einer Forschungsarbeit des Bundesinstituts für Bau-, Stadt- und Raumforschung, im Forschungsprogramm "ZukunftBau", Auf den Seiten von Bundesinstitut für Bau-, und Stadt- und Raumforschung, URL: http://www.bbsr.bund.de/nn_340546/BBSR/DE/FP/ZB/Auftragsforschung/2NachhaltigesBauenBauqualitaet/2009/LebensNutzungsdauer/Endbericht,templateId=raw,property =publicationFile.pdf/Endbericht.pdf, Stand: Februar 2010.

Ballwieser, W., 2002, Unternehmensbewertung und Optionspreistheorie, in: Die Betriebswirtschaft, 62. Jg., Heft 2, S. 184-201.

Bals, W., 1993, Konzeptionelle Probleme der bilanziellen Inventarwertermittlung von offenen Immobilienfonds, Regensburger Diskussionsbeiträge zur Wirtschaftswissenschaft Nr. 256, Regensburg.

Bals, W., 2007, Offene Immobilienfonds, in: Schulte, K.-W. (Hrsg.), 2007, Handbuch Immobilien-Portfoliomanagement, Köln, S. 445-463.

Bardt, H./Demary, M./Voigtländer, M., 2008, Immobilien und Klimaschutz - Potenziale und Hemmnisse, in: IW-Trends, 35. Jg., Heft 2, S. 1-17.

Barthauer, M., 2008, Ökologische Nachhaltigkeit von Büroimmobilien, Auf den Seiten von Jones Lang LaSalle, URL: http://www.joneslanglasalle.de /Research Level1/JLL_Germany_%c3%b6kologische%20nachhaltigkeit%20von%20b%c3%bcroimmobilien.pdf, Stand: Januar 2008.

Barthauer, M./Büchner, G., 2009, Ökologische Nachhaltigkeit als Entscheidungskriterium bei der Immobilienanlage, in: Brunner, M. (Hrsg.), 2009, Kapitalanlage mit Immobilien: Produkte - Märkte - Strategien, Wiesbaden, S. 327-346.

Bartlett, E./Howard, N., 2000, Informing the Decision Makers on the Cost and Value of Green Building, in: Building Research & Information, 28. Jg., Heft 5/6, S. 315-324.

Bartlsperger, S./Boutonnet, B./Loipfinger, S./Nickl, H./Nickl, L./Richter, U., 2007, Geschlossene Immobilienfonds, 5., überarbeitete und erweiterte Aufl., Stuttgart.

Baumunk, H., 2004, Immobilien und Immobilienbewertung im Zeitalter der Globalisierung, Dresden, (zugl. Diss., Technische Universität Dresden, 2004).

Baur, T./Schöning, S., 2010, Ansätze zur Überwindung der aktuellen Problem bei offenen Immobilienfonds, in: Corporate Finance biz, Heft 5/2010, S. 331-337.

BBSR im BBR (Hrsg.), 2010, Integration energetischer Differenzierungsmerkmale im Mietspiegel, in: BBSR-Inline-Publikation 04/2010, Bonn.

Beck, M., 2005, Grundsätze der Bewertung von Immobilien nach der Wertermittlungsverordnung, in: BDO Seutsche Warentreuhand AG (Hrsg.), 2005, Praxishandbuch Real Estate Management - Kompendium der Immobilienwirtschaft, Stuttgart, S. 217-234.

Beck, M., 2009, Weitere indirekte Immobilienprodukte für Privatinvestoren, in: Rehkugler, H. (Hrsg.), 2009, Die Immobilie als Kapitalmarktprodukt, München, S. 545-566.

Beckmann, C., 2006, Der Realoptionsansatz in der Investitionsrechnung und Unternehmensbewertung, (Schriftenreihe zum Finanz-, Prüfungs- und Rechnungswesen, Hrsg. von Möller, H. P., et al., 41), München, (zugl. Diss., Universität Erlangen-Nürnberg, 2006).

Beenen, I./Wagner, R./Friedmann, T., 2009, Nachhaltigkeit - Wertschöpfung durch nachhaltiges Immobilieninvestment, in: Mütze, M., et al. (Hrsg.), 2009, Immobilieninvestitionen - Die Rückkehr der Vernunft, Freiburg u. a., S. 81-114.

Behrendes, M./Geiß, C., 2010, Sparkassen auf dem Weg zu Vorreitern in Sachen Ökologie - Ein nachhaltiges Geschäftsmodell ist das Gebot der Stunde und der Zukunft, in: Betriebswirtschaftliche Blätter - Fachzeitschrift für Unternehmensführung in der Sparkassem-Finanzgruppe, 59. Jg., Heft 5, S. 259.

Behrendt, W./Baumunk, H., 2001a, Discounted-Cash-Flow-Verfahren - Wie erhält man objektivierte Diskontierungszinssätze, in: Immobilien Zeitung Nr. 12 vom 08.06.2001, S. 11.

Behrendt, W./Baumunk, H., 2001b, Discounted-Cash-Flow-Verfahren / Teil 2 - Wie erhält man objektivierte Diskontierungszinssätze, in: Immobilien Zeitung Nr. 13 vom 21.06.2001, S. 10.

Bellinger, B./Vahl, G., 1992, Unternehmensbewertung in Theorie und Praxis, 2., vollständig überarbeitete Aufl., Wiesbaden.

Bergius, S., 2010, Versicherer setzen auf nachhaltige Immobilien, in: Handelsblatt Business Briefing - Nachhaltige Investments Nr. 11 vom 12.11.2010, S. 5-7.

Berndt, R./Haase, W.-D., 2002, Immobilienbewertung durch Discounted-Cashflow-Verfahren - Eine nationale und internationale Bestandsaufnahme, in: Westdeutsche ImmobilienBank (Hrsg.), 2002, Chancen und Risikoaspekte des Immobilien InvestmentBankings, Mainz, S. 6-17.

Betz, R./Rogge, K./Schleich, J., 2005, Flexible Instrumente im Klimaschutz - Emissionsrechtehandel, Clean Development Mechanism, Joint Implementation, Stuttgart.

Bevan, O. A., 1991, Marketing and Property People, London.

Beyerle, T., 2007, Nachhaltigkeit und Immobilienwirtschaft - Herausforderung und Chancen einer Branche, Auf den Seiten von DEGI, URL: http://www.degi.com/index.php?eID=tx_nawsecuredl&u=0&file=fileadmin/downloads/immobilien-fokus-0709.pdf&t=1221239451&hash=75930ab71c4a62a516 e25ed0c0ec38e4, Stand: September 2007.

Bienert, S./Schützenhofer, C./Leopoldsberger, G./Bobsin, K./Leutgöb, K./Hüttler, W./Popescu, D./Mladin, E.-C./Koch, D./edvardsen, D. F., 2010, Report D5.1 - D5.3 - Methodologies for Integration of Energy Performane and Life-Cycle Costing Indicators into Property Valuation Practice, Auf den Seiten von IMMOVALUE - Improving the Market Impact of Energy Certification by Introducing Energy Efficency and Life-Cycle Cost into Property Valuation Practice, URL: http://www.immovalue.org/pdf/immvalue_report_d5.pdf, Zugriff am: 16.06.2010.

Bischoff, B., 2007, Grundstückswertermittlung, in: Schmoll gen. Eisenwerth, F. (Hrsg.), 2007, Basiswissen Immobilienwirtschaft, 2., vollständig aktualisierte und erweiterte Aufl., Berlin, S. 443-619.

Bischoff, B., 2009, Das neue Wertermittlungsrecht in Deutschland - Die Praxis der Immobilienbewertung nach ImmoWertV, München.

BKI, 2008, Abschlussbericht: "Aktuelle Gebäudesachwerte in der Verkehrswertermittlung", Auf den Seiten von BMVBS, URL: http://www.bmvbs.de/cae/servlet/contentblob/29082/publicationFile/222/abschlussbericht-des-forschungsprojekts.pdf, Stand: Februar 2008.

Black, F./Scholes, M., 1973, The Pricing of Options and Corporate Liabilities, in: Journal of Political Economy, 83. Jg., Heft 3, S. 637-654.

BMBF, 2007, Die Hightech-Strategie zum Klimaschutz, Auf den Seiten von BMBF, URL: http://www.bmbf.de/pub/hightech_strategie_fuer_klimaschutz.pdf, Zugriff am: 23.11.2009.

BMF (Hrsg.), 2007, Monatsbericht des BMF Mai 2007, Berlin.

BMU, 2002, Kyoto-Protokoll zum internationalen Klimaschutz - Denkschrift und Anlagen, Auf den Seiten von Bundesministerium für Umwelt, Naturschutz und Reaktorsicherheit, URL: http://www.bmu.de/files/pdfs/allgemein/application/pdf/kyoto_denkschr.pdf, Stand: April 2002.

BMU, 2007a, Das integrierte Energie- und Klimaprogramm der Bundesregierung, Auf den Seiten von Bundesministerium für Umwelt, Naturschutz und Reaktorsicherheit, URL: http://www.bmu.de/files/pdfs/allgemein/application/pdf/hintergrund_meseberg.pdf, Stand: Dezember 2007.

BMU, 2007b, Eckpunkte für ein integriertes Energie- und Klimaprogramm (sog. Meseberger Beschlüsse), Auf den Seiten URL: http://www.bmu.de/files/pdfs/allgemein/application/pdf/klimapaket_aug2007.pdf, Zugriff am: 23.11.2009.

BMU, 2008, Megatrends der Nachhaltigkeit - Unternehmensstrategie neu denken, Berlin.

BMU (Hrsg.), 2009a, Fördergeld für Energieeffizienz und erneuerbare Energien - Private Haushalte - Unternehmen - öffentliche Einrichtungen, Berlin.

BMU, 2009b, Was Investoren wollen - Nachhaltigkeit in der Lageberichterstattung, Bonn.

BMVBS, 2008, Energieausweis für Gebäude - nach Energieeinsparverordnung (EnEV 2007) - Informationsbroschüre des Bundesministeriums für Verkehr, Bau und Stadtentwicklung, Berlin.

BMVBS, 2009, Welche wichtigen Änderungen bringt die neue Energieeinsparverordnung?, Auf den Seiten von BMVBS, URL: http://www.bmvbs.de /Anlage/original_1102022/EnEV-2009-Wichtige-Aenderungen-im-Ueberblick.pdf, Zugriff am: 14.01.2010.

BMVBS, 2010a, Kabinett beschließt neue Immobilienwertermittlungsverordnung, Nr. 087/2010, Auf den Seiten von BMVBS, URL: http://www.bmvbs.de/ SharedDocs/DE/Pressemitteilungen/2010/kabinett-beschliesst-neue-immobilienwertermittlungsverordnung.html?linkToOverview=SiteGlobals/ Forms/Archiv/Pressemitteilungen/Pressemitteilungen_Formular.html?nn=35788&gtp=36166_list%253D1&searchIssued=0&submit=finden&pageLocale=de&input_=&searchEngineQueryString=immowertv&searchIssued.HASH=19a5991435b229e4&resourceId=2480&zeitraum=TT.MM.JJJJ+-+TT.MM.JJJJ&dateOfIssueAfter=TT.MM.JJJJ&cl2Categories_Themen.GROUP=1&view=processForm&cl2Categories_Themen=&dateOfIssueBefore=TT.MM.JJJJ#id20954, Stand: 24.03.2010.

BMVBS, 2010b, Welche wichtigen Änderungen bringt die neue Energieeinsparverordnung?, Auf den Seiten von Bundesministerium für Verkehr, Bau und Stadtentwicklung, URL: http://www.bmvbs.de/cae/servlet/contentblob/34852/ publicationFile/1045/enev-2009-wichtige-aenderungen-im-ueberblick.pdf, Zugriff am: 02.12.2010.

BMWi (Hrsg.), 2008, Schlaglichter der Wirtschaftspolitik - Monatsbericht Januar 2008, Berlin.

BMWi, 2010, Entwicklung von Energiepreisen und Preisinizes - Energiedaten Tabelle 26, Auf den Seiten von BMWi, URL: http://www.bmwi.de/BMWi/ Navigation/Energie/energiestatistiken,did=180914.html, Stand: 20.01.2010.

BMWi/BMU (Hrsg.), 2010, Energiekonzept für eine umweltschonende, zuverlässige und bezahlbare Energieversorgung, Berlin.

Bobka, G., 2009, Der schwierige Weg zur neuen Verordnung, in: Immobilienwirtschaft, Heft 11/2009, S. 56-57.

Bone-Winkel, S., 1994, Das strategische Management von offenen Immobilienfonds unter besonderer Berücksichtigung der Projektentwicklung von Gewerbeimmobilien, (Schriften zur Immobilienökonomie, Hrsg. von Schulte, K.-W., 1), Köln, (zugl. Diss., European Business School, 1994).

Bone-Winkel, S./Feldmann, P./Spies, F. F., 2008a, Bauwirtschaft und Projektentwicklungsmarkt, in: Schulte, K.-W. (Hrsg.), 2008a, Immobilienökonomie Band IV - Volkswirtschaftliche Grundlagen, München, S. 43-66.

Bone-Winkel, S./Gerstner, N., 2006, Interdisziplinäre Grundlagen der Immobilien-Projektentwicklung, in: Bone-Winkel, S., et al. (Hrsg.), 2006, Stand und Entwicklungstendenzen der Immobilienökonomie - Festschrift zum 60. Geburtstag von Karl-Werner Schulte, Köln, S. 21-39.

Bone-Winkel, S./Isenhöfer, B./Hofmann, P., 2008b, Projektentwicklung, in: Schulte, K.-W. (Hrsg.), 2008b, Immobilienökonomie Band 1 Betriebswirtschaftliche Grundlagen, 4. Aufl., München, S. 231-299.

Bone-Winkel, S./Schulte, K.-W./Focke, C., 2008c, Begriff und Besonderheiten der Immobilie als Wirtschaftsgut, in: Schulte, K.-W. (Hrsg.), 2008c, Immobilienökonomie Band 1 Betriebswirtschaftliche Grundlagen, 4. Aufl., München, S. 3-25.

Bonus, H./Schweinitz, H. v., 1968, Automobile und Motorisierung in der Bundesrepublik, in: Zeitschrift für die gesamte Staatswissenschaft, 124. Jg., S. 541-568.

Borutta, A., 2010a, Bewertung von "Green Buildings" - Versuch einer Zusammenfassung, in: Immobilien & Finanzierung, Heft 2/2010, S. 50.

Borutta, A., 2010b, Das beste aus beiden Welten, in: Immobilienmanager, Heft 5/2010, S. 12-14.

Bowman, R./Wills, J., 2008, Valuing Green - How Green Buildings Affect Property Values and Getting the Valuation Method Right, Auf den Seiten von Green Building Council Australia, URL: http://www.gbcaus.org/docs/NSC0009_ValuingGreen.pdf, Zugriff am: 25.10.2010.

Brach, M. A., 2003, Real Options in Practice, New Jersey.

Brand, E., 2000, Verfahrenskritik zum Discounted-Cash-Flow-Verfahren in der Grundstücksbewertung, in: GuG - Grundstücksmarkt und Grundstückswert, 10. Jg., Heft 4, S. 210-213.

Brauer, K.-U., 2009a, Einführung in die Immobilienwirtschaft, in: Brauer, K.-U. (Hrsg.), 2009a, Grundlagen der Immobilienwirtschaft: Recht - Steuern - Marketing - Finanzierung - Bestandsmanagement - Projektentwicklung, 6., vollständig überarbeitete Aufl., Wiesbaden, S. 1-54.

Brauer, K.-U., 2009b, Immobilienprojektentwicklung, in: Brauer, K.-U. (Hrsg.), 2009b, Grundlagen der Immobilienwirtschaft: Recht - Steuern - Marketing - Finanzierung - Bestandsmanagement - Projektentwicklung, 6., vollständig überarbeitete Aufl., Wiesbaden, S. 609-658.

Braune, A./Sedlbauer, K./Kittelberger, S./Kreissig, J., 2007, Potenziale des Nachhaltigen Bauens in Deutschland: Analyse der internationalen Strukturen, Kurzstudie, Universität Stuttgart, Lehrstuhl für Bauphysik, PE International GmbH, Leinfelden-Echterdingen.

BREEAM, 2007, BREEAM Fact File, 3. Aufl., Auf den Seiten von BREEAM, URL: http://www.breeam.org/filelibrary/Breeam_Fact_File_Version_3_February_2007.pdf, Stand: Februar 2007.

BREEAM, 2009, BREEAM - The Environmental Assessment Method for Buildings around the World, Auf den Seiten von BRE, URL: http://www.breeam.org/filelibrary/BREEAM_Around_The_World_A4.pdf, Zugriff am: 29.10.2010.

Brennan, M. J./Schwartz, E. S., 2001, Evaluating Natural Resources Investments, in: Schwartz, E. S./Trigeorgis, L. (Hrsg.), 2001, Real Options and Investment Under Uncertainty - Classical Readings and Recent Contributions, Cambridge u. London, S. 335-357.

Brenner, S./Schulz, R./Härdle, W., 2007, Realoptionen und Immobilienbewertung - Eine Umsetzungsstudie, in: Schmalenbachs Zeitschrift für betriebswirtschaftliche Forschung - Schmalenbach Business Review, 59. Jg., Heft 8, S. 1002-1028.

Brey, H.-M., 2010, Entwicklungen der Energie- und Klimapolitik und ihre Auswirkungen auf die Immobilienwirtschaft, in: Rottke, N. B./Reichardt, A. (Hrsg.), 2010, Ökonomie vs. Ökologie - Nachhaltigkeit in der Immobilienwirtschaft?, Köln, S. 327-346.

Brook, D., 2008, MisLEEDing?, in: Scientific American, 18. Jg., Heft 4, S. 54-59.

Brunner, M., 2009a, Geldanlage in Immobilien - Entscheidungskriterien und Anlageprodukte, in: Brunner, M. (Hrsg.), 2009a, Kapitalanlage mit Immobilien: Produkte - Märkte - Strategien, Wiesbaden, S. 11-26.

Brunner, M., 2009b, Perspektiven der Geldanlage in offene Immobilienfonds, in: Brunner, M. (Hrsg.), 2009b, Kapitalanlage mit Immobilien: Produkte - Märkte - Strategien, Wiesbaden, S. 109-120.

Büch, C., 2005, Diskrete Bewertung immobilienwirtschaftlicher Realoptionen - unter besonderer Berücksichtigung der Immobilienprojektentwicklung und Mietvertragsgestaltung, Technische Universität Dresden, Fakultäten Wirtschaftswissenschaften, Dresden.

Büch, C., 2006, Bewertung von Immobilienprojekten mittels Realoptionsansatz, in: Immobilien & Finanzierung, Heft 22/2006, S. 782-785.

Büch, C., 2009, Bewertung von Investitionen in der immobilienwirtschaftlichen Projektentwicklung anhand eines modularen Realoptionsmodells, Köln, (zugl. Diss, Technische Universität Dresden, 2009).

Bulan, L./Mayer, C./Somerville, C. T., 2009, Irreversible Investment, Real Options, and Competition - Evidence from Real Estate Development, in: Journal of Urban Economics, 65. Jg., Heft 4, S. 237-251.

Bulwien, H., 2005, Überblick über Immobilieninvestoren und -anlageprodukte in Deutschland, in: Schulte, K.-W., et al. (Hrsg.), 2005, Handbuch Immobilien-Investitionen, 2., vollständig überarbeitete Aufl., Köln, S. 45-66.

Busch, H., 2009, TÜV Süd SCoRE legt Wert auf Verbesserungspotenziale, in: Immobilien Zeitung Nr. 48 vom 03.12.2009, S. 13.

Busch, H./Wegehaupt, T., 2010, Bewertung von Ist-Zustand und Potenzialen, in: Immobilien & Finanzierung, Heft 2/2010, S. 60.

Busse v. Colbe, W., 1957, Objektive oder subjektive Unternehmungsbewertung?, in: Zeitschrift für Betriebswirtschaft - ZfB, 27. Jg., S. 113-125.

Busse von Colbe, W./Laßmann, G., 1991, Betriebswirtschaftstheorie, (Grundlagen, Produktions- und Kostentheorie, Band 1), Berlin u. a.

BVI, 2010a, Offene Immobilienfonds - Fünf Maßnahmen zur Liquiditätsoptimierung, Auf den Seiten von BVI, URL:http://www.bvi.de/de/presse/pressemitteilungen/presse2010/2010_05_31_OIF/2010_05_31_Offene_Immobilienfonds_Fuenf_Massnahmen_zur_Liquiditaetsoptimierung-oa.pdf, Stand: 31.05.2010.

BVI, 2010b, Offene Immobilienfonds: Ausgewogene Portfoliostruktur sichert Stabilität - Objektgrößen, Nutzungsarten und Mietvertragslaufzeiten breit gestreut, Auf den Seiten von BVI, URL:http://www.bvi.de/de/presse/presseraum-offene-immobilienfonds/news/2010/2010_06_22_Presseinfo_Auswertung_OIF.pdf, Stand: 22.06.2010.

Cadmus, A., 2009, REIT-Strukturen - Forderungen und Folgen, in: Rehkugler, H. (Hrsg.), 2009, Die Immobilie als Kapitalmarktprodukt, München, S. 38-56.

Cadmus, A./Bodecker, M. v., 2005, Immobilien-Aktiengesellschaften und REITs, in: Schulte, K.-W., et al. (Hrsg.), 2005, Handbuch Immobilien-Investitionen, 2., vollständig überarbeitete Aufl., Köln, S. 123-150.

Capozza, D./Li, Y., 1994, The Intensity and Timing of Investment - The Case of Land, in: American Economic Review, 84. Jg., Heft 4, S. 889-904.

Capozza, D./Sick, G. A., 1994, The Risk Structure of Land Markets, in: Journal of Urban Economics, 35. Jg., Heft 3, S. 297-319.

Ceres/Mercer, 2009, Energy Efficiency and Real Estate - Opportunities for Investors, Auf den Seiten von Ceres/Mercer, URL:http://www.ceres.org/realestatereport, Stand: Dezember 2009.

Childs, P. D./Riddiough, T. J./Triantis, A. J., 1996, Mixed Uses and the Redevelopment Option, in: Real Estate Economics, 24. Jg., Heft 3, S. 317-339.

Clausen, J./Loew, T., 2009, CSR und Innovation - Literaturstudie und Befragung, Auf den Seiten von Institute 4 Sustainability, URL: http://www.4sustainability.org/downloads/Clausen-Loew_CSR-und-Innovation-LiteraturstudieundBefragung.pdf, Stand: Februar 2009.

Coenenberg, A. G./Haller, A./Schulte, W., 2009, Jahresabschluss und Jahresabschlussanalyse, 21., überarbeitete Aufl., Stuttgart.

Cole, R. J., 1999, Building Environmental Assessment Methods - Clarifying Intentions, in: Building Research & Information, 27. Jg., Heft 4/5, S. 230-246.

Cole, R. J., 2006, Editoral - Building Environmental Assessment: Changing the Culture of Practice, in: Building Research & Information, 34. Jg., Heft 4, S. 303-307.

Colliers International, 2007, 2007 Canadian Office Tenants Survey Results, Auf den Seiten von Colliers International, URL: http://www.colliersmn.com/prod/ccgrd.nsf/publish/4BE0FB9CE9AC5C8B85257370004EB6BF/$File/FINAL_2007CdnOfficeTenantSurveyResults.pdf, Stand: September 2007.

Commission of the European Communities, 2007, Communication from the Commission to the Council, the European Parliament, the European Economic and Social Committee and the Committee of the Regions - A Lead Market Initiative for Europe, Auf den Seiten von EUR-Lex, URL: http://eur-lex.europa.eu/LexUriServ/LexUriServ.do?uri=COM:2007:0860:FIN:en:PDF, Stand: 21.12.2007.

Copeland, T./Antikarov, V., 2001, Real Options - A Practititoner's Guide, New York.

Copeland, T./Weiner, J., 1990, Proactive Management of Uncertainty, in: McKinsey Quaterly, Heft 4, S. 133-152.

Copeland, T. E./Keenan, P., 1998, How Much is Flexibility Worth, in: McKinsey Quaterly, Heft 2, S. 38-49.

Copeland, T. E./Weston, J. F./Shastri, K., 2005, Financial Theory and Corporate Policy, 4. Aufl., Boston u. a.

Copeland, T. E./Weston, J. F./Shastri, K., 2008, Finanzierungstheorie und Unternehmenspolitik - Konzepte der kapitalmarktorientierten Unternehmensfinanzierung, 4., aktualisierte Aufl., München u. a.

Corsten, H./Gössinger, R., 2009, Produktionswirtschaft - Einführung in das industrielle Produktionsmanagement, 12. Aufl., München.

Cox, J. C./Ross, S. A./Rubinstein, M., 1979, Option Pricing - A Simplified Approach, in: Journal of Financial Economics, 7. Jg., Heft 3, S. 229-263.

Crawley, D./Aho, I., 1999, Building Environmental Assessment Methods - Applications and Development Trends, in: Building Research & Information, 27. Jg., Heft 4/5, S. 300-308.

Cushman & Wakefield, 2007, Europe Real Estate Strategy - Landlord & Tenant Survey 2007, Auf den Seiten von Cushman & Wakefield, URL: http://www.cushwake.com/cwglobal/docviewer/BB_Landlord_Tenant_Survey_Nov07_EN.pdf?id=c12500012p&repositoryKey=CoreRepository&itemDesc=document&cid=c10900006p&crep=Core&cdesc=binaryPubContent&Country=GLOBAL &Language=EN, Stand: November 2007.

Cushman & Wakefield, 2009, Europe Real Estate Strategy - Landlord & Tenant Survey 2009, Auf den Seiten von Cushman & Wakefield, URL: http://www.cushwake.com/cwglobal/docviewer/EUROPEAN%20LANDLORD-TENANT%20SURVEY%202009.pdf?id=c25100064p&repositoryKey=CoreRepository&itemDesc=document&cid=c21700017p&crep=Core&cdesc=binaryPubContent&Country=EMEA&Language=EN, Stand: März 2009.

Dahlsrud, A., 2008, How Corporate Social Responsibility is Defined - An Analysis of 37 Definitions, in: Corporate Social Responsibility and Environmental Management, 15. Jg., Heft 1, S. 1-13.

Damisch, P. N., 2002, Wertorientiertes Flexibilitätsmanagement durch den Realoptionsansatz, Wiesbaden, (zugl. Diss, techn. Universität Dresden, 2001).

Dangl, T./Kopel, M. O., 2003, Die Bedeutung vollständiger Märkte für die Anwendung des Realoptionsansatzes, in: Hommel, U., et al. (Hrsg.), 2003, Reale Optionen - Konzepte, Praxis und Perspektiven strategischer Unternehmensfinanzierung, Berlin, Heidelberg u. New York, S. 49-62.

Davis Langdon, 2007, Cost of Green Revisited - Reexaminig the Feasibility and Cost Impact of Sustainable Design in the Light of Increased Market Adoption, Auf den Seiten von Davis Langdon, URL: http://www.davislangdon.com/upload/images/publications/USA/The%20Cost%20of%20Green%20Revisited.pdf, Stand: Juli 2007.

Dechnet, J., 2006, Zur Entwicklung eines Baukostenindex, in: Statistisches Bundesamt Deutschland (Hrsg.), 2006, Wirtschaft und Statistik 2/2006, Wiesbaden, S. 172-181.

Dechnet, J., 2008, Häuserpreisindex - Projektfortschritt und erste Ergebnisse für bestehende Wohngebäude, in: Statistisches Bundesamt Deutschland (Hrsg.), 2008, Wirtschaft und Statistik 1/2008, Wiesbaden, S. 69-81.

DeFusco, R. A./McLeavey, D. W./Pinto, J. E./Runkle, D. E., 2004, Quantitative Methods for Investment Analysis, 2. Aufl., Baltimore.

DEGI-Research, 2008, Green Building or "Green Wash"?, in: ImmobilienFOKUS, Heft 10, S. 2-6.

DEGI (Hrsg.), 2007, Neue Perspektiven - Marktreport Deutschland 2007, Frankfurt am Main.

DEHSt (Hrsg.), 2008, Leitfaden zur freiwilligen Kompensation von Treibhausgasemissionen - Oktober 2008, Berlin.

Del Casino, J. J., 1995, Portfolio Diversification Considerations, in: Pagliari Jr., J. L. (Hrsg.), 1995, The Handbook of Real Estate Portfolio Management, Boston, Massachusetts, Burr Ridge, Illinois u.a., S. 912-966.

dena, 2010, Das dena-Gütesiegel Effizienzhaus, Auf den Seiten von dena, URL: http://effizienzhaus.zukunft-haus.info/fileadmin/user_upload/Effizienzhaus/101004_Regelheft_Guetesiegel_Effizienzhaus_neuLogos.pdf, Stand: 01.07.2010.

Dengler, A., 2010, Auskünfte aus der Kaufpreissammlung bei den Gutachterausschüssen auf der Grundlage von § 193 Abs. 3 BauGB, in: GuG - Grundstücksmarkt und Grundstückswert, 21. Jg., Heft 6, S. 338-342.

Deuser, V./Dieterich, U., 2010, Dem konkreten Nutzen der Zertifikate auf der Spur, in: Immobilien Zeitung Nr. 09 vom 04.03.2010, S. 15.

Deutsch, H.-P., 2008, Derivate und Interne Modelle - Modernes Risikomanagement, 4., überarbeitete Aufl., Stuttgart.

Deutsche Bank AG, 2009, Gesellschaftliche Verantwortung - Bericht 2008, Auf den Seiten von Deutsche Bank AG, URL: http://www.deutsche-bank.de/csr/de/docs/de_csr-bericht_2008.pdf, Zugriff am: 17.11.2010.

Deutsche Bank AG, 2010, Gesellschaftliche Verantwortung - Bericht 2009 - Mehr als Geld, Auf den Seiten von Deutsche Bank AG, URL: http://www.deutsche-bank.de/csr/de/docs/CSR_Final_GER_Gesamt_Einzelseiten_low.pdf, Zugriff am: 17.11.2010.

Deutsche Bundesbank, 2002, Der Wohnungsmarkt in den neunziger Jahren, in: Monatsbericht Januar 2002, 54. Jg., Heft 1, S. 29-39.

Deutscher Bundestag, 1998, Abschlussbericht der Enquete-Kommission "Schutz des Menschen und der Umwelt - Ziele und Rahmenbedingungen einer nachhaltig zukunftsverträglichen Entwicklung", Konzept Nachhaltigkeit - Vom Leitbild zur Umsetzung, Deutscher Bundestag - 13. Wahlperiode, Drucksache 13/11200, Bonn.

Deutscher Bundestag, 2002, Endbericht der Enquete-Kommission "Nachhaltige Energieversorgung unter den Bedingungen der Globalisierung und der Liberalisierung", Deutscher Bundestag - 14. Wahlperiode, Drucksache 14/9400, Berlin.

Deutscher Bundestag, 2003, Unterrichtung durch die Bundesregierung Wohngeld- und Mietenbericht 2002, Deutscher Bundestag - 15. Wahlperiode, Drucksache 15/2200, Berlin.

DGNB, 2009a, Das Deutsche Gütesiegel Nachhaltiges Bauen - Aufbau-Anwendung-Kriterien, 2. Aufl., Stuttgart.

DGNB, 2009b, Deutsches Gütesiegel wächst dynamisch, Auf den Seiten von DGNB, URL: http://www.dgnb.de/de/news/presseinfos/detail.php?we_objectID=744, Stand: 14.04.2009.

DGNB, 2010a, Der Weg zum Zertifikat - Nachhaltigkeit messbar machen, sichtbare Erfolge, Auf den Seiten von DGNB, URL: http://www.dgnb.de/_de/zertifizierung/weg/index.php, Zugriff am: 30.10.2010.

DGNB, 2010b, Zertifizierte Projekte, Auf den Seiten von DGNB, URL: http://www.dgnb.de/_de/zertifizierung/zertifikat/projekte/index.php?Sortierung=Verliehenes_Guetesiegel&we_lv_start_0=0, Zugriff am: 31.10.2010.

Di Giulio, A., 2004, Die Idee der Nachhaltigkeit im Verständnis der Vereinten Nationen - Anspruch, Bedeutung und Schwierigkeiten, Münster, (zugl. Diss, Universität Bern, 2003).

Diederichs, C. J., 1984, Kostensicherheit im Hochbau, Essen.

Diederichs, C. J., 1994, Grundlagen der Projektentwicklung/Teil 1, in: Die Bauwirtschaft BW - Das Baumagazin für Führungskräfte im Bauwesen, 48. Jg., Heft 11, S. 43-49.

Diederichs, C. J., 1999, Führungswissen für Bau- und Immobilienfachleute - Bauwirtschaft, Unternehmensführung, Immobilienmanagement, Privates Baurecht, Berlin u. Heidelberg.

Diederichs, C. J., 2006, Immobilienmanagement im Lebenszyklus - Projektentwicklung, Projektmanagement, Facility Management, Immobilienbewertung, 2., erweiterte und aktualisierte Aufl., Berlin, Heidelberg.

Dixit, A., 1989, Entry and Exit Decisions under Uncertainty, in: Journal of Political Economy, 97. Jg., Heft 3, S. 620-638.

Dixit, A. K./Pindyck, R. S., 1995, The Options Approach to Capital Investment, in: Harvard Business Review, 73. Jg., Heft 3, S. 105-115.

Dobberstein, M./Dziomba, M., 2008, Büroimmobilien, in: Schulte, K.-W. (Hrsg.), 2008, Immobilienökonomie Band IV - Volkswirtschaftliche Grundlagen, München, S. 397-416.

Drukarczyk, J., 2003, Finanzierung, 9. Aufl., Stuttgart.

Drukarczyk, J./Schüler, A., 2009, Unternehmensbewertung, 6., überarbeitete und erweiterte Aufl., München.

DV, 2009, Klimaschutz in der Deutschen Wohnungswirtschaft - Handlungsempfehlungen der Kommission - Kurzbericht der Kommission des Deutschen Verbandes für Wohnungswesen, Städtebau und Raumordnung e.V. in Kooperation mit dem Bundesministerium für Verkehr, Bau und Stadtentwicklung, Auf den Seiten URL: http://www.deutscher-verband2.org/cms/fileadmin/medias/PDF_Verband/DV_Kommissionsbericht_Klimaschutzpolitik_kurz_end_01.pdf, Zugriff am: 17.12.2009.

Edwards, B., 2006, Benefits of Green Offices in the UK - Analysis From Examples Built in the 1990s, in: Sustainable Development, 14. Jg., Heft 3, S. 190-204.

Ehrenberg, B., 2007, Serie Wertermittlungsverfahren, Teil 11 - Investoren kalkulieren mit Hilfe des Residualwerts, in: Immobilien Zeitung Nr. 25 vom 28.06.2007, S. 7.

Eichholtz, P./Kok, N./Quigley, J. M., 2008, Doing Well by Doing Good? - Green Office Buildings, Institute of Business and Economic Research, Fisher Center for Real Estate and Urban Economics, University of California, Working Paper Nr. W08-001, Berkeley.

Eickmann, D./Pringer, W., 1988, Immobiliarsachenrecht, 6., völlig neubearb. u. erw. Aufl., (Sachenrecht, Hrsg. von Westermann, H., 2).

Elton, E. J./Gruber, M. J./Brown, S. J./Goetzmann, W. N., 2011, Modern Portfolio Theory and Investment Analysis, 8. Aufl., New York.

Energiereferat Frankfurt am Main, 2002, Rationelle Energieversorgung in Frankfurt am Main: Ökologischer Mietspiegel, Auf den Seiten von Stadt Frankfurt am Main, URL: http://www.frankfurt.de/sixcms/media.php/738/pdb_oekomietspie gel.pdf, Stand: 26.04.2002.

Engel, R., 2003, Ertragswertverfahren und DCF-Verfahren im Überblick, in: GuG - Grundstücksmarkt und Grundstückswert, 14. Jg., Heft 6, S. 350-355.

Engel, R., 2008, Das Problem der Unschärfe in der Wertermittlung - Überlegungen zu marktgerechten Bewertungsansätzen in der Ertragswertberechnung, in: GuG - Grundstücksmarkt und Grundstückswert, 19. Jg., Heft 5, S. 269-276.

Engel, R./Bärwolf, T., 2004, Inflation und Verkehrswert, in: GuG - Grundstücksmarkt und Grundstückswert, 15. Jg., Heft 5, S. 273-277.

Engelbrecht, B., 1998, Grundsätze und Technik ordnungsmäßiger Immobilienbewertung, (Unternehmen und Steuern, Hrsg. von Siegloch, J., 7), Heidelberg.

Engels, R., 2002, Das Aus für die DCF-Methode? - Eine wirtschaftstheoretische Modellanalyse der Tauglichkeit ertragsbasierter Wertermittlungsverfahren als Entscheidungsinstrument für die Vorteilhaftigkeit von Immobilien-Investitionen sowie für die Ermittlung von Verkehrswerten, in: GuG - Grundstücksmarkt und Grundstückswert, 13. Jg., Heft 6, S. 321-332.

Engels, W., 1962, Betriebswirtschaftliche Bewertungslehre im Licht der Entscheidungstheorie, (Beiträge zur betriebswirtschaftlichen Forschung, Band 18), Köln u. Opladen, (zugl. Diss., Universität Köln, 1961).

Entzian, T., 2003, Der Immobilien-Spezialfonds boomt weiter, in: Immobilien & Finanzierung, Heft 13/2003, S. 444-455.

Entzian, T., 2005, Come-back der Immobilien-Spezialfonds, in: Immobilien & Finanzierung, Heft 16/2005, S. 570-583.

Ernst, D./Thümmel, R. C., 2000, Realoptionen zur Strukturierung von M&A-Transaktionen, in: FINANZBETRIEB Zeitschrift für Unternehmensfinanzierung und Finanzmanagement, 2. Jg., Heft 11, S. 665-673.

Ethik-Kommission Sichere Energieversorgung, 2011, Deutschlands Energiewende - Ein Gemeinschaftswerk für die Zukunft, Auf den Seiten von Die Bundesregierung, URL: http://www.bundesregierung.de/Content/DE/__Anlagen/2011/05/ 2011-05-30-abschlussbericht-ethikkommission,property=publicationFile.pdf, Stand: 30.05.2011.

Europäische Kommission, 2011, Fahrplan für den Übergang zu einer wettbewerbsfähigen CO_2-armen Wirtschaft bis 2050, Mitteilung der Kommission an das Europäische Parlament, den Rat, den Europäischen Wirtschafts- und Sozialausschuss und den Ausschuss der Regionen, 112, Brüssel.

Eurosif, 2003, Socially Responsible Investment Among European Institutional Investors, Auf den Seiten von Eurosif, URL: http://www.eurosif.org/ publications/sri_studies, Zugriff am: 24.07.2007.

Eurosif, 2010, European SRI Study 2010, Auf den Seiten URL: http://www.eurosif.org/images/stories/pdf/Research/eurosif_sri_study_2010.pd f, Zugriff am: 13.10.2010.

Fahrländer, S. S., 2007, Hedonische Immobilienbewertung - Eine empirische Untersuchung der Schweizer Märkte für Wohneigentum 1985 bis 2005, München, (zugl. Diss, Universität Bern, 2006).

Fama, E. F., 1970, Efficient Capital Markets - A Review of Theory and Empirical Work, in: Journal of Finance, 25. Jg., Heft 2, S. 383-417.

Fama, E. F., 1991, Efficient Capital Markets: II, in: Journal of Finance, 46. Jg., Heft 5, S. 1575-1617.

Feri, 2007a, Feri-Umfrage: 77 Prozent der institutionellen Investoren wollen Immobilienanteil erhöhen, Auf den Seiten von Feri Rating & Research GmbH, URL: http://frr.feri.de/UserFiles/File/frr/Pressemitteilungen/PM22.01.07.pdf, Stand: Januar 2007.

Feri, 2007b, Feri-Umfrage: Institutionelle Investoren sehen REITs im mittleren Chancen-Risiko-Bereich, Auf den Seiten von Feri Rating & Research GmbH, URL: http://frr.feri.de/UserFiles/File/frr/Pressemitteilungen/PM29.01.07.pdf, Stand: Januar 2007.

Feusi, M., 2009, Schweizer Praxis der Immobilienbewertung, in: Bahn, C./Zürich, C. f. U. R. E. M.-. (Hrsg.), 2009, Die Immobilienbewertung in der Schweiz, Zürich, S. 67-80.

Fichtner, N./Tartler, J./Raggamby, N. v., 2010, Schaffe, schaffe, Klima schütze, in: Financial Times Deutschland, Nr. 180, vom 16.09.2010, S. 11.

Fischer, K., 2006, Der Liegenschaftszinssatz in der Anwendung, in: GuG - Grundstücksmarkt und Grundstückswert, 17. Jg., Heft 6, S. 341-350.

Fisk, W. J., 2000, Health and Productivity Gains from Better Indoor Environments and their Relationship with Building Energy Efficiency, in: Annual Review of Energy & the Environment, 25. Jg., Heft 1, S. 537-566.

Flotow, P. v., 2010, Herausforderung Klimalkompetenz - Kundenerwartungen an Finanzdienstleister - Ergebnisse einer Befragung von Privat- und Geschäftskunden, Hochheim am Main.

Fombrun, C./Shanley, M., 1990, What's in a Name? Reputation Building and Corporate Strategy, in: Academy of Management Journal, 33. Jg., Heft 2, S. 233-258.

Francke, H.-H., 2008, Immobilien als Vermögensgüter und Besonderheiten von Immobilieninvestitionen, in: Schulte, K.-W. (Hrsg.), 2008, Immobilienökonomie Band IV - Volkswirtschaftliche Grundlagen, München, S. 30-41.

Franke, G./Hax, H., 2009, Finanzwirtschaft des Unternehmens und Kapitalmarkt, 6., überarbeitete und erweiterte Aufl., Dordrecht u. a.

Frensch, S., 2008, Green Building - Ist Zertifizierung für Sie ein Thema? - Licht im Dschungel von Verordnungen und Zertifizierungsmöglichkeiten, Auf den Seiten von Ernst & Young, URL: http://www.ey.com/global/assets.nsf/Germany/Studie_RE_2008_Green_Building/$file/098_Zertifizierung_Green_Buil_Real_Estate_GmbH_Sept_2008_lowres.pdf, Stand: September 2009.

Friedemann, T./Büchner, G., 2010, Nachhaltigkeit im Spannungsfeld von Staat und Markt: Eine Suche nach Konzepten, in: Rottke, N. B./Reichardt, A. (Hrsg.), 2010, Ökonomie vs. Ökologie - Nachhaltigkeit in der Immobilienwirtschaft?, Köln, S. 65-90.

Friedemann, T./Roden, B./Scheunemann, H., 2007, Energieeffizienz - Neue Spielregeln auf dem deutschen Markt für Gewerbeimmobilien, Auf den Seiten von Jones Lang LaSalle, URL: http://www.joneslanglasalle.de/ResearchLevel1/JLL_Sustainability_Research_Energieeffizienz_Germany_-_Aug_07.pdf, Stand: August 2007.

Friedrichs, J.-C., 2001, Zinssätze in Wertermittlungen - Neue Entwicklungen und deren praktischer Umsetzung, (Schriftenreihe des Hauptverbands der Landwirtschaftlichen Buchstellen und Sachverständigen, Hrsg. von Hauptverband der Landwirtschaftlichen Buchstellen und Sachverständigen, 162), Sankt Augustin, (zugl. Diss., Universität Göttingen, 2001).

Friedrichs, J.-C., 2002, Einige Anmerkungen zum Kapitalmarktzinssatz, in: GuG - Grundstücksmarkt und Grundstückswert, 13. Jg., Heft 2, S. 65-75.

Frieß, R./Kormaier, B., 2004, Fair-Value-Ermittlung von Investment Properties mit Hilfe des Ertragswertverfahrens nach WertV?, in: Deutsches Steuerrecht, 42. Jg., Heft 47, S. 2024-2028.

Fuerst, F./McAllister, P., 2008, Green Noise or Green Value? - Measuring the Price Effects of Environmental Certification in Commercial Buildings, University of Reading, Henley Business School, Working Papers in Real Estate & Planning 09/08, Reading.

Fuerst, F./McAllister, P. M., 2009, An Investigation of the Effect of Eco-Labeling on Office Occupancy Rates, Auf den Seiten von Social Science Research Network, URL: http://ssrn.com/abstract=1431575, Stand: Juli 2009.

Fuhrer, U., 2005, Die Bedeutung des Realoptionsansatzes von strategischen Handlungsspielräumen, (Berner betriebswirtschaftliche Schriften, Hrsg. von Kühn, R./Thom, N., 35), Bern, u. a., (zugl. Diss, Universität Bern, 2003).

Gabriel, K., 2008, Ethik in der Geldanlage - Grundlagen, Kriterien und Herausforderungen, in: Faust, M./Scholz, S. (Hrsg.), 2008, Nachhaltige Geldanlagen - Produkte, Strategien und Beratungskonzepte, Frankfurt am Main, S. 21-42.

Galster, G. C., 1983, Empirical Evidence on Cross-Tenure Differences in Home Maintanance and Conditions, in: Land Economics, 59. Jg., Heft 1, S. 107-113.

Garthe, T. H., 2009, Die Wertermittlungsreform - Neue Grundsätze bei der Wertermittlung von Immobilien, München.

Gatzlaff, D. H./Green, R. K., 1998, Cross-Tenure Differences in Home Maintenance and Appreciation, in: Land Economics, 74. Jg., Heft 3, S. 328-342.

GBC Italia, 2010, Green Building Nuove Costruzioni e Ristrutturazioni, Auf den Seiten URL: http://www.gbcitalia.org/index.php/dowloads/doc_download/83-leed-italia-nc-2009, Stand: April 2010.

GdW (Hrsg.), 2008, GdW Branchenbericht 3 - Wohntrends 2020, Hamburg.

GdW (Hrsg.), 2009, Wohnungswirtschaftliche Daten und Trends 2009/2010 - Zahlen und Analysen aus der Jahresstatistik des GdW, Berlin.

Geissler, S./Groß, M./Bamer, O./Lipp, B./Fellner, M./Treberspurg, M./Djalili, M./Sammer, K./Wolfinger, K., 2010a, Leitfaden zum Umgang mit Energieeffizienz und der weiteren Nachhaltigkeitsparametern in der Immobilienwertermittlung, Auf den Seiten von Austrian Energy Agency, URL: http://www.energyagency.at/fileadmin/aea/pdf/Gebaeude/Leitfaden_Immo.pdf, Stand: Februar 2010.

Geissler, S./Groß, M./Treberspurg, M./Djalili, M./Grünner, R./Bamer, O./Lipp, B./Fellner, M., 2010b, Endbericht Neue Immo-Standards - Weiterentwicklung von Immobilienbewertungsmethoden zur Differenzierung von nachhaltigen Gebäuden im Wertermittlungsergebnis, Auf den Seiten von Austrian Energy Agency, URL: http://www.energyagency.at/fileadmin/aea/pdf/Gebaeude/ Endbericht_Immo.pdf, Stand: Februar 2010.

Gertis, K./Hauser, G./Sedlbauer, K./Sobeck, W., 2010, Was bedeutet "Platin"? - Zur Entwicklung von Nachhaltigkeitsbewertungsverfahren, in: Rottke, N. B./Reichardt, A. (Hrsg.), 2010, Ökonomie vs. Ökologie - Nachhaltigkeit in der Immobilienwirtschaft?, Köln, S. 176-200.

Gertis, K./Hauser, G./Sedlbauer, K./Sobek, W., 2008, Deutsches Nachhaltigkeits-Zertifikat von DGNB und BMVBS, in: Bauphysik, 30. Jg., Heft 4, S. 256.

gif (Hrsg.), 2006, Standardisierung des DCF-Verfahrens, Wiesbaden.

gif, 2007, Rendite-Definitionen Real Estate Investment Management, Arbeitskreis Real Estate Investment Management, Wiesbaden.

gif, 2008, Definitionssammlung zum Büromarkt, 2. Aufl., gif Gesellschaft für Immobilienwirtschaftliche Forschung e.V., Arbeitskreis 2 - Marktanalyse und Bedarfsprognosen, Wiesbaden.

Gleißner, W., 2006, Neue Wege für Unternehmensbewertung und wertorientierte Unternehmensführung in einem unvollkommenen Kapitalmarkt, in: Meyer, C./Pfaff, D. (Hrsg.), 2006, Jahrbuch zum Finanz- und Rechnungswesen 2006, Zürich, S. 119-154.

Gondring, H., 2004, Immobilienwirtschaft - Handbuch für Studium und Praxis, München.

Gondring, H., 2007, Immobilienbewertung im Licht globaler Immobilieninvestitionen, in: Immobilia, 74. Jg., Heft 11, S. 23-24.

Gore, T./Nicholson, D., 1991, Models of the Land-development Process - A Critical Review, in: Environment and Planning A, 23. Jg., Heft 5, S. 705-730.

Götze, U., 2006, Investitionsrechnung - Modelle und Analysen zur Beurteilung von Investitionsvorhaben, 5., überarbeitete Aufl., Berlin und Heidelberg.

Graaskamp, J. A., 1992, Fundamentals of Real Estate Development, in: Journal of Property Valuation and Investment, 10. Jg., Heft 3, S. 619-639.

Grade, H., 2008, Die Herstellung des Marktbezugs in der Grundstücksbewertung bei schwachen Grundstücksteilmärkten, in: Zeitschrift für immobilienwirtschaftliche Forschung und Praxis, Heft 8, S. 2-24.

Green, J./Shoven, J. B., 1986, The Effect of Interest Rates on Mortgage Prepayments, in: Journal of Money, Credit & Banking, 18. Jg., Heft 1, S. 41-59.

Grenadier, S. R., 1995a, Flexibility and Tenant Mix in Real Estate Projects, in: Journal of Urban Economics, 38. Jg., Heft 3, S. 357-378.

Grenadier, S. R., 1995b, Valuing Lease Contracts - A Real-Options Approach, in: Journal of Financial Economics, 38. Jg., Heft 3, S. 297-331.

Grenadier, S. R., 1996, The Strategic Excercise of Options - Development Cascades and Overbuilding in Real Estate Markets, in: Journal of Finance, 51. Jg., Heft 5, S. 1653-1679.

Gröger, H.-C., 2009, Kapitalmarktorientierte Unternehmensbewertung - Untersuchung unter Berücksichtigung der persönlichen Besteuerung der Kapitalgeber, Wiesbaden, (zugl. Diss, Universität Leipzig, 2009).

Grunwald, A./Kopfmüller, J., 2006, Nachhaltigkeit, Frankfurt am Main u. New York.

Gunnelin, A., 2001, The Option to Change the Use of a Property when Future Property Values and Construction Costs are Unvertain, in: Managerial and Decision Economics, 22. Jg., Heft 7, S. 345-354.

Gutenberg, E., 1983, Grundlagen der Betriebswirtschaftslehre, Band 1, Die Produktion, 24., unveränderte Aufl., Berlin.

Häggi, M., 2000, Direkte versus indirekte Immobilienanlagen, in: Vision, Heft 2/2000, S. 3-4.

Hanau, A., 1928, Die Prognose der Schweinepreise, 2., erweiterte und nach dem neuesten Zahlenmaterial ergänzte. Aufl., (Vierteljahreshefte zur Konjunkturforschung, Hrsg. von Institut für Konjunkturforschung, 7), Berlin.

Hares, C., 2011, Zur Immobilie aus Sicht der Rechnungslegung und Bewertungstheorie, (Finanzwirtschaft, Unternehmensbewertung & Revisionswesen, Hrsg. von Matschke, M. J., et al., 17), Wiesbaden, (zugl. Diss., Universität Trier, 2010).

Hauff, V. (Hrsg.), 1987, Unsere gemeinsame Zukunft - Der Brundtland-Bericht der Weltkommission für Umwelt und Entwicklung, Greven.

Hauptverband der Deutschen Bauindustrie, 2008, Presseinfo zum Klimaschutz im Rahmen der Jahrespressekonferenz vom 25.06.2008 in Berlin, Auf den Seiten von Hauptverband der Deutschen Bauindustrie, URL: http://www.bauindustrie.de/file.php?article=1037&file=04_Presseinfo-Klima schutz.pdf, Stand: 25.06.2008.

Hayes, R. H./Garvin, D. A., 1982, Managing as if Tomorrow Mattered, in: Harvard Business Review, 60. Jg., Heft 3, S. 70-79.

Healey, P., 1991, Models of the Development Process - A Review, in: Journal of Property Research, 8. Jg., Heft 3, S. 219-238.

Heerwagen, J., 2002, Sustainable Design Can Be an Asset to the Bottom Line, in: Environmental Design & Construction, 5. Jg., Heft 4, S. 35-39.

Hegger, M., 2009, Nachhaltiges Bauen - Neue Aufgaben für Architekten und Ingenieure - Architektur im Klimawandel, in: Bauwesen, S. (Hrsg.), 2009, Brennpunkt CO_2 Reduktion - Chancen für das Bauwesen, Stuttgart, S. 15-22.

Helbling, C., 1995, Unternehmensbewertung und Steuern - Unternehmensbewertung in Theorie und Praxis insbesondere die Berücksichtigung der Steuern aufgrund der Verhältnisse in der Schweiz und in Deutschland, 8., nachgeführte Aufl., Düsseldorf.

Helmer, S., 2009, Innovative Immobilienanlageprodukte für institutionelle Investoren, in: Rehkugler, H. (Hrsg.), 2009, Die Immobilie als Kapitalmarktprodukt, München, S. 567-586.

Henderson, J. V./Ioannides, Y. M., 1983, A Model of Housing Tenure Choice, in: American Economic Review, 73. Jg., Heft 1, S. 98-113.

Henselmann, K./Barth, T., 2009, Unternehmensbewertung in Deutschaland Empirie zur Bewertungspraxis, Norderstedt.

Hering, T., 2006, Unternehmensbewertung, 2., vollständig überarbeitete und stark erweiterte Aufl., München.

Hermann, H./Graichen, V./Gammelin, C./Matthes, F./Cook, V., 2010, Free Allocation of Emission Allowances and CDM/JI Credits within the EU ETS - Analysis of Selected Industries and Companies in Germany, Berlin.

Hersberger, D., 2006, Mehr Transparenz in der Immobilienbewertung, in: Immobilia, 73. Jg., Heft 4, S. 32-34.

Hersberger, D., 2008, Wertermittlung mit dem DCF-Verfahren bei Wohn- und Büroimmobilien in der Schweiz und Deutschland, Wiesbaden, (zugl. Diss, Technische Universität Dresden, Ostrava, 2007).

Herzog, K., 2005, Lebenszykluskosten von Baukonstruktionen : Entwicklung eines Modells und einer Softwarekomponente zur ökonomischen Analyse und Nachhaltigkeitsbeurteilung von Gebäuden, (Institut für Massivbau, Technische Universität Darmstadt, Hrsg. von Graubner, C.-A., 10), Darmstadt, (zugl. Diss., Technische Universität Darmstadt, 2005).

Heuer, H. B./Nordalm, V., 2001, Die Wohnungsmärkte im gesamtwirtschaftlichen Gefüge, in: Jenkis, H. W. (Hrsg.), 2001, Kompendium der Wohnungswirtschaft, 4., ergänzte Aufl., München u. Wien, S. 23-41.

Heuer, J. H. B./Kühne-Büning, L./Nordalm, V./Drevermann, M., 1985, Lehrbuch der Wohnungswirtschaft, 2. neubearbeitete Aufl., Frankfurt am Main.

Hilpisch, Y., 2006, Options Based Management - Vom Realoptionsansatz zur optionsbasierten Unternehmensführung, Wiesbaden.

Hinrichs, K./Schultz, E., 2003, Das Discounted Cash-Flow-Verfahren in der Praxis, in: GuG - Grundstücksmarkt und Grundstückswert, 14. Jg., Heft 5, S. 265-272.

Hofmann-Heidrich, N., 2011, Grundstückspreise sind leicht gestiegen, in: Rhein-Zeitung vom 05.04.2011, S. 15.

Holland, S./Ott, S. H./Riddiough, T. J., 2000, The Role of Uncertainty in Investment - An Examination of Competing Investment Models Using Commercial Real Estate Data, in: Real Estate Economics, 28. Jg., Heft 1, S. 33-64.

Holowka, T., 2009, LEED v3 - The Next Version of the LEED Green Building Program, in: Environmental Design & Construction, 12. Jg., Heft 7, S. 10-14.

Holthausen, N./Meins, E./Christen, P., 2009, Risiko- und chancenbasierte Integration von Nachhaltigkeitsmerkmalen in die Immobilienbewertung - Modellentwicklung zur Gewichtung des ESI-Indikators, Center for Corporate Responsibility and Sustainability CCRS an der Universität Zürich, Zürich.

Hommel, U./Lehmann, H., 2001, Die Bewertung von Investitionsprojekten mit dem Realoptionsansatz - Ein Methodenüberblick, in: Hommel, U., et al. (Hrsg.), 2001, Realoptionen in der Unternehmenspraxis - Wert schaffen durch Flexibilität, Berlin u. Heidelberg,

Hommel, U./Müller, J., 1999, Realoptionsbasierte Investitionsbewertung, in: FINANZBETRIEB Zeitschrift für Unternehmensfinanzierung und Finanzmanagement, 1. Jg., Heft 8, S. 177-188.

Hommel, U./Pritsch, G., 1999, Marktorientierte Investitionsbewertung mit dem Realoptionsansatz, in: Finanzmarkt und Portfolio Management, 13. Jg., Heft 2, S. 121-144.

Hornung, R., 2009, Nachhaltigkeitszertifikate - To BREEAM or not to BREEAM, ist das die Frage?, in: Immobilien Zeitung Nr. 44 vom 05.11.2009, S. 13.

Huber, R. T., 2009, Mietrecht, in: Brauer, K.-U. (Hrsg.), 2009, Grundlagen der Immobilienwirtschaft: Recht - Steuern - Marketing - Finanzierung - Bestandsmanagement - Projektentwicklung, 6., vollständig überarbeitete Aufl., Wiesbaden, S. 203-253.

Hugenroth, J., 2010, Anforderungen und Grundkonzeption eines idealen Zertifizierungssystems für Nachhaltigkeit, in: Rottke, N. B./Reichardt, A. (Hrsg.), 2010, Ökonomie vs. Ökologie - Nachhaltigkeit in der Immobilienwirtschaft?, Köln, S. 133-156.

Hulverscheidt, C., 2010, Merkel im SZ-Interview: "Herbst voller Entscheidungen", Auf den Seiten von sueddeutsche.de, URL: http://www.sueddeutsche.de/politik/angela-merkel-ueber-reformen-von-union-und-fdp-wir-wurden-dafuer-gewaehlt-zu-handeln-1.1005875, Stand: 29.09.2010.

Hungenberg, H./Wulf, T./Stellmaszek, F., 2005, Einsatzfelder und Operationalisierung der Realoptionstheorie - Implikation für die wertorientierte Unternehmensführung, Institut für Unternehmensplanung, Arbeitspapier 05-01, Berlin.

Hunzicker, C., 2010, Leitfaden für Bauherren sorgt für Klarheit, Auf den Seiten von Handelsblatt, URL:http://www.handelsblatt.com/finanzen/immobilien/nachhaltigkeit-leitfaden-fuer-bauherren-sorgt-fuer-klarheit;2568520, Stand: 01.05.2010.

Hunziker, C., 2009, Streit um Zertifizierungen ist beigelegt, Auf den Seiten von Handelsblatt.com, URL: http://www.handelsblatt.com/finanzen/immobilien/streit-um-zertifizierungen-ist-beigelegt;2470069, Stand: 16.10.2009.

Hunziker, C., 2010, Fortschritt auf Kosten der Hausbesitzer, in: Handelsblatt Nr. 185 vom 24./25.09.2010, S. 38.

Huschke, C., 2008, Immobilienbewertung im Kontext der IFRS - Eine deduktive und empirische Untersuchung der Vorziehenswürdigkeit alternativer Heuristiken hinsichtlich Relevanz und Zuverlässigkeit bei der Fair Value-Ermittlung von Investment Properties, (Auditing and Accounting Studies, Hrsg. von Köhler, A., et al., 25), Wiesbaden), (zugl. Diss., Universität Berlin, 2007).

Hüther, M./Jäger, M./Voigtländer, M., 2008, Immobilienmärkte, Geldpolitik und die Gesamtwirtschaft, in: Schulte, K.-W. (Hrsg.), 2008, Immobilienökonomie Band IV - Volkswirtschaftliche Grundlagen, München, S. 499-513.

Iblher, F./Pitschke, C./Rottke, N./Schreiber, N./Breidenbach, M./Lucius, D., 2008, Immobilienfinanzierung, in: Schulte, K.-W. (Hrsg.), 2008, Immobilienökonomie Band 1 Betriebswirtschaftliche Grundlagen, 4. Aufl., München, S. 529-625.

IGBC, 2007, Green Building Rating System - Abridged Reference Guide for New Consruction & Major Renovations (LEED-India NC), in:

Isenhöfer, B., 1999, Strategisches Management von Projektentwicklungsunternehmen, (Schriften zur Immobilienökonomie, Hrsg. von Schulte, K.-W., 8), Köln, (zugl. Diss., European Business School, 1998).

IVA, 2007, Die Assetklasse "Immobilien" im Portfoliomanagement - Analyse der Auswirkungen einer Aufnahme verschiedener Immobilieninvestments in Portfolios von professionellen Investoren und Privatanlegern, München.

Jaeger, C., 2010, IFRS-Controlling von Wohnungsunternehmen - Ein Beitrag zum wertorientierten Bestandsmanagement in der Wohnungswirtschaft, (Karlsruher Schriften zur Bau-, Wohnungs- und Immobilienwirtschaft, Hrsg. von Lützkendorf, T., 3), Karlsruhe, (zugl. Diss., Karlsruher Institut für Technologie, 2009).

Jahn, J., 2011, Mieter fürchten Kosten, Auf den Seiten von Frankfurter Allgemeine Zeitung, URL: http://www.faz.net/artikel/C30275/energiewende-mieter-fuerchten-kosten-30440770.html, Stand: 16.06.2011.

Jaillet, P./Ronn, E. I./Tompaidis, S., 2004, Valuation of Commodity-Based Swing Options, in: Management Science, 50. Jg., Heft 7, S. 909-921.

Jandura, D., 2000, Integration internationaler Finanzmärkte - Definitionen, Meßkonzepte, empirische Analysen, (Financial Research, Hrsg. von Podding, T./Rehkugler, H., 2), Bad Soden, (zugl. Diss., Albert-Ludwigs-Universität zu Freiburg im Breisgau, 1999).

Jones Lang LaSalle, 2008a, Global Trends in Sustainable Real Estate - An Occupier's Perspective, Auf den Seiten von Jones Lang LaSalle, URL: http://www.joneslanglasalle.com/csr/SiteCollectionDocuments/Global_Sustainability_Feb08.pdf, Stand: Februar 2008.

Jones Lang LaSalle, 2008b, Green Building Rating Systems: Going Beyond the Labels - October 2008, London.

Just, T., 2008, Wohnimmobilien, in: Schulte, K.-W. (Hrsg.), 2008, Immobilienökonomie Band IV - Volkswirtschaftliche Grundlagen, München, S. 471-495.

Just, T., 2009, Deutschland baut sich ein besseres Klima - Die volkswirtschaftliche Bedeutung klimapolitisch gebotener Bautätigkeit, in: Bauwesen, S. (Hrsg.), 2009, Brennpunkt CO_2 Reduktion - Chancen für das Bauwesen, Stuttgart, S. 45-60.

Kats, G., 2003, The Costs and Financial Benefits of Green Buildings - A Report to California's Sustainable Building Task Force, Auf den Seiten von Green Communities Initiative, URL: http://www.greencommunitiesonline.org/downloads/The%20Costs%20and%20Financial%20Benefits%20of%20Green%20Buildings.pdf, Zugriff am: 26.07.2007.

Kau, J. B./Keenan, D. C./Muller III, W. J./Epperson, J. F., 1992, A Generalized Valuation Model for Fixed-Rate Residential Mortgages, in: Journal of Money, Credit & Banking, 24. Jg., Heft 3, S. 279-299.

Kawaguchi, Y./Tsubokawa, K., 2001, The Pricing of Real Options in Discrete Time Models - Another Story of the Value Waiting to Invest, in: Journal of Property Investment & Finance, 19. Jg., Heft 1, S. 9-34.

Keeping, M., 2000, What About Demand? Do Invesors Want "Sustainable Buildings"?, RICS Research Foundation, The Cutting Edge 2000, Oxford.

Kemfert, C., 2010, Bewertung von Klima- und Energiepolitikstrategien, in: Rottke, N. B./Reichardt, A. (Hrsg.), 2010, Ökonomie vs. Ökologie - Nachhaltigkeit in der Immobilienwirtschaft?, Köln, S. 55-64.

Kemna, A. G. Z., 2001, Case Studies on Real Options, in: Schwartz, E. S./Trigeorgis, L. (Hrsg.), 2001, Real Options and Investment Under Uncertainty - Classical Readings and Recent Contributions, Cambridge u. London, S. 641-662.

KfW Bankengruppe (Hrsg.), 2010, KfW Research Akzente - Neue Einblicke in die energetische Sanierung, Nr. 33, Frankfurt am Main.

Kierig, J., 2010, Marktübliche Miete - ImmoWertV führt zu Fehlinterpretationen, in: Immobilien Zeitung Nr. 02 vom 14.01.2010, S. 10.

Kießling, C., 2008, Energieeffizienz für den Mietwohnungsbestand - Rentabilität energetischer Modernisierungsmaßnahmen unter Berücksichtigung der Rahmenbedingungen im Mietwohnungsbestand, Hrsg. von Institut für Stadtentwicklung und Bauwirtschaft an der Universität Leipzig, 18), Norderstedt, (zugl. Diss., Bergische Universität Leipzig, 2008).

Kleiber, W., 1996, Residualpreis versus Residualwert, in: GuG - Grundstücksmarkt und Grundstückswert, 7. Jg., Heft 1, S. 16-23.

Kleiber, W., 2004, Was sind eigentlich die sog. internationalen Bewertungsverfahren?, in: GuG - Grundstücksmarkt und Grundstückswert, 15. Jg., Heft 4, S. 193.207.

Kleiber, W., 2005a, Immobilienbewertung in der Bundesrepublik Deutschland, in: Franke, H.-H./Rehkugler, H. (Hrsg.), 2005a, Immobilienmärkte und Immobilienbewertung, München, u. a., S. 173-207.

Kleiber, W., 2005b, Kriminaltango, in: GuG - Grundstücksmarkt und Grundstückswert, 16. Jg., Heft 1, S. 1-2.

Kleiber, W. (Hrsg.), 2010, WertR 06 - Wertermittlungsrichtlinien und ImmoWertV 2010; Sammlung amtlicher Texte zur Ermittlung des Verkehrswertes von Grundstücken mit Normalherstellungskosten - NHK, 10. aktualisierte Aufl., Köln.

Kleiber, W./Fischer, R./Schröter, K., 2010, Verkehrswertermittlung von Grundstücken - Kommentar und Handbuch zur Ermittlung von Marktwerten (Verkehrswerten), Versicherungs- und Beleihungswerten unter Berücksichtigung der ImmoWertV, 6., vollständig neu bearbeitete Aufl., Köln.

Klein, C., 2000, Globalisierung der Finanzmärkte - Problemfelder der Internationalisierung von Kapitalanlagen vor dem Hintergrund der Asienkrise, Schriftenreihe des Zentrum für europäische Studien, Universität Trier, 43, Trier.

Kleinewefers, H., 2008, Einführung in die Wohlfahrtsökonomie: Theorie - Anwendung - Kritik, Stuttgart.

Klose, K., 2009, Investments in Immobilienaktien, in: Brunner, M. (Hrsg.), 2009, Kapitalanlage mit Immobilien: Produkte - Märkte - Strategien, Wiesbaden, S. 188-204.

Klusak, B., 1985, Fungibilität/Wiederverkauf, in: Falk, B. (Hrsg.), 1985, Immobilien-Handbuch - Wirtschaft, Recht, Bewertung, Stuttgart, u. a., S. 495-499.

Knissel, J./Alles, R., 2003, Ökologischer Mietspiegel - empirische Untersuchung über den möglichen Zusammenhang zwischen der Höhe der Vergleichsmiete und der wärmetechnischen Beschaffenheit des Gebäudes, Darmstadt.

Knissel, J./Alles, R./Behr, I./Hinz, E./Loga, T./Kirchner, J., 2001, Mietrechtliche Möglichkeiten zur Umsetzung von Energiesparmaßnahmen im Gebäudebestand, Frankfurt am Main u. Darmstadt.

Knissel, J./Alles, R./Hörner, M./von Malottki, C./Müller, K., 2009, Anpassung der Instrumente zur energetischen Gebäudebewertung in ökologischen Mietspiegeln an die zukünftige erforderlichen Energieausweise - eine Untersuchung im Auftrag der Deutschen Bundesstiftung Umwelt, Darmstadt.

Knissel, J./Born, R./Diefenbach, N., 2007, Intensive Mehrkosten und Wirtschaftlichkeit von energieeffizienten Neubauten und Bestandsgebäuden - Studie erstellt im Auftrag des Gouvernment du Grand-Duche' de Luxembourg, Darmstadt.

Koch, M., 2010, Ein internationales Gebäudebewertungssystem für Nachhaltigkeit: Mögliche Anwendungen für Immobilieninvestoren und -nutzer, in: Rottke, N. B./Reichardt, A. (Hrsg.), 2010, Ökonomie vs. Ökologie - Nachhaltigkeit in der Immobilienwirtschaft?, Köln, S. 157-175.

Koch, U., 2006, Mietpreispolitik in Deutschland - Eine empirische Studie unter besonderer Berücksichtigung des qualifizierten Mietspiegels, Augsburg.

Kommission der Europäischen Union, 2001, Grünbuch - Europäische Rahmenbedingungen für die soziale Verantwortung der Unternehmen, Auf den Seiten von EUR-Lex, URL: http://eur-lex.europa.eu/LexUriServ/site/de/com/2001/com2001_0366de01.pdf, Stand: 18.07.2001.

Kommission der Europäischen Union, 2008, Vorschlag für eine Richtlinie des Europäischen Parlaments und des Rates zur Förderung der Nutzung von Energie aus erneuerbaren Quellen, Auf den Seiten von EUR-Lex, URL: http://eur-lex.europa.eu/LexUriServ/LexUriServ.do?uri=COM:2008:0019:FIN:DE:PDF, Stand: 23.01.2008.

Königstein, M., 2005, Internationale Methoden der Immobilienbewertung, in: BDO Deutsche Warentreuhand AG (Hrsg.), 2005, Praxishandbuch Real Estate Management - Kompendium der Immobilienwirtschaft, Stuttgart, S. 281-292.

Kreikenbohm, J., 2005, Grundstücksrecht, in: BDO Deutsche Warentreuhand AG (Hrsg.), 2005, Praxishandbuch Real Estate Management - Kompendium der Immobilienwirtschaft, Stuttgart, S. 35-56.

Krelle, W., 1961, Preistheorie, (St. Galler Wirtschaftswissenschaftliche Forschungen, Hrsg. von Handels-Hochschule St. Gallen/Stiftung für Wissenschaftliche Forschung, 17), Tübingen u. Zürich.

Krieger, R., 2010, Soll und Haben im neuen Gewand, Auf den Seiten von Handelsblatt, URL: http://www.handelsblatt.com/finanzen/immobilien/deutsche-bank-zentrale-soll-und-haben-im-neuen-gewand;2627121, Stand: 31.07.2010.

Krolkiewicz, H. J./Hopfensperger, G./Spöth, H., 2009, Energiekosten für Gebäude senken, Freiburg, Berlin u. München.

Kröll, R., 2010, Nachbesserungsbedarf bei NHK 2005 und Restwertmodell, in: GuG - Grundstücksmarkt und Grundstückswert, 21. Jg., Heft 2, S. 65-70.

Kühne-Büning, L., 2005a, Besonderheiten des Wirtschaftsgutes Wohnung und seiner Nutzungsleistungen, in: Kühne-Büning, L., et al. (Hrsg.), 2005a, Grundlagen der Wohnungs- und Immobilienwirtschaft, 4., überarbeitete und erweiterte Aufl., Frankfurt am Main, S. 7-17.

Kühne-Büning, L., 2005b, Besonderheiten des Wohnungsmarktes und soziale Marktwirtschaft, in: Kühne-Büning, L., et al. (Hrsg.), 2005b, Grundlagen der Wohnungs- und Immobilienwirtschaft, 4., überarbeitete und erweiterte Aufl., Frankfurt am Main, S. 69-89.

Kühne-Büning, L., 2005c, Überlegung zur marktwirtschaftlichen Ordnung und zum Gleichgewichtspreis, in: Kühne-Büning, L., et al. (Hrsg.), 2005c, Grundlagen der Wohnungs- und Immobilienwirtschaft, 4., überarbeitete und erweiterte Aufl., Frankfurt am Main, S. 18-26.

Kumar, S./Fisk, W. J., 2002, The Role of Emerging Energy-Efficient Technology in Promoting Workplace Productivity and Health - Final Report, Lawrence Berkley National Laboratory, Washington, D.C. u. Berkley.

Kümpel, S., 1995, Kapitalmarktrecht - Eine Einführung, Grundlagen und Praxis des Bank- und Börsenwesens Bd. 30, Regensburg u. Münster.

Kunath, A., 2005, Fondsinitiatoren, in: Schulte, K.-W., et al. (Hrsg.), 2005, Handbuch Immobilien-Investitionen, 2., vollständig überarbeitete Aufl., Köln, S. 151-171.

Labatt, S./White, R. R., 2007, Carbon Finance - The Financial Implications of Climate Change, Hoboken.

Lai, G./Wang, M. X./Kekre, S./Scheller-Wolf, A./Secomandi, N., 2010, Valuation of the Real Option to Store Liquefied Natural Gas at a Regasification Terminal, Tepper School of Business, Carnegie Mellon University, Pittsburg.

Lancaster, K. J., 1966, A New Approach to Consumer Theory, in: Journal of Political Economy, 74. Jg., Heft 2, S. 132.

Landgraf, D., 2010, Responsible Property Investments: Ein Erfahrungsbericht aus den USA, in: Rottke, N. B./Reichardt, A. (Hrsg.), 2010, Ökonomie vs. Ökologie - Nachhaltigkeit in der Immobilienwirtschaft?, Köln, S. 113-132.

Landgraf, D./Rohde, C., 2010, Nachhaltigkeit und Immobilienfinanzierung, in: Rottke, N. B./Reichardt, A. (Hrsg.), 2010, Ökonomie vs. Ökologie - Nachhaltigkeit in der Immobilienwirtschaft?, Köln, S. 223-242.

Langston, C. A./Ding, G. K. C., 2001, Sustainable Prctices in the Built Environment, 2. Aufl., Oxford, u. a.

Leaman, A./Bordass, B., 1999, Productivity in Buildings - The "Killer" Variables, in: Building Research & Information, 27. Jg., Heft 1, S. 4-19.

Lee, G. S., 2008, Wohnimmobilienmärkte, in: Schulte, K.-W. (Hrsg.), 2008, Immobilienökonomie Band IV - Volkswirtschaftliche Grundlagen, München, S. 287-303.

Leiner, B., 1998, Grundlagen der Zeitreihenanalyse, 4. völlig neu bearbeitete Aufl., München, u. a.

Leithner, S./Liebler, H., 2003, Die Bedeutung von Realoptionen im M&A-Geschäft, in: Hommel, U., et al. (Hrsg.), 2003, Reale Optionen - Konzepte, Praxis und Perspektiven strategischer Unternehmensfinanzierung, Berlin, Heidelberg u. New York, S. 219-241.

Lentz, G. H./Tse, K. S. M., 1995, An Option Pricing Approach to the Valuation of Real Estate Contaminated with Hazardous Materials, in: Journal of Real Estate Finance and Economics, 10. Jg., Heft 2, S. 121-144.

Lenz, T., 2009, Die Bilanzierung von Immobilien nach IFRS - Eine ökonomische Analyse vor dem Hintergrund des REIT-Gesetzes, (Rechnungslegung und Wirtschaftsprüfung, Hrsg. von Baetge, J., et al., 20), Lohmar u. Köln, (zugl. Diss., Ruhr-Universität Bochum, 2009).

Leopoldsberger, G., 1998, Kontinuierliche Wertermittlung von Immobilien, (Schriften zur Immobilienökonomie, Hrsg. von Schulte, K.-W., 6), Köln, (zugl. Diss., European Business School, 1997).

Leopoldsberger, G., 2006, Immobilienbewertung, in: Wernecke, M./Rottke, N. B. (Hrsg.), 2006, Praxishandbuch Immobilienzyklen, Köln, S. 177-198.

Leopoldsberger, G./Saffran, P., 2005, Bewertung von Immobilien, in: Schulte, K.-W., et al. (Hrsg.), 2005, Handbuch Immobilien-Investitionen, 2., vollständig überarbeitete Aufl., Köln, S. 429-459.

Leopoldsberger, G./Thomas, M., 2004, Bewertung von Unternehmensimmobilien, in: Schulte, K.-W./Schäfers, W. (Hrsg.), 2004, Handbuch Corporate Real Estate Management, 2., aktualisierte und erweiterte Aufl., Köln, S. 137-168.

Leopoldsberger, G./Thomas, M./Naubereit, P., 2008, Immobilienbewertung, in: Schulte, K.-W. (Hrsg.), 2008, Immobilienökonomie Band 1 Betriebswirtschaftliche Grundlagen, 4. Aufl., München, S. 453-527.

Leung, W. K./Sirmans, C. F., 1990, A Lattice Approach to Pricing Fixed-Rate Mortgages with Default and Prepayment Options, in: Journal of the American Real Estate & Urban Economics Association, 18. Jg., Heft 1, S. 91-104.

Levine, M./Ürge-Vorsatz, D./Blok, k./Geng, L./Harvey, D./Lang, S./Levermore, G./Mongameli, A./Mirasgedis, S./Novkova, A./Rilling, J./HiroshiYoshino, 2007, Residential and Commercial Buildings, in: Metz, B., et al. (Hrsg.), 2007, Climate Change 2007 - Mitigation. Contribution of Working Group III to the Fourth Assessment Report of the Intergovernmental Panel on of Climate Change, Cambridge u. New York,

Lintner, J., 1965, The Valuation of Risk Assets and the Selection of Risky Investments in Stock Portfolios and Capital Budgets, in: Review of Economics and Statisitcs, 47. Jg., Heft 1, S. 13-37.

Loew, T., 2002, Internationale Entwicklung der Regulierungen zur Förderung ökologisch-ethischer Finanzdienstleistungen, IÖW - Institut für ökölogische Wirtschaftsforschung gGmbH, Diskussionspapier des IÖW 56/02, Berlin.

Loga, T./Diefenbach, N./Enseling, A./Hacke, U./Born, R./Knissel, J./Hinz, E., 2007, Querschnittsbericht Energieeffizienz im Wohngebäudebestand - Techniken, Potenziale, Kosten und Wirtschaftlichkeit, Darmstadt.

Loipfinger, S., 2007, Marktanalyse der Beteiligungsmodelle 2007, in: Der Immobilienbrief, Nr.: 132 Spezial Geschlossene Fonds, 05. KW / 01.02.2007, 13-32, Auf den Seiten von Der Immobilienbrief, URL: http://www.rohmert.de/derimmobilienbrief/pdf/2007/182.pdf, Zugriff am: 11.07.2007.

Loos, C., 2005, Strategien institutioneller Immobilieninvestoren - Ein kompetenzbasierter Strategieansatz am Beispiel offener Immobilienfonds, (Immobilienwirtschaftliche Forschungen in Theorie und Praxis, Hrsg. von Pfnür, A., 2), Frankfurt am Main, (zugl. Diss., Technische Universität Darmstadt, 2005).

Lorenz, D./d'Amato, M./Des Rosiers, F./Elder, B./van Genne, F./Hartenberger, U./Hill, S./Jones, K./Kauko, T./Kimmet, P./Lorch, R./Lützkendorf, T./Percy, J., 2008, Sustainable Property Investment & Management - Key Issues & Major Challenges, Auf den Seiten von RICS, URL: http://www.rics.org/site/download_feed.aspx?fileID=5227&fileExtension=PDF, Stand: September 2008.

Lorenz, D./Lützkendorf, T., 2008, Sustainability in Property Valuation - Theory and Practice, in: Journal of Property Investment & Finance, 26. Jg., Heft 6, S. 482-521.

Löw, S., 2003, Gewinnrealisierung und Rückstellungsbilanzierung bei Versicherungsunternehmen nach HGB und IFRS, Wiesbaden, (zugl. Diss, Universität Magdeburg, 2003).

Lucius, D. I., 2000, Real Options in Real Estate Development, in: Journal of Property Investment & Finance, 19. Jg., Heft 1, S. 73-78.

Lucuik, M./Trusty, W./Larsson, N./Charette, R., 2005, A Business Case for Green Buildings in Canada, Auf den Seiten von Canada Green Building Council, URL: http://www.cagbc.org/uploads/A%20Business%20Case%20for%20Green%20Bldgs%20in%20Canada.pdf, Stand: März 2005.

Lützkendorf, T., 2009, Nachhaltiges Bauen - auf dem Weg zum Leitmarkt, in: Stiftung Bauwesen (Hrsg.), 2009, Brennpunkt CO_2 Reduktion - Chancen für das Bauwesen, Stuttgart, S. 61-75.

Lützkendorf, T./Lorenz, D., 2005a, Nachhaltigkeitsorientierte Investments im Immobilienbereich - Trends, Theorie und Typologie, Stiftungslehrstuhl Ökonomie und Ökologie des Wohnungsbaus, Universität Karlsruhe (TH), Karlsruhe.

Lützkendorf, T./Lorenz, D., 2005b, Sustainable Property Investment: Valuing Sustainable Buildings Through Property Performance Assessment, in: Building Research & Information, 33. Jg., Heft 3, S. 212-234.

Lützkendorf, T./Lorenz, D., 2006, Using an integrated performance approach in building assessment tools, in: Building Research & Information, 34. Jg., Heft 4, S. 334-356.

Lützkendorf, T./Lorenz, D., 2007a, "Green Buildings" - nur umweltfreundlich oder auch wirtschaftlich und wertstabil?, in: Verband deutscher Pfandbriefbanken e.V. (Hrsg.), 2007a, Professionelles Immobilien-Banking - Daten und Fakten 2007/2008, Berlin, S. 58-68.

Lützkendorf, T./Lorenz, D., 2007b, Integrating Sustainability into Property Risk Assessments for Market Transformation, in: Building Research & Information, 35. Jg., Heft 6, S. 644-661.

Lux, R./Piehler, J., 2011, Nachhaltigkeit und Energieeffizienz stärker im Fokus der Immobilienbewertung, in: Immobilien & Finanzierung - Der Langfristige Kredit, Heft 7/2011, S. 194-196.

Maennig, W., 2008, Wohnungspolitik, in: Schulte, K.-W. (Hrsg.), 2008, Immobilienökonomie Band IV - Volkswirtschaftliche Grundlagen, München, S. 531-565.

Magistrat der Wissenschaftsstadt Darmstadt (Hrsg.), 2010, Mietspiegel Darmstadt 2010 - Fortschreibung des Mietspiegels Darmstadt 2008, Darmstadt.

Maier-Rigaud, 1997, Schritte zur ökologischen Marktwirtschaft, Marburg.

Maier, K. M., 2007, Risikomanagement im Immobilien- und Finanzwesen - Ein Leitfaden für Theorie und Praxis, 3., überarbeitete und erweiterte Aufl., Frankfurt am Main.

Makkie, H. E., 2010, Green Building: Nachhaltigkeitszertifikate im Bausektor - Konsequenzen für die Bau- und Immobilienwirtschaft, Reihe Nachhaltigkeit 33, Hamburg.

Mandl, G./Rabel, K., 1997, Unternehmensbewertung - Eine praxisorientierte Einführung, Wien u. a.

Markowitz, H., 1952, Portfolio Selection, in: Journal of Finance, 7. Jg., Heft 1, S. 77-91.

Markowitz, H., 1991, Portfolio Selection - Efficient Diversification of Investments, 2. Aufl., Cambridge.

Matschke, M. J./Brösel, G., 2007, Unternehmensbewertung - Funktionen - Methoden - Grundsätze, 3. überarbeitete und erweiterte Aufl., Wiesbaden.

Matthiessen, L. F./Morris, P., 2004, Costing Green - A Comprehensive Cost Database and Budgeting Methodology, Auf den Seiten von Davis Langdon, URL: http://www.davislangdon.com/upload/images/publications/USA/2004%20Costing%20Green%20Comprehensive%20Cost%20Database.pdf, Stand: Juli 2004.

Maurer, R./Pitzer, M./Sebastian, S., 2004, Hedonic Price Indices for the Paris Housing Market, in: Allgemeines Statistisches Archiv, 88. Jg., Heft 3, S. 303-326.

McDonald, R./Siegel, D., 1986, The Value of Waiting to Invest, in: Quaterly Journal of Economics, 101. Jg., Heft 4, S. 707-727.

McDonald, R./Siegel, D., 2001, The Value of Waiting to Invest, in: Schwartz, E. S./Trigeorgis, L. (Hrsg.), 2001, Real Options and Investment Under Uncertainty - Classical Readings and Recent Contributions, Cambridge u. London, S. 253-271.

McKinsey & Company, 2007, Kosten und Potenziale der Vermeidung von Treibhausgasemissionen in Deutschland, Auf den Seiten von Bundesverband der Deutschen Industrie e.V., URL: http://www.bdi-online.de/Dokumente/Umweltpolitik/Klimastudie_BDIundMcKinsey_KostenundPotenzialederVermeidungvonTreibhausgasemiss.pdf, Stand: 25.09.2007.

McNamara, P., 2009, Responsible Property Investment - Similiar Aims, Different Manifestations, Geneva.

Meichssner, P., 2007, Deutschland schließt die Lücke - Gesetz zur Einführung der REITs verabschiedet, in: Going Public, Heft 5/2007, S. 80-82.

Meier, C./Blickle, J., 2005, Kirchliches Immobilienmanagement am Beispiel der Evangelischen Kirchen, in: Schulte, K.-W., et al. (Hrsg.), 2005, Handbuch Immobilien-Investitionen, 2., vollständig überarbeitete Aufl., Köln, S. 255-271.

Meins, E., 2010, Der finanzielle Wert der Nachhaltigkeit von Immobilien, in: Rottke, N. B./Reichardt, A. (Hrsg.), 2010, Ökonomie vs. Ökologie - Nachhaltigkeit in der Immobilienwirtschaft?, Köln, S. 259-274.

Meins, E./Burkhard, H.-P., 2009, Der Nachhaltigkeit von Immobilien einen finanziellen Wert geben - ESI Immobilienbewertung-Nachhaltigkeit inklusive, Auf den Seiten von Universität Zürich - Center for Corporate Responsibility and Sustainability, URL: http://www.ccrs.uzh.ch/images/esi_nachhaltigkeit_inklusive.pdf, Stand: Juni 2009.

Menger, C., 1871, Grundsätze der Volkswirtschaftslehre, (Gesammelte Werke, Hrsg. von Hayek, F. A., 1, 1968), Tübingen.

Merton, R. C., 1973, Theory of Rational Option Pricing, in: The Bell Journal of Economics and Management Science, 4. Jg., Heft 1, S. 141-183.

Metz, V., 2007, Der Kapitalisierungszinssatz bei der Unternehmensbewertung - Basiszinssatz und Risikozuschlag aus betriebswirtschaftlicher Sicht und aus Sicht der Rechtsprechung, (Rechnungswesen und Unternehmensüberwachung, Hrsg. von Böcking, H.-J./Hommel, M., Wiesbaden, (zugl. Diss., Universität Mannheim, 2006).

Mikoleit-Garraud, A., 2010, Green Building - Trendthema oder ein eigener Markt?, in: GuG - Grundstücksmarkt und Grundstückswert, 21. Jg., Heft 4, S. 202-203.

Miller, L. T./Park, C. S., 2002, Decision Making Under Uncertainty - Real Options to the Rescue?, in: The Engineering Economist, 47. Jg., Heft 2, S. 105-150.

Miller, M. H./Modigliani, F., 1961, Dividend Policy, Growth, and the Valuation of Shares, in: Journal of Business, 34. Jg., Heft 4, S. 411-433.

Miller, N./Spivey, J./Florance, A., 2008, Does Green Pay Off?, in: Journal of real Estate Portfolio Management, 14. Jg., Heft 4, S. 385-399.

Miller, N. G./Pogue, D./Gough, Q. D./Davis, S. M., 2009, Green Buildings and Productivity, in: Journal of Sustainable Real Estate, 1. Jg., Heft 1, S. 65-89.

Milton, D. K./Glencross, P. M./Walters, M. D., 2000, Risk of Sick Leave Associated with Outdoor Air Supply Rate, Humidification, and Occupant Complaints, in: Indoor Air, 10. Jg., Heft 4, S. 212-221.

Möbert, J./Kortmann, K./Nemeth, R., 2008, Hedonische Regression der Wohnungsmietpreise unter Berücksichtigung von Lagervariablen am Beispiel eines Bestands im Ruhrgebiet, in: Zeitschrift für Immobilienökonomie, Heft 1, S. 50-64.

Modigliani, F./Miller, M. H., 1959, The Cost of Capital, Corporation Finance, and the Theory of Investment, in: American Economic Review, 49. Jg., Heft 4, S. 655-669.

Moll-Amrein, M., 2009, Der Liegenschaftszinssatz in der Immobilienbewertung und seine institutionelle Implementierung - Ein deutscher Sonderweg -, Wiesbaden, (zugl. Diss, Universität Freiburg, 2009).

Möller, J., 2007, Immobilie als Unternehmen - Kritische Analyse der Bewertungspraxis und Ansätze zur outputorientierten Wertermittlung, (Unternehmen und Steuern, Hrsg. von Sigloch, J./Henselmann, K., 51), Aachen, (zugl. Diss., Univ. Bayreuth, 2007).

Morawski, J./Rehkugler, H./Füss, R., 2008, The Nature of Listed Real Estate Companies - Property or Equity Market?, in: Financial Markets and Portfolio Management, 22. Jg., Heft 2, S. 101-126.

Mossin, J., 1966, Equilibrium in a Capital Asset Market, in: Econometrica, 34. Jg., Heft 4, S. 768-783.

Moxter, A., 1982, Betriebswirtschaftliche Gewinnermittlung, Tübingen.

Moxter, A., 1983, Grundsätze ordnungsmäßiger Unternehmensbewertung, 2., vollständig umgearbeitete Aufl., Wiesbaden.

Müller, V.-H., 2009, Bewertung von Immobilien: Verfahrensweise - quantitative und qualitative Methoden, in: Brunner, M. (Hrsg.), 2009, Kapitalanlage mit Immobilien: Produkte - Märkte - Strategien, Wiesbaden, S. 271-294.

Mun, J., 2006, Real Option Analysis - Tools and Techniques for Valuing Strategic Investments and Decisions, 2. Aufl., Hoboken.

Münchehofe, M./Sprenger, U., 2004, Der risikobezogene Ansatz der Immobilienbewertung ("RO-Verfahren"), in: GuG - Grundstücksmarkt und Grundstückswert, 15. Jg., Heft 5, S. 257-263.

Münchehofe, M./Springer, U., 2008, Eignet sich die Netto-Anfangsrendite als Diskontierungszinssatz?, in: GuG - Grundstücksmarkt und Grundstückswert, 19. Jg., Heft 3, S. 164-166.

Mürle, M./Schmitt, G., 2009, Discounted-Cash-Flow-Verfahren - Analyse des Diskontierungssatzes, in: Zeitschrift für Geodäsie, Geoinformation und Landmanagement, 134. Jg., Heft 1, S. 1-10.

Myers, S. C., 1977, Determinants of Corporate Borrowing, in: Journal of Financial Economics, 5. Jg., Heft 2, S. 147-175.

Nack, U., 2007, Direkte vs. indirekte Immobilieninvestitionen, in: Schulte, K.-W. (Hrsg.), 2007, Handbuch Immobilien-Portfoliomanagement, Köln, S. 145-158.

Nelson, A., 2007, The Greening of U.S. Investment Real Estate - Market Fundamentals, Prospects and Opportunities, RREEF Research, Nummer 57, San Francisco.

Nelson, A., 2008, Globalization and Global Trends in Green Real Estate Investment, RREEF Research, Nummer 64, San Francisco.

Nelson, A. J./Rakau, O./Dörrenberger, P., 2010, Nachhaltige Gebäude - Von der Nische zum Standard, Deutsche Bank Research, Aktuelle Themen 483, Frankfurt am Main.

New Buildings Institute Inc., 2003, Integrated Energy Systems - Productivity & Building Sience, The California Energy Commission, 500-03-082, Sacramento.

o. V., 2008, Zertifizierungskosten - Was nach den Mehrkosten für die Rendite übrig bleibt, in: Immobilien Zeitung Nr. 24 vom 19.06.2008, S. 13.

o. V., 2009a, "Green Buildings" für Institutionelle - iii-Investments legt ersten Spezialfonds auf - 6 Prozent Rendite erwartet, in: Börsenzeitung, vom 23.07.2009, S. 2.

o. V., 2009b, Neue Bewertungsregeln - ImmoWertV enthält keine DCF-Normierung, in: Immobilien Zeitung Nr. 21 vom 28.05.2009, S. 4.

o. V., 2009c, Wohnkonzept für "Generation 50 plus" - Nachfrage in Stuttgart übersteigt das Angebot, in: Immobilienbrief Stuttgart, Nr. 26, vom 27.01.2009, S. 11.

o. V., 2010, Immobilienbewertung: Welcher Mietansatz ist "richtig"?, in: Immobilienmanager, Heft 7/8/2010, S. 10-11.

o. V., 2011, Lage, Lage, Lage ist nur die halbe Wahrheit, in: Der Fondsbrief Nr. 139 vom 30.05.2011, S. 3-4.

Oberhuber, N., 2010, Mein Haus wird klimaneutral, Auf den Seiten von Frankfurter Allgemeine Zeitung, URL: http://www.faz.net/s/RubEC1ACFE1EE274C81BCD3621EF555C83C/Doc~E1BE89FB01BB948F9971517FB6480D39B~ATpl~Ecommon~Scontent.html, Stand: 19.09.2010.

Oettle, K., 2001, Wohnungswirtschaft - in den deutschen Wirtschafts- und Sozialwissenschaften vernachlässigt, in: Jenkis, H. W. (Hrsg.), 2001, Kompendium der Wohnungswirtschaft, 4., ergänzte Aufl., München u. Wien, S. 3-22.

Oppenheimer, P. H., 2002, A Critique of Using Real Options Pricing Models in Valuing Real Estate Projects and Contracts, in: Briefings in Real Estate Finance, 2. Jg., Heft 3, S. 221-233.

Osadnik, S., 2011, Köder für Gebäudesanierer, Auf den Seiten von Financial Times Deutschland, URL: http://www.ftd.de/finanzen/immobilien/:portfolio-koeder-fuer-gebaeudesanierer/60063334.html, Stand: 09.06.2011.

Ott, A. E., 1997, Grundzüge der Preistheorie, (Grundriss der Sozialwissenschaften, Band 25), 3. Aufl., Göttingen.

Ottmann, M., 2005, Preisbildung, Standortverhalten und Stadtentwicklung, in: Bach, H., et al. (Hrsg.), 2005, Immobilienmarkt und Immobilienmanagement - Entscheidungsgrundlagen für die Immobilienwirtschaft, München, S. 277-334.

Paddock, J. I./Siegel, D. R./Smith, J. L., 2001, Option Valuation of Claims on Real Assets - The Case of Offshore Petroleum Leases, in: Schwartz, E. S./Trigeorgis, L. (Hrsg.), 2001, Real Options and Investment Under Uncertainty - Classical Readings and Recent Contributions, Cambridge u. London, S. 773-802.

Palinkas, P., 1976, Die Wohnungsbauinvestitionen in der BRD - eine theoretische und empirische Analyse, Hamburg, (zugl. Diss, Universität Hamburg, 1976).

Paul, E., 1998, Bewertungsmethoden im Kontext der funktionalen Werttheorie, in: GuG - Grundstücksmarkt und Grundstückswert, 9. Jg., Heft 2, S. 84-92.

Pausenberger, E., 1962, Wert und Bewertung, (Betriebswirtschaftliche Studienbücher - Reihe I: Grundlagen, Hrsg. von Seischab, H., P 13), Stuttgart.

Pelzeter, A., 2006, Lebenszykluskosten von Immobilien: Einfluss von Lage, Gestaltung und Umwelt, (Schriften zur Immobilienökonomie, Hrsg. von Schulte, K.-W., 36), Köln, (zugl. Diss., European Business School, 2006).

Perridon, L./Steiner, M./Rathgeber, A., 2009, Finanzwirtschaft der Unternehmung, 15., überarbeitete und erweiterte Aufl., München.

Petersen, H., 2006, DCF - Prognoseverfahren oder Verkehrswertermittlungsmethode, in: GuG - Grundstücksmarkt und Grundstückswert, 17. Jg., Heft 3, S. 142-144.

Pfnür, A., 2002, Betriebliche Immobilienökonomie, Heidelberg, (zugl. Habil.-Schr., Universität Hamburg, 2001).

Pfnür, A., 2007, Investment-Based Real Estate Portfolio Management, in: Zeitschrift für immobilienwissenschaftliche Forschung und Praxis, Heft 4/2007, S. 2-7.

Pfnür, A./Armonat, S., 2001, Immobilienkapitalanlage institutioneller Investoren - Risikomanagement und Portfolioplanung, Arbeitsbereich öffentliche Wirtschaft am Fachbereich Wirtschaftswissenschaften der Universität Hamburg, Arbeitspapier Nr. 26, Hamburg.

Pfnür, A./Schaefer, C., 2001, Realoptionen als Instrument des Investitionscontrolling, in: Wirtschaftswissenschaftliches Studium - Zeitschrift für Ausbildung und Hochschulkontakt, 30. Jg., Heft 5, S. 248-252.

Piazolo, D., 2007, Performance Kennzahlen für die Immobilienwirtschaft, in: WiSt Wirtschaftswissenschaftliches Studium, 36. Jg., Heft 4, S. 215-218.

Piazolo, D., 2008, Datenbankbasierte Immobilienmarktanalyse - Welche Daten für welchen Zweck?, in: Junius, K./Piazolo, D. (Hrsg.), 2008, Praxishandbuch Immobilien-Research, Köln, S. 35-54.

Piazolo, D., 2009, Nutzbarkeit von Datenbanken für die Wertermittlung, in: Geppert, H./Werling, U. (Hrsg.), 2009, Praxishandbuch Wertermittlung von Immobilieninvestments, Köln, S. 405-425.

Pivo, G./Fisher, J. D., 2008, Investment Returns from Responsible Property Investments - Energy Efficient, Transit-oriented and Urban Regeneration Office Properties in the US from 1998-2007, Responsible Property Investing Center, Boston College and University of Arizona, WP 08-2, Tucson.

Pivo, G./McNamara, P., 2005, Responsible Property Investing, in: International Real Estate Review, 8. Jg., Heft 1, S. 128-143.

Pyhrr, S. A./Cooper, J. R./Wofford, L. E./Kapplin, S. D./Lapides, P. D., 1989, Real Estate Investment - Strategy, Analysis, Decisions, 2. Aufl., New York, u. a.

Quigg, L., 1993, Empirical Testing of Real Option-Pricing Models, in: Journal of Finance, 48. Jg., Heft 2, S. 621-640.

Quigg, L., 1995, Optimal Land Development, in: Trigeorgis, L. (Hrsg.), 1995, Real Options in Capital Investment - Models, Strategies, and Applications, Westport, Connecticut u. London, S. 265-280.

Rast, R., 2009, Energieeffizientes Bauen - Wirtschaftlichkeitsüberlegungen und Klimaschutz, in: Brunner, M. (Hrsg.), 2009, Kapitalanlage mit Immobilien: Produkte - Märkte - Strategien, Wiesbaden, S. 295-312.

Rausch, B., 2008, Unternehmensbewertung mit zukunftsorientierten Eigenkapitalkosten - Möglichkeiten und Grenzen der Schätzung von Eigenkapitalkostensätzen ohne Verwendung historischer Renditen, (Rechnungswesen und Unternehmensüberwachung, Hrsg. von Böcking, H.-J./Hommel, M., 26), Wiesbaden, (zugl. Diss., Universität Frankfurt, 2008).

Rauschenberger, R., 2002, Nachhaltiger Shareholder Value - Integration ökologischer und sozialer Kriterien in die Unternehmensanalyse und in das Portfoliomanagement, (Bank- und finanzwirtschaftliche Forschungen, Hrsg. von Geiger, H., et al., 333), Bern u. a.

Reed, R./Bilos, A./Wilkinson, S./Schulte, K.-W., 2009, International Comparsion of Sustainable Rating Tools, in: Journal of Sustainable Real Estate, 1. Jg., Heft 1, S. 1-22.

Reeder, L., 2010, Guide to Green Building Rating Systems - Understanding LEED, Green Globes, Energy Star, the National Green Building Standard, and more, Hoboken.

Rehkugler, H., 2005, Die Bewertung von Immobiliengesellschaften, in: Franke, H.-H./Rehkugler, H. (Hrsg.), 2005, Immobilienmärkte und Immobilienbewertung, München, u. a., S. 303-330.

Rehkugler, H., 2006, "Faire" Bewertung von REITs - Der Net Asset Value (NAV) als nützlicher Indikator, in: Going Public, Heft 3/2006, S. 91-93.

Rehkugler, H./Jandura, I./Morawski, J., 2005, Immobilien als Bestandteil von Vermögensportfolios, in: Franke, H.-H./Rehkugler, H. (Hrsg.), 2005, Immobilienmärkte und Immobilienbewertung, München, u. a., S. 3-53.

Rehkugler, H./Sotelo, R., 2009, Verbriefte Immobilienanlagen als Kapitalmarktprodukte - eine Einführung, in: Rehkugler, H. (Hrsg.), 2009, Die Immobilie als Kapitalmarktprodukt, München, S. 3-36.

Reichardt, A./Rottke, N. B., 2010, Nachhaltigkeit in der Immobilienwirtschaft: Eine empirische Untersuchung des deutschen Marktes, in: Rottke, N. B./Reichardt, A. (Hrsg.), 2010, Ökonomie vs. Ökologie - Nachhaltigkeit in der Immobilienwirtschaft?, Köln, S. 91-112.

Reichert, A. K., 2002, Hedonic Modeling in Real Estate Appraisal - The Case of Environmental Damages Assessment, in: Wang, K./Wolverton, M. L. (Hrsg.), 2002, Real Estate Valuation Theory, Boston u. a., S. 227-284.

Reiß, H., 2010, Nachhaltigkeit ist nicht nur Green Building, in: Immobilien & Finanzierung, Heft 2/2010, S. 48.

Rendleman, R. J./Bartter, B. J., 1979, Two-State Option Pricing, in: Journal of Finance, 34. Jg., Heft 5, S. 1093-1110.

Renner, A., 2007, Energie- und Ökoeffizienz von Wohngebäuden - Entwicklung eines Verfahrens zur lebenszyklusorientierten Bewertung der Umweltwirkungen unter besonderer Berücksichtigung der Nutzungsphase, (Institut für Massivbau, Technische Universität Darmstadt, Hrsg. von Graubner, C.-A., 14), Darmstadt, (zugl. Diss., Technische Universität Darmstadt, 2007).

Richter, P./Maak, N., 2010, Die Burka fürs Haus, Auf den Seiten von Frankfurter Allgemeine Zeitung, URL: http://www.faz.net/s/Rub117C535CDF414415BB243B181B8B60AE/Doc~EFD7E1E0FB5CC4ED5885F41B11B151519~ATpl~Ecommon~Scontent.html, Stand: 16.11.2010.

Richter, T., 2009, Zweitmarkt für geschlossene Immobilienfonds, in: Brunner, M. (Hrsg.), 2009, Kapitalanlage mit Immobilien: Produkte - Märkte - Strategien, Wiesbaden, S. 145-170.

RICS, 2005, Green Value - Green Buildings, Growing Assets, Auf den Seiten von RICS, URL: http://www.rics.org/NR/rdonlyres/93B20864-E89E-4641-AB11-028387737058/0/GreenValueReport.pdf, Zugriff am: 10.07.2007.

RICS (Hrsg.), 2009, Valuation Information Paper Nr. 13 - Bewertung von Gewerbeimmobilien unter Berücksichtigung der Nachhaltigkeit, Coventry.

Riesmeier, K., 2007, Immobilien-Spezialfonds und REITs - Geschwister oder Gegner?, in: Immobilien & Finanzierung, Heft 16/2007, S. 549-551.

Roberts, C./Rapson, D./Shiers, D., 2007, Social Responsibility - Key Terms and Their Uses in Property Investment, in: Journal of Property Investment & Finance, 25. Jg., Heft 4, S. 388 - 400.

Röbisch, K., 2010, Kanam bricht Tabu - Fondsgesellschaft löst offenen Immobilienfonds auf / Experten erwarten weitere Fälle, in: Financial Times Deutschland, Nr. 191, vom 01.10.2010, S. 17.

Rocha, K./Salles, L./Garcia, F. A. A./Sardinha, J./Teixeira, J., 2007, Real Estate and Real Options - A Case Study, in: Emerging Markets Review, 8. Jg., Heft 1, S. 67-79.

Rogall, H., 2006, Volkswirtschaftslehre für Sozialwissenschaftler - Eine Einführung, Wiesbaden.

Rohmert, W., 2010, Macht Energiepolitik die "Immobilien-Altersvorsorge" zur Lebenslüge für Millionen?, in: Der Immobilienbrief, Nr. 228, vom 24.09.2010, S. 4-8.

Romm, J. J./Browning, W. D., 1998, Greening the Building and the Bottom Line - Increasing Productivity Through Energy-Efficient Design, Rocky Mountain Institute, Colorado.

Rosen, S., 1974, Hedonic Prices and Implicit Markets - Product Differentiation in Pure Competition, in: Journal of Political Economy, 82. Jg., Heft 1, S. 34-55.

Ross, S. A., 1977, Return, Risk, and Arbitrage, in: Friend, I./Bicksler, J. L. (Hrsg.), 1977, Risk and Return in Finance - Volume I, Cambridge, S. 189-218.

Rottke, N./Wernecke, M., 2001a, Management im Immobilienzyklus / Teil 2: Begriffsabgrenzung und Marktmodell, in: Immobilien Zeitung Nr. 14 vom 05.07.2001, S. 11.

Rottke, N./Wernecke, M., 2001b, Management im Immobilienzyklus / Teil 11: Immobilienfinanzierung, Alle reden davon, doch keiner tuts - Antizyklisch investieren, in: Immobilien Zeitung Nr. 11 vom 08.11.2001, S. 10.

Rottke, N./Wernecke, M., 2001c, Management im Immobilienzyklus / Teil 14: Projektentwicklung, in: Immobilien Zeitung Nr. 26 vom 20.12.2001, S. 12.

Rottke, N./Wernecke, M., 2001d, Management im Immobilienzyklus: Der Schweinezyklus - und wie man ihn für sich nutzen kann, in: Immobilien Zeitung Nr. 13 vom 21.06.2001, S. 11.

Rottke, N./Wernecke, M., 2008, Lebenszyklus von Immobilien, in: Schulte, K.-W. (Hrsg.), 2008, Immobilienökonomie Band 1 Betriebswirtschaftliche Grundlagen, 4. Aufl., München, S. 209-229.

Rottke, N. B./Reichardt, A., 2010, Nachhaltigkeit in der Immobilienwirtschaft: Implementierungsstand und Beurteilung, in: Rottke, N. B./Reichardt, A. (Hrsg.), 2010, Ökonomie vs. Ökologie - Nachhaltigkeit in der Immobilienwirtschaft?, Köln, S. 25-54.

Rottke, N. B./Schlump, P., 2007, Strategieentwicklung, in: Schulte, K.-W. (Hrsg.), 2007, Handbuch Immobilien-Portfoliomanagement, Köln, S. 39-64.

Roux Deutschland GmbH (Hrsg.), 2008, Der Einfluss von Nachhaltigkeitszertifikaten auf den Marktwert von Immobilien - Ergebnisse der Marktstudie September 2008, Frankfurt am Main.

Rudolph, B./Schäfer, K., 2010, Derivate Finanzmarktinstrumente - Eine anwendungsbezogene Einführung in Märkte, Strategien und Bewertung, 2., aktualisierte und erw. Aufl., Berlin u. a.

Ruhland, J./Fischer, T./Herud, R., 2009, Gutachten: Contracting in der deutschen Wohnungswirtschaft - Volkswirtschaftliche Implikationen -, Institut für Energiewirtschaftsrecht - Kompetenzzentrum für Technik, Wirtschaft, Recht, Friedrich-Schiller-Universität Jena, Jena.

Rüschen, T., 2009, Geschlossene Immobilienfonds im privaten Asset Management, in: Brunner, M. (Hrsg.), 2009, Kapitalanlage mit Immobilien: Produkte - Märkte - Strategien, Wiesbaden, S. 121-144.

Rußig, V., 2005, Die volkswirtschaftliche Bedeutung der Immobilienwirtschaft, (Zeitschrift für Immobilienökonomie, Hrsg. von gif, Sonderausgabe 2005), Wiesbaden.

Salvi, M./Horhájová, A./Müri, R., 2008, Der Nachhaltigkeit von Immobilien einen finanziellen Wert geben - Minergie macht sich bezahlt, Auf den Seiten von Minergie, URL: http://www.minergie.ch/tl_files/download/ZKB_MINERGIE_Studie_2008.pdf, Stand: November 2008.

Sayce, S./Ellison, L./Parnell, P., 2007, Understanding Investment Drivers for UK Sustainable Property, in: Building Research & Information, 35. Jg., Heft 6, S. 629-643.

SB Alliance, 2010, Welcome to the SB Alliance Initiative, Auf den Seiten von SB Alliance, URL: http://www.sballiance.org/, Zugriff am: 02.11.2010.

Schädle, S., 2009, Immobilienbewertung aus eines Hypothekarfinanciers, in: Bahn, C./Zürich, C. f. U. R. E. M.-. (Hrsg.), 2009, Die Immobilienbewertung in der Schweiz, Zürich, S. 89-106.

Schaefer, C./Pfnür, A., 1999, Investition unter Ungewißheit am Beispiel der Berechtigungsentscheidung immobiliarer Ressourcen, Arbeitsbereich öffentliche Wirtschaft am Fachbereich Wirtschaftswissenschaften der Universität Hamburg, Hamburg.

Schäfer, H., 1997, Grundzüge des deutschen Geldmarkts, in: AKADEMIE. Zeitschrift für Führungskräfte in Verwaltung und Wirtschaft, 42. Jg., Heft 4, S. 107-112.

Schäfer, H., 2001, Triple Bottom Line Investing - Ethik, Rendite und Risiko in der Kapitalanlage, in: Zeitschrift für das gesamte Kreditwesen, 54. Jg., Heft 13, S. 740-744.

Schäfer, H., 2002, Unternehmensfinanzen - Grundzüge in Theorie und Management, 2., überarb. und erw. Aufl., Heidelberg.

Schäfer, H., 2003a, Nicht-finanzielle Bestimmungsfaktoren des Anlageverhaltens deutscher Stiftungen, in: Sparkasse. Manager-Magazin für die Sparkassen-Finanzgruppe, 120. Jg., Heft 7, S. 309-315.

Schäfer, H., 2003b, Sozial-ökologische Ratings am Kapitalmarkt, Edition der Hans-Böckler-Stiftung, Nr. 84, Düsseldorf.

Schäfer, H., 2004, Ethical Investment of German Non-profit Organisations - Conceptual Outline and Empirical Results, in: Business Ethics: A European Review, 13. Jg., Heft 4, S. 269-287.

Schäfer, H., 2005a, CSR-Rating: Ökonomisches Bindeglied zwischen Investoren und Unternehmen, in: RATINGaktuell, 4. Jg., Heft 3, S. 52-57.

Schäfer, H., 2005b, Unternehmensinvestitionen - Grundzüge in Theorie und Management, 2., überarbeitete Aufl., Heidelberg.

Schäfer, H., 2005c, Wie nachhaltig ist die Geldanlage in Deutschland?, in: Zeitschrift für das gesamte Kreditwesen, 58. Jg., Heft 11, S. 558-562.

Schäfer, H., 2008, Die Skyline ergrünt - Potenzial für eine neue Anlageklasse im Bereich ethischer Geldanlagen, in: Forum Nachhaltig Wirtschaften, Heft 03/2008, S. 122-123.

Schäfer, H./Goldschmidt, R., 2010, Corporate Social Responsibility of Large-Owned Companies in Germany, in: International Journal of Enterpreneurship and Small Business, 11. Jg., Heft 3, S. 285-307.

Schäfer, H./Gromer, C., 2008, Nachhaltige Immobilieninvestments, in: Faust, M./Scholz, S. (Hrsg.), 2008, Nachhaltige Geldanlagen - Produkte, Strategien und Beratungskonzepte, Frankfurt am Main, S. 389-416.

Schäfer, H./Gromer, C./Lucas, D., 2010, Unausgereiztes Potenzial für nachhaltige REITs - Chancen nutzen durch eine Gesetzesreform, in: Betriebswirtschaftliche Blätter - Fachzeitschrift für Unternehmensführung in der Sparkassen-Finanzgruppe, 59. Jg., Heft 1, S. 35-43.

Schäfer, H./Langer, G., 2007, Unternehmensbewertung im Kontext des Nachhaltigkeits-Ansatzes - Methodenüberblick und Forschungsperspektiven, Betriebswirtschaftliches Institut der Universität Stuttgart, Lehrstuhl für Allgemeine Betriebswirtschaftslehre und Finanzwirtschaft, Forschungsbericht Nr. 02/2007, Stuttgart.

Schäfer, H./Lindenmayer, P., 2004, Sozialkriterien im Nachhaltigkeitsrating, Edition der Hans-Böckler-Stiftung, Nr. 104, Düsseldorf.

Schäfer, H./Lindenmayer, P., 2005, Unternehmenserfolge erzielen und verantworten - Ein finanzmarktgesteuertes Beurteilungs- und Steuerungsmodell von Corporate Responsibility, Auf den Seiten von Bertelsmann Stiftung, URL: http://www.bertelsmann-stiftung.de/bst/de/media/Studie_ShareholderValue_ CSR.pdf, Stand: Oktober 2005.

Schäfer, H./Lützkendorf, T./Gromer, C./Rohde, C., 2008, Abschlussbericht zum Projekt ImmoInvest - Grundlagen nachhaltiger Immobilieninvestments (Abschlussbericht), Forschungsinitiative ZukunftBau, F2702, Stuttgart.

Schäfer, H./Preller, E., 2003, Nachhaltigkeit von Unternehmen aus Finanzmarktsicht - Konzepte der Nachhaltigkeitsmessung auf Finanzmärkten des deutschsprachigen Raums, Edition der Hans Böckler Stiftung, Nr. 84, Düsseldorf.

Schäfer, H./Schässburger, B., 2003, Bewertung eines Start-up-Unternehmens mit Hilfe des Realoptionsansatzes, in: Hommel, U., et al. (Hrsg.), 2003, Reale Optionen - Konzepte, Praxis und Perspektiven strategischer Unternehmensfinanzierung, Berlin, Heidelberg u. New York,

Schäfer, H./Zenker., J./Beer, J./Fernandes, P., 2006, Who is who in Corporate Social Responsibility Rating, Forschungsbericht, Bertelsmann-Stiftung, Gütersloh, Auf den Seiten von Bertelsmann-Stiftung, URL: http://www.bertelsmann-stiftung.de/bst/de/media/Transparenzstudie2006.pdf, Stand: Juli 2006.

Schäfers, W., 1997, Strategisches Management von Unternehmensimmobilien: Baustein einer theoretischen Konzeption und Ergebnisse einer empirischen Studie, (Schriften zur Immobilienökonomie, Hrsg. von Schulte, K.-W., 3), Köln, (zugl. Diss., European Business School, 1996).

Schäfers, W./Schulte, K.-W., 1999, Immobilienökonomie als wissenschaftliche Disziplin (Teil 1), in: GuG - Grundstücksmarkt und Grundstückswert, 10. Jg., Heft 1, S. 25-30.

Schellenberg, O., 2008, Ausgewählte Methoden des Risikomanagements, in: Kalwait, R., et al. (Hrsg.), 2008, Risikomanagement in der Unternehmensführung - Wertgenerierung durch chancen- und kompetenzorientiertes Management, Weinheim, S. 365-396.

Scherr, H., 2011, "Energetische Eigenschaften" nach ImmoWertV - Berücksichtigung der Energieeffizienz in Gutachten, Auswirkungen auf den Verkehrswert, in: GuG - Grundstücksmarkt und Grundstückswert, 22. Jg., Heft 1, S. 19-29.

Schilling, J. D./Sirmans, C. F./Benjamin, J. D., 1987, On Option-Pricing Models in Real Estate - A Critique, in: Journal of the American Real Estate and Urban Economics Association, 15. Jg., Heft 1, S. 742-752.

Schleich, H./Lindholm, A.-L./Falkenbach, H., 2009, Environmental Sustainability - Drivers for the Real Estate Investor, ERES Conference 2009, Stockholm.

Schlemminger, H., 2011, "Green Building" - von der Modererscheinung zum Trend, in: Frankfurter Allgemeine Zeitung, Nr. 53 vom 04.03.2011, S. 39.

Schlicht, K./Gehri, C., 2007, Grundlagen der Verkehrswertermittlung - Normierte und nichtnormierte Wertermittlungsverfahren - Rechte und Belastungen - Sonderfälle, Köln.

Schmalenbach, E., 1917, Die Werte von Anlagen und Unternehmungen in der Schätzungstechnik, in: Zeitschrift für handelswissenschaftliche Forschung, 12. Jg., S. 1-20.

Schmalgemeier, H., 2005, Grundstücksmarkttransparenz - sind die Gutachterausschüsse "am Puls der Zeit"?, in: GuG - Grundstücksmarkt und Grundstückswert, 16. Jg., Heft 6, S. 350- 357.

Schmidt, S./Weistroffer, C., 2010, Responsible Investments - Mehr als eine Modeerscheinung, Deutsche Bank Research, Aktuelle Themen 484, Frankfurt am Main.

Schmitz-Morkrammer, G., 1994, Beurteilung von Gewerbe-Immobilien und Bewertung an ausgewählten Beispielen aus Sicht eines Kreditinstituts, in: Falk, B. (Hrsg.), 1994, Gewerbe-Immobilien, 6., überarbeitete und erweiterte Aufl., Landsberg / Lech, S. 437-472.

Schneider, C./Graubner, C.-A./Hock, C., 2007, Vorsprung durch Nachhaltigkeit - Neue Herausforderungen für das Bauwesen, in: Bauingenieur, 82. Jg., Heft 3, S. 143-149.

Schredelseker, K., 2002, Grundlagen der Finanzwirtschaft - ein informationsökonomischer Zugang, München u. a.

Schulmerich, M., 2003, Einsatz und Pricing von Realoptionen - Einführung in grundlegende Bewertungsansätze, in: Hommel, U., et al. (Hrsg.), 2003, Reale Optionen - Konzepte, Praxis und Perspektiven strategischer Unternehmensfinanzierung, Berlin, Heidelberg u. New York, S. 63-96.

Schulte, K.-W., 2006, Rechtsordnung und Immobilienökonomie, in: Schulte, K.-W. (Hrsg.), 2006, Immobilienökonomie Band II - Rechtliche Grundlagen, 2., völlig überarbeitete und erweiterte Aufl., München, S. 2-54.

Schulte, K.-W./Holzmann, C., 2005, Investition in Immobilien, in: Schulte, K.-W., et al. (Hrsg.), 2005, Handbuch Immobilien-Investitionen, 2., vollständig überarbeitete Aufl., Köln, S. 21-44.

Schulte, K.-W./Leopoldsberger, G., 2006, Bewertung von Immobilien, in: Drukarczyk, J./Ernst, D. (Hrsg.), 2006, Branchenorientierte Unternehmensbewertung, München, S. 429-450.

Schulte, K.-W./Sturm, V./Wiffler, M., 2008, Volkswirtschaftslehre und Immobilienökonomie, in: Schulte, K.-W. (Hrsg.), 2008, Immobilienökonomie Band IV - Volkswirtschaftliche Grundlagen, München, S. 2-26.

Schulte, W./Matzen, F. J., 2003, Unternehmensbewertung von bestandhaltenden Immobilienunternehmen - Eine kritische Betrachtung der Net Asset Value-Methode, in: Richter, F., et al. (Hrsg.), 2003, Kapitalgeberansprüche, Marktwertorientierung und Unternehmenswert Festschrift für Prof. Dr. h.c. Drukarczyk zum 65. Geburtstag, München, S. 383-408.

Schumacher-Hummel, I., 2005, Socially Responsible Investments - Pensionskassen als aktive Aktionäre, Wiesbaden, (zugl. Diss., Universität St. Gallen, 2005).

Schumacher, M./Vincke, E., 2010, Betriebliches Immobilienmanagement - Nachhaltigkeit ist gut für die eigenen Immobilien von Sparkassen, in: Betriebswirtschaftliche Blätter - Fachzeitschrift für Unternehmensführung in der Sparkassem-Finanzgruppe, 59. Jg., Heft 2, S. 107.

Sedlbauer, K., 2009, Globale Trends und Chancen des Klimawandels, in: Bauwesen, S. (Hrsg.), 2009, Brennpunkt CO_2 Reduktion - Chancen für das Bauwesen, Stuttgart, S. 23-44.

Seppänen, O./Fisk, W. J., 2003, A Conceptual Model to Estimate Cost Effectivness of the Indoor Environment Improvements, Auf den Seiten von eScholarship University of California, Lawrence Berkley National Laboratory, URL: http://escholarship.org/uc/item/3nv9t304;jsessionid=7C23BE4E67CEC0149DF1B888C62C60D5#page-1, Stand: 01.06.2003.

Sharpe, W. F., 1964, Capital Asset Price - A Theory of Market Equilibrium Under Conditions of Risk, in: Journal of Finance, 19. Jg., Heft 3, S. 425-442.

Sheppard, S., 1999, Hedonic Analysis of Housing Markets, in: Mills, E. S./Chesire, P. (Hrsg.), 1999, Handbook of Regional and Urban Economics - 3. Applied Urban Economics, Amsterdam, S. 1596-1635.

Shiers, D. E., 2000, "Green" Developments - Environmental Responsible Buildings in the UK Commercial Property Sector, in: Property Management, 18. Jg., Heft 5, S. 352-365.

Shilling, J. D./Sirmans, C. F./Dombrow, J. F., 1991, Measuring Depreciation in Single-Family Rental and Owner-Occupied Housing, in: Journal of Housing Economics, 1. Jg., Heft 4, S. 368-383.

Siegl, P., 2009, Bewertung der Nachhaltigkeit von Wohnimmobilien, in: Center for Urban & Real Estate Management - Zürich (Hrsg.), 2009, Immobilienwirtschaft aktuell - Beiträge zur immobilienwirtschaftlichen Forschung 2009, Zürich, S. 149-162.

Sigloch, J., 2003, Unternehmensbewertung und Steuern, in: Rathgeber, A./Steiner, M. (Hrsg.), 2003, Finanzwirtschaft, Kapitalmarkt und Banken - Festschrift für Professor Dr. Manfred Steiner zum 60. Geburtstag, Stuttgart, S. 119-140.

Simon, J., 1999, Verkehrswertermittlung offener Immobilienfonds, in: GuG - Grundstücksmarkt und Grundstückswert, 10. Jg., Heft 3, S. 129-143.

Simon, J., 2000, Europäische Standards für die Immobilienbewertung, in: GuG - Grundstücksmarkt und Grundstückswert, 11. Jg., Heft 3, S. 134-141.

Simon, J., 2006, Internationale Bewertungsstandards, in: GuG - Grundstücksmarkt und Grundstückswert, 17. Jg., Heft 5, S. 270-281.

Sing, T. F., 2001, Optimal Timing of a Real Estate Development Under Uncertainty, in: Journal of Property Investment & Finance, 19. Jg., Heft 1, S. 35-51.

Sing, T. F./Patel, K., 2001, Empirical Evaluation of the Value of Waiting to Invest, in: Journal of Property Investment & Finance, 19. Jg., Heft 6, S. 535-553.

Social Investment Forum Foundation, 2010, 2010 Report on Socially Responsible Investing Trends in the United States, Auf den Seiten von Social Investment Forum Foundation, URL: http://socialinvest.org/resources/pubs/documents/2010TrendsES.pdf, Zugriff am: 14.11.2010.

Söderberg, B., 2002, A Note on the Hedonic Model Specification for Income Properties, in: Wang, K./Wolverton, M. L. (Hrsg.), 2002, Real Estate Valuation Theory, Boston, u. a., S. 157-180.

Sommer, G., 2001, Zur Ableitung des Kalkulationszinssatzes im Discounted Cash Flow-Modell, in: Der Sachverständige, Heft 9/2001, S. 244-245.

Sommer, G., 2010a, Ertragswertermittlung mit den Standardverfahren nach ImmoWertV, in: GuG - Grundstücksmarkt und Grundstückswert, 21. Jg., Heft 4, S. 225-228.

Sommer, G., 2010b, Verkehrswertermittlung nach dem mehrperiodischen Ertragswertverfahren, in: GuG - Grundstücksmarkt und Grundstückswert, 21. Jg., Heft 5, S. 290-293.

Sommer, G./Kröll, R., 2008, Lehrbuch zur Grundstückswertermittlung, 2. Aufl., Köln.

Sommer, G./Kröll, R., 2010, Lehrbuch zur Immobilienbewertung - Unter Berücksichtigung der ImmoWertV 2010, 3. Aufl., Köln.

Sotelo, R., 2008, Märkte für Immobilienanlagen und Immobiliennutzung, in: Schulte, K.-W. (Hrsg.), 2008, Immobilienökonomie Band IV - Volkswirtschaftliche Grundlagen, München, S. 67-88.

Speidel, G., 1984, Forstliche Betriebswirtschaftslehre, 2., völlig neubearbeitete Aufl., Hamburg u. Berlin.

Spreemann, K., 2010, Finance, 4., grundlegend überarbeitet Aufl., München.

Spremann, K., 1999, Realoptionen-Finanzoptionen - Gemeinsamkeiten und Unterschiede, in: Albach, H., et al. (Hrsg.), 1999, Die Theorie der Unternehmung in Forschung und Praxis, Berlin, S. 409-419.

Sprengnetter, H. O., 1995, Der Liegenschaftszinssatz entspricht nicht der Grundstücksrendite, in: Wertermittlungsforum aktuell, Heft 4/1995, S. 15-21.

Stackelberg, H. v., 1934, Marktkonform und Gleichgewicht, Wien.

Statistisches Bundesamt Deutschland (Hrsg.), 2004, Verbraucherpreisindizes für Deutschland - Monatsbericht - Fachserie 17 Reihe 7 - Januar 2004, Wiesbaden.

Statistisches Bundesamt Deutschland (Hrsg.), 2006, Verbraucherpreisindizes für Deutschland - Monatsbericht - Fachserie 17 Reihe 7 - Januar 2006, Wiesbaden.

Statistisches Bundesamt Deutschland (Hrsg.), 2008, Bauen und Wohnen - Baugenehmigungen von Wohn- und Nichtwohngebäuden u. a. nach Bauherren - Lange Reihen z. T. ab 1979 - 2008, Wiesbaden.

Statistisches Bundesamt Deutschland (Hrsg.), 2009a, Preisindizes für die Bauwirtschaft - Fachserie 17 Reihe 4 - November 2009, Wiesbaden.

Statistisches Bundesamt Deutschland (Hrsg.), 2009b, Statistisches Jahrbuch 2009 für die Bundesrepublik Deutschland, Wiesbaden.

Statistisches Bundesamt Deutschland (Hrsg.), 2009c, Verbraucherpreisindizes für Deutschland - Monatsbericht - Fachserie 17 Reihe 7 - September 2009, Wiesbaden.

Steinbach, M., 2007, Real Estate Investment Trusts - Der Weg an die Börse, in: Immobilienwirtschaft, Heft 9/2007, S. 29.

Steinforth, M., 2009, Grundstücksrecht, in: Brauer, K.-U. (Hrsg.), 2009, Grundlagen der Immobilienwirtschaft: Recht - Steuern - Marketing - Finanzierung - Bestandsmanagement - Projektentwicklung, 6., vollständig überarbeitete Aufl., Wiesbaden, S. 59-112.

Stemmler, J., 2010, Von der Wertermittlungsverordnung zur Immobilienwertermittlungsverordnung, in: GuG - Grundstücksmarkt und Grundstückswert, 21. Jg., Heft 4, S. 193-202.

Stern, N., The Economics of Climate Change - The Stern Review, Cambridge.

Steven Winter Associates Inc., 2004, GSA LEED Cost Study - Final Report, U.S. General Services Administration, GS-11P-99-MAD-0565, Washington, D.C.

Strotkamp, H.-P., 1996, Häufige Fehler bei der Ableitung der Liegenschaftszinssätze, in: Wertermittlungsforum aktuell, Heft 1/1996, S. 55-59.

Takakura, H., 2009, Auswirkungen der Eigentumsformen und des Mieterschutzes auf die Wohnungsqualität - Eine empirische Analyse basierend auf SOEP, in: Zeitschrift für Wirtschaftspolitik, 58. Jg., Heft 3, S. 371-395.

TEGoVA, 2009, European Valuation Standards 2009, 6. Aufl., Gillis.

The David and Lucile Packard Foundation, 2002, Building for Sustainability Report - Six Scenarios for the David and Lucile Packard Foundation Los Altos Project Auf den Seiten von eArchives - IUPUI University Library Special Collections & Archives, URL: https://archives.iupui.edu/dspace/bitstream/2450/101/1/building+for+sustainability+report+2002.pdf, Zugriff am: 06.08.2007.

Thiele-Mühlhan, I., 2006, Die Grundstücke und das Grundbuch, in: Schulte, K.-W. (Hrsg.), 2006, Immobilienökonomie Band II - Rechtliche Grundlagen, 2., völlig überarbeitete und erweiterte Aufl., München, S. 57-65.

Thomas, M., 1995, Income Approach versus Ertragswertverfahren (2. Teil), in: GuG - Grundstücksmarkt und Grundstückswert, 6. Jg., Heft 2, S. 82-90.

Thomas Saunders, 2008, A Discussion Document Comparing International Environmental Assessment Methods for Buildings, Auf den Seiten von BREEAM, URL: http://www.breeam.org/filelibrary/International%20Comparison%20Document/Comparsion_of_International_Environmental_Assessment_Methods01.pdf, Stand: März 2008.

Tiemann, H. J., 1985, Interdependenzen zwischen Finanzierungsart und Miete bzw. Mietenentwicklung, in: Falk, B. (Hrsg.), 1985, Immobilien-Handbuch - Wirtschaft, Recht, Bewertung, Stuttgart, u. a., S. 511-514.

Titman, S., 1985, Urban Land Prices under Uncertainty, in: American Economic Review, 75. Jg., Heft 3, S. 505-514.

Tober, C./Vögele, G., 2010, Marktbericht nachhaltige Geldanlagen 2010 - Deutschland, Österreich und die Schweiz, Auf den Seiten von Forum Nachhaltige Geldanlagen e.V., URL: http://www.forum-ng.org/images/stories/nachhaltige_geldanlagen/statusbericht_fng_2010_72dpi.pdf, Stand: September 2010.

Töllner, M., 2009, Berücksichtigung der energetischen Sanierung bei Gebäudebewertung, in: Der Bausachverständige, 5. Jg., Heft 1, S. 57-61.

Trigeorgis, L., 1995, Real Options: An Overview, in: Trigeorgis, L. (Hrsg.), 1995, Real Options in Capital Investment - Models, Strategies, and Applications, Westport, Connecticut u. London, S. 1-28.

Trigeorgis, L., 1996, Managerial Flexibility and Strategy in Resource Allocation, Cambridge.

Trigeorgis, L., 2000, Real Options - Mangerial Flexibility and Strategy in Resource Allocation, London.

UKSIF, 2007, Socially Responsible Investment (SRI), Auf den Seiten von UKSIF, URL: http://www.uksif.org/pension-funds/sustainable_pensions/splibrary/ RIL_definitions/sri/?1=1&cms_search_keywords=sri#keyword, Zugriff am: 28.11.2007.

UNEP, 2006, Sustainable Building & Construction Initiative - 2006 - Information Note, Auf den Seiten von UNEP, URL: http://www.uneptie.org/pc/pc/SBCI/SBCI _2006_InformationNote.pdf, Zugriff am: 11.12.2007.

UNEP FI, 2010a, Disclosing Responsible Property Investing Strategies and Performance - Third in a Series of Toolkits on Responsible Property Investing, Auf den Seiten von UNEP FI, URL: http://www.unepfi.org/fileadmin/documents/respon sible_property_toolkit3.pdf, Stand: April 2010.

UNEP FI, 2010b, Responsible Property Investing: Metrics for Performance Measurment - Second in a Series of Toolkits on Responsible Property Investing, Auf den Seiten von UNEP FI, URL: http://www.unepfi.org/fileadmin/docu ments/responsible_property_toolkit2.pdf, Stand: März 2010.

Union Investment, 2010, Investorenumfrage - Green Buildings auf dem Weg zu einer eigenen Asset Klasse, Auf den Seiten von Union Investment, URL: http://realestate.union-investment.de/-snm-0184233354-1289486508-059a 400000-0000000001-1289486644-enmpresse/presseinformationen/a994a65f 42c8dadfb3fb7bd9d61b0a40.0.0/019_InvestitionsklimaStudie_2009_Nachhalti gkeit.pdf, Stand: 01.02.2010.

United Nations, 1998, Kyoto Protocol to the United Nations Framework Convention on Climate Change (UNFCCC), Auf den Seiten von United Nations Framework Convention on Climate Change, URL: http://unfccc.int/resource/ docs/convkp/kpeng.pdf, Zugriff am: 23.11.2009.

Unterreiner, F. P., 2005, Die Teilmärkte des Immobilienmarktes, in: Bach, H., et al. (Hrsg.), 2005, Immobilienmarkt und Immobilienmanagement - Entscheidungsgrundlagen für die Immobilienwirtschaft, München, S. 217-276.

Urschel, O., 2010, Risikomanagement in der Immobilienwirtschaft, (Karlsruher Schriften zur Bau-, Wohnungs- und Immobilienwirtschaft, Hrsg. von Lützkendorf, T., 4), Karlsruhe, (zugl. Diss., Karlsruher Institut für Technologie, 2009).

USGBC, 2010a, LEED 2009 for New Construction and Major Renovations, Auf den Seiten von USGBC, URL: http://www.usgbc.org/ShowFile.aspx? DocumentID=7244, Stand: Juli 2010.

USGBC, 2010b, LEED Projects & Case Studies Directory - Certified Project Directory, Auf den Seiten von USGBC, URL: http://www.usgbc.org/LEED/Project/CertifiedProjectList.aspx, Zugriff am: 30.10.2010.

USGBC, 2010c, LEED Projects & Case Studies Directory - Registered Project Directory, Auf den Seiten von USGBC, URL: http://www.usgbc.org/LEED/Project/CertifiedProjectList.aspx, Zugriff am: 30.10.2010.

Vogel, R. R., 1994, Bodenwertermittlung anhand des Residualwertverfahrens, in: GuG - Grundstücksmarkt und Grundstückswert, 5. Jg., Heft 6, S. 347-353.

Vogel, R. R., 1996, Hypothekenzinsen und Liegenschaftszinssätze: Gibt es Abhängigkeiten?, in: GuG - Grundstücksmarkt und Grundstückswert, 8. Jg., Heft 3, S. 145-152.

Vogels, M., 2005a, Investitions-/Verkehrswertanalyse unter Berücksichtigung von Finanzierungen, Wert- und Ertragsänderungen (1. Teil), in: GuG - Grundstücksmarkt und Grundstückswert, 16. Jg., Heft 1, S. 27-32.

Vogels, M., 2005b, Investitions-/Verkehrswertanalyse unter Berücksichtigung von Finanzierungen, Wert- und Ertragsänderungen (2. Teil), in: GuG - Grundstücksmarkt und Grundstückswert, 16. Jg., Heft 2, S. 85-94.

Voigtländer, M./Demary, M./Gans, P./Meng, R./Schmitz-Veltin, A./Westerheid, P., 2009, Wirtschaftsfaktor Immobilien - Die Immobilienmärkte aus gesamtwirtschaftlicher Perspektive, Wiesbaden, Zeitschrift für Immobilienökonomie - Sonderausgabe 2009.

Wagner, M., 2007, CO_2-Emissionszertifikate - Preismodellierung und Derivatebewertung, Karlsruhe, (zugl. Diss, Universität Friderica zu Karlsruhe, 2007).

Wagner, M. K., 2010, Abstumpfung mit Styroporplatten, Auf den Seiten von Frankfurter Allgemeine Zeitung, URL: http://www.faz.net/s/Rub594835B672714A1DB1A121534F010EE1/Doc~E4BD73916500A4F18A0A8C7687B5B89B9~ATpl~Ecommon~Scontent.html, Stand: 22.09.2010.

Walbröhl, V., 2001, Die Immobilienanlageentscheidung im Rahmen des Kapitalanlagemanagements institutioneller Anleger - eine Untersuchung am Beispiel deutscher Lebensversicherungsunternehmer und Pensionskassen, (Schriften zur Immobilienökonomie, Hrsg. von Schulte, K.-W., 15), Köln, (zugl. Diss., European Business School, 2000).

Walz, E./Walbröhl, V., 2005, Versicherungsgesellschaften und Pensionskassen, in: Schulte, K.-W., et al. (Hrsg.), 2005, Handbuch Immobilien-Investitionen, 2., vollständig überarbeitete Aufl., Köln, S. 173-201.

Walzel, B., 2008, Unterscheidung nach Immobilienarten, in: Schulte, K.-W. (Hrsg.), 2008, Immobilienökonomie Band 1 Betriebswirtschaftliche Grundlagen, 4. Aufl., München, S. 117-140.

Wameling, T., 2010, Immobilienwert und Energiebedarf - Einfluss energetischer Beschaffenheiten auf Verkehrswerte von Immobilien - Abschlussbericht zum Forschungsprojekt EnerWert, Bau- und Wohnforschung, F 2522, Stuttgart.

Wang, K./Zhou, Y., 2006, Equilibrium Real Options Exercise Strategies with Multiple Players - The Case of Real Estate, in: Real Estate Economics, 34. Jg., Heft 1, S. 1-49.

Watson, R./Balkan, E., 2008, Green Building Impact Report 2008, Auf den Seiten von State of Green Business, URL: http://stateofgreenbusiness.com/files/GreenBuildingImpactReport2008.pdf, Zugriff am: 29.10.2010.

WBCSD, 2007, Energy Efficiency in Buildings - Business Realities and Opportunities, Auf den Seiten von World Business Council for Sustainable Development, URL: http://www.wbcsd.org/DocRoot/SNblkDfP3KIQLTGfoPCm/EEBSummaryReportFINAL.pdf, Zugriff am: 21.08.2007.

Wiley, J. A./Benefield, J. D./Johnson, K. H., 2010, Green Design and the Market for Commercial Office Space, in: Journal of Real Estate Finance and Economics, 41. Jg., Heft 2, S. 228-243.

Williams, J. T., 1991, Real Estate Development as an Option, in: Journal of Real Estate Finance and Economics, 4. Jg., Heft 2, S. 191-208.

Williams, J. T., 1997, Redevelopment of Real Assets, in: Real Estate Economics, 25. Jg., Heft 3, S. 387-407.

Woeckener, B., 2011, Mikroökonomik für Bachelorstudenten, 2., vollständig überarbeitete Aufl., Berlin u. Heidelberg.

Wöhle, C. B., 2005, Moderne Immobilienbewertung mit Hilfe der Discounted Cashflow-Verfahren, in: Franke, H.-H./Rehkugler, H. (Hrsg.), 2005, Immobilienmärkte und Immobilienbewertung, München, u. a. , S. 209-246.

Wong, K. C./So, A. T. P./Hung, Y. C., 2002, Neural Network vs. Hedonic Price Model - Appraisal of High-Density Condominiums, in: Wang, K./Wolverton, M. L. (Hrsg.), 2002, Real Estate Valuation Theory, Boston u. a., S. 181-198.

Wüstefeld, H., 2000, Risiko und Rendite von Immobilieninvestments, Frankfurt am Main, (zugl. Diss., Technische Universität Darmstadt, 2000).

Yamazaki, R., 2001, Empirical Testing of Real Option Pricing Models Using Land Price Index in Japan, in: Journal of Property Investment & Finance, 19. Jg., Heft 1, S. 53-72.

Yang, M./Blyth, W., 2007, Modeling Investment Risks and Uncertainties with Real Option Approach, International Energy Agency, Paper Number LTO/2007/WP01, Paris.

Yudelson, J., 2007, Green Building A to Z - Understanding the Language of Green Building, Gabriola Island.

Yudelson, J., 2008, The Green Building Revolution, Washington.

Zeißler, M., 2001, Marktkonforme Liegenschaftszinssätze für Gewerbeimmobilien, in: Grundstücksmarkt und Grundstückswert, 12. Jg., Heft 5, S. 269-275.

Zimmer, T., 2004, CO_2- Emissionsrechtehandel in der EU - Ökonomische Grundlagen und EG-rechtliche Probleme, (Umwelt- und Technikrecht - Schriftenreihe des Instituts für Umwelt- und Technikrecht der Universität Trier, Hrsg. von Hendler, R., et al., 75), Berlin.

Zülch, H., 2003, Die Bilanzierung von Investment Properties nach IAS 40, (Schriften des Instituts für Revisionswesen der Westfälischen Wilhelms-Universität Münster, Hrsg. von Baetge, J., 36), Düsseldorf, (zugl. Diss., Westfälische Wilhelms-Universität Münster, 2002).

FSC
www.fsc.org
MIX
Papier | Fördert gute Waldnutzung
FSC® C083411

Kolibri 360 GmbH
Ferdinand-Jühlke-Straße 7
99095 Erfurt, Deutschland
produktsicherheit@kolibri360.de